国家出版基金项目
NATIONAL PUBLICATION FOUNDATION

冯其庸文集

卷六　墨缘集

青岛出版社

图书在版编目(CIP)数据

冯其庸文集. 第6卷,墨缘集 / 冯其庸著. —青岛:青岛出版社,2012.12
ISBN 978-7-5436-8990-9

Ⅰ. ①冯…　Ⅱ. ①冯…　Ⅲ. ①冯其庸—文集　②绘画评论—中国—现代—文集
③艺术家—生平事迹—中国—现代　Ⅳ. ①C53　②J205.2-53　③K825.7

中国版本图书馆 CIP 数据核字(2012)第 290953 号

责任编辑　刘　咏　董建国
责任校对　朱玉麒　孙熙春

墨缘集宽

图版目录

1.1943年秋诸健秋先生赠探梅图扇面

2.诸健秋先生赠扇面

3.谢无量先生词扇

4.谢无量先生书黄山谷诗

5.苏局仙先生书信

6.苏局仙先生诗卷

7.萧龙士先生画兰

8.沈裕君先生书"瓜饭楼"

9.沈裕君先生书对联

10.作者在黄山观瀑亭为海老题画

11.作者与刘海老合作葡萄

12.刘海老来信（一）

13.刘海老来信（续一）

14.刘海老来信（二）

15.作者与刘海老在黄山小白楼夜话

16.朱屺瞻先生画风雨夔门图

17.朱屺瞻先生画兰竹

18.作者与朱屺瞻先生

19.王蘧常先生《十八帖》之一

20.王蘧常先生《十八帖》之三

21.作者与谢稚柳先生

22.作者与陈佩秋先生

23.陈佩秋先生赠联

24.白蕉先生书苏诗

25.白蕉先生画兰

26.唐云先生、周怀民先生在瓜饭楼

27.唐云先生在瓜饭楼

28.唐云、周怀民先生在瓜饭楼合作
   山水留赠

29.饶宗颐先生书"瓜饭楼"

30. 饶宗颐先生诗卷

31. 饶宗颐先生诗卷（续）

32. 林散之先生诗幅

33. 高二适先生书诗幅

34. 高二适先生书诗札

35. 作者与启功先生

36. 启功先生来信（一）

37. 启功先生来信（二）

38. 启功先生赠书法

39. 张正宇先生赠联

40. 张正宇先生画猫

41. 张正宇先生画五色补天石

42. 许麐庐先生画菊

43. 许麐庐先生画葫芦

44. 许麐庐先生画山水

45. 作者与许麐庐先生

46. 黄永玉为许麐老画像

47. 作者为画像题诗

48. 作者与黄苗子先生

49. 黄苗子先生书"墨禅"

50. 黄苗子先生来信

51. 陈从周画兰竹张正宇题

52. 徐邦达先生题词

53. 徐邦达先生参观冯其庸书画摄影展

54. 张仃先生书"且住草堂"

55. 作者与杨仁恺先生

56. 杨仁恺先生题署

57. 杨仁恺先生来信

58. 方召麐先生来信

59. 方召麐先生来信（续）

60. 刘白云画山水

61. 黄永玉先生赠黄山图

62. 黄永玉先生画曹雪芹

63. 黄永玉先生画巴山夜雨图

64. 侯北人先生画山水（一）

65. 侯北人先生画山水（二）

66. 蒋风白先生画兰竹

67. 蒋风白先生画兰草

68. 汪观清先生画山水（一）

69. 汪观清先生画山水（二）

70. 杨彦先生画山水局部（一）

71. 杨彦先生画山水局部（二）

72. 作者题曹子建墓砖铭文跋

73. 作者题东晋元康元年砖铭文跋

74. 作者书泰山摩崖拓本

75. 作者书泰山摩崖

76. 作者书对联

77. 作者临黄子久《富春剩山图》

78.作者临范中立《溪山行旅图》

79.作者画金塔寺

80.叶兆信先生画（一）

81.叶兆信先生画（二）

82.谭凤嬛女士画《红楼梦》人物（一）

83.谭凤嬛女士画《红楼梦》人物（二）

84.刘文斌先生画《维摩演教图》局部（一）

85.刘文斌先生画《维摩演教图》局部（二）

86.顿立夫先生刻"冯其庸印"

87.顿立夫先生刻"宽堂随笔"

88.张正宇先生刻"瓜饭楼"

89.钱君匋先生刻"瓜饭楼"

90.王京盙先生刻"宽堂"

91.王京盙先生刻"冯其庸印"

92.王京盙先生篆书

93.王少石先生刻"痴人说梦"

94.王少石先生刻"一笛秋风"

95.王少石先生书篆书对联

96.刘一闻先生刻"乐翁"

97.刘一闻先生刻"墨翁"

98.王运天先生刻"宽堂"

99.王运天先生刻"瓜饭楼校红印记"

100.王运天先生刻"楼兰归来"

101.王运天先生书篆书对联

102.蔡毅强先生刻"梅翁"

103.蔡毅强先生刻"双芝草堂"

104.孙熙春先生刻"古梅老人"

105.孙熙春先生刻三十二字印

106.孙熙春先生刻"双凤"印

107.孙熙春先生书对联

108.鞠稚儒先生刻"瓜饭楼手稿"

109.鞠稚儒先生刻"瓜饭楼"巨印

110.鞠稚儒先生刻印纽

111.鞠稚儒先生刻"石破天惊山馆"

1.1943年秋诸健秋先生赠探梅图扇面

2.诸健秋先生赠扇面

3.谢无量先生词扇

厨人清晓献琼糜正是相如酒渴时能解饥寒
胜汤饼岂无风味笑尊鸦打窗急雨知还乱
眼晴云看上起乞觉尘生双井椀滟醪徒此
不须持

偶读山谷蓴汤诗 今值白薯丰登 故指此书与
其庸同志一笑 惟之不作字 笔墨淋漓 败珠深愧恶
无量

4.谢无量先生书黄山谷诗

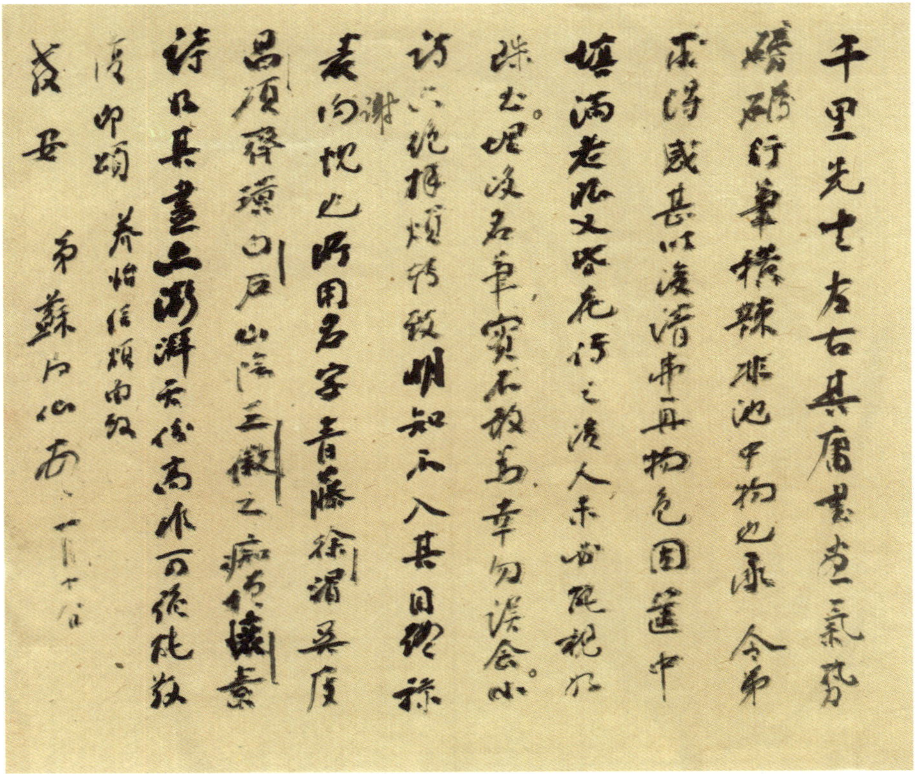

5.苏局仙先生书信

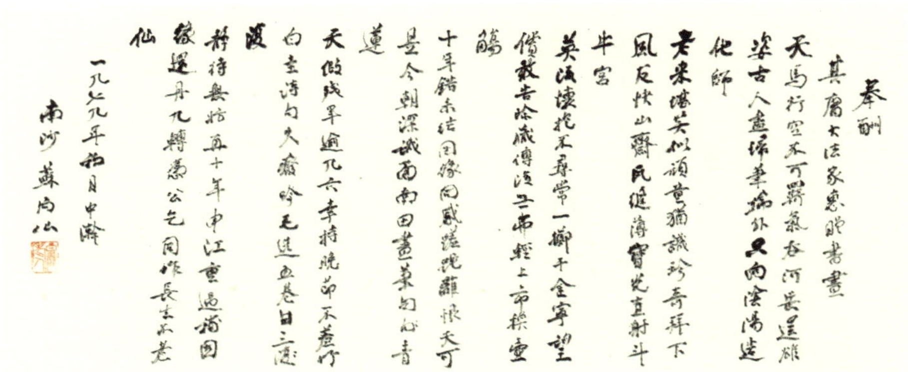

6.苏局仙先生诗卷

7.萧龙士先生画兰

4

8.沈裕君先生书"瓜饭楼"

9.沈裕君先生书对联

5

10.作者在黄山观瀑亭为海老题画

11.作者与刘海老合作葡萄

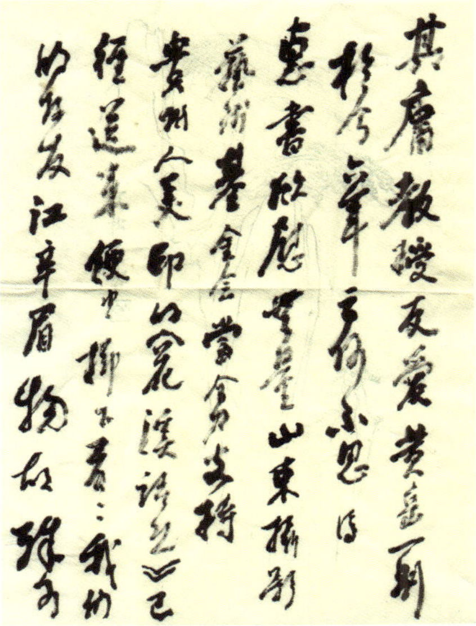

12.刘海老来信（一）

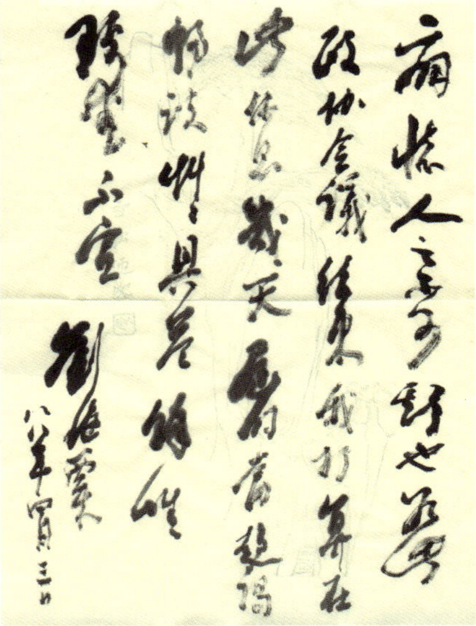

13.刘海老来信（续一）

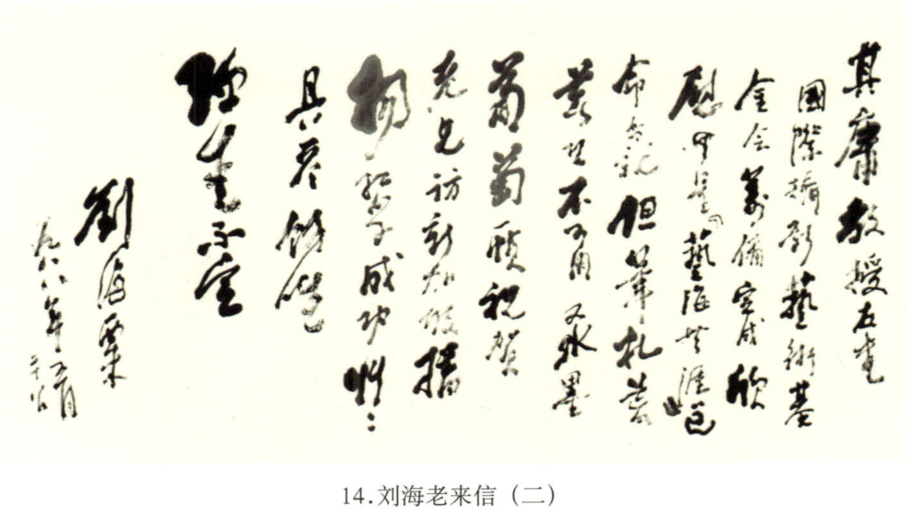

14.刘海老来信（二）

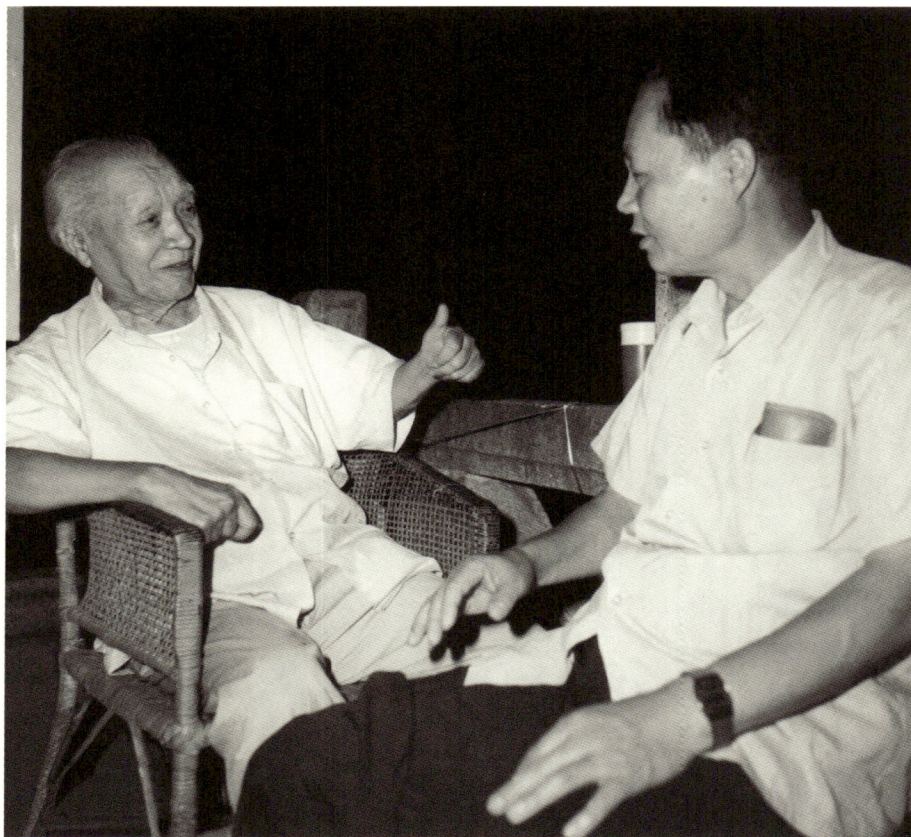

15.作者与刘海老在黄山小白楼夜话

16.朱屺瞻先生画风雨夔门图

17. 朱屺瞻先生画兰竹

9

18.作者与朱屺瞻先生

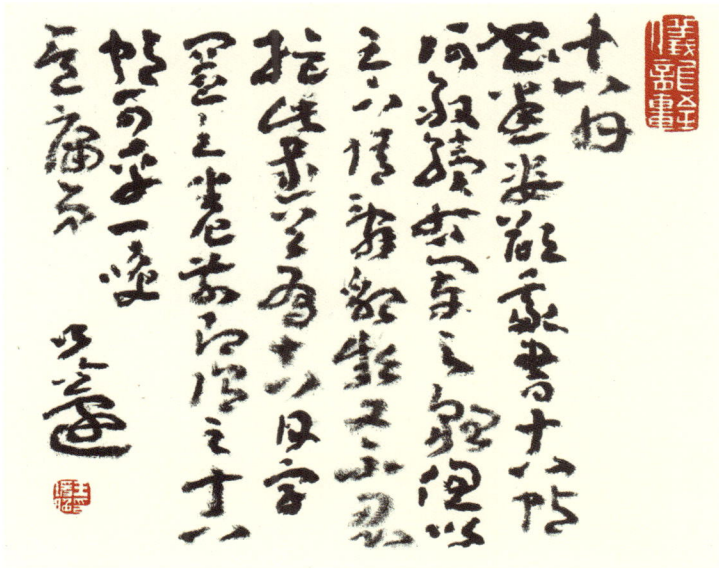

19.王蘧常先生《十八帖》之一

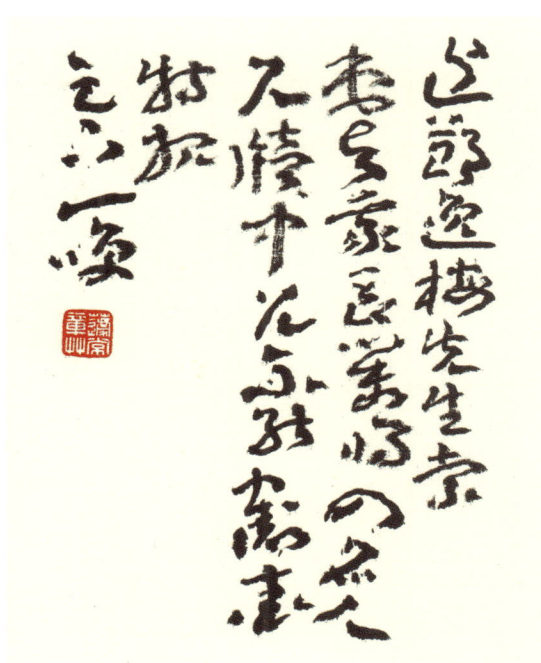

20.王蘧常先生《十八帖》之三

21.作者与谢稚柳先生

22.作者与陈佩秋先生

23.陈佩秋先生赠联

24.白蕉先生书苏诗

25.白蕉先生画兰

26.唐云先生（左一）、周怀民先生（右二）在瓜饭楼

27.唐云先生在瓜饭楼

28.唐云、周怀民先生在瓜饭楼合作山水留赠

29.饶宗颐先生书"瓜饭楼"

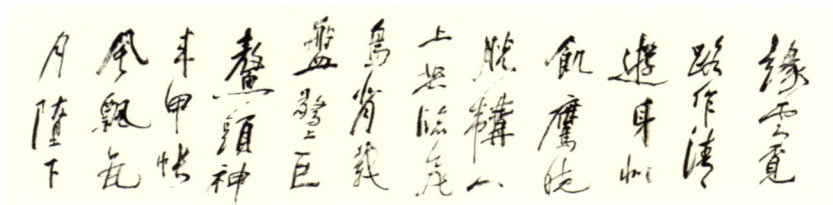

30.饶宗颐先生诗卷

31.饶宗颐先生诗卷（续）

32.林散之先生诗幅

33.高二适先生书诗幅　　　　　　34.高二适先生书诗札

35.作者与启功先生

36.启功先生来信（一）

37.启功先生来信（二）

38.启功先生赠书法

海内文章伯

古来経済才

39.张正宇先生赠联

40. 张正宇先生画猫

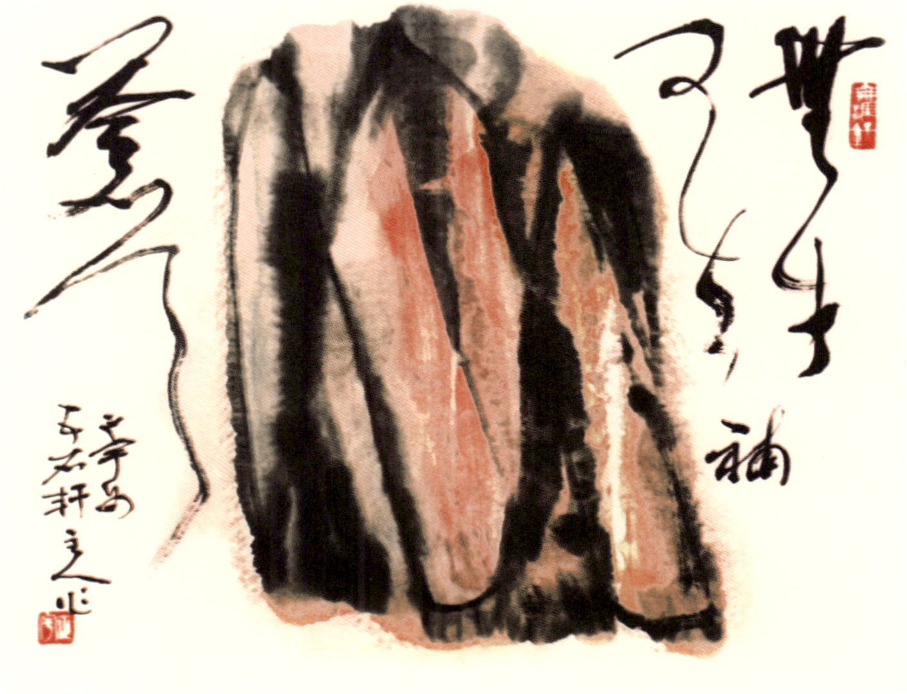

41.张正宇先生画五色补天石

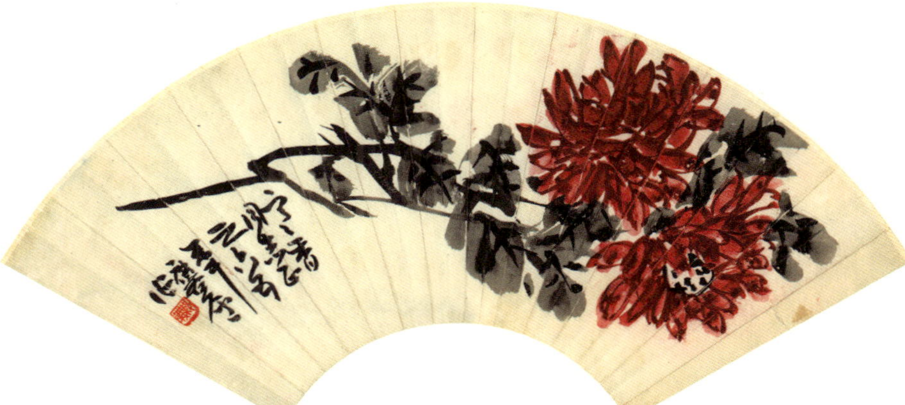

42.许麐庐先生画菊

43.许麐庐先生画葫芦

44.许麐庐先生画山水

45.作者与许麐庐先生

46.黄永玉为许麐老画像

47. 作者为画像题诗

48. 作者与黄苗子先生

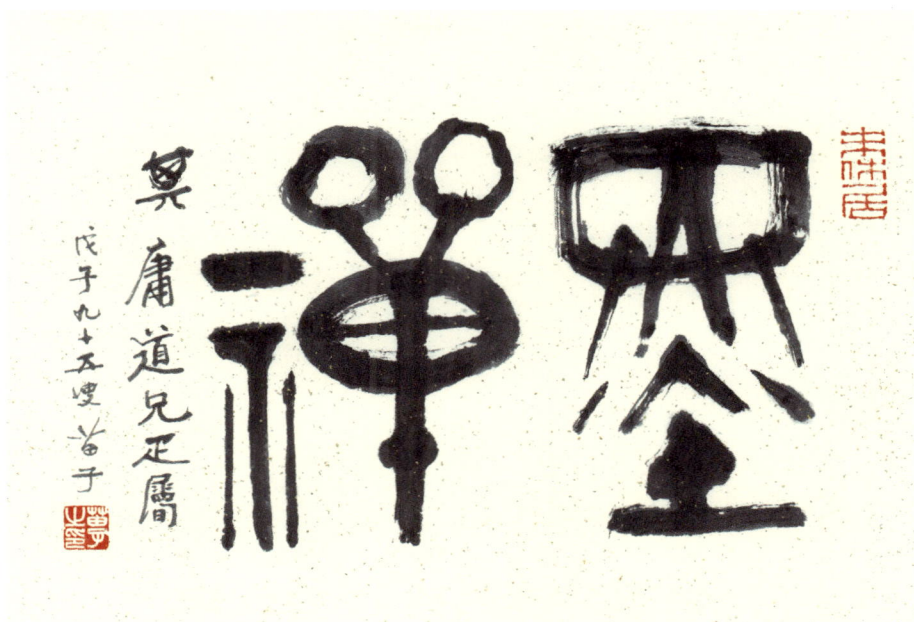

49.黄苗子先生书"墨禅"

50.黄苗子先生来信

51.陈从周画兰竹张正宇题

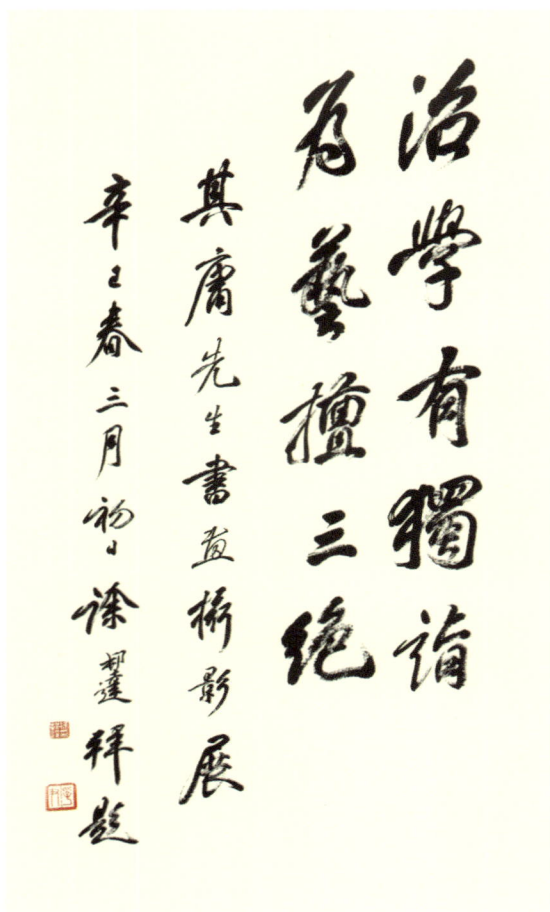

治学有遗诣

为艺擅三绝

其庸先生书画摄影展

辛之春三月初日 徐邦达拜题

52.徐邦达先生题词

53.徐邦达先生参观冯其庸书画摄影展

54.张仃先生书"且住草堂"

55.作者与杨仁恺先生

56.杨仁恺先生题署

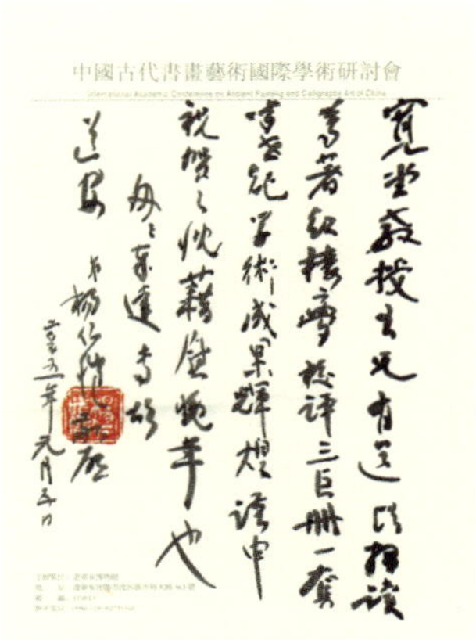
中國古代書畫藝術國際學術研討會

57.杨仁恺先生来信

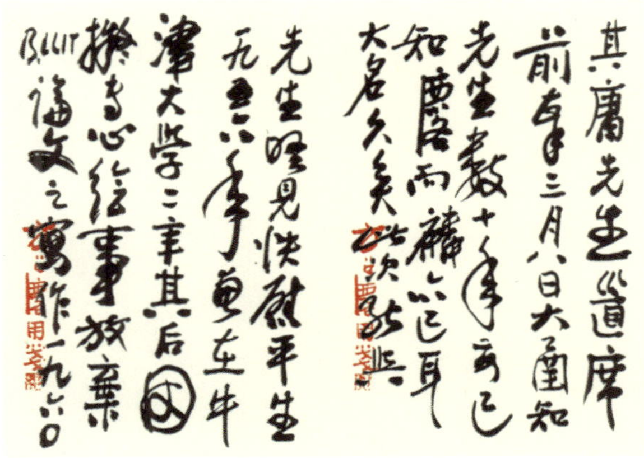

58.方召麐先生来信

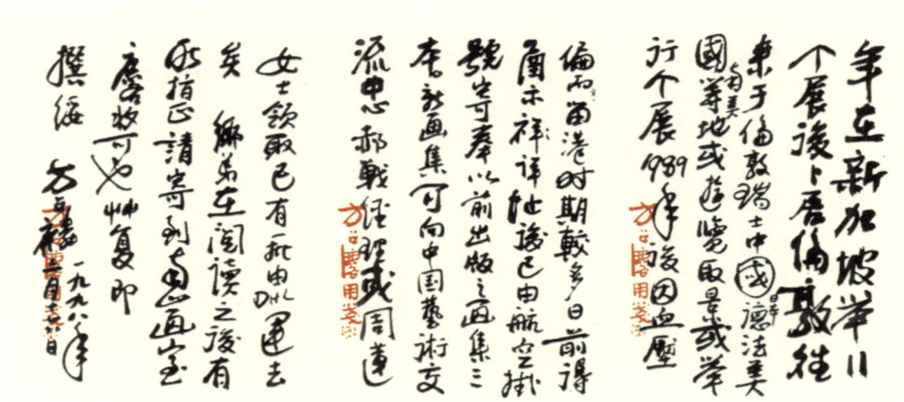

59.方召麐先生来信（续）

60.刘白云画山水

61.黄永玉先生赠黄山图

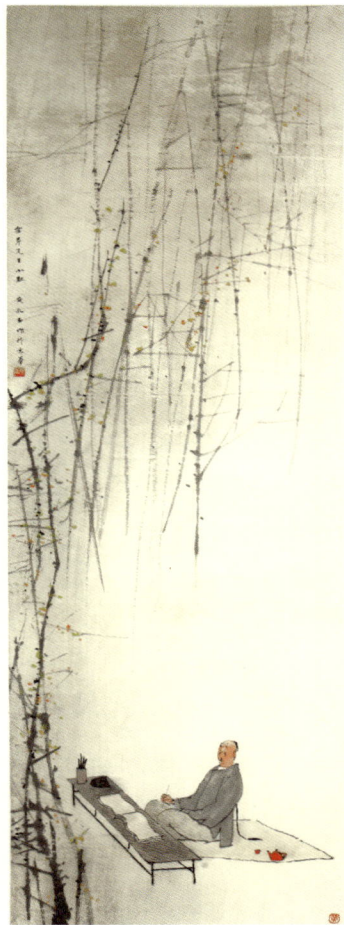

62.黄永玉先生画曹雪芹

33

63.黄永玉先生画巴山夜雨图

64. 侯北人先生画山水（一）

65. 侯北人先生画山水（二）

66.蒋风白先生画兰竹

67.蒋风白先生画兰草

68.汪观清先生画山水（一）

69.汪观清先生画山水（二）

70.杨彦先生画山水局部（一）

71.杨彦先生画山水局部（二）

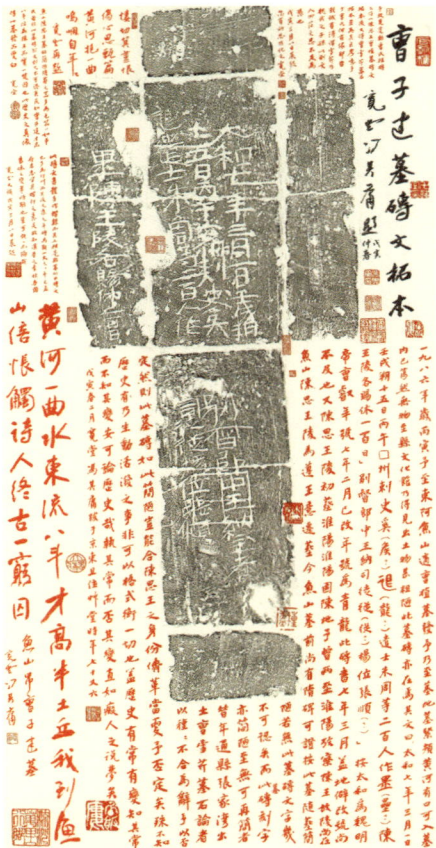

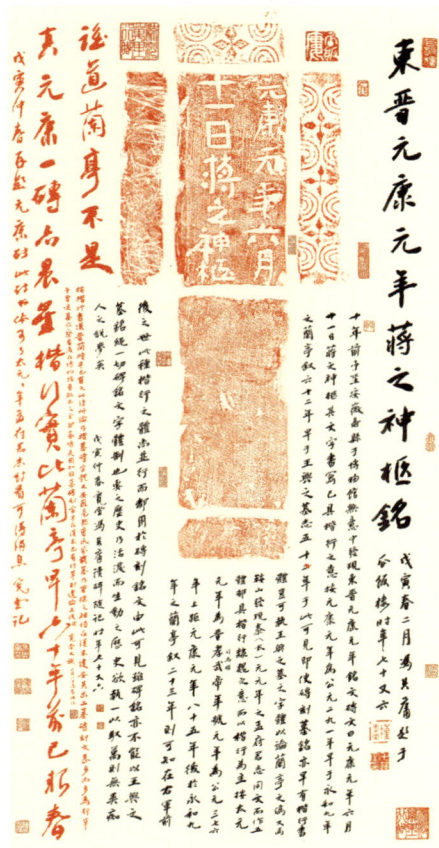

72.作者题曹子建墓砖铭文跋　　　　73.作者题东晋元康元年砖铭文跋

74.作者书泰山摩崖拓本

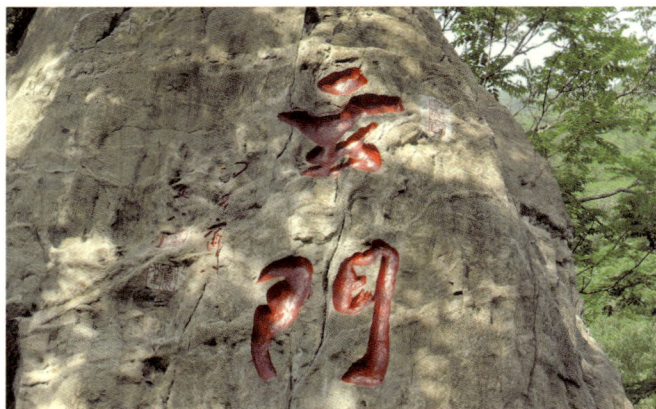
75.作者书泰山摩崖

人烟寒橘柚

秋色老梧桐

76. 作者书对联

41

77.作者临黄子久《富春剩山图》

撫范中立
谿山行旅圖
大暑
克仓刘勇清
八十又三

78.作者临范中立《溪山行旅图》

79.作者画金塔寺

80.叶兆信先生画（一）

81.叶兆信先生画（二）

45

寒塘渡鹤影
冷月葬诗魂
凤嬛女史画
甲申仲春
寅生题

82.谭凤嬛女士画《红楼梦》人物（一）

83.谭凤嬛女士画《红楼梦》人物（二）

84.刘文斌先生画《维摩演教图》局部（一）

85.刘文斌先生画《维摩演教图》局部（二）

86. 顿立夫先生刻"冯其庸印"

87. 顿立夫先生刻"宽堂随笔"

88. 张正宇先生刻"瓜饭楼"

89. 钱君匋先生刻"瓜饭楼"

90. 王京盙先生刻"宽堂"

91. 王京盙先生刻"冯其庸印"

92. 王京盙先生篆书

93. 王少石先生刻"痴人说梦"

94. 王少石先生刻"一笛秋风"

95.王少石先生书篆书对联

96.刘一闻先生刻"乐翁"

97.刘一闻先生刻"墨翁"

98.王运天先生刻"宽堂"

99.王运天先生刻"瓜饭楼校红印记"

100.王运天先生刻"楼兰归来"

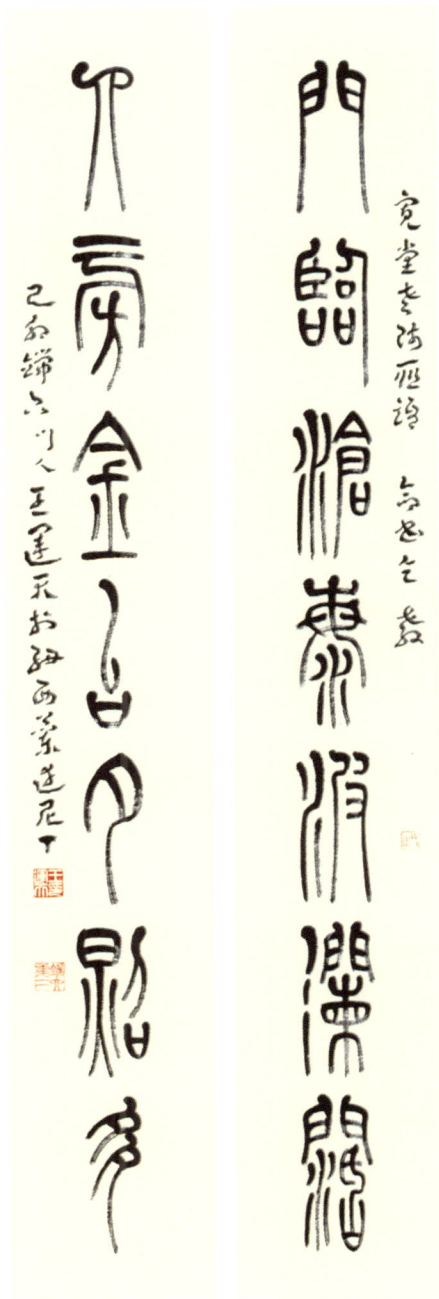

101. 王运天先生书篆书对联

102.蔡毅强先生刻"梅翁"

103.蔡毅强先生刻"双芝草堂"

104.孙熙春先生刻"古梅老人"

105.孙熙春先生刻三十二字印

106.孙熙春先生刻"双凤"印

卷中岁月茶里神僊

107.孙熙春先生书对联

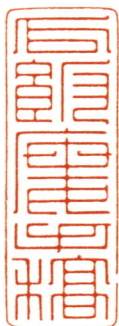

108. 鞠稚儒先生刻"瓜饭楼手稿"

109. 鞠稚儒先生刻"瓜饭楼"巨印

110. 鞠稚儒先生刻印纽

111. 鞠稚儒先生刻"石破天惊山馆"

目　录

自序 …………………………………………………………………… 1

我与刘海粟大师 ……………………………………………………… 1

天末怀海翁
　　——为沈祖安兄所作刘海粟《存天阁谈艺录》一书而作 ……… 16

黄山歌并序
　　——赠刘海粟大师 ……………………………………………… 22

刘海粟、夏伊乔书画展序 …………………………………………… 25

《朱屺瞻画册》序 …………………………………………………… 28

写在屺瞻老人画展之前 ……………………………………………… 38

读屺瞻老人的画
　　——《屺瞻老人画册》序 ……………………………………… 40

《朱屺瞻年谱》序 …………………………………………………… 53

屺瞻老人歌 …………………………………………………………… 57

辛苦追求到百年

　　——屺瞻老人百岁画展读后 ···················· 59

庚午三月十二日寿朱屺老百岁画展 ···················· 71

画苑神仙　人间寿星

　　——祝朱屺老百五画展 ························ 72

悼念百五寿星、画坛大师朱屺瞻 ···················· 76

读王蘧常先生书法随想 ·························· 79

明两老人歌 ······························· 84

哭王蘧常老师 ····························· 86

哭瑗仲师 ······························· 90

关于先师王瑗仲先生的绝笔《十八帖》 ················· 91

题赵朴老书帖 ····························· 96

题赵朴老书札 ····························· 97

千秋长怀赵朴翁 ···························· 98

博学宏通　显幽烛微

　　——拜读启功先生《论书绝句百首》 ·············· 103

关于《化度寺碑》的补记 ························ 122

哭启功先生 ······························ 125

秋明翁墨迹卷书后 ··························· 127

分明元白唱酬诗

　　——读《种瓜轩诗稿》怀念林散翁 ··············· 129

怀念高二适先生

　　——《高二适先生文集》序 ················· 132

记老画家周怀民 ··························· 136

周公怀民藏画馆落成序 ························ 140

《周怀民画册》序 ·························· 141

目　录

送别周怀民先生 ……………………………………………… 145

哭周怀老 …………………………………………………… 148

怀念唐云先生 ……………………………………………… 150

临风怀谢公 ………………………………………………… 153

李厂词草序 ………………………………………………… 157

木兰花慢
　　——谢徐邦翁赐词，并用原韵，附徐公原倡 ………… 158

乾坤清气一鸿儒
　　——《饶宗颐先生书画集》序 ………………………… 160

初到京华第一师
　　—— 我从许麐庐先生问艺的回忆 …………………… 165

画中八友歌 ………………………………………………… 172

醉来挥毫青天窄
　　——读许麐庐先生画展 ………………………………… 173

学问家　鉴定家　书画家
　　——我所认识的杨仁恺先生 …………………………… 180

云鹤其姿　松筠其品
　　——我所认识的杨仁恺先生 …………………………… 184

怀念沐雨翁 ………………………………………………… 193

振衣千仞冈　濯足万里流
　　——《傅抱石先生画册》序 …………………………… 198

论侯北人的画
　　——《侯北人画集》序 ………………………………… 208

巨笔如椽　丹青不老
　　——《侯北人画集》序 ………………………………… 218

侯北人的山水画 …………………………………………… 221

3

《澄心·天籁》序 ………………………………………… 225

百岁老人《萧龙士画册》序 …………………………… 229

彩笔昔曾干气象　白头吟望苦低垂

　　——读柳子谷的画 ………………………………… 235

湘兰楚竹寄高情

　　——记老画家蒋风白 ……………………………… 247

蒋风白先生画展序 ……………………………………… 251

蒋风白先生《兰花百图》序 …………………………… 252

画竹凛劲节　画兰挹清芬

　　——蒋风白画集序 ………………………………… 253

健笔凌云　万象纵横

　　——读陈佩秋先生书画 …………………………… 256

丹青泼向黔西东

　　——《刘知白画集》序 …………………………… 263

赠刘白云画师 …………………………………………… 267

金针度人绣鸳鸯

　　——读刘白云先生山水画稿 ……………………… 268

白云之歌 ………………………………………………… 271

忆老画家张正宇先生 …………………………………… 273

哭张仃老诗并序 ………………………………………… 284

陈从周《园林谈丛》序 ………………………………… 287

与陈从周教授书

　　——代《簾青集》序 ……………………………… 292

哭从周兄 ………………………………………………… 294

题贺友直《申江风情录》 ……………………………… 296

贺友直画《老上海弄堂风情》序 ……………………… 297

目　录

题沈鹏书《江阴颂》诗帖 ……………………………………… 298

诗书画一体　情文韵三绝

　　——读《范敬宜画集》 …………………………………… 300

闳博富丽　一代新貌

　　——拜读汪观清先生山水画 …………………………… 306

汪观清《三国演义人物画》序 ………………………………… 311

我读懂了《天书》

　　——读韩美林的《天书》 ………………………………… 313

读唐双宁狂草书后 …………………………………………… 315

唐双宁狂草歌 ………………………………………………… 321

文章尚未报白头

　　——怀念苏局仙、谢无量、张伯驹、顾廷龙、沈裕君诸先生 … 322

梦里青春可得追

　　——怀念华君武、黄永玉、张正宇、关良、刘旦宅、戴敦邦

　　　诸先生 ……………………………………………… 334

意在画外

　　——论石壶 …………………………………………… 339

山川钟灵秀　素手把芙蓉

　　——读谢伯子先生画 …………………………………… 346

怀画家杨彦 …………………………………………………… 350

丹青不觉老将至　富贵于我如浮云

　　——《戴行之画册》序 ………………………………… 354

庄生晓梦迷蝴蝶

　　——《杜世禄画册》序 ………………………………… 358

又见青山育俊人

　　——《俞宏理画册》序 ………………………………… 364

爱君逸笔似龙腾

　　——《韦江凡画册》序 ⋯⋯⋯⋯⋯⋯⋯⋯⋯⋯ 369

淡烟疏雨里　山色有无中

　　——读尹光华画展 ⋯⋯⋯⋯⋯⋯⋯⋯⋯⋯⋯⋯ 374

艺术的生命在于真实

　　——《杨先让　张平良画册》序 ⋯⋯⋯⋯⋯⋯ 378

读李一书法随想 ⋯⋯⋯⋯⋯⋯⋯⋯⋯⋯⋯⋯⋯⋯⋯⋯ 384

万千涟漪一线成

　　——看叶兆信的线描画 ⋯⋯⋯⋯⋯⋯⋯⋯⋯⋯ 388

在艰难中奋进

　　——看谭凤嬛的工笔画 ⋯⋯⋯⋯⋯⋯⋯⋯⋯⋯ 391

十年辛苦画红楼

　　——谭凤嬛红楼人物画序 ⋯⋯⋯⋯⋯⋯⋯⋯⋯ 395

艺术永远是创新的

　　——读任惠中的西藏生活画册 ⋯⋯⋯⋯⋯⋯⋯ 400

赠刘文斌 ⋯⋯⋯⋯⋯⋯⋯⋯⋯⋯⋯⋯⋯⋯⋯⋯⋯⋯⋯⋯ 403

廿年摄得黄山魂

　　——《袁廉民黄山摄影集》序 ⋯⋯⋯⋯⋯⋯⋯ 404

天然图画　无尽江山

　　——读周宏兴所藏天然石画集 ⋯⋯⋯⋯⋯⋯⋯ 408

永无止境的追求

　　——记青年雕塑家纪峰 ⋯⋯⋯⋯⋯⋯⋯⋯⋯⋯ 412

《顿立夫印谱》序 ⋯⋯⋯⋯⋯⋯⋯⋯⋯⋯⋯⋯⋯⋯⋯⋯ 416

读王京盙先生书法篆刻集书感 ⋯⋯⋯⋯⋯⋯⋯⋯⋯⋯ 418

王少石《红楼梦印谱》序 ⋯⋯⋯⋯⋯⋯⋯⋯⋯⋯⋯⋯ 421

目　录

睡庵记 ……………………………………………………… 422

题别部斋

　　——题刘一闻篆刻集 …………………………………… 423

学有本源　心有虫篆

　　——读王运天书法篆刻随想 …………………………… 425

《旋乾斋书法篆刻集》序

　　—— 读王运天的书法篆刻 ……………………………… 430

记孙熙春 …………………………………………………… 432

赠鞠稚儒诗三首并序 ……………………………………… 435

1992 年徐州全国汉画学术会议开幕词 …………………… 437

'93 中国南阳汉代画像石（砖）国际学术讨论会闭幕词 ………… 441

传统回归的呼唤

　　——《洛阳汉墓壁画艺术》序 …………………………… 445

汉画漫议 …………………………………………………… 449

汉画的新生 ………………………………………………… 453

汉画研究的力作

　　——读黄明兰、郭引强著《洛阳汉墓壁画》 …………… 455

《汉画像砖石刻墓志研究》序 …………………………… 459

试论中国道家的飞天 ……………………………………… 464

中国古代壁画论要 ………………………………………… 469

艺坛瑰宝　稀世之珍

　　——看大阪市立美术馆藏中国书画名品展 …………… 479

题上博展出日本皇家博物馆藏王羲之《丧乱》五帖 ………… 485

关于徐文长 ………………………………………………… 487

我读黄山

　　——《历代名家画黄山》序 ……………………………………… 490

曹子建墓砖拓本跋 …………………………………………………… 493

东晋元康元年蒋之神枢铭跋 ………………………………………… 495

跋北京图书馆藏宋拓《圣教序》 …………………………………… 497

跋北京图书馆藏定武本《兰亭序》 ………………………………… 499

关于《中国书法全集》的一些思考

　　——在《中国书法全集》座谈会上的发言 …………………………… 500

看就是学 ……………………………………………………………… 503

学画漫忆 ……………………………………………………………… 507

学书自叙

　　——为"中国书法家协会书法培训中心"作 ……………………… 514

后记 …………………………………………………………………… 525

再记 …………………………………………………………………… 527

三记 …………………………………………………………………… 528

自　序

我自小学五年级时因日寇侵华而开始失学，从此就一直在农村种地。我那时特别喜欢读书，还喜欢书画和金石篆刻，对当时的许多名家，私心窃慕，崇敬不已。

我最早认识的大画家，就是诸健秋先生，是他说"看就是学"的一语点化，使我终生受教。我认识诸先生纯属偶然，是他看见了我画的一张扇面而起了爱惜后学之心，让我经常去看他作画，这可以说是我的第一次墨缘。

50年代初，我到了北京，一直到现在，基本上没有离开。我来时才三十岁，现在则已将靠近八十了，在这将近半个世纪的漫长历程中，经历过无数风雨，但我的爱读书和爱中国书画金石的癖好，却久而愈甚，因此也拜识了不少翰墨前辈。我有幸拜识了刘海粟、朱屺瞻、顾廷龙、启功、徐邦达、谢稚柳、唐云、周怀民、杨仁恺等前辈名公，还有幸而能在上海从王蘧常先生学。人生最长不过百岁，能并世而又能相识，实在是一种缘分。所以我常常以能够拜识诸位大师，能从其学，觉得是最大的幸运。但可惜我的时代，是从抗日战争开始的，继之以解放战争，所以我读书的时间一开始就被日本侵略者的炮火夺去了，这又是我的不幸。

实际上，人哪有一辈子交好运的？对我来说，我到北京的这近五十年，虽然经历了许多风雨，也多次历险，而且还自始至终经历了"文革"的十年浩劫，但如从有益的角度看，这十年浩劫，仿佛是读了一部活的急剧变化的历史，历史的进程多么快速啊！真是来去匆匆！把这一段历史仔细品味，也未尝不是补偿。

抛开这些，我在北京的这将近五十年，结的墨缘实在是不少，以上提到的这许多名家，除王蘧常先生是我的本师外，其他各位，还有未能提到的各位，都是到北京以后拜识的，我如仍在偏僻的农村，我能有机会拜识他们吗？

北京还有一个更大的好处，我能看到故宫每年展出的许多国宝，还可以看到许多大师级的展览，这使我受益无穷，实际上这也是一种墨缘。

在这几十年中，我从学习中，先后写了一些有关中国书画的文章，朋友们建议我出画论集。"画论"我岂敢！我写的文章只是说自己学习的体会、领悟或赞叹，岂敢曰"论"。

在这个集子中，除了一部分有关前辈名公的文章外，也有一部分是关于中年或青年画家的，尽管他们年龄比我小，但我觉得他们比我幸运，如以同年龄来相比，我在他们这个年龄时，比他们差远了。他们一未遇上抗日战争，二未遇上种种"运动"，他们却遇上改革开放的好时代，所以他们很早就拿出优秀的成果来了，我预卜着他们将会做出更突出的成绩来。我能结识他们并写了有关他们的文章，这当然也是一种墨缘！

我这几十年中，也留下了未能结成墨缘的遗憾。如我刚到北京时，拜识了许麟庐先生，许先生看了我的习作，就要同我去拜见齐白石老人。白石老人当然是我无比崇拜的大师，但我觉得自己太幼稚，我想等稍微画好一点再去拜望他。哪里知道时间是不等人的，一年后白石老人走了，我再也无从去拜见他了，这是一次无缘！80年代，我到美国加州，得识大画家侯北人先生，侯先生是张大千先生的知友，我到加州时，大千先生才离开加州。侯先生说，你如能早来些时候，就可以拜见大千先生，可惜来迟了！这也是无缘！

所以人生的聚合也是一种缘分。

回过头来想想，几十年来，我能与这许多前辈名公和当世的才彦们结识，这实在是一种翰墨因缘。因此，我为这本集子取名为《墨缘集》。

2000年7月20日于京东且住草堂

我与刘海粟大师

大鹏一日忽垂翅。四海风云为凝迟。

坎坷平生一百岁，惊雷起处有吾师。

海阔天空老画师。江山万里一挥之。

今来古往谁能似，只有富春黄大痴。

——哭海老

我听到海老去世的消息，已经不止一次了，那时我没有辨别谣言的能力，骤听之下，确实心伤欲绝。向朋友打听，也都不得要领，那是80年代末，后来幸亏有一位老画家干脆向美国海老的住处打了一个电话，电话正好是夏师母接的，夏师母说海老身体很好，一切如常。这样其他的话也就不用再问了。这是第一次的谣言。

前些年，我在上海，一位老友在鸿运楼请我吃饭，言谈甚欢。忽然间，又传来了海老在海外逝世的消息，顿时满座为之黯然，终于未能终席。尽管已经有了上次谣言的经验，但"关心"者乱，一到消息袭击到感情深处，就理智不起来了。一连多日，心头如压巨石，最终还是香港海老的来信，一下扫除了阴霾。

两次的海外东坡之谣，却迎来了1994年3月16日的海老百岁华诞大庆，庆祝的会场在上海虹桥宾馆。我是15日到上海的，下午就去海老的住处衡山饭店拜望，但为了保证海老的健康，守门的人一概不给通报，不准进入海老的住处。我只得将一张放大的我去年在香港海老住处为海老拍的照片托他们转交，待到海老见到这张照片，赶快叫人出来追我时，我已经离开衡山饭店了。

第二天虹桥宾馆的会场，正是盛况空前，来祝贺的中外来宾共有五百多人。我走到海老座前向他祝贺，海老紧紧握住我的手说："昨天追你没有追着！"我知道海老太累，不敢多讲话，随即与朱屺老招呼问候了一下即退下来。那天许多来宾发表了热情洋溢的祝辞。海老致答辞时，声音洪亮，随口而谈，情致殷殷。他说他要把百岁当作重新学习的起点，还要再上黄山。他说他个人无所求，一切为了国家和民族。海老的话，感人至深，赢得了全场最热烈的掌声。

出席大会的人太多，海老不可能一一接谈，我与夏师母约好，到秋天再来上海看望海老，这样我在第二天就回北京了。

8月7日，我在南京上车，经上海换车去绍兴。7日中午一直在上海车站等车，因为进城去看海老时间来不及了。我想反正秋天我要专程看海老的，所以一直耽搁在上海车站整整有三四个小时，直到晚间才到绍兴，住绍兴宾馆。8月8日晚，无意中打开电视，却看到了海老在沪逝世的惊人消息。

我看了这消息，一下震惊得说不出话来，我希望这是第三次谣言，但这是不可能的，国家电视台播出的信息，不可能有半点差错。那末，海老真的去世了！你就是再有一万个不愿意，一万个不相信，也是无法改变这眼前的事实了！我真的感到了现实是无情的，就像天上的陨星一样，它的陨落是不可改变的。海老，也真像一颗陨星，当他陨落的时候，还发出了照亮整个太空的光芒！

整整一个晚上，我不能合眼。是悲痛、是辛酸、是悔恨，我在上海站白白耽搁了半天，没有进市里去看看海老——尽管我到上海站，实际上海老去世已半天了，但我能进市去看看也好啊！无穷的悔恨袭击着我……

我与海老的交往，记得是在 70 年代后期。那时海老到北京来举办画展，有一天，海老同夏师母突然到我办公处来看我，但我恰好不在，后来我到北京饭店去看望了海老，这是我们第一次见面。海老是从老友江辛眉处了解我的，并由辛眉兄给我写了信。海老嘱咐我为他的画展写一篇序。辛眉兄的信也是这么说的。海老的画展，有何等的分量！我自觉惶恐，但海老的殷殷嘱咐，我又不能推辞，好在时间还早，我可以认真准备。——谁知那时"文革"的余风未尽，为了阻止海老的画展，暗地里的潜流很多，幸而在文化部长黄镇的支持下，画展终于胜利开幕，序言则由江枫同志来写。这次画展，轰动了京城，轰动了中国画坛，尤其是在"文革"过去不久，即举办海粟大师这样世界艺术大师级的画展，怎么能不产生强烈的震动！当时有一位美国朋友，对画展中的几幅荷花喜欢极了，提出来不论多少价钱，他要把这几幅荷花统统买下来。这意见告诉了海老，海老婉言谢绝了。但这位朋友苦苦要求，不肯放弃，弄得黄镇部长非常为难。终于在黄镇部长的协调下，海老同意将一幅小幅荷花给他，而对方所付的一笔巨款，海老都全数交公，自己分文不受。这是当时传遍京华的美谈。

1981 年夏天，海老来京开政协会议，住国务院第一招待所。我去看他，相见之下高兴极了，恰好晚上是中山公园露天剧场李小春主演的《闹天宫》。海老酷爱京戏，约我晚上看戏，记得还有沈祖安兄。我们晚上都如期到了，夏师母陪同海老与我们坐在一起。戏确实不错，海老看得全神贯注，不料天空却下起雨来，开始是小雨，大家不理，接着雨愈下愈大，不少人纷纷离座了。我们怕海老淋雨着凉，劝他离座，他却说："只要台上演，我就看！"这样我们就一直坚持下去，但终于雨愈下愈大，台上也不能演了，我们才不得不陪海老离座。回到住处，海老的衣服已经很湿，但他却不以为然，换了外衣，依然谈笑风生，我深深感到，海老的整个精神世界里，全部是艺术！

1982 年 8 月 4 日，我到黄山，同行者有袁廉民、刘祖慈、王少石。第二天我就登上天都峰，次日登莲花峰，后经西海转北海，住散花精舍。8 日下山，得知海老已到黄山，住小白楼，晚间我们即去拜访，在黄山意外相见，倍加欢乐。海老约我再留三天，共同作画，我因事迫，决定先行，不想 9 日清晨汽车出故障，不能成行，因再上山，至桃源亭，却遇海老在亭中作画。见我到来，他大笑说："你还是走不了！"他立即要我在他的画上题字。我怕糟蹋了海老的大作，颇感犹豫，海老却连催带迫，我终于大着胆子，题了三幅。后来我在赠海老的长诗《黄山歌》里说"海翁命我题新图，挥毫我亦胆气粗。题罢掷笔仰天笑，世间痴人翁与我"，就是指的这件事。

从 1982 年黄山别后，我却有长时间与海老没有见面，直到 1988 年 4 月，海老来北京开会，住钓鱼台国宾馆，他忽然给我来信说：

其庸教授友爱，黄岳一别，于今六年，云何不思？得惠书，欣慰无量。山东摄影艺术基金会当全力支持，贵州人美印的《花溪语丝》已经送来，便中掷下看看。我们的好友江辛眉物故，殊可痛怀，人之不可期也如此！政协会议结束，我打算在此休息几天，届时当趋访畅谈，草草具答，余惟珍爱，不宣。

刘海粟　八八年四月三日

我接到了海老的信件，就偕同贵州人美的张幼农同志带了《花溪语丝》

一起到钓鱼台看望海老，我还带了我的一部分书画习作，请海老指点。那天海老精神极好，夏师母为我们安排好谈话的地方后，就去处理别的事情，海老先看了《花溪语丝》，非常高兴。接着就看我的画，海老边看边谈，大加称赞，他说从前我只知道你的书法好，今天才知道你的画也那么好，是真正的文人画。当时他说了不少鼓励的话，我自知是老人的眷爱，但他却对张幼农兄说，他说的是实话、真话，他从不说假话、敷衍话！他还约我一起合作画画，而且他还风趣地对张幼农说："是我约他，不是他约我！"那次，他还谈到他小时读《史记》，读《红楼梦》的情况，他还语重心长地劝人要爱护人，要以德报怨，不要记人家对自己的不好，事情过了就不要再记挂了。我们听海老的话，真正如沐春风，如受化雨。我们怕海老太累，不敢让他多谈下去，所以就告辞出来。

到了5月底，我又收到海老一信，同时还收到海老给我画的一幅水墨葡萄。信说：

其庸教授友爱，国际摄影艺术基金会筹备完成，欣慰无量。"艺海无涯"已书就，但笔札荒芜，恐不可用。又水墨葡萄一幅，祝贺老兄访新加坡播扬红学成功，草草具答，余惟珍爱，不宣。

　　　　刘海粟　一九八八年五月二十八日

同信，又附了另纸写的海老赠我的一首诗，诗云：

一梦红楼不记年。须弥芥子如长天。
饭瓜换得文思健，无痴无怨即神仙。

在那幅葡萄上，海老题曰："骇倒白杨，笑倒青藤，唯有其庸，不骇不笑。刘海粟九十三岁乱书。"为什么海老忽然给我画一幅葡萄呢？原因是海老读了我的长诗《黄山歌》，此诗是专门赠给海老的，诗的结尾五句是："忆昔米颠只拜石，我与海老却拜山。愿乞海翁如椽笔，画取双痴拜山图，留此惊世骇俗之奇迹。"海老真的给我画了一幅山水人物，那是几年前的事。海老在钓鱼台给我发了一信，约我去钓鱼台，我那次恰好不在北京，因此也没有能去钓鱼台。海老就将那幅画托人转给我了，可我根本不知有此事，他也记不起来是托的谁了。有一次他无意中问我是否收到此画，我才知道有此事，也才知道此画不知下落。所以海老又特意为我画了一幅葡萄以作纪念。

这年八九月间，海老又作十上黄山之行，行前并约我同去，我因工作不能脱身，未能如约。到 9 月 9 日，我从上海回到北京，始知海老已从黄山回来，并在上海举行十上黄山画展，我连忙写了三首诗寄出祝贺，其一云：

> 黄岳归来两袖云。人间一笑太纷纷。
>
> 多公又奋如椽笔，挥洒清风满乾坤。

当时社会秩序、市场经济、物价等都很混乱，我的诗是有感而发的。

1989 年 4 月，海老又来北京，住丽都饭店。4 月 20 日，我去丽都饭店接海老和夏师母同游南菜园的大观园，当时游人见海老在园中，大家都来包围着他。海老意气风发，谈笑风生，为大观园签名题字，并为"红楼书画社"题额。

当时正值胡耀邦同志去世，社会气氛极不平常，海老也极为关心。4 月 26 日傍晚，我去丽都看望海老，海老正在作大幅红梅，已将完成，海老说你来题诗罢。我随即题诗云：

百岁海翁不老身。红梅一树见精神。

丹心铁骨分明在，不信神州要陆沉。

后两句我是有感而发的。我坚信我们国家是有伟大而光明的前途的，我反对那些社会上的崇外自卑的言论。"丹心铁骨"既指海老，同时也是指广大的青年大学生。海老看了这首诗，大加称赞，让我写在那幅画上，并且说这幅画要自己留着作纪念了，明天再另画一幅，并约我再来另题然后送人。第二天我又去为另一幅红梅另题了几句。

4月28日，海老的好友新加坡的周颖南先生来，周先生也是我的好友，他得知海老在北京，就要我陪他去看海老，所以在当天晚上我们同到了丽都。当时海老正在看他的上黄山的录像片，我们等他看完后才进行交谈。周颖南先生曾为海老印了画册，在"文革"最艰难的时候曾关心过海老，所以见面特别高兴，也引起海老的不少感慨和怅触。海老说：与他同辈的人，大部都已故去了，念之伤情。他说有时他一个人想想就落泪。他说他在法国曾与傅雷一起去看罗曼·罗兰；在国内，当时蔡元培、李大钊、陈独秀、康有为、梁启超、胡适、章行严、张伯驹都是同时代人，陈独秀在狱中给他写的信还在，梁任公还给他写过对子——言之慨然！老人一谈到往事，一谈到已故的友人特别情深。那天一直谈到11时才辞别而归。

5月5日，我又去海老处，海老兴致甚高，提出要到我的"瓜饭楼"去，我说我住在五层楼上，走上去太吃力。在座的夏师母、赵文量、杨雨澍诸位都觉得海老已经九十多岁的高龄，不宜再上高楼了。海老却说我黄山都能上去，还上不了五层楼！大家听了，只好暂时顺着他，商定5月7日下午到我住处去，我们私底下商量换成到恭王府中国艺术研究院我的办公室去，办公室里有大画桌可以作画，又是平地，不须上楼。回家后我就将办公室稍加清理，腾出画案，因为海老说要与我合作画画，所以我只好稍作准备。

5月7日下午5时半，海老、夏师母一行到了恭王府，我极为高兴地陪他先参观了恭王府，然后到我的办公室。海老坐在沙发里，对面墙上正挂着我作的一些画，海老认真地看了这些画，大加赞扬。并说，画只要挂起来看，用不着宣传，画自己会说话，不好的画是挂不住的，挂了也经不起看的。

海老看到我的画案，就对我说，原准备今天合作画画的，现在因临时有事，无法推辞，只好下次再定时间罢。本来我岂敢望与海老合作，这纯粹是老人一片爱护之心，现在另有急事，自然可以改变。

海老又坐了好一会儿，直到来催了两次，才起身告别，当时汽车已停到恭王府嘉乐堂前的空地上，离我办公室只有几步。临上车前，夏师母忽然给我一卷纸，我当时未及打开看，目送着汽车离去。但奇怪的是只有海老和夏师母两人上车，其他同来的人都未随行。等汽车开出去后，他们才告诉我是一位领导请他吃饭，特别是海老竟辞谢了两次，说已经与我约定。不得已海老又要求推迟两小时，让他先到我处如约，并让接他的车直接开到恭王府接他和夏师母。我听了这个情况，真的感到海老的深情厚爱！等大家散去后，我打开夏师母给我的一卷纸，却发现是海老为我题的"瓜饭楼"匾额，原来先前我曾与海老和夏师母说过，这次海老要到"瓜饭楼"去，居然把匾额都题好了！我拿着这一个长长的横幅，感情和思绪的起伏，几乎不能自持。

5月12日下午5时，去丽都饭店送海老返沪。到丽都送行的人很多，都先后到齐了，海老却忽然转过来对我说："这次在京，得与你畅谈，是最大收获，非常高兴。"我突然听了海老的这几句话，非常感动，也深深体会到知遇之难，知音之可贵。

此次我与海老分别后，到5月底，海老应西德总理的邀请去西德了。而国内，特别是首都的形势愈来愈严峻，终于爆发了政治风波，我庆幸海老已离开北京，免得老人再受惊骇。

自海老去西德后，我一直没有他的信息，后来又听说到了美国，又听说到台湾开了画展，取得极大成功。种种传闻，包括着一些海外东坡之谣，使我十分想念他，有时甚至是焦念。1990年春，我积想难解，就写了一首怀念海老的长诗，题曰《天末怀海翁》。诗云：

鲲鹏展翅西复东。人间难得有此翁。

百年弹指一瞬间，朝昆仑兮暮穹窿。

九州万国纷扰扰，此老两袖挟清风。

长安残棋局未终，此老具眼识穷通。

富贵功名何足道，此老白眼未一中。

世间至宝是何物？三寸柔毫酒一盅。

酒浇胸中之垒块，笔写万古之虬龙。

巍巍太华何其高，其巅尚有摩天蟠屈之长松。

悠悠百年何其哀，一醉能消万古痛。

我识海翁已半世，相对每如坐春风。

去岁长安一为别，悠悠浮云何处踪。

闻道扶桑日生处，此老大笑惊儿童。

归去来兮百岁翁，故园墨池浪汹洳。

待公巨笔一挥洒，扫尽阴霾贯长虹。

这首诗写出后，虽然稍抒我相忆之苦，却无从寄达，我只有盼望他早点回来。到1993年8月26日，忽然收到海老从香港寄来的画页，画面是海老画的两个大桃，上题：

琼玉山桃大如斗。仙人摘之以酿酒。

一食可得千万寿。朱颜常如十八九。

一九九三年五月二十日病臂初平，信笔涂抹，点画狼藉，如三尺之童。九十八岁老人刘海粟。

在此画页上，海老亲笔题：

其庸老友谠存　刘海粟

这幅画是为保良局举行海老书画义卖画的。我得到此画后，喜出望外，第二天，我就写了四首诗，诗题是《得海老香港书来，感怀有呈》，诗云：

一

海老书来喜欲狂。相望隔海急挥觞。

愿公健笔如天马，骏蹄倏忽过重洋。

二

翰墨淋漓老伏波。纵横挥笔似挥戈。

平生写尽山千万，未及胸中一点螺。

三

临别依依在草堂。豪情原共作华章。

匆忙一自分携后，梦魂夜夜到海棠。

四

> 倾倒平生是海翁。范宽马夏即今同。
>
> 执鞭若许随骖后，我是奚囊一小童。

事后，我将四首诗写好寄到香港海老住处海棠阁。

到 10 月 28 日我因举办"红楼梦文化艺术展"去香港，第二日晚间，即由刘才昌兄陪同去海老住处海棠阁拜望。去时海老正在吃晚饭，他穿着大红毛衣，胸前挂着一块洁白的餐巾，坐在椅子上，背后是一幅红地洒金笺大寿字，是海老亲笔所书，我一看这个场景太好了，太富有生活气息和艺术气氛了，连忙拿起相机，为海老连拍了几张照——其中一张，就是后来海老百岁华诞时放在他房间里的一张。海老见我去，高兴非凡，索性连还有半餐晚餐都不吃了，陪我们坐到沙发上谈话。海老说为什么不上午来，要上午来就好一起作画了。我拿出写好的怀念海老的诗卷，海老看了大加赞赏，说这一卷留给上海的刘海粟艺术馆，请我再写一卷送给常州的刘海粟艺术馆。海老马上告知家人，说一定要请我吃饭，要好好安排。海老依然念念不忘合作画画的事，当时就约定 11 月 4 日下午，再去海棠阁合作画画。10 月 31 日下午，由刘芳小姐来陪我去海棠阁再度与海老会晤，然后同过香港由海老、夏师母主席，举行欢迎我的宴会。当时赴宴的有好多位贵宾，其中还有一位是台湾来的，可惜我没有能记住名字，真是失礼得很。

到 11 月 4 日下午，仍由刘才昌兄陪同我到海棠阁。我们走进海老画室，只见他已先画好了一幅泼墨牡丹。夏师母说，海老已很久不作画，所以先画一张试试笔，可见海老对艺术是多么认真！海老见到我去，非常高兴，让我看这幅泼墨牡丹，并说你就题首诗罢。我遵海老的命，写了一首我题墨牡丹的旧作，诗云：

富贵风流绝世姿。沉香亭畔倚栏时。

春宵一刻千金价，睡起未闲抹燕支。

海老看后大加称赏，接着我就画了一幅泼墨古松，以祝海老百寿，并题句云：

秋风不用吹华发，沧海横流要此身。

这是金代诗人元好问的诗句，我恰好借来祝颂海老。

　　之后，我们就开始合作画画了，海老见铺在案上的是一张四尺整幅，他说纸太小，换大的来，于是就换了一张六尺整幅的宣纸。海老说：你先画罢。我考虑到海老的高龄，不能让他过累，所以就毫不辞让。我想不管好坏，我多画几笔，海老就可少画几笔，省点力气。于是我想起前不久我在新疆和田看到的一棵葡萄王，已经有二百五十年的寿命，当年还结六百公斤的葡萄，葡萄的树干，已大如古树。于是我即以此为心中的范本，挥毫作画，画完枝干，又画了些叶子和葡萄，然后请海老命笔。海老端详了一会儿，提笔就添枝加叶地画起来了。画家常说"大胆落墨，小心收拾"，而"收拾"是最难的，经海老巨笔一收拾，居然这幅画就神采奕奕，颇为动人了，这当然都是海老点化之功！

　　画完葡萄，海老端详了一番，就开始题款。只见他稍一思索，援笔即书，而且行款笔直，下笔流畅，看海老的这种神思，哪里像已近百岁的老人！海老题句云：

泼墨葡萄笔法奇，秋风棚架有生机。

一九九三年十一月四日　冯其庸
刘海粟　合作

然后是各自用印。我看到海老把我的名字写在前面时，连忙说不应该把我的名字写在前面，海老说，是我题款，当然应该先写你的名字。可见老人即使是一个细节，也是虚怀若谷，一丝不苟的。实际上海老的一举一动，都是后学的楷模，是一种无声的教育，是直接的身教。

当天，《大公报》、《文汇报》还有香港其他各报的记者都在场，电视台还录了像，所以第二天，各报就纷纷刊出了这个消息，还用显著的地位刊出了这幅画。回忆海老1982年在黄山小白楼与我见面时，就约我留三日合作画画，至今刚好整整十年，这个宿愿终得以偿，这不能不说是我的莫大幸运，也是老人对后辈的眷眷关注。

我与海老的交往，当然也是与夏师母的交往，我深深感到夏师母与海老是同一胸怀，海老的一切，都是在夏师母支持下完成的。海老百年的艺术生涯，光辉的一生，实际上夏师母是默默的贡献者，是在海老伟大的艺术背后辛勤的劳作者，所以海老对中国美术和世界美术的伟大贡献，其中也包含着夏师母的贡献。

我与海老相交整整二十年，从未听到海老说过别人一句不好的话，从未听到他有任何埋怨。按理，海老所受的人生折磨是够多的了，但他却始终胸怀祖国，心向人民。我听说他在西德时，西德总理邀请他留居西德，那时国内正是一场政治风波之后，思想比较混乱。但海老却说：我是中国人，我自然要回去，到贵国来做客是可以的，但是我是要回去的。海老的这几句话，真是掷地作金声，当时也有一些人担心海老会留居海外，我却断然相信海老一定回来。我的那首长诗末四句是："归去来兮百岁翁。故园墨池浪汹湎。待公巨笔一挥洒，扫尽阴霾贯长虹。"就是基于对海老坚定不移的信念才写的。

海老去世了！

一代巨星陨落了！

人们心头忍受着巨大的悲哀，世界承受着巨大的悲哀。在送别海老的时候，我专程从北京赶到上海。那正是酷热的时候，我是从友人家里步行往殡仪馆的，整个殡仪馆挤满了人，根本无法进入灵堂。我站在灵堂前的院子里，几乎无立足之地，幸亏被海老的亲属看见了，想法硬是从出口处把我塞进去的，我终于最后看到了海老，也看到了沉浸在悲痛中的夏师母。我没有什么话可以安慰她，我自己也被沉重的悲痛压得喘不过气了。我向大师深深地鞠躬，但我觉得如在梦里；海老可能睡着了，说不定他也是在梦里！我沉浸在悲痛和幻觉里，木然不动。后面的人涌上来了，幸亏刘芳小姐看到了我，赶忙把我扶出了灵堂，并把我交给同我一起来的王运天，请他陪同我回住处。

8月8日我在绍兴，从电视中看到海老逝世的消息后，彻夜未眠，当时曾写了五首哭海老的诗，后来回到北京，痛犹未已，又写了三首悼诗，除开头的两首外，其余一并录在下面，作为这篇悼念海老的文章的结束。

哭刘海粟大师

一

九月去年画竹枝。凌云万丈有余姿。
凭公横扫千军笔，留得清风万古吹。

二

海上相逢已暮春。豪情犹作黄山行。
平生百劫千难后，一片丹心奉赤诚。

三

传来噩耗忒心惊。恐是迷离误姓名。
后约分明依旧在，清秋时节拜先生。

四

记得淞滨话别时。重逢已订菊花期。
岂知小别成长别，更向何方觅大师。

五

晚岁相逢恨太迟。白苏才调作画师。
风流高格何人赏，零落天南笔一支。

六

痛闻海老已仙游。从此江山空蔡州。
最是伤心情未了，文章尚未报白头。

1996 年 1 月 8 日深夜 2 时 30 分于京华瓜饭楼

天末怀海翁

——为沈祖安兄所作刘海粟《存天阁谈艺录》一书而作

今年9月9日，我从上海回北京，临上车的时候，得知海老已从黄山回来，可惜不巧，已值我登车北归了，否则我们在上海再度欢叙，共谈游黄佳话，该有多好！

我所以这样说，是有原因的，因为海老上黄山之前，就住在钓鱼台国宾馆，他几次写信给我，还给我画了画，我先后三次去看望他，他很健谈，精神极好，他看了我的画，大加称赞，并约我同作黄山之游，合作画画。但我因为俗事羁身，不能从他作汗漫游，实为遗憾。回来后，我为海老十上黄山的画展，题了三首诗写成卷子寄给他。诗云：

> 黄岳归来两袖云。人间一笑太纷纷。
> 多公又奋如椽笔，挥洒清风满乾坤。
>
> 十上黄山不老翁。九三犹自战秋风。
> 山灵应识神仙客，彩笔几番写险峰。

16

天末怀海翁

百岁海翁不老松。莲花峰顶接苍穹。

低声悄向青溟语，明日为君写新容。

　　其实，海老九上黄山的时候，我也是与他在一起的。那是 1982 年 8 月 8 日，我刚从天都峰、莲花峰经北海回到山下，得知海老是日已到黄山，住小白楼。晚间即与袁廉民、王少石两君同去拜访，海老正在挥扇乘凉，见我们去，极为高兴，大声谈笑，意气飞扬，袁廉民兄还为我们拍了照。海老要留我三日，一起作画，我急于就途，不准备留下。哪知第二天送我走的汽车出了问题，走不成了，只得留下。当时不知道海老在何处，因循桃花溪游虎头岩，觅鸣弦泉，归途折至桃源亭，却见海老在亭中挥毫，泼墨画天都峰毕，看见我去，他掷笔大笑，说："我说你走不了。"说罢就要我为他题画，我颇费踌躇，因为海老的大作，倘被我题坏了，岂不是罪过。海老见我犹豫，立即连催带逼，叫我动手，我一连为他题了三幅，才告辞而别。第二天我辞别海老，也辞别黄山，到了南京再转宿县，在宁宿车中，我写了一首长诗，其中有一段写到我与海老在黄山相遇的情景，诗云：

当今画黄谁第一。毗陵老人刘海粟。

九上黄山气如虹。巨笔扫出天都峰。

泼墨泼彩皆随意，笔墨已同造化工。

最难风雨雷电日，此老竟在最高峰。

铺纸挥毫和雨点，烟云飞入画图中。

忽见虬龙欲腾去，却是海老走笔泼墨所画之古松。

我对此老钦且佩。纵横今古无与对。

千年育秀谁之功？自是黄山七十二奇峰。

我今游黄第五回。冒雨直上鲫鱼背。

天公怜我痴且顽，顿开笑颜扫阴霾。

莲峰露出半面妆，耕耘玉屏肃相待。

四顾茫茫皆云海，忽然身在缥缈间。

次日复登莲花峰。极目欲尽东海东。

苍山万重皆锦绣，青天削出瘦芙蓉。

游山归过桃源亭。忽逢海翁作烟云。

清风故人不期遇，相视而笑莫逆心。

海翁命我题新图。挥毫我亦胆气粗。

题罢掷笔仰天笑，世间痴人翁与我。

千载此会难再得。惟恐天风海雨吹去无踪迹。

归来濡墨不假思。走笔吟此黄山诗。

忆昔米颠只拜石，我与海翁却拜山。

愿乞海翁如椽笔，画取双痴拜山图，

留此惊世骇俗之奇迹。

　　我与海翁还有一桩极有意义的事。大概是 1981 或 1982 年夏天，我与海老、夏师母、沈祖安兄一起在中山公园音乐堂露天剧场看李小春的《闹天宫》，李小春的孙悟空确实演得不错，谁知正当戏演得炽烈的时候，天却下起雨来了，起先是小雨，我们谁也没有吭声，认真看戏，慢慢地雨愈下愈大了，周围的人都散得差不多了，零零落落，只剩下几个，海老却端坐不动，并且说只要台上演，他就看。于是我们一边淋雨，一边看戏，我真为海老担心，觉得万一淋坏了怎么办，谁知海老却全神贯注地看戏。幸好，就在这时，台上的戏也不演了，我们才一同起身回他住的宾馆。到了宾馆，赶忙换衣，看看脱下来的衣服几乎湿透了。这使我想起海老有一次对我说，他在天都峰作画，碰到风雨交作，他画兴大发，找了一个可以躲避风雨的地方，面对着倏忽变幻的风云，迅笔疾书，作成了一幅淋漓尽致的《黄山图》。海老说，在山上遇到风雨变幻，这是机遇，往往有意想不到的奇景出现，而这种奇景往往稍纵即逝，若不立即捕捉，则以后就不可求了。海老的这种感受，正如东坡所说的"作诗有如追亡逋"一样的意思，可见诗画本来是相通的，也可见那天冒雨看《闹天宫》，也完全是海老追求艺术的一种忘我的表现。艺术家的身心可见无时无刻不是紧紧地与艺术结合在一起的。

今年4月3日，海老在钓鱼台给我一信，说：

> 其庸教授友爱，黄岳一别，于今六年，云何不思？得惠书，欣慰无量。山东摄影艺术基金会当全力支持。贵州人美印的《花溪语丝》已经送来，便中掷下看看。我们的好友江辛眉物故，殊可痛怀，人之不可期也如此！政协会议结束，我打算在此休息几天，届时当趋访畅谈，草草具答，余惟珍爱，不宣。
>
> 刘海粟　八八年四月三日

接到此信后，我即与贵州人美的张幼农同志一起到钓鱼台去看望他，那是4月5日的晚上。我与他已经六年不见，我看他丰采依然，谈笑风生，夏师母则在里间由着我们快谈。海老看了我的画，大加鼓励，有些鼓励的话，说得我都不敢加以重复，海老却一本正经地说：我说的全是真心实话，我不喜欢说假话。又说全是青藤笔意，此诗人之画，学问人之画，气质不同，出手就不凡，故不与人同也。海老说，你比我小三十岁，还年轻，大有可为。海老又顾谓张幼农曰：此无半句虚话。我从来只说真话，故成为右派。冯公之画，我看了大吃一惊，想不到能臻此境界。海老又说：别的都要翻译（指对外国人），只有画不要翻译，画自己会说话，只要挂起来就行了。

海老又对我说，他是常州人，我是无锡人，是紧邻。他说：我从十二岁就读书，静远堂藏有木版，在印刷《史记》。我当时即问：何谓《史记》？大人却斥之曰：小孩不要问，长大了自会读到。我回家就问母亲，母亲说是太史公《史记》。我又问：何谓太史公？母亲说：就是汉代记历史的官。后来，我读到司马迁的《报任安书》，影响很大，整个心灵都被震撼了，一直没有忘记。以后又读《红楼梦》，被母亲看见，打了我一下。母亲甚爱我，从未打过我，就是为了看《红楼梦》打了我一下。我当时反抗说："与《史记》一样的！"现在看来，这句话分量很重，但当时是个小孩，只觉得《红楼梦》写得好。《红楼梦》确是一部了不起的书，曹雪芹大才，无所不包。

海老说他身体很好，主要是几个"得"字，放得下，吃得落，睡得着。过去有人整我，我却劝他们要学好，我们要以德报怨，气量要大一点，个人的事过了就算了，不必太计较。他又说：扬州八怪，就是一个金冬心好看看，郑板桥不行，太俗。我说：连他的字也俗。海老说：正是。海老又说：你的画了不起，开完政协会后，来一起作画。他又转过来对张幼农说："是我请他来合作，不是他要求我合作。"海老又说，还要十上黄山，一起去，要带写生夹，很方便，翻开来就画。

我们如此纵谈，足足谈了一个半小时，可惜没有来得及把他的话全部记下来，记得他还谈到他收藏的古画等。

确实，海老的这些话，既是艺术创作的甘苦之言，也是书画鉴赏家对书画的精深的评鉴，而且也是治学、为人的宝贵箴言。

5月28日，海老又给我一信，说：

其庸教授友爱，国际摄影艺术基金会筹备完成，欣慰无量。"艺海无涯"已书就，但笔札荒芜，恐不可用。又水墨葡萄一幅，祝贺老兄访新加坡播扬红学成功。草草具答，余惟珍爱，

天末怀海翁

不宣。

刘海粟　一九八八年五月二十八日

除此信外，海老又另纸写一首诗，诗云：

一梦红楼不记年。须弥芥子如长天。

饭瓜换得文思健，无痴无怨即神仙。

其庸词兄吟正

同函，海老又送我一张泼墨葡萄，题曰："骇倒白杨，笑倒青藤，唯有其庸，不骇不笑。刘海粟九十三岁乱书。"这幅画上，海老打了四个图章，右上角是"心迹双情"阴文，名字下是"海粟不朽"阳文，左中边是"石破天惊"阳文，左下角是"曾经沧海"阳文。一幅画上精心地打上这么多的图章，可见海老对艺术的认真的态度了。

我从 4 月份在北京与他分手后，至今忽忽又已半年多了。听说他黄山下来后在上海举办十上黄山画展，受到了极大的欢迎。现在又去了香港，在香港举办画展，其轰动的盛况是可以想象得到的。

九十三岁的老人，依旧豪情如昔，壮气如山，任何人与他接触，都会被他的这种气吞河岳、如火如荼的热情和气概所折服，都会被他的这种热爱祖国、热爱艺术、热爱生活的精神所感召。

现在老人已到了南国，而我却在北京深深地怀念他！

1988 年 10 月 31 日夜 12 时半于瓜饭楼

黄山歌并序

——赠刘海粟大师

　　1982年7月30日，予承安徽省政协文化组、中国作协安徽分会之邀赴合肥访问，晤魏心一、赖少其、朱泽诸同志。越日，访少其同志于稻香楼，见其所作巨幅山水，千岩竞秀，万壑争流，笔阵纵横，莫可与京，置身其间，如在万峰中也。8月3日，赴黄山，留宿泾县，试宣、徽二笔厂之兔毫，复至小岭纸厂试宣纸。4日，抵黄山，同行者有袁廉民、刘祖慈、王少石三君。5日晨冒雨登山，午后雨止，登天都峰最高处，四顾苍茫，身在云海中也。是夕，宿玉屏楼。6日登莲花峰顶，俯瞰群山，皆躬身如朝莲峰。复历百步云梯，经鳌鱼峰、平天矼至西海，观西海群峰之缥缈隐现，出没无常，古松耸翠，群峰罗列，几不忍别。是晚宿北海散花精舍，面对后山诸景，俯视散花坞，右揽始信峰，左攀狮子峰，山色烟霞，皆入予怀袖中矣。8日下山，因知刘海老已抵黄山，宿于对面之小白楼，中隔桃花溪。是夕，由徐永万同志导予往访，同去者袁廉民、王少石。予与海老别已三年，不意竟在黄山相遇。海老留予再宿三日，欲共作画，予以事迫，不可久留，乃定明日离黄回南京。濒行，车出故障，复值故人吕秋山强留，不得已，再留一日，因循桃花溪游虎头岩，觅鸣弦泉，归途折至桃源亭，恰值海老在亭中挥毫，泼墨画天都峰毕，见予至相顾大笑，属予题记，因为题诗而别。

忆予游黄，今已第五回矣，山灵当以我为故人也。

11 日至南京，13 日自南京赴宿州。车中岑寂，因试为长歌，口吟默识，不复依韵，求其顺口达意而已，固不必以诗目之也。

我梦黄山五十年。黄山梦我亦当然。画图几识春风面，文字曾参笔底禅。我昔曾见梅瞿山。遗貌取神弃俗眼。嶙峋突兀清到骨，秀出天外两峰间。古松蟠屈如卧龙，欲待云雨飞上天。此老精神元不死，妙笔长留后人参。又有山僧名石涛，元气淋漓笔如椽。纵横捭阖不可挡，变幻莫测如云烟。我昔见其山水幛，悬之壁间气森然。此画至今不能忘，闭目如对山人颜。又复见其汤池图，吟诗欲上莲峰巅。此翁一去五百载，巨名长令后人怜。近代画黄欲数谁？举世皆知黄黄山。宾老用笔如锥沙，瘦硬干枯透纸背。墨色黝然深且秀，此境得之晨夕间。世人看山取皮毛，欲赏黄画难更难。岂知山灵现神处，正在雨后夕照清风明月间。虹叟看山九十载，得此真意诚难哉。可惜世人都不识，令人千载发浩叹。当今画黄谁第一？毗陵老人刘海粟。九上黄山气如虹。巨笔扫出天都峰。泼墨泼彩皆随意，笔墨已同造化工。最难风雨雷电日，此老竟在最高峰。铺纸挥毫和雨点，烟云飞入画图中。忽见虬龙欲腾去，却是海老走笔泼墨所画之古松。我对此老钦且佩。纵横今古无与对。千年育秀谁之功？自是黄山七十二奇峰。我今游黄第五回。冒雨直上鲫鱼背。天公怜我痴且顽，顿开笑颜扫阴霾。莲峰露出半面妆，耕耘玉屏肃相待。

23

四顾茫茫皆云海，忽然身在缥缈间。次日复登莲花峰。极目欲尽东海东。苍山万重皆锦绣，青天削出瘦芙蓉。游山归过桃源亭。忽逢海翁作烟云。清风故人不期遇，相视而笑莫逆心。海翁命我题新图。挥毫我亦胆气粗。题罢掷笔仰天笑，世间痴人翁与我。千载此会难再得。惟恐天风海雨吹去无踪迹。归来濡墨不暇思。走笔吟此黄山诗。忆昔米颠只拜石，我与海老却拜山。愿乞海翁如椽笔，画取双痴拜山图，留此惊世骇俗之奇迹。

1982 年 8 月 13 日自金陵赴宿州车中口吟

刘海粟、夏伊乔书画展序

　　我与刘海粟、夏伊乔两位老人认识，是在上世纪 70 年代末。那时"四人帮"垮台不久，海老应文化部长黄镇的邀请到北京来开画展。有一天，他与夏师母两人突然到我中国艺术研究院（在原恭王府内）办公室来看我，我恰好不在，他就给我留了条，我回来见到留条后，立即就到他住处去看他。相见之下，欢若平生。因我倾慕海老已数十年，一旦意外相见，岂能不惊喜！从此以后，我与海老和夏师母的交往就再也没有间断过。海老在美国、德国都与我有联系。海老在德国时，有人认为海老可能留在德国了。那时国内正是"六四"事件以后，社会思想还不十分稳定。但我认为海老肯定会回来的，我深信海老的爱国思想，他是不会将异国当作故乡的。我当时写了《天末怀海翁》一首长诗，过不多久，海老和夏师母果然回来了，事实证明了海老的爱国胸怀。

　　海老在中国绘画事业上的贡献是众所公认的，尤其是他个人创作的成就，更是为大家所推崇。所以这次重展他的一部分经典性的作品，以资今人瞻仰而为后世法，是一件非常有意义的事。

　　但夏伊乔夫人的画，却为世人所少见，这里有必要介绍一下。

　　我认为刘海老在艺术事业上的巨大成就，除了他个人的勤奋、天赋、百折不挠的意志和诗人的气质外，夏师母始终支持他，虽历百劫千难而不改其志、不变其态，始终如一，这是非常重要的一面。夏师母祖籍浙江鄞县，生于上海，早年随父母移居南洋印尼后，他的家庭成为富有之家。但她不愿做富家的千金小姐，而却喜欢美术，追求美术，从而崇拜美术大师刘海粟、追随刘海粟。后来，海老被错划成"右派"，受尽折磨，在十年浩劫中更受到了巨大的冲击。但夏师母却始终如一地理解他、支持他，在生活上照顾他，在长期的病痛中护理他、爱护他，使他得到温暖，得到精神上的支持，使他得以重新获得艺术创造力。终于凭着他们的坚强意志，凭着他们对祖国美术事业的赤胆忠心，更凭着他们两人之间的互相坚信始终不渝的真情，跨过了海老的人生劫难，迎来了海老的百岁大庆，迎来了四海嘉宾，迎来了华堂灯火，也就是迎来了海内外对海老辉煌事业的举世公认！

我们可以说，夏伊乔夫人用她自己的生命，保护了一位不世出的艺术大师，保护了一位国宝级的巨匠。所以，在刘海老的巨大艺术成就的背后，是有着夏师母无怨无悔、默默无闻的贡献的。

至于夏师母的画，有的已经散失了，就拿仅存的一些作品来说，如1953年临的明人周白川的泼墨山水人物，用笔多么爽利，控纵俱各有法，无论是山石、人物、树木，笔法墨法，整然有序，无怪这幅画，会得到叶恭绰、章士钊、陈半丁等名家极高的评价。再如1954年画的巨幅《黄山图》，其用笔的老辣苍劲，酷如刘海老。我初一看一直以为是海老的巨作，及到细看卷首海老的长题，才知道是夏师母的作品。看这幅山水的用笔设色，真堪称是女中丈夫，笔墨无一点柔弱之意。海老说："此卷乃伊乔1954年黄山西海门写生，旭日初照，阳光煦丽，松石用笔简练，虚实兼到，层次远近，十分爽目，平生合作也。"海老这一段话，确是的评，读者可以验证。再如1955年6月临明人的工笔花鸟长卷，也是一幅极具功力的作品，于工整中寓生动之意，翎毛用笔轻松，各种不同的禽鸟，各具姿态，栩栩如生。花卉设色，艳而不俗，工而不滞，足见她的功力之深。还有她的临恽南田、临倪云林，皆笔墨有致，有书卷气，能得倪、恽之意。特别是那幅《四君子图》，夏师母画竹，潘素画菊，张伯驹画兰并题，刘海老画梅，沈裕君题篆书"四君子图"四字，图中五人，全是当世闻人，也全是我的熟人，现在除夏师母外，俱已作古，对之不禁令人兴叹！还有一幅设色山水写生长卷，用笔设色，严整而有新意。画中描绘了祖国的新面貌新建设，而仍是浑然一体的传统笔墨，令人感到画家与古为新，镕新旧于一炉的创新本领。

夏师母也作过多幅油画，其风格酷似刘海老，也极耐人细看，于此，可见她画才的多面丰采。

合以上各端来看，夏师母如果单从自己着想，一心从事创作，她成为一名著名的画家，是绝无疑问的。但是为了刘海老，她却搁下了自己的画笔，以照顾爱护刘海老为自己的毕生职责，这种成人之美的高贵品德，实在令人钦佩不已！

特别要强调的是，在海老逝世后，夏师母率领她的子女，为实现海老生前的遗愿，毅然将海老上千件作品及大量收藏捐献给了国家，所以刘海老和夏师母始终是一对对祖国充满着热爱的令人崇敬的爱国者。

我面对着海老和夏师母的作品，不禁思绪万千，感慨万千，缅怀无尽！

我认为这次画展，不仅仅是展览了他们的画作，而且也是展示了他们高尚的爱国情操，展示了他们对艺术事业毕生的忠诚！

我预祝这次画展顺利成功！

2005 年 4 月 16 日晚 12 时

《朱屺瞻画册》序

朱屺瞻先生今年已经八十八岁高龄了。他出生于江苏太仓，太仓古称娄东，那是一个山明水秀、历史上曾出过不少著名画家和文人的地方。由于家庭环境的影响，他从小就对绘画有浓厚的兴趣，八岁起开始自学兰竹，于读书之暇，濡毫弄笔，乐此不疲。稍长，即进"上海美术学校"学习油画；二十二岁，任该校教师，并和徐悲鸿、汪亚尘等熟识，常在一起作画，结下了深厚的友谊。二十六岁东渡日本，从藤岛武二等人学习素描。归国后，即于故乡浏河自辟画室，取名"梅花草堂"，全力从事油画民族化的探求。他对于法国著名画家塞尚、马蒂斯，荷兰著名画家梵高等人的作品，作过深入的研究，认为他们的作品不少地方具有东方艺术的特色。特别是马蒂斯的一些创作主张，如对形象的夸张和变形，造型的单纯和概括，以及构图上的取舍等等，都和中国写意画的创作有某些相似之处。他经常背着画箱画夹外出写生，足迹遍于江、浙数省，企图通过自己辛勤的写生和创作实践，以及通过对西方艺术的研究和借鉴，创造出一种具有东方情调的、有中国气派的、适合我国人民欣赏习惯的新油画。可惜的是他这个时候大量的油画习作和创作，在历次的变动中，几乎全部散失了。后来他迁居上海，受聘于"新华艺术专科学校"，担任研究班主任。这时，他除了从事油画及中国画的创作外，还十分注意收集我国历代书画家的优秀作品。但是他的藏画，并不是玩古董，而是为了学习和借鉴。他特别喜爱沈石田、徐青藤、朱耷、石涛、金冬心、赵𢡱叔和吴昌硕等人的作品。这些画家的作品，风格独特，个性鲜明。他竭尽全力多方搜求，晨夕与共，细心揣摩。因此，他对这些历史上著名的画家各自不同的艺术特点，都有较深的理解。这些著名画家的优秀的笔墨技巧，对他的绘画起着深刻的影响，所以这位当时以画西洋画为主要专业的画家，所作的中国画，一直保持着民族绘画的特色，没有那种生吞活剥的"洋气"。这一时期，他的绘画艺术虽然个人风格尚不十分鲜明，但是随着阅历的不断丰富，艺术修养的不断提高，加上他的刻苦学习，他的个人风格逐渐地开始成熟起来了。这时他还结识了很多学识渊博、艺术造诣很深的师友，如唐文治、钱名山、王一亭、黄宾虹等。他和他们时相往还，共同探讨，在文学、书法、绘画等方面对他的影响很大。而和他交往最深对他影响最大的，却是远在北京的齐白石。由于艺术观点的一致，也由于他在齐白石尚未被广大观众赏识的时候，便高度赞赏和推崇他的绘画和篆刻，因此被齐白石引为"平生第五知己"，为他刻了一方"第五知己"的图章。他们时常书信来往，论画谈艺，齐白石在赠给朱屺瞻的墨梅上题道：

> 屺瞻先生既索余画梅花草堂图并题诗句，又索刻石，先后约四十印。今又索画此墨梅小幅，公之嗜痂，可谓有癖矣。当此时代，如公之风雅，欲再得未必能有，因序前事，以记知己之恩，神交之善，非为多言也。戊寅春三月，齐璜白石居燕京第二十一年矣。

这是 1938 年的题记。到了 1944 年，朱屺瞻先生又作《六十白石印轩图卷》，齐白石曾为作跋云：

> 人生于世不能立德立功，即雕虫小技亦可为。然欲为则易，工则难，识者尤难得也。予刻印六十年，幸浮名扬于世，誉之者固多，未有如朱子屺瞻，既以六十白石印自呼为号，又以六十白石印名其轩，自画其轩为图。良工心苦，竟成长卷，索予题记，欲使白石附此卷而传耶？白石虽天下多知人，何若朱君之厚我也，遂跋数语。甲申秋八十六岁白石，尚客京华寄朱君海上。

后一年，朱屺瞻先生作《梅竹卷》，齐白石又为题诗并跋。从上面这些题跋，我们可以充分看到他们当时交谊之深，而且不但是朱老对齐白石的无比推崇，也可以看到白石对朱老也是非常称誉的。这种情况，令人想起了诗坛上的黄山谷与苏东坡。只有真正的艺术家，才能对别人衷心钦佩。也令人想起齐白石对青藤、雪个、吴昌硕的无限崇拜的佳话，齐白石对他们衷心钦佩竟到"我欲九原为走狗，三家门下转轮来"的地步。这种善服人的精神，是多么值得称道啊！

由于屺瞻老人与齐白石的如此深厚的友谊，齐白石在艺术上独创精神和坚韧不拔的斗争勇气和信心，也深深地影响了朱老，后来他请齐白石刻了一方图章"开生面"以表示自己在艺术上要别开生面的精神和决心。

抗日战争时期，朱老十分关心国家命运，支持并掩护过进步学生的爱国行动，对于当时国民党政府的投降卖国政策，表示深恶痛绝。这时他请齐白石刻了两方图章："傲霜"、"不屈不挠"，经常在画上使用，借以表示他和广大人民敌忾同仇的态度和高尚的民族气节。抗战胜利后，他对国民党的倒行逆施表示了极大的愤慨，在上海重新经营"梅花草堂"，以甘于冷淡生涯和寂寞岁月的梅花自况。他除了埋首画室，继续从事油画和国画的研究外，闲时，就像齐白石的赠诗所说的那样，"无事卷帘看梅花"，于岑寂孤独中，反映了他愤世嫉俗的心情和态度。这一时期，他创作的墨笔梅竹长卷等作品，突出地表现了他不同流俗、推陈出新、在艺术上自立风标的气派。这标志着他的艺术个性和独特的艺术风格已经成熟了。

解放后，他受聘为上海画院的画师，在各方面受到了党和政府的关怀，他积极参加各项政治活动和学术交流活动，在党的文艺方针的感召下，为了适应我国人民的欣赏习惯，为了在传统绘画的基础上实现他大胆创新的设想，为了他具有独创精神的艺术个性能够在国画方面充分发扬，他毅然放弃了自己为之钻研了数十年的"印象派"油画艺术，全力从事中国画的创作。为了描绘祖国的壮丽河山，从生活中探求新的表现技巧，他以七十岁的高龄，曾两次登上黄山勾稿写生。有一次因大雨，公路被山洪冲断，但他还是不辞艰辛，在雨中跋涉了一天，深夜摸黑到了黄山，同行者莫不为他这种坚毅顽强的精神，为艺术而勇敢进取的态度所感动。以后他又南游新安、富春、雁荡、广东一带，积累了难以数计的写生画稿。人们说"老不入川"，然而他却于六十六岁时，渡三峡，登青城，并四上井冈山，以极其崇敬的心情，创作了描绘革命圣地的山水画六十余幅。1961、1962年，他曾先后于上海、南京、西安等地举行个展。他那气势雄伟、笔力劲健、色彩浓丽、布局新颖、富有浓厚的生活气息的山水画和花卉画，得到了广大观众的高度赞赏。

"文化大革命"中，他和全国人民一起，经历了一次大动荡、大考验，这使他对真和假、美和丑、善和恶有了进一步的认识，他的思想境界有了新的提高，当时不少画家都被迫搁下了笔，但是他却独自躲在家中，作画更加勤奋。为了继续向传统学习，在1973、1974年间，他以极大的精力和耐心，以复制品或照片为依据，临摹了大批流失在外的五代、宋、元名画家的作品。他说：临摹这些画，主要目的是进一步学习传统。同时，也包含着他对这些历史上的名作的怀念之意。他所临摹的画，有荆浩、关仝、董源、巨然、郭熙、马远、王蒙、吴镇等人的作品。这近百幅的临摹画，大多是巨幅，不少都在六尺以上，足见他对这一工作的重视和用心。

由于思想变化了，认识提高了，他的创作思路和范围也比过去大得多了，艺术风格也进一步有了变化，形成了他那粗犷奔放、清新拙朴的独特风格，过去那种孤芳自赏、片面强调高洁的形象已不再在他的画里出现，代替它的是长川大岭、苍松巨石，看了使人神往。特别是"四人帮"垮台以来，他的精神面貌焕然一新，用笔再见泼辣，设色更趋浓艳，立意愈觉新奇，充满了时代的朝气。前年他为了领略北方山水的雄奇面貌和古长城的雄伟气派，竟以八十六岁的高龄两次登上八达岭，并当场写生打稿，同行都对他的精神毅力感到敬佩。

已经年近九十的朱老，在艺术上的独特风格和高度成就，是十分突出的。无论是把他放在前代的画家或当代的画家行列里，都能显示他那独树风标和与众不同的艺术个性来。

他的艺术风格最显著的特色之一，是那种雄奇奔放、豪迈粗犷，有如急风暴雨、惊涛骇浪的气势。中国传统绘画中的写意画派，一向讲究笔墨的"雅"，讲究"书卷气"或"文人画"的气派，即使纵放如徐青藤、石涛、八大、李复堂乃至近世的吴昌硕等等，无不如此。但是，屺瞻老人的画，在他们的基础上又有了新的特色。这种特色，就是比起上列诸人来更加显得具有奔腾澎湃、一泻千里、笔歌墨舞之势，具有一种雄壮的美的特质。不仅如此，朱老的画粗一看给你一个突出的印象就是：粗犷。粗犷，这似乎是不好的字眼，然而我们知道画家要求自己的笔墨圆熟易，要求生辣难。郑板桥曾说："画到生时是熟时。"这个生，也就是笔墨不落常套，所谓"粗服乱头，不掩国色"。这八个字里，包含着天然的美，真实的美，不假修饰的美在里面，这样的美，才是合乎大自然的本性的美，然而从表现上来说，要从粗服乱头中表现出这种大自然的本质的美来，比起那种装点假借的美来，要困难得多了。譬如画兰，无论是郑思肖、文徵明、徐天池以至于金冬心、郑板桥，他们都不失为画兰的名家，他们所画的兰花，自然都名重艺林，然而就其画兰的风格来说，则以上诸人的兰花，大都是用笔疏朗，风神萧散，有如经过园艺工人整理梳剪过的盆栽的兰花。但是朱老笔下的兰花，却截然不同，他在李晴江、吴昌硕、齐白石画兰的基础上加以发展，形成了自己独特的风格。所作兰花往往是纵横离披不假修饰，用笔粗犷如急风骤雨，而且在交错杂乱的兰丛中，还夹杂着棘刺横生的荆榛，这显然不是盆栽的兰花，而是天然野生经风经雨的空谷幽兰。前年我曾看过他的一幅二丈四尺的兰竹长卷，其用笔的泼辣，气势的磅礴，真是到了令人惊叹的程度。每展此卷，面对着那种奔腾澎湃的气概，犹如读太史公《项羽本纪》，那种笔阵纵横、元气淋漓的气势，不由得使你惊心动魄；其用笔劲峭布局严密处，犹如读荥阳之战、垓下之围的文字，真有狂飙突起、风雨骤至之势。所以，读朱老的画，首先给人的印象就是他的磅礴的气势和感人的力量。不管是寻丈巨幅还是尺页小品，他都以澎湃的激情、充沛的精力、酣畅的笔墨和强烈而谐和的色彩构成这种气势。

他的不少山水画，有时虽然结构简单，丘壑不多，甚至有时连章法也显得平实无奇，但总能给人以雄浑奇伟的壮美的感觉。收在这本画集里的，不论是试图表现某种哲理思想的《浮想小写》，还是描写辛弃疾词句的《千峰云起》；不论是不施彩绘的水墨山水，还是墨彩缤纷的"泼色山水"；也不论是江水滔滔的激流，还是夕照中的巨岩，都能给你以这种壮美的感觉。在这些画幅上，我们不仅能感觉到艺术家笔下的大自然的魅力，我们还可以看到画家宽广的胸襟和他的旺盛的精力。在一次展览会上，我们看到了他的一幅葡萄，在丈二巨幅上，只画着用两根竹竿支撑着的几串葡萄和纠缠着的一些枯藤而已，但在朱老重如坠石、疾如迅风的笔下，那种雷霆万钧之势，"如惊电奔云，屯屯自起"（石涛语）。面对着这幅画，读者都无不为之感到振奋，感到画家的精力弥满。可以毫不夸张地说，在朱老的这种雄奇奔放、豪迈粗犷的独特的艺术风格里，充分表现了画家雄视千古、气吞山河的精神力量和气概。

朱老的艺术风格的另一特色，是他的用色的奇丽纵恣、绚烂多彩。在这方面，可以说他也是具有别开生面的独创性的。

本来中国传统山水画的设色，并不是什么特殊的事情，然而，朱老在色彩的运用上，远非前代画家的传统画法可比。由于朱老长期从事过油画的研究和创作，数十年来他一直摸索着在传统绘画的基础上，恰当地吸收西洋画的技巧，以取彼之长，补己之短。朱老一直感到中国画在色彩的使用上有局限性，值得探讨的是如何向西画学习。因此他就本着这种精神，在用色上吸收了古人用重色和用强烈对比色的经验而又大胆地突破了它的藩篱，在色彩的运用上更加丰富，有时甚至竟敢于使画面上的颜色厚积起来，因此他的画常常能给人以一种强烈的色彩的刺激，从而突出主题，增强作品的感染力。如在《朝霞》、《山村落照》等作品中，他大胆地利用石青和朱砂的冷暖、明暗对比，使青的更青，红的更红，使红荷和落日的余晖表现得灿然醒目。他的《秋晴》、《落霞群鹜》、《雨后斜阳》等作品的用色，同样是如此。

朱老在有些作品中，还适当地运用了西洋画的某些表现手法来表现某种特殊的意境。那幅描写《江南雨意》的小品，朦胧的烟树和在迷茫烟雨中的远山，画法和古人截然不同，实际上他是运用了一些水彩画的技法，增强了画面的效果。特别是《雨后斜阳》这幅画，在色彩上突破了用色的传统，使那雨后水气蒸氲的远山和远山外露出的一抹斜阳，以及在夕照映辉下的山光水色，都被表现得那么淋漓尽致、变化莫测，而又具有极为强烈的真实感。难能可贵的是朱老在运用这种西洋画的手法或色彩时，用得那么自然浑成，再加上他那深厚的笔墨工力，使我们感到他的作品完全是地地道道的中国气派，这与生搬硬套地学习运用西画手法的情况大不相同。所以我认为朱老实际上已经不仅仅是"洋为中用"，而是"洋为中融"了，也就是说把西洋画的某些手法完全吸收和融化到中国画的传统手法里去，从而丰富了中国画的表现力了。

那么，这种大胆用重色的手法是否符合生活的真实，即大自然的实际呢？我认为是完全符合的，甚至我认为唯有如此，才能使大自然绚丽多彩的风貌被表现得更为真实。在这方面，我有切身的体会，我在陕西终南山下神禾原旁马河滩村居住的时候，有一次登上了终南山顶，远望连绵起伏的秦岭，不仅有如大海波涛，而且在太阳光下，簇簇群峰碧蓝碧蓝的简直有如蓝宝石那样漂亮。再回头看渭水以北，太阳照着起伏的黄土高原，黄色的渭水横流在眼底，在胭脂色的夕阳照射下，简直是五彩缤纷，好看极了。我深深感叹大自然的壮丽面貌。当时我随口吟了一首诗："群山簇簇兀斜阳，太乙峰高不可望；独立苍茫何所见，五陵红紫大河黄。"就是写的这种实景。特别是我 1970 年后在江西红土山冈上住了三年，我最感兴趣的是夏秋两季在山岗上看远处的日落和日出，我看到太阳下山，远处连绵的山头发出耀眼的火烧一样红色的时候，顿时悟到宋人"远烧入荒山"的诗句的形象意义，也体会到李清照"落日熔金"的铸词之工。可惜这样壮丽多姿的场面，在过去的传统绘画里很难找到的。自从我得见了朱老的重色山水画以后，我深深感到大自然不但得到了它的赏音者并且得到了它的强有力的表现者。

朱老艺术值得我们注意的又一方面，是他特别重视作品的传神，他很早就提出了"形似是末节"的口号。他的画，尤其是他的花卉画，形象概括，笔墨洗练，没有繁琐多余的细节描写，但却饱满生动，神韵俱足，达到"不似之似"、"不全之全"的艺术效果。他画的牵牛花，形象简略得不能再简了，只一笔就画成了一个花圈儿，但既抓住了牵牛花的形体特征，却又真实地描摹了牵牛花的郁勃的生气，以及通过它所反映出来的满眼秋光和秋意，而那同样是一笔圈成的葡萄，尽管不着色，不渲染，但是葡萄的重实的质感和透明感却是得到了充分的体现，而那些葫芦、杜鹃、牡丹等，朱老也无不能一一传其神态。

但是，作为一个卓越的写意画家，朱老艺术的可贵之处，还不在于他传神写生的手段是如何的高妙，而是通过他的作品，能让我们看到作者自己的精神世界。当我们欣赏着那些苦战秋风、殷红似火的鸡冠花和雁来红的时候，当我们欣赏着那些傲霜的秋菊和丹枫的时候，当我们欣赏着那些劲节挺立、不畏风雨的墨竹和苍松的时候，我们会觉得这些艺术形象，已经鲜明地呈现了艺术家本人的精神气质。所以凡是优秀的艺术作品的所谓传神，它往往具有双重的意义：一方面是传摹写对象之神，使被描绘的事物神气活现；另一方面，是传艺术家自身的神——艺术家的自己的精神世界，艺术家的意志和个性。朱老的画在这两方面，都是令人感到非常突出的。

画中有诗，也是朱老作品中的一个鲜明的特点。本来诗中有画和画中有诗，这是中国诗画的共通点。但是要真的做到这一点是不大容易的，石涛曾经把陶渊明、苏东坡的许多诗画成画，使诗画相得益彰。反过来也有不少画家，在画完成后，由诗人来题诗，文与可的竹子就往往是苏东坡的题跋，世称文画苏题。朱老的画，也具有这种画中有诗的特点，也可以说他的画就是一首无声的诗。例如《山村落照》那幅画，那是多么壮美的画境，却又是多么动人的诗境。夕阳的余晖映照着水边的岸崖以及隐现在嶙峋巨岩后的村落，村后是郁勃幽深的丛林和草木森秀的岗峦。画境是那么宁静，宁静得连飘浮在山腰的白云也似乎凝固着不动了。但是，静谧中又洋溢着热烈——那胭脂色般的残阳，使我们感到"余霞散成绮"这句名句的具体形象。《落霞群鹜》这是一幅描绘江南春色的动人画面。平坡上春树叠翠，沃野千里，青葱欲滴。远山如黛与碧水相映，白云如织，群鹜齐飞。这样的景色，本来对于一个久居江南的人来说，似乎觉得是平常的，但是朱老却在这人们习常见惯的景色中，别具匠心地捕捉到了这一景色所包含的特征，把它画了出来，画面上所散发的一片春意，简直是快要"暖风熏得游人醉"了。朱老的许多山水画，都具有这种诗的气质，读者是不难从中领略到这种意境的。

这里还必须提到，朱老在构图上，常常别具匠心。最难得的是他在构图上也能不落常套，自出新意。因此，他的画在构图方面不能说完全没有重复之处，但却比较少。为什么朱老能做到这点呢？最根本的原因是他深入生活，他的胸中藏着无数丘壑，或者说在他的画箧中积蓄着不少写生得来的画稿，因此他有取之不尽的素材，他是直接师造化的，而造化是丰富多彩、从无雷同的，所以他的画的构图便能摆脱常规，独具只眼。石涛说"搜尽奇峰打草稿"，所以我们看石涛的画，在构图上雷同的很少。雷同，就意味着生活的贫乏，因而也就影响到画家的构思的枯竭。这样也就必然摆脱不了公式化。所以屺瞻老人生活的丰富和构图上的新意迭陈，也是值得我们大书一笔的。

我喜爱中国画，但我对屺瞻老人的画，却具有特别的爱好。在我看来，像朱老这样的老画家，在当代已经是屈指可数的了，他的成就，也已经为他的艺术创作的全部实践所证明，他是当代的一位卓越的艺术大师，而且，实践将要继续证明，他在艺术创作上所达到的成就和在国际国内的影响，将会远远超出我们现在的认识。

屺瞻老人在艺术上的成就是远非上面这几点可以概括的，造成他这样高的艺术成就的原因，很明显，还有他在艺术领域的广泛而深厚的修养，如对音乐、戏剧、文学等各方面的修养，这方面的情况，也是值得研究朱老的艺术创作的同志重视的。至于朱老的艺术成就对我们的社会和时代的贡献，朱老艺术里所反映的我们的时代精神，一种奋发有为的、乐观进取的精神，特别是从他的作品里所反映出来的一种强烈的精神力量，这些方面，则将是有待我们进一步研究的任务。

1979 年 1 月于京华瓜饭楼

写在屺瞻老人画展之前

老画家朱屺瞻，今年已经是九十岁的高龄了。他是上海中国画院的画师，从事绘画已有八十年的历史，他的传统功力深厚，并善于革新，在当今画坛独树一帜。

朱老前不久在上海、南京等地举行了画展，博得了艺术界的称赞。这次来京展出的中国画，大部分是他近年的新作，其中也有一小部分是十多年前的作品。当林彪、江青一伙横行，文化艺术遭到空前浩劫的时候，他和不少作家、艺术家一样，没有说话和创作的自由；但他以顽强的精神和毅力，杜门不出，在家临摹古人的作品，在两年的时间里，临摹了从五代到明清的上百幅名作。尽管朱老十分尊重传统，但他在绘画上却一直主张创新，提出过"开生面"的主张，并请齐白石刻成印章，以勉励自己。正因为如此，朱老的创新，能够以"古"入"新"，作品既有新意境、新风格，又有深厚的传统技术作为基础。

这次画展中有不少是朱老近年新创作的山水画。无论从气韵、笔墨、构图、意境等各方面来说，都显示出了他在艺术上的独创精神。特别是那些"泼彩"山水，更以阔博富丽的色彩，令人耳目一新。这种"泼彩"法，是他恰当地吸收了西洋画法的结果。因为朱老早年曾留学日本，长期从事西洋画，对于西方晚期印象派画家如马蒂斯、高更、梵高等人的作品尤致力研究。

朱老是一位山水、花鸟画兼善的画家，他的大写意花鸟画特别能体现他的艺术个性。那种豪迈纵恣，拙朴苍劲，不假修饰的笔墨，以及动荡有节奏的旋律，富有生气的艺术形象，显示了画家对生活、对艺术、对一切美好事物热烈的情绪，构成了朱老作品的特具的艺术情趣——野趣。朱老曾多次说过："我喜画山野间的花草，因为它有生气，有野趣，和庭园中的不同，我作花卉，就是要追求这种'野趣'。"朱老的这种艺术情趣，实际上和他的审美观点是密切相关的，他认为："画贵天真，而忌弄虚作假，即矫揉造作。"所以他作画，不去取媚俗人，讨一时之好，而是执着地走自己选择的艺术道路，终于取得了独到的艺术成就。

1981 年 7 月 11 日

读屺瞻老人的画

——《屺瞻老人画册》序

屺瞻老人今年已经是九十三岁的高龄了，他不仅是中国画坛上的艺术大师，而且是中国画坛上的老寿星。尤其难得的是他虽然年臻耄耋，而依然精神矍铄。去年九十二岁的时候，他还飞越太平洋，应邀到旧金山，归途又经日本小事逗留，而回国后不久，又作云南之游。这样的精神，即使在六七十岁的画家中，也是十分难得的，而屺老居然把这些活动视作平常，安如泰山。这不能不令人敬佩他惊人的意志力和对艺术创作的无限追求，也不能不敬佩他的超人的龙马精神。

据屺老自述，他从八九岁起，就开始自己学画。二十一岁开始学西画，用力三十年，以后又画国画。屺老对艺术的追求已有整整八十年的历史，而且目前还在继续追求。屺老八十年来对艺术的追求，究竟追求些什么呢？这可从两个方面来探讨：一是从他的艺术实践来探讨，即分析他的作品，二是从他自己总结的经验来探讨。

屺老在他的《癖斯居画谭》里，总结了他八十年来学画的经验，对自己所追求的东西，讲得十分深切，可以启后学。

在《画谭》里，屺老说："多年来，总以'独'、'力'、'简'三字自求。齐白石教我'画须独立',唐文治教我'画须有力'。'独立',即忠于自己的面目,不依门户,不盲目拜倒于某某派座前。'力'即力量,它不仅指笔力,更是指作者内蕴的'心力',作者的思想深度。'简'是简练、简洁。这是我自求遵循的一种创作标准。"在这段话里,屺老明确标举了他的追求目标:独、力、简。

屺老又说:"若干年来,我多少抱有一个心愿:努力跟着时代变,努力引导我的画向着一个方向推进。那就是:风格要浑厚一点,笔意要拙朴一点。拙朴最难,拙近天真,朴近自然。能拙朴,则浑厚不流为奢侈,强烈不流为滞腻。"

以上这两段话,扼要地说出了屺老八十多年来所一贯追求的目标。这目标主要是属于艺术表现方面的,即属于艺术创作及艺术风格方面的。屺老还谈到了他对艺术的思想意境方面的艰苦探求。关于这方面,他也有极精到的见解,证之以他的艺术创作,可以说他在创作上的成就,他所达到的境界,已经远远超过了他自己所作的比较扼要的总结。

现在先研讨屺老在创作上的追求及其达到的目标。

屺老说他追求的是:独、力、简,还有拙朴。"独"字姑且放在后面再说,先谈"简"和"力"。

"简"是相对于"繁"来说的。艺术上要能做到"简",我认为虽然不能说是至高境界,也应该是很难到达的境界。在中国画史上,能以"简"闻名的几乎是寥寥无几。就我所知,南宋有梁楷,能作"减笔画",所传《太白行吟图》,真是精炼到无以复加了。其次,就是八大山人,传品甚多,他所作的无论是山水鱼鸟,都是简练到不可再"简"的地步了。还有近世的白石老人,也可以称得上是"简"笔。此外,就非我所知了。

当然,我不是说唯"简"就好,反之,就不好。在中国画史上,绝大多数的画家,都不是简笔。著名的山水画家董源、巨然、郭熙、范宽、黄公望等等，都是千丘万壑、峰峦重叠的，他们的成就当然都是我国画史上辉煌的里程碑。

然而，厾老的"简"，既非梁楷，也非八大，与白石老人也大不相同。就是在这个"简"字上，也表现出了厾老的"独"。厾老的"简"，就山水来说，"简"在他没有用那末多的皴法。厾老所作的山水，所有传统的披麻、荷叶、斧劈、卷云等等的皴法，一概都没有采用，他只是用大笔勾画一些山水的轮廓。有些作品，也用了一些皴法，但也完全不是老一套的程式化的笔法了，而是厾老根据自己作品的特点所作的一种新的随心所欲的皴法。正是因为厾老在笔法上改变了传统的皴法，而且在设色上又有许多独特的成就和创新，所以使他的画首先从总体上能给人以面目一新的感觉，人们从他的画里，再也找不到披麻皴、荷叶皴之类的皴法，再也认不出马（远）、夏（珪）、董（源）、巨（然）、郭（熙）、黄（公望）等等的面目了。我曾对厾老说：厾老的画，谁也不像您，您也不像谁，您就是您自己。实际上这就是厾老八十年来所追求的一个"独"字，完完全全不与人同的自己独立的风格，独立的艺术面目。在艺术上厾老真正做到了无所依傍，独自树立。

不过，还有更重要的一层，厾老曾致力于历代名家笔法的研究，而且还用功临摹了宋元名画，所以厾老对各家的笔法，可以说不仅是了然于胸中，而且还熟娴于手上。但是，经过他进一步的艰苦探索，终于又尽弃众法而自出新意，真正做到了从无法到有法（掌握古人的笔法），又从有法到无法，尽弃所学，自辟蹊径，而达到自创新法，我有我法。特别还要指出的是厾老的"简"，不仅仅是技法的"简"，形式方面的"简"，更重要的是他首先从构思立意上力求凝练，力求概括更深远的意境和丰富的内涵。古人说："萧疏到简远。"这是称赞一种极高的诗境，说诗人笔虽"简"而意极远。此语正可以用来说明厾老的"简"，是笔简意远。

屺老追求的另一个字是"力"字。这一特征，在屺老的画上，可以说无烦再加细说，任何读者都会感到屺老作画时的解衣般礴，"笔所未到气已吞"的气概的，这就是"力"的表现。从画面上来看，就是他的大气磅礴，大笔淋漓，纵横捭阖，力透纸背的气势。

屺老在《画谭》里有两段很生动的话，足以说明：

陆放翁草书诗："提笔四顾天地窄，忽然挥扫不自知。"提笔之前，胸有浩然之气，塞乎天地之间。动起笔来，竟是笔动我不动。在创作得意时，物我浑忘，其乐融融如也。

我写兰竹长卷，周炼霞题为"三楚风光"。

林畔青云，一部幽深交响曲也，题句如次：

思逐沅湘一往深。竹啼兰笑去来今。

捎烟掠石回风浪，十里清商激楚音。

是知我也夫。回忆用笔之顷，气从脚发，如歌似舞，确有竹啼兰笑之感觉，有否三闾大夫的形象在怀，意识上却甚模糊。

看屺老所述作画时的精神状态，胸有浩然之气，动起笔来，笔动我不动，物我浑忘，其乐融融。又说气从脚发，如歌似舞。屺老所述的这种境界，正如《庄子》中"运斤成风"，"佝偻承蜩"的故事一样，已经达到物我两忘，物我合一的至高无上的境界。

要说明屺老作画时追求的这个"力"字，从他的兰竹图卷，最能说明这个问题。数年前，屺老曾为我作二丈四尺的一轴兰竹长卷，据屺老告我，那天四位青年帮他磨墨压纸。他凝神静气，奋笔挥洒，简直是笔挟风雨，神参造化。这幅长卷，我每次打开展玩，总感到屺老笔阵，纵横捭阖，如看古战场千军万马奔驰，如听黄河怒涛汹涌澎湃，看到这样的笔墨气势，这个"力"字，就不是抽象的概念，而是他化作种种具体形象了。

正是这种"简"和"力"的结合，就使得岂老的画，自然而然地形成了独特的风格，朴实厚重的风格，这也就形成了岂老的"独"字的内容，而这正是岂老所孜孜以求的目标。

然而，更为难能可贵的是，岂老并不是仅仅追求画面上的"简"和"力"，而是要透过画面上的"简"和"力"，表达出更深的内在东西。岂老说：

数笔写意者，贵不在其简。贵在简之外，写出无限的宇宙物情，人间事态。此种的简乃最难。为简而写简，不足立于画道之林。

这几句话，讲出了一切表现手段的真正目的，并不是为"简"而"简"，为"力"而"力"，而是把它作为一种表现手段，以表达出作者胸中蕴藏着的思想、感情、情绪，即"宇宙物情，人间事态"。如果仅仅给人以"简"与"力"的感觉，那末人们又何必到画里去求。然而，"贵在简之外"的这个"外"字，确是一个高深莫测的字眼。古人说"味在酸咸之外"，又是一个"外"字。这里既不是"酸"，也不是"咸"。因为是"酸"是"咸"，都已着迹，都已拘泥，所以这个"外"字，就成为艺术家所追求的具有无穷内涵的一个广阔天地。

于是，我们必须进一步地探讨岂老追求的第二个方面的内容，也就是艺术的思想、意境方面的内容，岂老称之为"心力"。

岂老说："偶读杨诚斋句：'学诗须透脱，信手自孤高。'这透脱是指胸襟通达超豁，不缚于世俗成见，不执著，不粘滞。"岂老还说："中国画论的最终要求，是须画出一个'意境'来。千百年追求的最高意境是天地间的化育生机。""我国传统艺术论'意境第一'。"诗如此，画亦如此。林畊青点出："意境有高低：叹老嗟卑，意境跟于个人；感时忧世，意境胜了一筹；最高的意境，则需与天地同脉拍。这就是'宇宙感'。表现可有两面：感到无穷时空的'微茫'处，与感到生化天机的'微妙'处。屈原《天问》可代表前者的情怀。曾点浴沂，最可说明后者的志趣。简单寻例的话，陈子昂的《登幽州台歌》属于前者范畴。陶渊明的《采菊东篱》诗，属于后者的典型。""这两者表现虽不同，实质仍不二。它们的作用都可以超出个人与历史。在中国画史上，陶渊明的主题得到了尽致的发挥，陈子昂的情调此后还有待发展。""林畊青这段话，对我启发良多。画出一山一水，一景一物，究竟停留在个人情趣平面，还是能进入历史的范畴，而更趋入宇宙范畴？要写出生化天机的'微妙'，我确曾向往。要表达无穷时空的'微茫'我不曾想到。我最近作《浮想小写》十二图，可看作为我对两种'宇宙感'的尝试。"

我之所以要引这么一长段话，是因为这一段话有特殊重要的意义。不理解这段话，也就难以理解屺老的画。

屺老在上面这段话里，首先提出了"透脱"，"不缚于世俗成见，不执著，不粘滞"的问题。这是一个多么高深的问题！要不缚于世俗成见，这在社会生活中很难，在绘画上也很难很难！元好问诗云："世法拘人虮处裈，忽惊龙跳九天门。"① 要摆脱世俗成见的捆缚，就必须要有龙争虎斗的勇气和毅力。但是更难的是摆脱以后要能"不执著，不粘滞"，这就要更上一层楼了。从绘画来说，摆脱了某些门户的羁缚以后，就要能从心所欲而皆臻化境，不是从这一门户中摆脱出来，再落入另一门户中去，作茧自缚，再入牢笼。只有这样，才是"不执著"，"不粘滞"。这两个"不"字，实际的意思，就是摆脱"死"字，求来"活"

---

① 见元遗山《李屏山挽章二首》，此处借用其辞。

字。屺老从小学画，不死守一派，一方面重视古人，悉心观摹其精华所在，自创"心摹"法；另方面又不死守住古人，不作古人的奴隶，不被古人捆缚住，而是面向大自然，面向生活；向大自然取资，向生活取资。屺老说："日日夜夜，老在屋里作画，其势必穷，意穷味亦穷也。要经常出去走走，古人云，行万里路，胜读万卷书。要多向自然摄取营养，多与客观接触。"屺老还说："黄宾虹的山水有灵气，这由于他游历多，从各地采集素材，能观察，能消化，创出自己的境界，浑厚多姿。"屺老评黄宾虹的话，完全可以用来评他自己，他正是因为游历多，故所作山水有灵气。所谓"有灵气"者，即"透脱"，"不执著"，"不粘滞"之谓也。由此可见，如何达到"透脱"，"有灵气"，一是要学古，在艺术技巧上、思想修养上提高自己；二是更要师造化，向大自然学习。盖古今大画家画成一张画，愈是杰作，则愈成为后世的框框，因后世摹之众也。只有大自然的真山真水，真花真草，无一雷同，也不怕摹写。故师造化，师自然，即能突破框框，摆脱捆缚，而臻于"透脱"。

屺老还说"要写出生化天机的'微妙'"，"要表达无穷时空的'微茫'"。这两句话，我的理解，后一句是说的历史人生感，前一句是说的自然人生感。无论对于历史人生感或自然人生感的追求，这两者屺老都作出了超乎前人的成就。

现在先说"写出生化天机的'微妙'"，即对自然人生感的描写。所谓"生化天机"，也就是指大自然活泼泼的生机。所谓"微妙"，也就是指将这种生机表现得十分"天真"、"生机勃勃"，将难以表达的东西表达出来。屺老说："画山水有境界，画花卉翎毛，何独不然？须画得有生气，有天趣，斯有境界。舍此皆非上乘。"又说："画花卉忌'板'，画鱼鸟忌'呆'。须画得'生动'，'动'是契机。能'动'方能生。生者，生机天趣也。""老友张大壮作牡丹，其香欲泛；作西瓜、番茄，其汁欲流；作鱼欲游；作虾欲跳，得'动'字的三昧。"这几句话，我认为把屺老的"生化天机"的概念说得十分具体明确了。其关键就在一个"动"字。香欲泛，汁欲流，鱼欲游，虾欲跳，岂不都在"动"吗？能动方能生，能动方有生机。难就难在这个"动"字上。然而，屺老所作山水、花卉，其神妙之处也就在这个"动"字上，唯其因为"动"，才能脱却呆板的形似而取得神似。试看《江南三月》这幅画，画面一片新绿夹杂着远近红色的林花，水气弥漫，云情雨意，郁郁蒸蒸。正如画上所题："淡烟疏雨，江南三月。"透过这幅画面，我们不仅看到了这种逼真的江南景色，更重要的，我们似乎可以从这幅画里，呼吸到春天的气息，感受到洋溢着花香的春天的新鲜空气。画家能给予人们以这种充满着生机和天趣的感受，这就是"微妙"之处！因为这种不着痕迹，不可捉摸的东西，如果画家本人并未得此神悟，那末他也就肯定表达不出来，也就不能让读者有此感受。再如他的《雨中烟村》图，画面上几乎没有任何太着迹的形象，除了几间隐约可辨的房子以外，可以说真是一片空濛，然而正是这样，这"雨中烟村"四个字，也就很自然地跃入了读者的眼帘。在读者的眼里，就只有烟雨，只感到满纸的烟雨气息。画本来是形象的，但画家透过形象，却给读者以浓厚的气息感，这种气息感，既看不见，又摸不着，只能凭感觉，这是多么不容易啊！多么"微妙"啊！在欧洲的绘画史上，曾经有过飞鸟啄食画面上的葡萄的例子，这已经传为千古美谈了，然而要造成动物的错觉，毕竟只要形似、画得逼真就够了，因为毕竟动物可欺。但画家要凭画面让人们感受到从画面上散发出来的大自然的气息，这种看不见，摸不着，无从落笔，却又是从笔下滋生出来的东西，这是何等的不容易啊！然而在屺老的大部分画里，都能给慧心的读者以这种"微妙"的感受。这种艺术效果，我感到已超越了表面的形象的观感，而达到了对生活的本质气息的感受，我认为这是艺术效果所达到的最高境界。也就是我们前面所说的"味在酸咸之外"的"外"字，同时也就是"超以象外"的

"外"字。

　　至于说要表达"无穷时空的微茫"，即历史人生感，"宇宙感"，这在以往的画家中是否有人提出，是否有人明确地以此为艺术的追求目标，这我还一时想不起来。也许古人所作的《九歌图》、《屈子行吟图》、《商山四皓图》、《采薇图》以及汉画像砖里的《伏羲女娲图》，战国帛画里的《龙凤人物图》、《御龙图》等等，稍稍涉及这一主题。但前者是出于历史人物的传说，后者是出于神话传说，画家主观上是以历史人物传说和神话传说为题材，其创作目的，并未意识到要追求"无穷时空的微茫"即历史人生感和宇宙感。所以，屺老在这方面的追求，我感到具有深刻的哲理性和历史性，是画家自己给自己出的一个难题，是屺老尝试开辟的一个绘画的新领域。我认为屺老在这方面的探索不仅是极有意义的而且也是极为成功的。屺老在前几年创作的《浮想小写》十二幅，就是极为成功的例证。关于这十二幅画的创作的起因、动机和它的命意，林畊青教授所作的叙和所题的诗，是最好的说明，现即引叙文如下：

　　　　余与屺翁，杯茶对坐间，辄以谈艺为乐。尝谓杰出的画家都必深于哲理，对宇宙、对人生，都必有其一定的看法想法。赞叹感慨之情，必反映于作品，反映于墨意笔法、取材作风之中。此自古本皆然。但进一步放手抒怀，发展为哲理画，在我国画史上似尚缺如。

　　　　开岁初春，翁忽出其《浮想小写》十二图相示。把玩之下，乃俨然一部对宇宙对人生的默思撷要也。粲错勾绘中，托出画者哲理之轮廓。在我国画史上，信是一创举、一异彩矣！

我看这十二幅画，作者命意深远，构图奇突，用笔新奇，超以象外，笔入造化。屺老说："印象派的有些音乐，表达朦胧的意境和气氛，有暗示、象征手法，给人以缥缈微茫的感觉，留有遐想的余地。绘画中的大写意笔法，泼墨泼色往往亦有这种效果，以极其概括，有时甚至是以抽象的笔法来表现对象，既泼辣淋漓，又缥缈空灵，使人有可意会而不可言传之美感。"这两段话，也是理解这十二幅哲理画的钥匙。总之，画家是用抽象的笔法，达到了缥缈空灵，可以意会而不可言传的境界，给人以缥缈微茫的感觉。杜甫诗说："篇终接浑茫。"我感到屺老的这些哲理画，正可以用这句诗来加以概括。

如果说这十二幅画主要是表达作者的宇宙感的话，那末在这个"要表达无穷时空的微茫"的总题下，还有一类是偏重于历史人生感的题材的画，如屺老为我所作的《黄叶村著书图》长卷，这个题材当然就是写的伟大作家曹雪芹在北京西山写不朽巨著《红楼梦》的情节，画面上巨石古树，疏篱柴门，屺老用笔是那末纵逸恣肆，横空出世，可以说是笔挟风雷，势如怒马。从屺老的用笔来看，仿佛感到屺老要写出曹雪芹满腔忧时愤世，抑塞磊落之感。屺老另有一幅《太湖马山图》长卷，也是画的历史题材。太湖马山在抗日战争时是抗日游击队的根据地，后来全村千余村民俱遭敌寇屠戮，仅余三人。解放后建立了英雄碑纪念殉难者。屺老连续到马山两次，先后画了两个长卷。第一个是青绿山水的长卷。就画来说，当然是一轴极好的青绿山水。但屺老画成之后，竟弃如废纸，作为废画抛掉，又另作了一幅墨笔山水长卷，屺老以这个重作的长卷嘱我带回题句，我仔细研读此画，体味屺老重作之意，终于恍然大悟。屺老的本意是在通过这一题材，表达他的历史人生感，而不是单纯的作山水画卷。第一卷青绿山水之所以竟然被弃，就是因为离开了他的主题和命意。后来的墨笔长卷，用笔恣肆老辣，焦墨枯笔，纵意驰骋，而汪洋浩淼，如闻太湖呜咽，如听人民怒吼，如聆村叟伤往吊古。故我题长诗末句有云："忆昔杜陵天宝后，吟诗皆作诗史留。屺老此画即杜诗，千载后人慎宝之。"此外，屺老为我所作的兰竹长卷，末题"激楚回风"四字，画卷用笔激荡，前已述及，我认为即使这类兰竹长卷，屺老也是胸有历史，笔含激情的，似乎三闾大夫呵壁问天、怀沙自沉的怨抑，皆化为湘兰楚竹，激楚回风，故其用笔是那末狂勃，那末犹如风霜雷电。

我认为屺老在我国的山水画上，完成了近代的一次大变革。从而也就树立了他的独立不移的面目，开创了一个新的山水画派。当然，我这样说，丝毫也没有抹煞前贤和并世画家们的共同努力、共同追求和共同取得的成就。这种革新，并非开始于屺老，早在以前，就有不少著名的画家作过此种尝试和探索，并且都各有不同的贡献。但他们共同存在的问题，还是传统的框框多于新的面貌。有的画家则是没有完全成功地把西洋的画法与传统的国画十分和谐地结合起来，以国画的方法去吸收消化西画的方法，往往给人以中西合璧的感觉。这在变革的过程中，这种探索是不可避免的，正如唐诗在王维、李白、杜甫出来之前，必有王（勃）、杨（炯）、卢（照邻）、骆（宾王）、沈（佺期）、宋（之问）一样，他们都是变革者，起到摧廓的作用，也各自有所树立，对历史作出了贡献，他们的作品，是中国古代文学史上不可逾越的里程碑，但是，他们毕竟不是变革的完成者。必要到李、杜出来，这个变革方标成熟。所以韩愈说："李杜文章在，光焰万丈长。"这是标志着这个变革完成了，成熟了，拿出辉煌的成就来了。

屺瞻老人的山水画，我认为是这个变革达到了成熟的标志。而这个成熟，是属于现在的，也就是说，仅仅是近二三十年间的事，尤其是近十年二十年间的事。所以我认为他的变革和变革的成熟，对于我们的时代来说，具有特别重要的意义，它是我们时代的标志，是我们时代艺术上的辉煌成就。

屺老在山水画上，第一个特点是不再采用传统的程式化的皴法了，就是偶尔采用一下斧劈皴，那也是经过极大的变化的，尤其是他糅合了西洋画的笔法，这是第一个变革，也是给人以面目一新的感觉的主要原因。屺老山水画的第二个特点，是有不少画，他采用了没骨法。我最早看屺老的画时，就有此感觉，但不敢肯定。近来读他的《画谭》，才知所见不差。屺老说："唐代杨升的没骨法，于今只有珂罗版的印本。我试用石青、石绿、赭石色组成一张没骨法。我临方方壶，偶把泼墨变为泼色，产生的感觉亦自不同。"没骨法是很早就有的，但一向不大为历来的山水画家们采用，还有米点的画法，也是很少人用的。屺老恰好是吸取了这两种冷僻的画法的长处，尤其是没骨法的长处，再化用了西洋画的用色的功夫，因此造成了他的山水画的第二个特点，这也是使人感到面目一新的主要原因。屺老山水画的第三个特点，就是在用色上的鲜明的个性化。他大胆吸收了油画的用色方法，特别是他喜欢用色浓重和明快，因此在画面上出现既十分和谐而又十分鲜明强烈的效果，可以说，传统的山水画的设色，绝无如此之富丽堂皇的。明代的蓝瑛，用色也是喜欢热烈和明快对比的，但比之于屺老，仍觉嫌其呆滞，缺少灵气，缺少生意。一句话，缺少大自然的活泼泼的生机、天趣。他只有画面上的美，没有生意上的美，而任何美，如果没有了生意，也就没有了灵魂。屺老山水画的第四个特点，是有意境，特别是能在"酸咸之外"，能在"象外"求之。能画出"微妙"和"微茫"，这就大大地深入一层了。也正是由于此，他的山水画特别令人耐看，百读不厌。为什么会令人百读不厌，因为在每一幅画里，尽管画面上是无人之境，但它却总能使读者感到这无人之境里有人，是什么人？是隐没在画里的画家自己。也就是说，画家倾注在画上的主观的感情，往往会产生感染读者的效果。

我认为屺老的这种绚丽多姿的山水画和花卉画，他的明快的色调和强有力的笔触，恰好反映了我们时代的多彩多姿的面目，是对我们伟大祖国的大好河山的热烈歌颂！

　　圮老的山水画和花卉画，确实在画坛上树立了一个崭新的画派，而且这个画派，将会产生愈来愈大的影响。然而更其重要的，是圮老的画，就其创新的一面来说，确是焕然一新的一代风标，是无人可与类同的异军突起，但就其民族风格、中国气魄来说，又是地地道道的中国画，地地道道的民族风格，是传统艺术，传统美学观点的继承发展和创新。

　　圮老的画，不仅他个人的成就卓然独立，有如岱宗，而更重要的是他将给人们以无穷的启示，他的影响将随着岁月而加深！

　　已经是将近百岁的老人了，而仍能作万里行，丈八画，仍能"下笔如有神"，"笔墨作歌舞"，这是我们时代的幸福，我们时代的奇迹，这也是中国画史上的光辉。

　　当此中秋之夕，皓月当头，清辉千里，遥望南天，不胜神驰。我只好借用东坡的词句来祝福老人，结束此文："但愿人长久，千里共婵娟！"

　　　　　　　　　　　1984 年 9 月 10 日，甲子中秋之夕初稿
　　　　　　　　　　　9 月 15 日凌晨改定于京华瓜饭楼

《朱屺瞻年谱》序

我知道屺老的名字，大约是在 60 年代末或 70 年代初。那时我从江西干校回京，路过上海，看望老友陈从周兄，畅谈之后，临别时，从周忽然告诉我：上海还有一位老画家，叫朱屺瞻，作画高迈奇古，迥出时人，兄不可不识。从此我的脑子里，就一直深深地印上了这个名字。

1975 年夏，石门老人张正宇先生到上海，与尹光华兄同访屺老于巨鹿路。石门老人回京后，出示屺老为他作的《竹石图》巨幅和《葡萄》小幅。我被屺老震撼人心的气势和精彩绝艳的风格震慑得一时说不出话来，记得只有我在青年时期第一次见到吴昌硕、齐白石画展时，才有同样的感受。

翌年，石门老人病笃，光华兄自无锡来京侍疾，朝夕与我相见。起初我们常在老人榻畔论画，老人于屺老的画，也是倍加赞许，常说他奇崛古拙处不可及也。未几，光华兄出示屺老新近为他作的《兰石图》长卷，属我题句。我看到这幅《兰石图》，才真正大畅心怀。如果说为石门老人所作的《竹石图》和《葡萄图》是窥豹一斑，虽惊其斑斓，终嫌管中所见，未能尽意的话，那么，这幅《兰石图》长卷，就是长江大河，有奔腾澎湃之概，一泻千里之势，使我有如渴饮琼浆，饥餐瑶席，其称心快意之感，莫可名状。所以我在题诗结尾有句云："我对此图长太息，欲求生绡十万尺，拜上天南屺瞻叟，画取湘江兰竹石。"这"长太息"三个字，确是实情，丝毫也没有虚饰之处。

1977 年（丁巳）秋，屺老来北京。9 月 5 日中午，我得到屺老自北京饭店来信，告诉我他已到北京，住在北京饭店四楼，准备于本星期日去看我云云。屺老高龄，自然应该我去看他，那天是星期一，要等六天后再见面，也决不可耐。我立即打了一个电话给他，由朱师母接了电话，然后屺老亲自在电话里与我约定，当天下午我即去看他。下午 4 时左右，我们见了面，千里想望，一朝晤面，其欣慰欢快之情实难以笔墨状也。屺老当即取白石老人题过的《梅竹图卷》嘱我携归作题，我即遵嘱携之而归。

在此之前，由于光华兄的介绍和我为屺老所题《兰竹卷》，屺老已先后为我作《水仙图轴》和《黄叶村著书图》长卷，两件皆屺老精心之作，我一直视如重宝。所以我们早已神交，希望见面的心情彼此皆同，至此，总算初偿宿愿。

之后，我就经常去北京饭店看望老人，或陪同他去看望朋友。9 月 29 日，我们一同游览长城，屺老直上八达岭长城上的第二烽火台，极目四顾，徘徊几不忍别。那时屺老已是八十六岁的高龄，其健步竟如此豪迈，已令游人惊叹，谁知隔了几天我去看他时，他竟告诉我，他又登八达岭一次。由此可见老人的精神和怀抱，高旷雄健到何等境界。

10 月 2 日，我又陪同屺老到香山正白旗和白家疃两地，老人对正白旗河滩地周围的环境很感兴趣，对 38 号屋外的几棵古槐也特别喜欢，感到此处古意甚浓，之后，老人为我重画了一幅立轴《黄叶村著书图》，他感到新作比原先的卷子较多写实的意味。这年 10 月，屺老还为我作了一卷《兰竹石》长卷，题曰："激楚回风。丁巳首冬为其庸画友作并请教正，娄水朱屺瞻。"屺老这件长卷，我每一展读，如对湘江怒涛，如闻屈子幽吟，其沉雄处有拔山扛鼎之勇，其深秀处有寒涧幽咽之妙。予深感屺老之惠我厚矣！然而，又岂独惠予哉！盖屺老墨妙，为天地间至宝，百年而后，皆为陈迹，而此物自当长存天地之间，则屺老又是嘉惠于后世无穷期也。

1983 年 7 月，屺老应邀去美国，此年春天，我恰好因事赴沪，屺老和朱师母征询我的意见。我历次赴美，深知航行稳妥，又陪同屺老登八达岭，游香山诸地，亦深知屺老气吞河岳，关山健越，足可当此远行，因力赞他去美国。屺老美国之行取得极大的成功，可谓传统文化艺术和传统美德萃于一身。而屺老自美归国，略事休息，又作滇南之行。览滇池，登龙门，访鹿城，至苍山洱海，复至楚雄温泉，游黑龙潭，参曹溪寺，再览石林天胜，其高怀阔步，披襟当风之概，正可以雄视一世。

我与尹光华兄，常得接屺老清芬，朱师母又复古道照人，深感屺老鼎鼎百年，承上启下，宜有年谱之作，庶得历叙老人之经历，其所追求，世人所知甚少，而先生之经历又倍于常人，是不得不有所记也；然又感到我两人实不足以当此重任。然而，转思此事实不能再事迁延，宁可先有一个粗浅之作，以为引玉之砖，其有鸿著，敬俟来者。因此，几经商量，遂于 1981 年开始搜集资料，至今忽忽三年，其间查阅报章杂志书刊，与老人及朱师母回忆旧事予以记录以至撰成初稿，皆为光华兄之劳绩，而人和兄多方协助，功不可没。予则尘事碌碌，南北奔波，虽欲多任其事，而力所不及，至感愧恧。直至光华兄初稿完成，予遂得以仔细阅读，稍加增补，而适又有西北之行。因为时紧迫，不敢延误，遂复携至兰州，旅途中每至夜深人定，辄复披稿而读，边读边事修改复写。后又至天水，白天作访古之行，东南至麦积山，西南至西和，北至秦安、陇城、大地湾，日数百里，晚上则仍复读写不辍。回京以后，则更全力以赴。因此自 6 月 2 日始，至 7 月 15 日止，竟是重读一过复又增改复写一遍。

读稿过程中，时时为屺老追求艺术之毅力及乐于助人之厚德所感动，亦时时为光华兄三年辛勤搜罗默默之辛苦所感动，故敢不贾其余勇以酬长者和知友哉！

此谱写作中，王运天兄复时时关心催促，今春夏同去太仓及上海南市调查梅花草堂之旧址，并力为规划出书。故此谱得以写成，实光华兄之力为多而运天兄积极促成之也。

值此谱完稿之际，因历叙事实，以昭读者，然而屺老与朱师母之随时指点，屺老高龄复亲自阅读初稿、定稿，加以删正，凡此种种，又岂可等闲视之哉，故特书于简端，以志不忘。

此书复承王蘧常、夏承焘、顾廷龙师、俞平伯、俞振飞诸老题签，潘景郑先生赐"长生无极"瓦当拓本，陈从周学长兄赐序，并任该书装帧顾问，益增荣宠，敬此致谢。

> 1985 年 7 月 9 日夜 2 时初稿
> 7 月 15 日雨窗改定于京华瓜饭楼

屺瞻老人歌

娄东画师朱屺翁。雪颠霜髯颜似童。有笔如椽绘天地，有墨如海戏苍龙。画师知己数齐璜。姓名早上寄萍堂。七十石印论交久，梅花一卷寄心芳。艰难时世丁丑年。社稷妖氛天地缠。志士仁人血成海，六亿黎元沸鼎煎。画师对此吞声哭。誓将清节砺修竹。万里驰书借山翁，勒之金石矢幽独。是时寇氛炽且殷。山河半壁已沉沦。白茆浏河陷贼手，草堂梅树摧作薪。画师飘零到沪渎。避居南市市之角。陋室三间遮风雨，百本子梅草堂续。画友邻曲时时来，共话时世伤心目。疮痍满眼民困矣，奈何不见山河复。霹雳一声天地惊。捷报飞过石头城。元凶授首国贼死，普天同光万民庆。最喜故人天上来。八五齐翁真壮哉。笔墨已令鬼神泣，怀抱复向真士开。从此剪烛西窗下，淞滨夜话共几回。我识屺翁丁巳秋。拄杖同上雄关头。四围青山入怀抱。一关残阳为我留。登临纵目生感慨，俯仰古今亦何有。长城万里人安在，富贵于我如蜉蝣。又曾携杖到山村。为寻故侯曹雪芹。古树空村山寂寂，何处荒原有诗灵。归来抚几长太息，孤村高城有画魂。去岁翁年九十三。御风飞到旧金山。万里重洋飘然过，古来列子亦为难。彼邦人士乍见之，疑是神仙入梦思。及见挥毫挟风雨，始识眼前老画师。我与屺翁相识久，杖履追随得优游。得之于心寓之目，万壑千岩见一丘。翁之画参造化多。元气淋漓是所求。杜子篇终接浑茫，韩子纤云天无河。两者皆难不可得，我于翁画见之稠。要之天地造化在，翁画与之共长久。

1985 年 7 月 25 日，予自大同游云冈、五台、恒岳而归。车中暑不可耐，乃口吟此歌，默而识之，至北京站，适成全篇，归来急记之，亦如东坡所云若追亡逋也。同游者，除稆涓外，有梁恒正、许建设、沈子廉、韦江凡、时雨梅、于洪祥八人。

1985 年 7 月 25 日晚 10 时 10 分记于瓜饭楼中

辛苦追求到百年

——屺瞻老人百岁画展读后

　　屺瞻老人是国际闻名的大画家，同时也是经历了整整一个世纪的老画家，而且目前依然是神闲气静，精神矍铄，创作力旺盛；依然能作丈八画，擘窠书；依然能作汗漫游，在上海的百岁画展后，于今年4月又到香港开画展，最近从香港回来，听说不久又要作美国之行……一位百岁老人，竟能如此关山健越，举重若轻，如鲲鹏展翅，一飞冲天，这在中国画史上是独一无二的，在世界历史上是否有第二位这样的画家，恐怕也未见得。

　　屺老这种神仙一样的行止，画史巨匠一样的成就，是否有什么独得之秘，是否是天才神授呢？一点也不是。屺老是一个普普通通的凡人。相反，因为他高寿，他所经历的苦难，要比常人多得多，他真正是名副其实的身经丧乱的人。例如他经历过甲午战争、戊戌变法、八国联军、辛亥革命、袁世凯称帝、张勋复辟、五四运动、北伐战争、齐鲁大战、奉直战争、"九·一八"事变、"一·二八"事变，以及到了社会主义时代，还经历了"文化大革命"的一场大动乱。以上这些事件，其中有一些虽然并不是"丧乱"，如辛亥革命、五四运动、北伐战争等等，但

59

它们是历史的大事件。可以说，中国的一部近百年史，屺老大部分都经历过了。他恰恰是一位百年的历史老人，也可以说是一位世纪老人。在以上的这些"丧乱"中，齐鲁大战，特别是日本帝国主义的侵华战争，对屺老是造成了直接的影响的，他太仓的老家就完全毁于战火了。还有1966年开始的十年"文化大革命"，他也是被殃及者，一开始就是被挂黑牌的人物。特别不能忽略的是，屺老在六十八岁以前，还住在上海蓬莱路300弄6号的"过街楼"上，老少六口同居一室。六十八岁那年，才算迁居到现今的巨鹿路，才算得以安居。所以屺老实在是一位身经丧乱的极为普通的老百姓，中国人民的灾难他并没有少受。

然而，屺老毕竟是有他的与众不同之处的。如果真是一切都与常人一样，那末他又如何能做出与常人大不一样的事业来呢？如何能做出卓异的成绩来呢？近十多年来，我与屺老交往较多，特别是我与尹光华同志一起为屺老编过一部年谱，对屺老有一个较为全面的了解，我认为屺老最大的独特之处，就是他永不间断、永不停息地一辈子在追求艺术。屺老从九岁开始学画，从此就迷恋于此，再也不停止他对艺术的追求了。为了艺术，他曾经偷偷东渡日本；为了艺术，他曾置家产于不顾；为了艺术，他至今仍然踏遍青山，每年要出去实地游览和写生；为了艺术，他可以舍弃其他一切；为了艺术，他曾长时期生活困顿；为了艺术，他曾经花巨资去收买古画，最后将它捐赠给国家。特别是他在创作上对艺术的严格要求和不断的追求，是异乎寻常的，是令人难以企及的。前几年，屺老游太湖马山，了解了马山人民在抗日战争中的英雄斗争的历史和最最惨重的牺牲，他为这种民族气节和民族精神所深深感动了，他回上海后，画了一个长卷：马山图卷。是一卷青绿山水，从画的角度来说，当然是屺老的一件重要作品。但没有过多久，屺老就不满意了，立即将它作废。接着就画第二个马山图的长卷。这是一卷水墨山水。我看了这张画，才觉得确是比第一件高出了许多，屺老请不少朋友

题诗，我也在这个长卷上题了一首长诗，但是今年 3 月我到了上海参加
屺老的百岁画展的时候，屺老却告诉我，他又重新画了一幅马山图长
卷，还要我再题。说罢，屺老马上把此图拿了出来，原来此图不仅已画
好，而且已经裱好，并有唐云、谢稚柳、陈佩秋诸公的题跋。据我看，
这个手卷当然又大大地比第二卷前进了一大步，其用笔之泼辣简净，构
图的朴素单纯，墨色之随意变幻，简直是信笔挥洒，意之所到，笔力曲
折无不尽意了，可以说这是一幅至高无上的杰作。不料屺老将这个卷子
交给我属题的时候，竟说他还要画第四幅马山图，并且已经构思好
了……仅仅是一幅马山图，竟然要四易其稿，这要求其他人恐怕是难以
做到的。屺老为什么要这样孜孜不倦地去一画再画呢？我觉得没有任何
其他原因可以解释，只有一句话，为了艺术而不停地追求。还有，早些
时候他为我画了一幅曹雪芹《黄叶村著书图》的长卷，后来他到北京，
由我陪同他游览了长城、香山，之后到了卧佛寺前的正白旗村，他看了
这一带的景色，连连说好，马上就说，他原来作的那个长卷要重作。过
了几天，他果然重画了一幅立轴给我，并且说这是他的满意之作。总
之，通过以上这些事例，我感到，屺老对待艺术，是永无止境地在不断
探索和追求，他永远不知道"自满"这两个字，也不知道"疲倦"这
两个字。

　　然而，屺老对艺术的追求，并不止于对某一题材的表现上的永不满
足；可以说，他在艺术的领域里是进行全面的探索和追求的。

　　屺老的早期或前期，一直醉心于油画，认真探索油画的民族化问
题。他曾说：

　　　　佛像来自印度，经数百年的雕绘，不知不觉中取得了中国
　　的民族精神。这种"中国化"的过程，值得研究。如何创出
　　"中国化"、"民族化"的油画，与如何吸取西画的优点融入国

画的问题上当有所启发。①

果然，屺老从探索油画的"中国化"、"民族化"起，最终转向了探索"如何吸取西画的优点融入国画的问题"上来了。而且正是在这一点上，屺老取得了前所未有的突破，创造了具有里程碑式的特殊的成就。任何人都可以看出屺老的中国画的独树一帜的特色，就是色彩的富丽堂皇而又和谐协调，构图的新颖别致而又有浓厚的民族气质。在屺老的中国画里，原本中国山水画的皴法第一被改变为色彩第一了，几乎可以说，中国山水画的传统皴法已很少被他照原样地搬用过来。要知道全面地改变（也可以说是"破"）中国山水画的传统皴法而代之以新的表现手法，这是谈何容易的事。特别是要使这种改变仅仅限制在技法或画法上，丝毫也不损坏中国画的民族气魄和民族风格，这就更是困难重重，然而屺老恰恰是做到了这一点。屺老的画从整体来说，非但不改变或损害中国画的民族风格，相反使中国画更具有强烈的色彩和丰富的内涵，因而为这种古老的传统的中国画注入了新的血液和生机。这样的改变或叫做创新，确实是一个十分艰巨的任务，然而屺老却历史性地作出了突出的成就和贡献。试看他的《黄山烟雨图》，在整个画面上看不到一笔皴笔，然而却是一幅山水烟云浑然一体的杰作，就连中间的树木，也只见一处处浓淡的积墨，连半枝树干也没有，然而任何人看这幅画，都会十分清楚，哪里是山，哪里是水，哪里是烟，哪里是云，哪里是树木，哪里是房屋，在这幅画的右边裱头上，屺老自题云："昔年游黄山，遇猛风急雨，路危浓雾，而烟山如淡复如浓，醉墨作此。己丑秋月二瞻老民朱屺瞻记，时年九十四也。"据屺老自己讲，此画是忆写六十三岁那年游黄山所遇景象，途中暴雨，山洪暴发，屺老于暴雨中步行至桃花

----

① 　朱屺瞻著：《癖斯居画谭》，第2页，上海人民美术出版社出版。

峰下宾馆，当时睁眼不辨山水草木云烟，唯见混沌一片而已。虽然危险至甚，但所留印象极深，故时隔三十年犹能作此。再请看《风雨归舟》图，这是一幅水墨山水，画的也是风雨中的山水，然而情景却与上一幅画不同。上图画面上一片烟云迷离，留空处极少，盖因当时是暴雨，烟云弥漫，一片混沌也。此图虽同是风雨，显而易见，不是特大风雨，看样子是小雨薄雾，故远处尚露山头，近处尚能辨树木，最近处略用轻笔微抹，显出稍见堤岸，尤其是江面上的一大片飞墨和树梢头的飞墨，恰恰重重地渲染了烟雨薄雾的气氛。在这幅画上，同样也没有用一笔皴笔，就是远处的山头，也仍然是一抹青山，没有用勾和皴。类似这样的画，还有《溪山烟雨》、《江干烟雨》、《山雨迷濛》、《雨过青山》、《山村晨雾》等等，总之，屺老在画烟雨云雾的时候，往往采用这种表现方法。对于这种画法，屺老自己说：

> 印象派的有些音乐，表述朦胧的意境和气氛，用暗示、象征手法，给人以飘渺微茫的感觉，留有遐想的余地。
>
> 绘画中大写意笔法，泼墨泼色往往也有这种效果，以极其概括，有时甚至是以抽象的笔法来表现对象，既泼辣淋漓，又飘渺空灵，使人有可意会而不可言传之美感。①

又说：

> 元人方方壶的泼墨画，启发了我的泼色画。泼色泼墨有两法，一是趁纸将干未干时加笔，一是待干透了再加笔。有时两

---

① 朱屺瞻著：《癖斯居画谭》，第12页，上海人民美术出版社出版。

法并用。①

又说：

> 唐代杨升的没骨法，于今只有珂罗版的印本。我试用石青、石绿、赭石色组成一张没骨法。我临方方壶，偶把泼墨变为泼色，产生的感觉也自不同。泼色是我的偶得，近来常用之。②

以上三段话，恰好是屺老对这种画法的说明，包括它的来源。但实质上，屺老的这种画法，与方方壶、杨升都大大地有所不同了，已经是质的飞跃而不是临摹了。因为屺老在用色上是大胆地吸取了油画的经验的，如果屺老没有深厚的油画功夫做基础，用色上决不会达到如此至高的境界。而在画的意境内涵上，则是通过这种手法，去追求艺术效果上的"飘渺微茫的感觉，留有遐想的余地"。

说到屺老在山水画上的用色，这是他对传统山水画的创新的又一重大贡献，也是他的画越过前人和时人的重要一面。屺老在山水画上的用色，可以称得上是光怪陆离，但又使你感到十分和谐统一，使你产生强烈的美感、新鲜感、和谐感而决不使你感到颜色的堆砌。请看他的《泼墨云山图》，画面上显然是大块的黑、大块的蓝和斑斑驳驳的深黄、浅黄等等，这样的用色结果，却使你直觉地感到元气淋漓，青黄斑驳，是一种暴雨初止、雾气初退的气氛。这幅画的画题说"泼墨淋漓风雨晦"，这七个字恰好是此画的点睛之笔。再看《苍屏晨曦图》，画面上是两重

---

① 朱屺瞻著：《癖斯居画谭》，第 14 页，上海人民美术出版社出版。
② 朱屺瞻著：《癖斯居画谭》，第 51 页，上海人民美术出版社出版。

大片的赭红色的山峦，这样浓重而大片的赭红色，在过去的山水画里是很难见到的。但在大自然中，却完全是真实的。前几年，我到新疆去，在吐鲁番的火焰山，果然看到了这种景色，尤其是到了库车，即古代的龟兹国，我到克孜尔千佛洞去的途中，特别是到库车东北部，当地人叫做五色山这个地方去的时候，真正看到了这种壮丽的景色。那里数千公尺高的一座大山，竟然会全是赤红色。特别是在日光的照射下，红得可以发亮，而在附近，竟会有另一座高山是白色的和粉青色的，在太阳光的一色照射下，确实使你叹为奇观。所以从这一角度来说，屺老的这种强烈色彩，可以说完全是大自然绚丽多彩的真实写照。重要的是屺老尽管在画面上用了这样强烈的色彩，但却仍旧使你感到整个画面色彩的和谐和协调。为什么会产生这样的艺术效果呢？其奥秘究竟何在呢？关键是屺老在用色时，谨守一个原则，在同一幅画上，只用一种颜色为主色，其他的颜色不管用多少种，都要服从这一主色，不能喧宾夺主，以免造成颜色的杂乱和无主。按照这一提示来看，确实可以恍然大悟。如《云中山树》，占全部四分之三画面的是绿色，其他的颜色都服从这一主色。再如《烟雨行舟》这幅画，看上去特别觉得斑斑驳驳，光怪陆离，然而它的主色仍然可以看得出来是青绿为主。再如《古木斜晖》这幅画，画面上占绝大部分位置的颜色仍然是土黄颜色，使你一眼就能看出这是一幅深秋的景色。

总之，屺老在用色上尽管光怪陆离，鲜明而夺目，但却始终统一在和谐之中。因此，他的画既给人以特别新鲜的感觉，而又非常耐看，令人百看不厌，因为屺老所追求的，不仅仅是色彩上的富丽和谐，更重要的是他追求内涵上的"飘渺微茫"和"留有遐想"。

在中国山水画的创作上，一能突破传统的皴法而代之以一种新的表现方法，二能在用色上大大突破传统用色的框架，代之以强烈而和谐的色彩。这样，屺老的中国山水画，自然也就出现了全新的面目了，我认为这一变革，必将在中国画的发展史上留下划阶段性的记录。

然而，屺老的追求，还远远不止于此，还有更深的内涵在，这就是他更重视追求画的意境和画的真实的生活气息。

先说意境。

什么叫意境？意境就是画家通过表象（画面）给予读者的想象、启示和意会。或者说，读者通过画面所意会和想象到的画的内涵。总之就是读者在画幅表象以外，通过意会和想象获得的比画面表象更多的内涵。

我认为中国画的意境，就同中国古典诗词所包含的意境一样，可以分为两类：一类即有我之境，另一类即无我之境，这也就是王国维早在《人间词话》里所讲的。但是我认为这两种境界，从本质上来说，都是有我的。因为境界是与我并存的，有我才能有境界，无我也就无所谓境界。便如洪荒之前的宇宙，生物且不存在，更无所谓人的存在，在这种情况下，就根本不可能有任何意境。所以我认为诗词的意境或山水画的意境，实际上是应该分为人在境内和人在境外这两种意境。如果一幅山水画，不能给读者这两种境界中的任何一种境界，那么这样的画就是缺乏意境的，也就是死的。基于对意境的上述这种理解，我们再来分析欣赏屺老的山水画作。例如《青山古木》这幅画，画面近处是古木，远处是山峦，在树与山之间，画家隐隐约约留出了虚白，而在古木之间前后画着两个人，前面的人回身似在等待和招呼后面的人，后面的人则拄着拐杖似在向前赶。就这样，画家在这寂寂空山中，画出了静中的动态，从而这一幅画也就灵动起来了，有了意趣了。再如《香雪海》这幅画，画题是"万树梅花香雪海"，画面上近处是巨嶂和山坡，右手是两间房屋，屋外一人在扫地，从屋后斜向左前是一片密密的梅林，正梅花盛开，梅林之后是大山，而天空则是重云密布，显然是一个下雪天。那么，这个扫地的人既是扫"香雪"，更是扫白雪，这样的布局，就浓浓地渲染了"万树梅花香雪海"的气氛，而整个的意境也就跃然而出了。我在百岁画展上看到的这幅原作，实在精彩极了，一种浓重的雪天梅花的生活气息扑面而来，它老远老远就吸引着观众，我面对着这幅画久久不能离去。如今印到画册里，就丢失了不少东西，整个画的色彩偏蓝了，另一种淡淡的赭黄色却没有印出来，因而画面显得清清淡淡，较原作逊色甚多。（我看到的两种画册《屺瞻百岁画集》和香港印的《朱屺瞻百岁画选》都是如此）然而尽管如此，我们仍然可以通过这个画面，捕捉到画家所创出来的意境。再举一例：《烟雨行舟》，整幅画面自左至右的对角斜线是一条溪流，画的右下角占画面的三分之一是山崖溪岸，画的左上角占画面三分之二弱是几重青山，并是淡烟薄雾。在画的左下端溪流中间，有一叶小舟，挂着两幅布帆，看样子是往前行驶。从画面上看，没有出现一个人，与上举两幅完全不同，上两幅不仅画中有人，而且人都还是动态，这一幅却是看不到人影子，也可以说是画面上无人。然而，实际上仍然点出了有人，人在哪里？人藏在舟里，因为舟在溪流中间正挂着风帆行驶，这说明人就在舟里，所以这一类画，画面上虽然无人，但仍应看做是有人，不过前者是显，后者是藏。

以上三幅画，都可以说是人在境内。

现在再举另外一类，人在境外。例如：《江山远眺》，画面是重重叠叠的山峦，下左角虚空，左上端留空一直延伸到右上端，下右角是河流，上端则是天空。整个画面上没有一个人，也没有任何一种动物，也就是说是一个完全的静态。然而，画题却是"倚栏眺望"，这是画家自己题在画的左上端的。从画里找不到一间房子，更找不到一个人，那末，这个"倚栏眺望者"究竟在何处呢？当然只能在画外。也就是说眼前画面的景色，是画外的人视野所及眺望所得。如果连画外也没有人呢？这是不可能的！因为画外的人，也就是画家自己。画面就是画家自己的发现。同样，收在这部《屺瞻百岁画集》里的《谷口飞泉》、《日暮归鸟》、《万里奔流》等等都如此，画面上没有一个人，连房子都没有一间，帆船也没有一只，人只可能在画外，而这个画外的人实质上也就是画家自己。

屺老的山水画，不论上述哪一类，都是具有意境的，都是耐人寻味、百看不厌的。

现在再说屺老追求的另一方面的东西，这就是我们常说的"传神"。"传神"也就是"神似"，也就是"生气"，也就是"真"。作画而能达到"传神"，达到有"生气"，达到"真"，那末，画家的能事毕矣。

屺老说：

> 画山水有境界，画花卉翎毛，何独不然？须画得有生气，有天趣，斯有境界。舍此皆非上乘。
>
> 画花卉忌"板"，画鱼鸟忌"呆"。须画得"生动"。"动"是契机。能"动"方才能"生"。生者，生机天趣也。
>
> 老友张大壮作牡丹，其香欲泛；作西瓜、番茄，其汁欲流；作鱼欲游；作虾欲跳；得"动"字的三昧。①

屺老在这里所说的"香欲泛"、"汁欲流"，也就是"传神"一词的最好的注释。屺老盛赞其老友张大壮的画能够传神，那末，屺老自己的画究竟怎样呢？我认为画而能"传神"，恰恰是屺老的最高成就。屺老所作的山水画，例如《黄山烟雨图》等烟雨景色，不仅仅画面上是雨景，而且打开画面，仿佛会使你感触到一股烟雨的气息扑面而来。屺老画的《淡烟疏雨，江南三月》这幅春景，简直使你感到恍如置身于江南的暮春季节，不仅仅是一派春景，更可贵的是让你能嗅到或感受到一种

---

① 朱屺瞻著：《癖斯居画谭》，第 11 页，上海人民美术出版社出版。

春天的气息。屺老画的秋景山水，则又是一派秋光，不仅色彩是秋天的色彩，更难得的是使你感受到一种秋的气息。从前宋人出题作画，有出"踏花归去马蹄香"为题以考验画家的，画家们都以为"香"难画，其中有一人于马蹄边画一双蝴蝶，于是以为杰作。其实，现在看来，马蹄边画一双蝴蝶，并未真的画出"香"来，读者并不能因此而感受到这种生活气息。这一双蝴蝶，纯粹是外加的说明，而不是内在的感受，而且采用这种手法，则往往会把表现生活的"真"，把绘画的"传神"当做外加的东西。屺老所表现的"传神"，所描绘的生活气息，则完全不是如此，而是内在的感受。例如屺老画的一幅月光下的水仙，在水仙倾倚的叶子上，稍稍加了一点白色，于是产生了月光朦胧的感觉，也于是，人们日常感受水仙的香味的生活经验，在这幅精妙的画的感染下，又有所复活了。这当然不是屺老画出了香气，而是画面诱发了你的生活经验。再如屺老画的一幅马奶葡萄，真正使你感到有"汁欲流"的效果。

总之，屺老画里所反映的生活气息，完全不是外加的，而是屺老九十年辛勤探索追求的结果。

屺老在艺术创作中，还追求一种"野趣"。所谓"野趣"，也就是自然之趣，也就是天地所赋予万物的天然生机。屺老画的兰花，往往是伴随着荆棘而生长的，其所以如此，也就是大自然的生机。屺老说："我下笔粗犷，用色喜'狠'而邋遢，邋遢者，不在于繁多其色，喜在一色多调。"屺老的用笔粗犷，除了个性使然外，与追求艺术上的野趣也是密切相关的，因为任何花草在野地里自然生长时，决不会有任何修剪的，当此之时，它必然是粗犷的而不是整饰的，所谓粗服乱头，不掩国色，屺老所追求的野趣、粗犷、邋遢，实际上就是追求大自然的本来面目，追求大自然的天然美。

屺老艺术创作上，还追求一种奔放无羁的境界，他说：

浪漫派音乐感情奔放，富有诗意，古典派音乐结构严谨，感情含蓄、内在，实际上，伟大作品两得其宜，不过是倾向上有差别。

二者不可兼得，吾更喜欢浪漫派，歌德有"感情是一切"说，要在"率真"欤！

我听了浪漫派、印象派的音乐，产生一种强烈的欲望——要"放"，要无拘无束地直抒自己胸中之气，要痛快淋漓地表达自己的感受。①

徐青藤的泼墨手卷极可爱，爱它放任无羁，打破框框的气概。在他晚年发狂阶段，工夫纯熟，随心所欲，臻于"化境"。②

屺老本身的气质是近于浪漫派而不属于古典派的，所以在创作上他追求"放"，他欣赏徐青藤晚年发狂阶段的随心所欲，臻于"化境"。所以贯串在屺老创作过程中的是一种浪漫主义的激情。

屺老已经是百岁老人了，他一个世纪以来所追求的，当然不止上面的一点点，但我相信，上面这几个方面是他追求的主要方面。

屺老说："我只是个'探索者'。乐趣在不断追求，不断前进！"屺老的这种探索和追求的精神，进取的精神，永远是我们的楷模。

1990 年 4 月 29 日夜 2 时于京华瓜饭楼

---

① 朱屺瞻著：《癖斯居画谭》，第 11 页，上海人民美术出版社出版。
② 朱屺瞻著：《癖斯居画谭》，第 23 页，上海人民美术出版社出版。

庚午三月十二日寿朱屺老百岁画展

百年难得百岁翁。此老况是人中龙。

八五曾上雄关顶，九三御风到白宫。

如今百岁开画展，生绡十丈列群峰。

观者万人光照壁，犹如金陵瓦棺寺中顾虎头，

妙笔初开维摩容。亦如长安大同殿上李将军，

三百里嘉陵山水金碧相辉一扫空。

吁嗟乎！今之视昔昔犹今，

此老乃是今之荆、关、马、夏、董、巨与王蒙。

我对此老敬且崇，心香一瓣朱雪翁。

昔日齐璜老白石，愿作走狗青藤雪个吴缶聋。

此意于今我能同。但恨此身营营终岁南北与西东。

今日高会欣恭逢。满座佳士尽名公。

共祝寿翁更添寿，好共麻姑桑海东。

1990 年

画苑神仙　人间寿星

——祝朱屺老百五画展

屺瞻老人百五画展，为古今所无，奉题二绝，敬贺。

风雨纵横百五春。沧桑阅尽眼更新。
江山万里如椽笔，卓立乾坤第一人。

移山有腕笔生花。四海烟岚聚一家。
画到匡庐飞白玉，无边清气满中华。

今年5月5日，上海"朱屺瞻艺术馆"将隆重举行"朱屺瞻百又五岁画展"。

百又五岁画展，这是中外画史上从未有过的，有之，就是这一次。这是创中外历史纪录的第一次，更是神圣的第一次！这是中国画界的荣耀，上海人民的荣耀，中国人民的荣耀，也是全世界艺术界的荣耀！

这次画展，将如一颗明星，她的光芒将射向全世界！将温暖和照亮每一个艺术家的心灵！

画苑神仙　人间寿星

我拜识屺老，是在 1977 年的秋天。那时屺老来北京，我得到屺老自北京饭店发来的信，当天下午就去拜见了屺老。虽然是初见，因为早已有翰墨往来，所以欢然如故，大慰平生。不久我就陪同屺老、朱师母同游长城，那年屺老已是八十六岁的高龄，但屺老却是关山健越，直上八达岭的第二烽火台。游人忽见须发如银的老人出现在长城之巅，都惊诧得以为是神仙！我满以为如此壮游，对于八十六岁高龄的屺老来说，总是可一而不可再了，哪知过了几天，屺老却告诉我，他又去了一次八达岭！屺老的这种雄视阔步的精神，使周围的人无不既惊且佩。

更加惊人的是 1983 年 7 月，屺老应邀去美国。此时屺老已是九十二岁高龄，白发银髯，健笔挥洒，使彼邦人士皆惊以为神仙中人。昔齐白石以八十六岁高龄乘飞机到上海，已传为佳话，其自署亦称"丙戌冬八十六岁尚飞机来上海之白石"。现在屺老竟以九十二岁高龄飞越重洋，远抵地球彼端，此种豪迈气概，自足惊世骇俗。岂知屺老回国后不到两月，又作滇南之行，览滇池，登龙门，访鹿城，至苍山洱海，复至楚雄温泉，游黑龙潭，参曹溪寺，再览石林天胜，其高怀阔步，披襟当风之概，正足以雄视一世！

屺老的这种豪迈雄健的气概，反映在他的画上，就是风格的雄浑高古。读屺老的画，无不感到他早已超然于笔墨之外，传统山水画的各种皴法，早已被他融化生新，成为无法之法，法外之法了。司空图的《诗品》解释"雄浑"这种风格时说："返虚入浑，积健为雄，具备万物，横绝太空。"又说："超以象外，得其环中。"我看用司空图的这几句话来评价屺老的画风，是最确切也不过了。清人杨振纲又引《皋兰课业本原解》来诠释上面这几句话，更显得通俗而易懂，他说："此非有大才力大学问不能，文中惟《庄》、《马》，诗中惟李、杜，足以当之。"这就是说，所谓"雄浑"的风格，文章中惟有《庄子》和司马迁的《史记》，诗中惟有李白、杜甫的诗，可以称得上"雄浑"。那末，当代的画家之中，惟朱屺老的画足以当之，这是毋庸置疑的了！

屺老所作无论是山水还是花卉，无不是凌云健笔，意态纵横。他并不以琐屑的笔墨情趣来让你满足，他给你的是汪洋恣肆、淋漓尽致的感受，是艺术的浑朴，是无始无终，而不是艺术的纤巧雕琢。"大匠示人以璞"，朱屺老给你的感受，就是元气淋漓的真和朴。

与此同时，朱屺老另外给你的是艺术的活气、生命、脉搏，也就是"神"。一切艺术的至高境界就是"神"。没有"神"的艺术，就是死的、没有生命的东西。好比一束鲜花，刚摘下来带着朝露，那就是活的，有"神"的；如果是一束塑料花，那就是死的，没有"神"的。屺老笔下的山和水，初看浑浑噩噩，无际无涯，是一种雄浑的气象；但细看，透过这雄浑的气象却同时让你感受到这山和水是活的，是有灵气的。何谓"活的"？就是山上的草木，郁郁葱葱，有生气的；山上的烟雾，蒸蒸腾腾，是在蒸发，是在飞动的。而山下的水，细听似可闻潺潺之声，细看似可见微波曲折。总之，初看是静的，细看是动的。初看见形，再看则形神俱到，形神俱备。

屺老艺术的另一特点，就是他的艺术内蕴的"力"。屺老静处独坐时，如古佛，如真仙，其静也与万象同默，其气也仙。屺老行动作画时，如壮士拔剑，如勇夫扛鼎，其动也山摇地动，其气也雄。屺老在所著《癖斯居画谭》一书里说："陆放翁草书诗：'提笔四顾天地窄，忽然挥扫不自知。'提笔之前，胸有浩然之气，塞乎天地之间。动起笔来，竟是笔动我不动。在创作得意时，物我浑忘，其乐融融如也。"又说："回忆用笔之顷，气从脚发，如歌似舞，确有竹啼兰笑之感觉。"这一段话，正可印证屺老艺术中所内蕴的"力"。我曾拜读过屺老所作的兰竹长卷，其笔阵纵横，如排山倒海，如万马奔腾，自始至终，一笔不懈，一气呵成，如要从"力"的角度来看，则整个一幅长卷，恰是"力"的各式各样的表现，而又表现得有时含蓄浑成，引而不发，有时又奔腾万里，一泻无余。我曾多次看过屺老作画，那种全神贯注、解衣般礴的气概，你可以感到此时的宇宙已经与他合为一体了。

与此相联系的是屺老的另一艺术特色，这就是粗服乱头，不掩国色。屺老所追求的是宇宙间大自然的自然真美，不是人工修饰以后的美，更不是园林盆景式的做出来的美。所以屺老无论是作山水、花卉，都具有这种粗犷的自然真美。看了盆景式的纤细的人工雕琢美，再看屺老的狂飙式的强有力的粗服乱头式的自然真美，自然会感到后者是万顷太湖，前者只是园池一角了。

屺老的画，是一份无价的精神财富和物质财富，更是一个艰深的研究课题，是需要我们今后用很长的时间、很多的人力来认真研究的。本文只能算是一点个人的感受。

尤其难得的是，屺老至今仍笔耕不停，连星期天也不休息，这个画展中，有不少作品，是他百岁以后一直到今天的新作，这又是多么难能可贵啊！所以这是一个真正名副其实的"百又五岁"画展。更为值得庆贺的是屺老依旧神清气爽，我去年拜访他时，他还能记得二十年前在北京作画的细节。

古人云：国之大昌，必有人瑞。屺老是真正的"人瑞"，是国家昌盛、人民幸福安定的象征！

再过几天，屺老的百五画展就要隆重揭幕了，我谨以此文，敬颂屺老海屋添筹。寿艺更高！艺寿无量！

　　　　　　　　　　　　　　　1995 年 4 月 20 日于京华瓜饭楼

悼念百五寿星、画坛大师朱屺瞻

20 日晚上，我突然接到上海的电话，告诉我当天上午 8 时 3 刻，朱屺瞻老先生在华东医院逝世了。这个突如其来的消息，使我万分伤痛。

我是 1977 年 9 月与屺老交往的，先是在 1976 年我为屺老题过兰竹长卷，第二年屺老到京，就约我见面，真是一见如故。从此以后，二十年来交往从未间断。那年，屺老已是八十六岁高龄，我陪同他和朱师母一起登上了八达岭高处，屺老白发银髯，游人皆惊以为神仙。

1983 年，屺老九十二岁，尚应美国旧金山市府之邀，访问美国，彼邦人士，对屺老的艺术和屺老的精神丰采，皆惊叹不已！

屺老是举世闻名的世纪老人，终年一百零五岁的高龄，在画史上恐无第二人，尤其难得的是屺老直至进医院之前还在作画。去年 5 月，我到上海参加屺老预祝百五寿诞及屺老艺术馆落成典礼，见到屺老当年所画的长卷，依然老笔纷披，神完气足，而画案上还铺着正在作的画幅。所以屺老的全部生命都付与了艺术，也可以说屺老就是艺术的化身，艺术的象征。

屺老对艺术是一丝不苟的，若干年前，屺老画了太湖马山的长卷，纪念马山村民英勇抗日的可歌可泣的事迹。长卷画成后，请我题诗，之后就付装裱。但事隔不久，屺老又重画了一幅，宣布原画作废。这在一般的人如何能做到？岂知过了半年我再到上海时，屺老又拿出一卷给我看，原来他仍不满意第二次所作，又画了一卷。这时屺老已是九十高龄了，但他对艺术仍旧孜孜以求，一丝不苟。从这三个卷子来说，当然一次比一次好，但仅就第一次的卷子说，也当然是传世之作了，人们可以从这三个卷子里，具体地认识到屺老对艺术无止的追求。

1983 年 10 月，我在苏州邓尉，经过几次寻访，在村民的帮助下，找到了湮没已经百年的诗人吴梅村墓，我将此事告诉了屺老，并请屺老作一幅"邓尉寻梅村墓"的图。过不多久，屺老就把画寄来了。还附了一封信，说如果不满意就再重画。那年屺老已经九十二岁。对屺老的画，珍重之不及，岂有"不满意"之理！谁知过了些时，屺老又寄来了一幅，比前幅当然更好。这件事再次使我感到屺老对艺术的追求真是一丝不苟，他自己一定要做到完全满意为止。

屺老对艺术的贡献是无比巨大的，他不仅创作丰富，留下了一大批不朽的传世之作，更重要的是在艺术上的创新。屺老早年学油画，在油画上造诣很深，就是到晚年也还继续作油画。屺老把他在油画上的用色、笔法、构图等方面的造诣，都很成功地用到他的中国画创作上，而且融成一体。人们谈屺老的画，只觉得是风格清新，色彩绚丽，笔墨趣味极浓、极醇厚的中国画，丝毫也不使人感到是油画的感觉，只觉得中国画呈现了自己全新的面貌。

屺老在山水画上的创新是值得大书特书的，是中国画发展史上划时代的标志。当然这种创新，同时代的其他画家也作过努力，而且各自也取得了突出的成就。尤其是刘海粟大师和久居海外的张大千先生，其成就都很卓著。所以这种中国画的革新是一代杰出画家的共同愿望、共同努力的结果。但朱屺老在这方面却取得了极为突出的成就，以至于使人看了朱屺老的山水画，有中国画适应时代需要的创新，已经进入了它的完美的成熟的阶段之感，譬如唐诗的革新，已经经过了初唐而进入盛唐了。张大千、刘海粟，尤其是朱屺老，应该说是"盛唐"的最强音！

百五寿星朱屺老，虽然巨星已经陨落，但它的光芒却永远会留在人间，照亮画坛！照亮中国画前进的方向！

下面即以我的两首悼诗，来结束这篇短文：

悼百五寿星朱屺老

悲音海上动九州。举世人伤失屺侯。

画笔曾惊天地外，胸怀淡泊似澄秋。

耆年百五人间少，玉轴千秋策府稠。

最是长城城上望，江山万古笔端收。

画史长年第一人。纷披彩笔泣鬼神。

江山有待翁生色，天地无翁不氤氲。

百草千花为翁发，千岩万壑为翁鸣。

骑鲸今日归去也，留得千秋万岁名。

1996 年 4 月 23 日午间于京华瓜饭楼

读王蘧常先生书法随想

　　我是抗战胜利后的第一年（1946年）的春天考入无锡国专的。那时，瑗仲师任教务长，在上海，学校也刚复校，冯振心先生等在桂林的部分也还未迁回。因此，瑗仲师就经常要往来于沪锡之间。

　　就是在这个春天，瑗师到无锡来处理学校事务，我是学生的代表，大家推举我面见瑗师，陈述学生对学校的意见和要求。我是怀着战战兢兢的心情去见瑗师的，哪知见面陈诉以后，瑗师非但没有责怪我们的意思，相反却很体谅学生的心情，觉得学生提出改善提高教学的要求是合理的，并且答应作出安排。

　　这就是四十一年前我第一次见到瑗师的情景。

　　瑗师一到无锡，照例要停留二三天，那时我刚经农村到城市，虽然酷爱书法，但却既不会也不懂，连瑗师的书法在当时已经名重一时的情况也还不了解。但是就在这时，我发现学校里许多老师和同学都纷纷到街上春麟堂去买宣纸，于是一传两，两传四，全校霎时就沸腾起来了；于是我也才知道瑗师是当代的大书法家，我在惊喜之余，自然不甘落后，立刻跑到春麟堂买了宣纸。

　　接着我就看到大群的人围着瑗师，看瑗师在办公室的大桌子上挥毫。

这样的盛况，我记得就连续有两个下午或三个下午，到后来同学们跑到春麟堂买纸时，据说玉版宣和单宣都已卖空，就剩一些蜡笺、蝉衣笺之类的纸了。

那次瑗师给我写了两副对子，一副的对句是："天际数点眉妩翠，中流一画墨痕苍。"另一副的句子是："不放春秋佳日去，最难风雨故人来。"这两副对子，虽经历了四十年的风风雨雨，但我一直珍藏到现在。当时瑗师到无锡来并未带笔和图章；瑗师写字是不择笔的，自然不影响他写字，但写完后却无章可盖，所以我的两副对子都未盖章。前些年我还将它带到上海，请瑗师补章，瑗师看了这四十年前的手迹，不仅感慨系之，为我加盖了印章，而且还为我加了长跋。于是这副对子的对句是瑗师四十六岁时写的，而上下联的长跋，则是八十六岁时写的，这样的对子，岂止是弥足珍贵，恐怕在古今的对联史上，虽然不能说绝无仅有，至少也是很难得的罢。

不知是什么缘故，自从第一次见过瑗师以后，我就深深产生了对他的崇敬的心情，就觉得他是一位有高深学问和才华出众的"老"教授，因为在我的印象里，好像瑗师那时已经是老教授了。其实现在算算，那时瑗师才不过四十六岁，而我是二十二岁。这种感觉，就好像在小孩子的心目中，大人总是很"大"的一样。

也不知什么缘故，自此以后，瑗师对我也爱护有加，每次来锡，总要与我晤叙，但我却深以不得听瑗师讲课，不得从瑗师学书和学诗为恨，因为大家知道，瑗师是著名的诗人"江南二仲"之一啊！

1947年下半年，我因参加学生运动而受人注意，党的地下组织要我立即离开学校，当时的苍茫大地，到处都是反国民党的斗争和国民党的到处抓人，我究竟能到哪里去呢？我于急难中向瑗师求援，瑗师立即复信叫我到上海去，改入无锡国专的上海分校。老子说"祸兮福之所倚，福兮祸之所伏",我就应了第一句。到了上海,我首先听到了瑗师讲《庄子》,每逢瑗师讲课,我必须聚精会神听课,不敢稍懈,我们一学期只听了一篇《逍遥游》,而且还未讲完,然而我从瑗师的讲解中,已深深受到启示,渊博的知识和深厚的功夫,尤其是瑗师惊人的记忆力,所有的引经据典的笺释,都是从记忆中随时背出来的。因此,每次听课,总会使我受到极大的压力,觉得自己努力得太不够了!

我总想听瑗师讲诗和讲作诗,但这个愿望始终没有能实现;不过,我后来接触瑗师多了,也能从平时的谈论中,得到一些关于诗的知识。

我在上海时,曾从笺扇店里得到瑗师的一张润例,我一直珍藏着。是藏得到现在连自己都找不到了呢还是已经丢了,我至今已弄不清楚了,但我分明记得一项,扇面润笔是白银十两。因为那时金圆券不值钱,所以笺扇店干脆就标出白银。也因为这样,所以我至今还能记得这个数字。

对于瑗师的书法,我自知书学的基础太差,实在说不出什么道理来,但我在四十年追随瑗师、仰慕瑗师的书法过程中,多少也稍有一些浅知。其间究竟是得是失,姑且先写出来请教。

我体会瑗师书法的第一可贵之处,是不落唐后人一笔。这一点,求之今人固是难极,就是求之古人,亦何尝容易。

我国的书法,大分之,我认为可别为六朝以前和六朝以后。如果以人为标志,则就是三王(王羲之、王献之、王珣)以前和三王以后。因为自羲、献父子以后,书风趋向流丽。羲之之书,承先则有章草,启后则有《十七帖》、《兰亭序》;其中尤以家书一路(《丧乱帖》、《孔侍中帖》、《姨母帖》等等),楷书一路(《黄庭经》等),对唐以后影响甚大。可以说,羲之之书,如天地涵盖,笼罩一切,后人能逃出其范围者极少极少。而瑗师虽功在三王二爨,而又由三王二爨上溯北朝、秦汉直入三代,而终于优游于三代秦汉六朝之间,绝不作唐后之一笔矣。日本友人曾极度赞赏瑷师之书，说：古有王羲之，今有王蘧常。此论其实尚只是知瑷师书法之易知者，而瑷师书法之真正可贵处，是意在秦汉三代之间，故其所作能不落唐后人一笔。

瑷师书法的第二可贵之处，就是意在秦汉三代。唐以后乃至近百年之学书有成者，并非没有致力于秦汉三代的，如李阳冰之小篆，直接承自秦丞相书；如何绍基之书汉碑，直承汉隶；如吴昌硕之作石鼓，直摩猎碣，自无可疑者。可见作三代秦汉之书，并非瑷师一人，前辈致力于此者多矣，然而何以独称瑷师？

我之所以独称瑷师者，自非无因。关键在于前人之作三代秦汉书，多以我为主，强三代秦汉以就我，多存其形，而失其精神灵气，而去古远矣。瑷师之作秦汉三代书，则一反诸家所为，径自直追古人，深入壁垒，"寻坠绪之茫茫，独旁搜而远绍"，游心太虚，神与古会，撷其精华，涵其灵气，于是与古为化而亦与古为新矣。夫昔之作三代秦汉之书者，其用笔大抵圆多于方，熟多于生，滑多于涩，要之，皆极圆熟流利之致，其故安在，在求世人之知也，在示人以书家之书也。于是书风靡丽而去古愈远。瑷师之书，深入力追，直臻三代，故其结体古拙，用笔方而生辣，古趣盎然，生气蓬勃，如良玉生烟，新意郁勃而出矣！瑷师于北碑郑文公曾下苦功，圆笔自是所长，然上溯秦汉三代以后，圆笔已是内劲潜行，深藏而不外露矣，故其书内圆而外方，内秀而外拙，初看似不易懂，百看而不能舍也。

瑷师书法的第三可贵之处，是瑷师之书，是学者之书、诗人之书，而不是书家之书。试看古来书法大家，除钟鼎和部分篆籀、汉碑无署名外，绝大部分书家都是诗人和学者，纯以书法擅名而无与于学与诗或画者，极少极少。降至近世，始有纯以书法为事而于文事不相通者，于是书风斯下矣，谓之书匠可也。瑷师之书，正是从学问中来，从诗境中来，故自具气质，不染尘俗，亦绝无书家习气。夫书法，欲其工难，欲其工而无书家习气尤难。近世书家，甚且不识书家习气为病，反而以此为好而求之，是则去真愈远矣。

总之，瑗师之书，不落唐后人一笔；直入三代两汉之奥区，神与古合而与古为新；是诗人学者之书，非书家之书，故绝无尘俗气，亦绝无书家气，而自具学者诗人之儒气逸气，进而为乾坤之清气正气也。

以上是我对瑗师书法的一点私心体会，亦从未请正于瑗师，因只是日常自家之体认，不足以问瑗师也。顷因王运天兄之频频催逼，愧无以对，不得已只好和盘托出，其错误之处，尚祈瑗师及鉴家引而教之，则不胜幸甚！

1987 年 7 月 6 日夜 1 时半草于京华宽堂

明两老人歌

小 引

　　瑗仲王蘧常先生，予之师也。其书室曰"明两庐"。予自丙戌岁拜先生于梁溪，翌年复负笈淞滨以就先生教。于时，先生为授诸子学。经岁，授《逍遥游》未竟，余者读先生所著《诸子学派要诠》。而予于诸子之学，始得稍窥其大略。先生工诗，与常熟钱梦苕师并称"江南二仲"。盖梦苕师字仲联也。惜予鲁钝，未得先生授诗学，然日侍先生之侧，熏之陶之，亦深受教也。回首往事，去今忽忽四十二载，每一追思，辄为神驰。今岁，吾师九十大寿。夫人生百岁，古今能几？吾师乃臻此遐龄，岂非盛德之所致乎？乃不自顾其陋，为此长歌，少抒衷怀。高明之士，不必以诗视之，亦知其孺慕之意云尔。

　　　　　　　　戊辰春暮，宽堂冯其庸并记，
　　　　　　时 4 月 12 日夜 1 时于京华瓜饭楼

84

明两老人歌

先生有道出羲皇。先生有笔迈晋唐。

我拜先生五湖畔，维时日寇初受降。

明年负笈淞江浒。绛帐新授诸子学。

茫茫坠绪三千载，指点纷纶别清浊。

仲尼论道贵在仁，孟轲前后踵相躅。

暖暖春暄仁者言，纵横捭阖波相逐。

别有老聃一家说，独倡自然排众诼。

非攻兼爱子墨子。有怀徒托容言耳。

战国纷纷强并弱，虽有仁义何所市。

我爱庄生逍遥游。至人无待得自由。

姑射仙子冰雪姿，千载令人轻王侯。

绛帐春风违已久，眼看白日去悠悠。

四十年间如过隙，公登大耄我白头。

忆昔侍讲梁溪滨。先生挥笔取长鲸。

退毫宛对陆平原，新颖初发王右军。

如今老笔更纷披。散盘爨碑信手而。

隶书直过张与曹，正书相看上下碑。

吁嗟乎！书道久已叹凌替，世人不识王羲之。

作字无求点与画，但教小儿学画蛇。

我侍先生四十年。直节堂堂气摩天。

吟诗曾教鬼神泣，著书积稿埋双肩。

至今仍好作榜书，挥毫犹如扫云烟。

我颂先生寿而康，为留正气满坤乾。

1988 年 4 月 12 日

哭王蘧常老师

我国著名的学者、书法家、诗人王蘧常先生逝世了，这是我国学术界和书法界不可弥补的重大损失！

我从认识王先生，拜王先生为师到现在，已经四十多个年头近五十年了，这四五十年中，从未中断过联系，无论社会上有多大的风波，我们一直都相互信任着，相互怀念着。我自然是对老师一直怀着崇敬的心情的。我一直钦敬着老师的人品高尚，冰雪风操，钦敬着老师渊博的学识和惊人的记忆力，钦敬着老师迈古铄今、至高无上的书法艺术，钦敬着老师回荡郁勃、感慨深沉的诗笔；而老师也时刻关心着我的一切，早些年还不断写信来问我的近况，嘱咐我要早睡，要注意身体。记得"四人帮"刚垮台不久，他就写信给我，说我"独立乱流中"，非常欣慰。近年来，又常劝我要解忧，要宽怀，情辞恳切。我早已失去父亲，看到老师这样的来信，仿佛就是在听父亲的叮咛。现在每一回想，总不禁使我泪盈双睫。

我曾在10月9日到过上海，到上海老师立即与我通了话，电话里他的声音兴奋而洪亮，问我什么时候去见面，我说明天去，他很高兴。我这次去上海是检查身体，就是老师催促着他女儿康孙同志为我安排的。做梦也没有想到，这次在上海见面后，我和老师就长别了。

大家知道，王蘧常先生的章草，是当代独步，放到古人传世的名迹中，可以毫不多让。今年春天，我与王运天兄一起在他家里，闲谈间谈到，日本人说"古有王羲之，今有王蘧常"，王羲之有《十七帖》，老师何不来一个《十八帖》？之后，我们又多次向他提出这个问题。后来老师终于答应了，我们私心窃喜，觉得世间又可以多一件书法珍宝了。我10月间来沪前，运天来信告诉我，老师一定要将《十八帖》亲手交给我。我回信说，老师有如伏胜授书，可惜我不是晁错。但为此名迹，我理应到上海去拜受。待到我见到老师后，老师说，你要的《十八帖》已完成十六帖，这次一定给你带去。10月18日，我与运天一起从无锡回到上海，19日见面时，老师就说《十八帖》已完成了，并要我和运天看。我们打开来观看，真是字字珠玑，放射着熠熠光华，而且内容丰富，每帖谈一事，有的谈家常，有的谈学问，亲切入味，而不落常套。从书法来说，应该说是迈古铄今的了！我想从此世间真正又多了一件重宝！

前不久，运天给我看一个手卷，是老师写的《杨仁恺先生传》的墨迹手稿，上面已有杨仁恺、谢稚柳先生的题跋。我看这手稿，实在只有陆机的《平复帖》可与相比，犹恐《平复帖》无其苍劲，而论文章，则完全是一篇太史公的列传，所以我在跋文里说"文章太史氏，书法陆平原"。老师笑说我的这个评价是我的嗜痂。还说我与运天恰好是一对痴人，我是大痴，运天是小痴。当时说着这些笑话，一点也没有想到不久后会有什么变故，似乎先生可以百年永期，而我们也毫无疑问可以长侍左右。谁知道曾几何时，竟遭巨变，从此人天永隔，邈若山河，呜呼哀哉，可不痛煞！

就是这次在沪，我侍先生左右闲谈，谈到近年我读《史记》，常常作实地调查，如《项羽本纪》里写到的鸿沟、垓下、东城、乌江等地我都去调查过了，许多地方还在，他听了感到十分有兴趣。我说我到了东城，就是现在安徽省的定远，我说项羽实际是在东城死的，没有能到乌江，当时到东城，项羽已只有十八骑。老师马上就纠正我说，是二十八骑而不是十八骑。事后查《史记》原文，确是二十八骑，是我记忆错了。老师已经九十高龄，而神明不衰，记忆是如此精爽。怎么能想到几天以后，老师就要与我们永别呢？我现在每想起一件当时的事情或随意的谈笑，总觉得老师亲切慈祥的样子分明在我的面前，我怎么也不能承认他已与我们长别了！

老师尽管已是九十高龄，但仍勤于著述。前些时我曾把一大堆《文物报》寄给他，他从中看到了天水发现的秦地图，高兴得不得了，立即把这个资料写入了他正在补充完善的《秦史稿》里，充实了艺文志的内容。前不久，我到商丘去开会，同时调查了梁园的旧址，还看了张巡、许远、南霁云、雷万春力抗安禄山叛军的遗迹。我到了睢阳城南门的旧址，这个地方，就是雷万春巡城连中数箭，仍屹立不动，让敌人惊为天神的地方，也就是张巡临死不屈，嘱咐南霁云说"南八，男儿死耳，不可为不义屈"的地方。当我给先生讲述我调查的这些地方后，他为之肃然动容说："我们伟大的中华民族是崇尚气节的啊！应该相信，气节胜于刀枪。"他还告诉我，前些时，他特地写了文天祥的《正气歌》，坚信天地有正气！我听着先生的这些话，真正感到语重心长。而先生本身，就是一种正气的象征。先生在抗战时，拒绝敌伪的种种职务，宁可忍饥挨饿，坚不出仕；先生在"四人帮"时，对"四人帮"是非颠倒、真假混淆的法西斯黑暗统治，也深恶痛绝，愤然绝世；先生一辈子没有过过飞黄腾达的日子，一辈子是一介寒儒，却从不戚戚于此，而一种自甘淡泊、乐居陋巷的浩然襟怀，却深深照映着人们。

大约在先生去世前十天，应我的请求，他曾为宜兴紫砂工艺师寒碧主人写"寒碧居"三字。我说要写隶书，先生答应了。谁知先生竟为此而翻了不少汉魏碑帖，临写以后，又一连作废了五张，到第六张才满意。后来这些被掷在纸篓里的"废纸",都由运天和先生的外孙女抢救了出来。我看看每张都是很好的书法,于是我与运天各要了一张,其他的仍由先生的外孙女保存。我并为此加跋云:"此瑗师为阳羡壶师寒碧主人所作题额草稿,已弃之篓中,予拣而得之,观此三字,已冶汉隶爨碑于一炉矣,瑗师犹弃之,则可知瑗师作书,自求之严也。何世之躁进者易以书家自命耶!"

我是 22 日离开上海的,那天在先生处吃饭,先生还亲自为我夹菜,劝我多吃,他自己能吃一碗饭,还能吃肥肉。他知我爱吃肥肉,问我能吃多少?我说能一次吃半只蹄髈,他说,他也还能吃四分之一只蹄髈。他说食肉者不见得就鄙,孔老夫子也是喜欢吃肉的,三月不知肉味,他就要抗议了,说罢大笑。饭后,他让我去小睡一会儿,以待上车,他自己却与运天等依然谈笑,我在里屋还不时听到他的欢笑声。就是这样一位充满活力和智慧,慈爱而又淳厚的老人,他昨天还与我们谈笑风生,还为我们挥毫作字,还为别人的健康操心,还不时要为别人分忧解愁,怎么今天反倒他已不在了呢?

10 月 25 日夜 11 时 1 刻,运天打来的长途电话,像猛雷一样打击着我,先生突然离我而去了。我永远憎恨这一天,我永远不会忘记这一天。我四顾茫茫,眼前一片凄伤,我失去了慈父,失去了长兄,我失去了我不能失去的尊长!

这一夜我彻夜难眠,不知所措,挥泪成一联泣挽先生。联云:

> 五十年相随左右,是师是父是长兄;
> 十八日忽然永别,[①] 如梦如幻如惊雷!

1989 年 10 月 30 日于北京

---

① "十八日",指先生绝笔《十八帖》,意谓写完《十八帖》也。

哭瑗仲师

欢笑平生五十年。忽然归去渺云烟。
是真是幻谁能辨，毕竟先生是上仙。

平生知己是吾师。风雨艰难各皎如。
自信乾坤正气在，要为轩羲立丰碑。

1989 年 10 月 28 日

关于先师王瑗仲先生
的绝笔《十八帖》

　　王瑗仲先生讳蘧常，是我在无锡国专时的老师。我是 1946 年春入学的。老师是教务长，但他在上海，因上海还有无锡国专的分校，他主持分校的教务，并隔时到无锡来处理校务，我就是当年春天他到无锡来处理校务时与他接触的。当时我是学生代表，向学校提出了关于课程和教师方面的要求，老师倾听了我们的意见并作了认真的处理，使学生得到了满足。

　　当时大家知道老师是著名的学者、诗人、书法家，他的《江南二仲集》、《抗兵集》早已风行于世。他到了无锡，无论是老师和学生，都纷纷到春麟堂去买纸，请老师写字，老师每天要尽数十幅，以至几天来春麟堂的纸为之脱销，等到我去买时，单宣已卖完，只有厚厚的夹宣了。那时老师与我写的对子，至今我还保存着，联语是："不放春秋佳日去，最难风雨故人来。"

　　1947 年，解放战争形势发展很快，学生运动也风起云涌，我们学校的学生运动也进入高潮，形势显得紧张，不久我得到了秘密通知，要我离开学校，我就与另外两位同学一起到了上海无锡国专分校，也就是到了王瑗仲老师处，那是事先与他联系的，得到了老师的同意，我才去了上海。这样我就得以有机会听老师讲课，当时老师开的《庄子》，我就是听他讲《逍遥游》。老师讲课时从不带课本，从正文到注释全是背诵，而且与我们带的《庄子集释》一点不差，重要的是他疏解了各家的注疏后，往往出以己意，发人深思，所以那一学期，一篇《逍遥游》没有讲完，但他却给了我治学的门径，那种"独上高楼望尽天涯路"的境界。

可惜我在上海只有半年，后因车祸又回到了无锡乡下。但在上海时，除了听老师讲课外，更大的收获是我得常侍老师左右，听他闲谈，他对诗学的见解，就是在平时聊天中听他讲的，特别是我还能经常看到他挥毫写字，无形中给我以深刻的感受。

那时我除正课外，特别喜欢词，为此他特地写信介绍我去看望词学的泰斗龙榆生（沐勋）先生。龙先生见到我是王老的学生，且有王老的亲笔介绍信，就非常热情地接待了我。龙先生是瘦高个子，当时胃病很重，面目清癯，谈话时时时咳嗽，因此我不敢多烦劳他。龙先生还嘱我以后再去，可惜我不久就离开上海了。老师知我正在写《蒋鹿潭年谱》，又写信让我到合众图书馆拜望顾起潜（廷龙）先生，顾老热情地接待我，之后凡我看的书，一概放在我的书桌上或存放在柜子里，不再入库，以便我第二天一去就可以看书，所以我的《蒋鹿潭年谱》就是在顾老的帮助下在合众图书馆写成的。

我离开上海后，一直保持着与老师的通信，特别是"文革"中老师还不断来信，并从其他学长如周振甫先生处打听我的消息。及至他得知我除了挨批斗外，没有参与任何活动时，他非常高兴，说我"独立乱流中"。现在回想起来，老师对我的这种关怀，真正是情同父子手足，幸亏老师给我的全部来信，除动乱中可能偶有丢失外，基本上都保存完整，感谢运天兄为我装裱成两大册。前些时在上海展览老师的书法时，摊开来竟占了半个展柜，而《十八帖》还不在其内。

说到《十八帖》，来向我打听的人太多了，有的是出于好奇，想了解一下《十八帖》的情况，有的则是为了研究老师的书法，觉得这部老师最后的绝笔杰作，如果看不到和不了解此帖的由来，就无从研究老师的书法。其实《十八帖》的来由是很简单很平常的。在老师去世前若干年，日本盛传两句话，叫："古有王羲之，今有王蘧常。"于是运天和我，就经常与老师建议，说王羲之有《十七帖》，老师应该写一部《十八帖》。老师一直笑而不答。1989 年 10 月，我忽然接到运天的信，说老师的《十八帖》已快完成了，老师希望我自己到上海去领取先生之赐。我接到信后，十分高兴，随即乘车到了上海，与运天一起去拜见了老师，老师非常高兴，让我与运天一起在老师家吃饭，饭后，老师郑重地将《十八帖》亲自交给了我。

大家知道，瑗仲师是大学问家、大诗人，又是书法大家，章草圣手，但他平时从不自伐，也不喜欢别人对他的吹嘘。所以外界反而不大了解他在书法上的绝高的造诣。但当代真正的书画大家都是极为推崇瑗师的书法的，谢稚柳先生就非常钦佩王老先生，称他的章草已是王草，是空前绝后之作。现在瑗师在九十高龄耄年之际，竟然完成了《十八帖》的杰作。这当然是书法史上的一件大事。这个卷子虽然老师是写给我的，但我岂敢自专，这当然是瑗师留给后世的一件重宝。

这个《十八帖》从书法来说，是瑗师书法的极致，我展读再四，其书风似《平复帖》，但苍劲过之，从文章来说，酷似《十七帖》，如第一帖云：

十八日
书悉。屡欲我书十八帖，何敢续右军之貂？但以足下情辞恳款，又不忍拒。此书首有十八日字，
置之卷前，即谓之十八帖可乎？

一笑。

其庸弟　　　　　　兄蘧

第三帖云：

近郑逸梅先生索

弟与我长笺，将入名人尺牍中，兄不能割爱，特报足下一笑。

第六帖云：

运天弟言

足下有米癖，得之黄河两岸及秦陇，大至数十斤，小亦数斤，古人所作归装，无此伟观，令人欣羡。

第十二帖云：

中夜不能寐，起读太史公书，至《孟子传赞》，抚然自语曰：利诚乱之始也。上下交争，国将奈何，不觉涕泗交颐，无可告语，遂作此简与弟，知老人心苦也。泪痕隐约可见。

此外，有一简是谈右军书法的，有一简是谈理学的，有一简是谈沈寐叟与康有为书的，因文长不录。

大家知道，瑗师不仅是诗人，而且还是文章家。抗战中他写的《吴子馨教授传》就盛传一时，在他写《十八帖》之前，又作《杨仁恺先生传》，我曾拜读过原稿，其文章真正是掷地作金声。就是这《十八帖》，其文字与右军的书札何其相似乃尔，所以我曾说先生是"文章太史公，书法陆平原"。我认为这个评价是很恰当的。没有想到，我拜领了《十八帖》回到北京，没有几天，运天就来电话，说瑗师已于10月25日去世了。天哪！我回到北京才不过四五天，瑗师就去世了，这真正是晴天霹雳！回想五天前在沪时，瑗师的谈笑，如在目前，而他的人却永远邈若山河了！

所以，《十八帖》真正是瑗师的绝笔，瑗师好像特地留下了《十八帖》才仙去的，从此中国的书法史上，《十七帖》、《十八帖》将永远辉映于世了！

1998 年 3 月 30 日夜写于京华瓜饭楼

题赵朴老书帖

朴老之人，乃当世之真佛。朴老之诗文词曲，乃当世之杜白韩柳马关；朴老之书法，乃当世之苏赵，其晚年书，无异右军书帖。予拜识朴老数十年而晚岁更从朴老游，朴老尝顾予曰，欲作诗为赠，乃不意香港归来，竟病剧，中间少苏，曾电嘱予往晤。并盛称予得玄奘归路之事。予为朴老摄数影而辞归，朴老犹以目送予，并叹曰：何去之速也！予尚拟再晤朴老，岂意当晚朴老即大归。今见朴老致周公数十帖，不仅字字钟王，更如再拜真佛也，乃援笔书之，不觉泫然！

甲申五月宽堂冯其庸八十又二拜识于瓜饭楼

96

题赵朴老书札

右军书帖渺凤星。海外流传徒影形。
不及赵公亲笔札，钟王真法写兰亭。

宽堂冯其庸题
2004 年 6 月 14 日

千秋长怀赵朴翁

佛学的一代宗师赵朴初先生不幸去世了，消息传来，举世为之震惊，为之痛悼。我是最早知道这个消息的一个，所以格外感到伤痛！

我与赵朴老认识已经很久了，但直到 80 年代我才有机会陪同老画家朱屺瞻先生去拜见朴老，那时两位老人互致景慕之情，朱老还向朴老赠送了他的画作，而赵朴老在新中国的宗教事业、文化事业、社会事业等等方面所作的杰出贡献，早就为广大人民所崇敬了！

近几年来，我的乡友邱嘉伦先生常为佛学的事去拜见朴老，我也随着邱先生一同前去，因而常能与朴老晤谈。1998 年 8 月，我第七次去新疆调查玄奘取经回国的路线，终于在帕米尔高原 4700 米的明铁盖达坂山口找到了玄奘归国的山口古道，回到北京，我写了一篇题为《玄奘取经东归入境古道考实》（帕米尔高原明铁盖山口考察记）的文章，文章打出来后，恰值邱嘉伦先生来，我就将文章交给邱先生，请他代为转呈朴老审阅。我当时并没有别的想法，只是觉得朴老是佛学的宗师，我对玄奘的调查与佛学有关，理应向他报告和请他审定，朴老长期住在北京医院，我并不敢想朴老会真的拿起文章来看，谁知邱嘉伦先生给我拿去后，只隔了一二天，就来电告诉我，说朴老看了文章特别高兴，说还要专门写信给我，希望能在佛协的专刊《法音》上发表。接着我就接到朴老秘书的电话，问我确切的通信地址，我将详细的地址告诉了他，过了几天，我就接到了朴老亲笔写的一封挂号信，信里说：

其庸先生：

承惠　大作《玄奘取经东归入境古道考实》，具见　跋涉艰辛，考察周详，不胜感佩。窃拟转载佛协会刊《法音》，不知能见许否。如荷慨允，更愿赐予有关照片，以满足佛教信众之瞻慕，功德无量。顺颂　吉祥如意，并贺新禧

赵朴初拜状
1999. 1. 8.

朴老九十多岁的高龄，学界的硕德，却给我写如此歉歉蔼然的信，真使我有不尽仰止之感。我立即遵照朴老的嘱咐，将文章和照片寄给《法音》，后来此文就在《法音》上首先发表。

去年2月4日，我与邱先生又去看望朴老，先是邱先生给我看朴老刚刚为无锡友人写的几开册页，其笔迹之潇洒随意，法度之谨严，俨然如看东坡妙迹，所以我对朴老说，看了你刚刚写的几开册页，意态自如，笔到神到，这是精力弥漫的反映，是长寿的象征。朴老笑笑说，我当然希望能多活几年。那天，我还带去一位年轻画家画的白描观音像，画得十分精细，朴老看了又看，赞不绝口，问我是谁画的，我说是我的一个姓谭的学生画的。他连忙就说："这是极好的画家，应该是我们的朋友！"我说，想请朴老给她的画题几个字，不知可不可以。朴老连忙说"可以可以"。朴老对晚辈的这种满腔热情和真诚，再一次使我受到了深刻的教育。那时他已在准备去香港主持重要的佛事活动了，所以

说，干脆等香港回来再写罢，他后来还与邱先生说，他要送一首诗给我，也一起等香港回来后再写罢。

我们每次去看朴老，朴老的夫人陈老太太总是热情接待，他的秘书也极为周到地照顾，尤其是朴老夫人，经常把我们说的话凑紧朴老的耳朵转述给朴老，因为朴老重听，朴老听了她的转述，总是立即回应，尤其听到我七次去新疆，终于找到并考实了玄奘归国的山口古道，他连连翘起大拇指说"了不起，了不起"。

去年5月20日，朴老去香港主持迎接佛牙回归的重大佛事活动，很明显这次活动不仅仅是佛事方面的活动，更有深意的是迎接香港回归的一次重大的爱国主义活动。可以想见，朴老在香港的任务的繁重，朴老于5月30日回到北京，6月2日，就开始感到不适。6月5日下午，我突然接到邱先生电话，说："朴老病危！"这对我是一个晴天霹雳。但我们真是束手无策，幸亏有中央的深切关注和北京医院专家护士们的紧急抢救，经过长期的努力，终于朴老又转危为安，这真是谢天谢地。这一段时间，我是隔一天或两天听邱先生来一次电话，并把我的问候转给朴老夫人，因为我想如果人人都打电话的话，反而增加忙乱。之后，就只听到朴老恢复的消息，大家心头洋溢着喜气。

今年4月28日，我得到邱嘉伦先生的电话，说朴老已基本恢复原样，可以见面了，想约我去看看朴老。这当然是天大的喜讯，我当然依照约定于下午4时半在北京医院门口与邱先生会合，我事先买了一束很好的鲜花。我们进病房后，朴老十分高兴，紧紧与我握手，我将鲜花献给了朴老，然后师母一如以往把我们的问候、祝福转述给他。朴老则频频点头微笑，当听到我今年8月还要去新疆上帕米尔高原，去为玄奘古道留下标志时，他连连举手翘起大拇指示意。那天的日记我是这样写的：

千秋长怀赵朴翁

4 月 28 日。

下午 4 时半，在北京医院门口与邱嘉伦会合，一同进去，朴老在九层。见到朴老和师母，朴老已能起坐，脸色已恢复到病前差不多。看见我去，非常高兴，连连握手，我将鲜花献给他，他非常高兴，师母随即叫人来将鲜花插入花瓶，然后我们一起拍照。并告诉他喀什要将玄奘古道确定下来。他非常高兴。他耳朵重听很严重，都是师母在耳边将话转述给他，然后他再说话。他思维很好，眼睛表情等一如以往的正常，神气、神情基本上已恢复到原样。我们告辞时，他频频示意，我快出门时回头看他，他还目送我，举手示意，可见老人已基本上完全正常了！

谁能想到，这竟是我们与朴老的最后一次见面！我回家后，邱嘉伦还来电话说，朴老说："冯先生坐的时间太短了！"谁知当天晚上朴老又犯病，幸而经过三四天的抢救，又总算平安无事了，为此，邱嘉伦还遵老太太的嘱咐，给我来了一个电话，说朴老已恢复正常了，叫我放心。这样我也就释然了！

天有不测风云，谁知道正当我们等待着下次再去看朴老的时候，6 月 21 日下午 5 时 1 刻，我突然接到邱嘉伦先生的电话，说朴老已于当天下午 5 时去世了！这真是一个晴天霹雳，事先一点也没有想这方面的问题，我拿着电话真正不知所措！……

回顾我与朴老的交往，虽然认识较早，却是老而愈亲，老而愈醇！想到我们国家遭到严重的压力，处在最大的困难时期，朴老写的散曲《某公三哭》，想到在总理去世时，朴老写的悼念总理的诗句：

大星落中天，四海波汹洶。

终断一线望，永成千载痛。

艰难尽瘁身，忧勤损龄梦。

相业史谁侔，丹心日许共。

无私功自高，不矜威益重。

云鹏风自搏，蓬雀徒目送。

我惭驽骀姿，期效铅刀用。

长思教诲恩，恒居惟自讼。

非敢哭其私，再为天下恸。

反复吟诵朴老的诗，朴老的感情，始终系于国家之安危，始终是与人民的心意息息相通的。在"四人帮"不准悼念敬爱的周总理的时候，朴老竟写出这样完全代表人民心意的掷地有金声的诗篇，这是多么坚毅的勇气和博大的胸怀啊！"蓬雀徒目送"，直骂"四人帮"是"蓬雀"，这是多大的笔力，而对总理的歌颂，也是字字千钧，是铁笔青史！

朴老去世了，朋友要我写一首诗，我正在病中，思绪很乱，几番要想写诗，竟握笔茫然，反而眼泪倒不断地流下来，无奈只好记下这一段我与朴老交往的最后的实情吧！

2000 年 6 月 27 日病中于京东且住草堂

博学宏通　显幽烛微

——拜读启功先生《论书绝句百首》

　　我是 1954 年秋天到北京的，在人民大学工作，那时我才三十岁，还是个青年教师。到北京后不久，就听到启功先生的大名，对启先生的书画，倍致钦迟。虽然心向往之，却不敢造次，当时我自己读书作字都未入门，如何可去奉谒，所以一再延误，迟迟未敢登门。一转眼就是十多年，记得初见启先生是在 70 年代初，到 1975 年我们开始校注《红楼梦》，启先生是我们的顾问，所以由吕启祥同志陪同，我常去小乘巷启先生的住处请教，之后就常由我单独去拜望启先生，启先生总是大叩大鸣，小叩小鸣，让我释然而归。1977 年，我的至友杨廷福（字士则）兄借调到中华书局参加校注《大唐西域记》的工作，士则兄每周必至我处三次，几乎每次见面总要盛称启先生的博学宏通，这与我的感受完全一样。

　　1980 年夏天，我去美国参加《红楼梦》的国际研讨会，需要给大会送一些礼品，我们就想请启先生写一小幅字带去。我怀着忐忑的心情去拜访启先生，提出了这个奢求，不料启先生竟说我们合作一幅画吧。我的画根本是学习，怎可与启先生合作，但启先生却毫不犹豫，铺好纸就让我动笔，我只好勉强画了几笔，然后由启先生完成并题句。为什么由我先画，因为最后要由启先生来"收拾"，这样我画得不当之处，他就可以帮我弥补过去。这使我深深感到启先生的宽宏仁厚。

我从小就喜欢书画篆刻，小学五年级抗战爆发，失学后就在家种地。我是纯粹出身于一个农民家庭，父亲勉强能写信，两个哥哥也只读到小学毕业，家中没有什么书籍，更没有人懂得书画。我为什么从小就喜欢书画，自己也弄不明白。那时只有一本《九成宫》，当然是最普通的坊本。一连写了好多年，既无别本可换，更无人可以请教。但所好不改，日积月累，终于我把欧阳询的《九成宫》、《皇甫君碑》、《化度寺碑》、《虞恭公碑》等都找到了，也逐步换了较好的拓本，之后我又把小欧的《道因法师碑》、《泉南生墓志铭》等也找到了。我临摹时间花得最多的还是《九成宫》和《皇甫君碑》，后来我又临了《张猛龙》、《张黑女》，隶书临过《张迁》、《曹全》、《孔宙》、《衡方》、《朝侯小子》等碑，行书则临过《圣教序》、《兰亭序》、《李思训碑》等，以后我转而喜欢墨迹（当然只能看到影印本），觉得墨迹亲切入味，如同觌面，一无阻隔。但久而久之，也积累了许多问题，有的是自己有些想法、感受，不知道对不对；有的是疑问，如《兰亭》的各种本子我独好神龙本，但又搞不清楚定武本是怎么一回事。我一直直觉地感到定武本简直是晋唐小楷的味道。此外，对书学方面的知识也有不少疑问，如对翁方纲、对包世臣、对何绍基，乃至于对吴昌硕等都有一些问题，苦于无从请教。

1975 年以后，我虽常能见到启先生，但也没有从容求教的机会，况且我的本职工作是教书和学术研究，没有更多的时间来投入书学，所以这些问题一直积压在胸中，从未得解。

最近我读了启老的《论书绝句百首》，总的感受是顿开茅塞，譬如我重新上了一次学，补了书学这一课。当然这一课也是无穷无尽的，我只能说是个开头。好在启老诗中所论的无论是碑刻抑或墨迹，其中大约有一半或一半以上我是读过的，也有一部分我有藏本，如《朝侯小子碑》，我的藏本是原先周肇祥先生的藏本，我也有《张迁》、《曹全》等明拓本，《圣教序》我有明拓的残本，《阁帖》我也有两册明拓本，《瘗鹤铭》我也有较好的拓本。而墨迹则几十年来，也有不少曾寓目，如《平复帖》、《神龙本兰亭》、《万岁通天帖》、《人来得书帖》、《张好好诗》、《梦奠帖》、《古诗四帖》、《宋徽宗千字文》、《曹娥诔辞》等等，至于元明以来的墨迹看得就更多了，因此读启老的论书诗，觉得特别亲切，仿佛是对着我胸中的疑问而来的。

一、石刻与墨迹

例如：石刻与墨迹的关系，两者究竟孰轻孰重，应该如何正确地看待这个问题？这本来是我胸中常常存在的问题，也有自己的答案，这次读启老大作，觉得启老自始至终一直贯穿论述着这个问题，而且讲得十分清楚明白，可以释学子之疑，可以解百年之惑。现在请先引启老的几段话，然后再申以鄙见。

一、丧乱帖笔法跌宕，气势雄奇。出入顿挫，锋棱俱在，可以窥知当时所用笔毫之健。阁帖传摹诸帖中，有与此帖体势相近者，而用笔觚棱转折，则一概泯没。昔人谓，不见唐摹，不足以言知书，信然。

——论丧乱帖，见第3页。

二、唐人楷书高手写本，莫不结体精严，点画飞动，有血有肉，转侧照人。校以著名唐碑虞、欧、褚、薛，乃至王知敬、敬客诸名家，并无逊色，所不及者官耳。官位愈高，则书名愈大，又不止书学一艺为然也。

余尝以写经精品中字摄影放大，与唐碑比观，笔毫转使，墨痕浓淡，一一可按。碑经刻拓，锋颖无存。即或朱拓善本，点画一色皆白，亦无从见其浓淡处，此事理之彰彰易晓者。

宋刻汇帖，如黄庭经、乐毅论、画像赞、遗教经等等，点画俱在模糊影响之间，今以出土魏晋简牍字体证之，无一相合者，而世犹斤斤于某肥本，某瘦本，某越州，某秘阁。不知同归枣石糟粕也。

——论唐人写经，见第9页。

三、书法至唐，可谓瓜熟蒂落，六朝蜕变，至此完成。不但书艺之美，即摹刻之工，亦非六朝所及。此碑（指敦煌本温泉铭）中点画，细处入于毫芒，肥处弥见浓郁，展观之际，但觉一方黑漆版上用白粉书写而水迹未干也。

——论敦煌本温泉铭，见第6页。

四、汉隶之传世者多矣。荒山野冢，断碣残碑，未尝不发怀古者之幽情，想前贤之笔妙。乃至陶冶者之划墼，刑徒志之刻字，朴质自然，亦有古趣。然如小儿图画，虽具天真，终不能与陆探微、吴道子并论也。

以书艺言，仍宜就碑版求之。盖树石表功，意在寿世，选工抡材，必择其善者。碑刻之中，摩崖常为地势及石质所限，纵有佳书，每乏精刻，如褒斜诸石是也。磐石如砥，厝刃如丝，字迹精能，珍护不替，莫如孔林碑石。历世毡捶，有渐平而无剧损焉。

汉隶风格，如万花飞舞，绚丽难名。核其大端，窃以礼器、史晨为大宗。证以出土竹木简牍，笔情墨趣，固非碑刻所

能传，而体势之至精者，如春君诸简，并不出此之外，缅彼诸
碑书丹未刻时，不禁令人有天际真人之想！

——论礼器碑、史晨碑，见第 16 页。

以上我选了四段启老的文字，标题是我加的。第一段是用《丧乱
帖》与《阁帖》比，则《阁帖》"用笔觚棱转折，一概泯没"。也就是
说刻本不如墨迹（响拓本）。第二段是说唐人写经之精者，比虞、欧、
褚、薛等著名书家并无逊色。比起宋刻汇帖中的《黄庭经》、《乐毅论》
等，刻本与魏晋简牍字体证之，无一相合，可知刻本不如墨迹。第三段
是盛赞敦煌拓本《温泉铭》，按此拓本见《法藏敦煌西域文献》第一
集，原件藏法国巴黎国家图书馆，也见《中国美术全集》。第四段是盛
赞《礼器碑》、《史晨碑》，认为此两碑是汉隶书法艺术的代表。虽然仍
不能传竹木简牍上的笔情墨趣，但与隶书之体势至精者如春君诸简相
较，并不出此之外，可见此两碑确是汉隶书艺之精者。

仔细品味启老以上四段话，可以明确启老认为用墨迹与刻本相比，
当然墨迹是第一，但刻本中也有刻、拓极精或稀有的。如敦煌拓本《温
泉铭》，如《礼器》、《史晨》等碑，则也是极为可贵的，当然与其原墨
迹相比，那么又"不禁令人有天际真人之想"了！也就是说看这几种精
刻、精拓本已如此令人神往，则其原迹又不知要好到如何了！

启老的这些评断，是极为公允而且对我也是极有启发的，我在学书
的过程中，是先临碑后来才转而临墨迹影本的。所以要转而临墨迹影
本，就是要寻求其笔墨觚棱转折以及前笔后笔过搭之处，因为这是学书
非常重要的关键，而这些从拓本上是无从寻找了。我在临影本《丧乱
帖》、《孔侍中帖》的过程中，不仅仔细观摩影本，还认真研摹当代白
蕉、沈尹默先生的王字。我从白蕉先生的行书中，悟到《丧乱帖》、
《孔侍中帖》的用笔和起落，因为白蕉先生是当代王书大家，其作品可

107

以说是墨渖未干，容易寻找他的行笔起落。记得 1947 年我在上海读书，恰值白蕉先生办书展，我与其他几位同学去帮忙挂轴，常常从画轴或字轴中掉下他衬印章的小纸来，而这些小纸，都是他写废的字纸，往往一张纸上还有二三个完整的字。我就把它拣起来视为珍宝，常常拿来仔细观察他的用笔以及前后笔交叉之处，对我的书法的进境起到了重要的作用。以后我又觅到了一幅白蕉先生的《兰草》并有长诗，正好我即用来朝暮相对，让它对我起耳濡目染的作用。白蕉先生的那些纸片，我一直保存到 1954 年我来京前，可惜没有带在身边，终于失落了。那幅《兰草》则至今还珍藏着，仍是我观摹的范本，仍是我寻求王书门径的重要钥匙。

另外，我在临汉碑时，不仅选择精本，而且我还特地去找原石，摩挲其字口，以寻求当年的笔锋墨痕。我曾到汉中仔细观摩《石门颂》石刻，此摩崖因在褒斜道中，交通不便，故原石字口刀痕清晰者尚多，略可摩挲想象，现在已移置汉中博物馆。我在曲阜孔庙看了西汉的五凤刻石，虽然古意盎然，但毕竟磨损太多，加之此石陈列较高，只能仰视，无法谛观，所以只能得其仿佛。另一块我所酷爱的孔宙碑也陈列在那里，可惜"文革"中又凿坏了不少字，但仍可寻到其刀痕未泐处。我到山东莱州仔细看了郑文公下碑，后来又到平度看了上碑，此上下碑总起来说，保存还较好。我到长沙，专门看了麓山寺碑，可惜碑亭过仄，光线不易透入，看不清楚，我又没有蔡邕扪碑而读的本事，只好望碑兴叹了。我寻找和仔细观摩过的原石还有很多，如邹县的莱子侯碑等，此处不再枝蔓。当我读到启老论书诗第三十二首题《始平公造像记》：

　　　　题记龙门字势雄。就中尤数始平公。
　　　　学书别有观碑法，透过刀锋看笔锋。

我读到此诗的第三、四两句时，正是心花顿放，想不到我师心自用的一些杜撰，竟得到启老的印可，其快又何如哉！

启老提到的高昌墓志墨迹，我也在吐鲁番博物馆多次看过，新疆博物馆也有藏品，记得有的还是书丹而不是墨书，对这些未经刊凿的墨迹本墓志，我特别感到亲切，仿佛书家仍在目前，比起刻后的墓志，当然有一尘不隔之感。不仅如此，我在山西离石，还看到一批未刻完的画像石，其未刻部分是墨线画，已刻部分也尚未修饰，故连刻刀口子的宽度都看得清清楚楚，特别有几行墨书汉隶，尚未刻凿，而墨痕深透石内，经长期封闭，几乎是墨色如新，我对此反复流连，如观汉人作书初罢，此情此景，闭目即浮于目前。

所以以此数事来含咀印证启老所示，确如当头棒喝，令人顿悟。

二、兰亭序

启老诗中论到的定武《兰亭》和神龙《兰亭》的问题也足以传道解惑。启老说兰亭序帖：

> 流传至唐太宗时，命拓书人分别钩摹，成为副本。摹手有工有拙，且有直接钩摹或间接钩摹之不同，因而艺术效果往往悬殊。今日故宫博物院所藏有神龙半印之本，清代题为冯承素摹本，笔法转折，最见神采。且于原迹墨色浓淡不同处，亦忠实摹出，在今日所存种种兰亭摹本中，应推最善之本。
>
> 钩摹响拓，精细费工，在唐代已属难得之珍品，到宋代更不易得。于是有人摹以刻石，其石在定武军州，遂称为定武本，北宋人以其易得，于是求购收藏，遂成名帖。实则只存梗

概，无复神采。试与唐摹并观，如棋着之判死活，优劣立见
矣。至清代李文田习见碑版字体刻法，而疑禊序，不过见橐驼
谓马肿背耳。

　　　　　——论定武兰亭和神龙兰亭，见第3页。

　　关于《兰亭序》，启老在他的大著《启功丛稿》里有长文详论，辨
析细入毫芒，尤其是分析神龙本，可说是显幽烛微，为治《兰亭》者不
可不读。上引启老文字，是专论定武、神龙两本，且是要言结语，辞虽
简而意实多。我昔年在临《兰亭》以后，也曾如响拓一样双钩过，其意
亦在于深记各字之行笔结构，以明其笔锋之起落，并非要如唐人之响拓
填墨。在双钩过程中，多处遇到破锋，当时不得其解，因其破处都在字
画之中，不在锋末。直到三十年前《兰亭序》真伪论辩时，有前辈先生
指出，始悟此是双钩后尚未填墨处，今再读启老《兰亭帖考》，则举凡
破锋、贼毫、断笔皆一一举出，尤其是对"每揽"的"每"字中间一
横画，与前各字同用重墨，再用淡墨写其余各笔，[①] 指出这是改笔的痕
迹，此论真是石破天惊，发前人之所未发，而令人信服不疑。

　　特别是文末启老驳李文田因习见碑版字体刻法而疑禊序，谓"不过
见橐驼谓马肿背耳"一语，真不禁为之捧腹，然实是至言庄言，非戏言
浮言也。回忆三十年前《兰亭序》论辩时，我深不以郭老之意为然，当
时我正因讨论《再生缘》作者陈端生而与郭老晤面后常通函，曾托友人
转陈鄙意，友人说此事别有渊源，不要管它，遂而罢论。然心实以郭老
之论为非，盖东晋一代之书，何止《兰亭序》，更何况敦煌简牍历历可
见，岂可以因南京新出之王氏墓志作方笔，遂谓东晋一代字皆当作方
笔？然当时郭老所据之理论，李文田之说实为关键。今读启老《丛稿》

————————

　　① 见《启功丛稿》，第46页，中华书局1981年版。

中《兰亭帖考》，驳李文田氏淋漓酣畅，语语见道。则《兰亭》一案，自当了结，而郭老当日所论，亦自当澄清了。

三、阁帖、汉晋墨书

启老诗中论《阁帖》，论西陲出土晋人墨迹，论《曹娥碑》，皆卓尔不刊之论。启老论《阁帖》说："以古法书之难见也，故《淳化阁帖》在当时累次翻摹，风行天下，绝非偶然。《阁帖》固有传播之功，惟枣板摹刊，失真自易，其得谤亦在于此。而王著竟为众谤所丛，是盖随声不察者多耳。"[1] 这是一段十分公允之论，既肯定《阁帖》传播之功，又指出枣版失真自是难免，又为王著独蒙众谤一申怨怀，想王著地下有知，亦当感激此千百年后之公论。这里《阁帖》传播之功还是主要的，虽然去墨迹有间，但当时几人能见墨迹，若非借此传播，则众多法书何由得见，故其功确不可没，亦见启老持论之正大光明。

启老论西域出土晋人墨迹说："昔言草真行书者，莫不推尊晋人为大河之星宿海，然晋人真面，究有几人得见？""孰意地不爱宝，汉晋墨书，累次出土。木简数盈数万，大都汉代隶草，可以别论。其真书则佛经、笺牒，亦复盈千累万。至草书之奇者，如楼兰出土之'五月二日济白'一纸，与《阁帖》中刻索靖帖毫无二致，'无缘展怀'一纸则绝似馆本《十七帖》。其余小纸，有绝似钟繇《贺捷表》者。吾兹所谓相似，绝非捕风捉影，率意比附之谈。临枣石翻摹之《阁帖》时，能领会晋纸上字，用笔必不钝滞。如灯影中之李夫人，竟可破帷而出矣。"[2]

---

① 见《启功论书绝句百首》，第45页，荣宝斋出版社1995年版。
② 见《启功论书绝句百首》，第46页，荣宝斋出版社1995年版。

启老这一段话，不仅是研究碑帖学之南针，亦且是临池学书之秘要。

启老还说："楼兰出土残纸甚多，其字迹体势，虽互有异同，然其笔意生动，风格高古，绝非后世木刻石刻所能表现，即唐人响拓，亦尚有难及处。如残纸中展怀一行，下笔处即如刀斩斧齐，而转折处又绵亘自然，乃知当时人作书，并无许多造作气，只是以当时工具，作当时字体。时代变迁，遂觉古不可攀耳。张勺圃丈旧藏馆本《十七帖》，后有张正蒙跋，曾影印行世，原本今藏上海图书馆，有新印本，其本为宋人本板所刻，锋铩略秃，见此楼兰真迹，始知右军面目在纸上而不在木上。譬如画像中虽须眉毕具，而謦咳不闻，转不如从其弟兄以想见其音容笑貌也。"① 启老的这段话非常重要，一是他指出楼兰真迹，即唐人响拓，亦尚有难及处，二是较馆本《十七帖》，更是高出多多。结论是"右军面目在纸上而不在木上"。这对楼兰真迹是高度评价，同时也是再次告诉我们，真迹是第一性的，翻刻的东西再好也只能是下真迹一等，而有不少翻刻是不可能真正做到下真迹一等的。写到这里，我想起我青年时曾从无锡刻碑名手邵晋康老先生学刻碑，先是将墨迹上石，其法是在字的背面用朱砂双钩，然后将此钩本正放在石上，再在墨迹正面加压，使双钩朱笔脱落印在石上，再将石上朱笔不清楚处用朱笔细描使其完全清楚，然后开始奏刀，等全部刻完后再加墨拓，然后将此拓本与原墨迹重合，置于日光下映照，以验其是否能严丝合缝，一丝不走。有一次正好邵老的儿子刻完一碑，是钱名山先生的行书横幅，拓出后即由邵老在日光下映照检验，邵老当场就发现有数处不合，但此碑工程浩大，当然不可能再磨掉重刻，只能另想办法补救。于此也可知一件墨迹到石刻完成最后拓出，要经过数道关口，第一是朱书上石，第二是刻字，第三是墨拓。这里朱书上石就不可能与原迹分毫不差，到在石上刻字更不

---

① 见《启功论书绝句百首》，第4页，荣宝斋出版社1995年版。

可能一丝不走，再到拓碑时又有拓轻拓重之别，拓轻了墨色浅，无精神，字口肥。拓重了，墨色深，字口就必然瘦，因此拓出来的字又比原作显得笔道瘦细，所以一件墨迹要上石后完全不失原样，一丝不走，实在是不可能的事。我昔年曾反复看过东坡《人来得书帖》原作多次，印象极深，后来买到建刻本《快雪堂帖》，内有《人来得书帖》拓本，初一看觉得不错，但仔细看了几遍，就觉得其神理较原作相差有相当的距离了。由此可证，启老论碑刻和墨迹时，指出墨迹第一，响拓第二，所谓下真迹一等如神龙本《兰亭》，至于石刻和木刻当然又一次等，如果刻手不好则何止又一次等，简直不可以道里计了。

四、曹娥碑

启老论《曹娥碑》更能发人深思。启老说：

> 余尝考之，其文与《水经注》中所引殊不相合。《水经》多载名胜古碑，其言自非无据者。且帖中行文隶事，多是节妇殉夫之典，与孝女殉父渺不相关。至于遣辞，尤多纰漏累赘之处，谓为"绝妙好辞"，转同讥讽。①

启老在他的大著《启功丛稿》里有一篇考证《曹娥碑》的长文叫《绝妙好辞辩》，是一篇极为精彩的考证文字，我拜读了这篇文章方始知道原来号称"绝妙好辞"的《曹娥碑》碑文，却如此驴唇不对马嘴，孝女殉父却用节妇殉夫的典故等等不一而足，且后面行文用辞更是乱七八

---

① 　见《启功论书绝句百首》，第47页，荣宝斋出版社1995年版。

糟，不通之至。这样的文辞却被称为"绝妙好辞"，确是一个绝大的讽刺。关于《曹娥碑》的这种情况，我孤陋寡闻，以前没有听说过，这又是启老发人之所未发。这里启老又从鉴定碑刻书法更进而评论其文章，考证其真伪及其流变了，即此一事，亦可见启老治学一丝不苟、追根究底的科学精神。

五、翁方纲、化度寺碑

启老对于翁方纲、包世臣等人的评论，亦深足以启示后学，破除迷障，发人睿智。启老评翁方纲的文字有两处，其一是诗论第十首。诗云：

> 书楼片石万千题。物论悠悠总未齐。
> 照眼残编来陇右，九原何处起覃溪。

其自注云：

> 见敦煌本化度寺邕禅师塔铭，乃知翁方纲平生考证，以为范氏书楼真本者，皆翻刻也。覃溪所见化度寺荅铭多矣，其所题跋考订，视为原石者数本近代皆有影印本。
>
> 若潘宁跋本为覃溪自藏，题识尤多，蝇头细字，盈千累万。世行影印覃溪手自钩摹之本，后附诸跋，皆潘跋本中之物，为梁章钜抽出，附于钩摹本后者。合而观之，覃溪盖认定某一种翻刻本为真，即真龙在前，亦不相识也。
>
> 明王偶旧藏本有其钤印，诒晋斋曾收之。覃溪细楷详跋，以为宋翻宋拓。及以敦煌本较之，知为原石，今藏上海图书

馆。想见当日经覃溪鉴定，判为翻刻，因而遂遭弃掷之真本，又不知凡几。庸医杀人，世所易见，名医杀人，人所难知，而病者之游魂滔滔不返矣。①

其二是《论书诗》第十九首。诗云：

> 刻舟求剑翁北平。我所不解刘诸城。
> 差喜天真铁梅叟，肯将淡宕易纵横。

启老自注云：

> 翁覃溪一生固守化度寺碑，字模划拟，几同响拓。观其遗迹，惟楷书之小者为可喜，以其每字有化度之墙壁可依。至于行书，甚至有类世俗抄胥之体者，谓之欧法，则与史事等帖毫无关涉。谓之自运，又每见其模拟一二古帖中字之相同者，吾故曰：翁之楷书，可谓刻舟求剑；翁之行书，则可谓进退失据者也。刘石庵书只是其父之法，不见刘统勋书，难得知其底蕴。又自饰之以矫揉偃蹇，竟成莫名其妙之书，此我之所以不解也。②

上面两段话，第一段是讲翁方纲对《化度寺碑》拓本的鉴定。翁方纲把真正是原石宋拓之《化度寺碑》拓本，鉴定为宋翻宋拓，把真正是翻刻本的范氏赐书楼本却鉴定为真本。启老诗第一句就是指翁方纲把翻刻的

---

① 见《启功论书绝句百首》，第8页，荣宝斋出版社1995年版。
② 见《启功论书绝句百首》，第14—15页，荣宝斋出版社1995年版。

范氏赐书楼本当做真本反复加题，第二句是说当时及后来的鉴家并未能统一于他的鉴定，第三句是说后来敦煌石室的唐拓残本发现，才确知罩溪的鉴定是误鉴，把翻本当做真本去衡量其他本子，于是"真龙在前，亦不相识"了。我过去藏《化度寺碑》的影印本多种，"文革"中尽皆失去。后来又购得明王偁旧藏的930字唐石宋拓影印本，此本即被翁方纲误鉴为宋翻宋拓本者，今翁氏细字长跋赫然仍在，其中有云：

> 范忠献家原石也，而尚未能足五百字，今日见此本乃有九百卅字之多，则其为宋刻宋拓复何疑乎？①

此本原为明王偁（孟阳）所藏，后归诒晋斋，有诒晋斋题签，后又归吴县潘祖荫藏，有郑斋藏章和题签，后又归吴湖帆四欧堂藏，吴湖帆经赵叔孺又请罗振玉跋，因罗氏是最早获见伯希和所得敦煌本，后来又得英藏敦煌本散叶照片者。罗氏所跋文简而叙原委甚详确，便于了解此宗公案，兹全录于下：

> 邕禅师塔铭，三十年来所见凡五本，皆经昔贤定为唐石宋拓者，顾书势皆圆沦，与信本它碑劲健畅发者不同，心以为异，及宣统初元，见敦煌石室唐拓残本，笔势全与虞公碑同，始知世传为范氏书楼原石本实非唐石之旧，得解往昔之疑。但唐拓残本，合英法两家所藏才二百余字，则美犹有憾，且意人间不复更见它本矣。今年薄游申江，因老友赵君叔孺得识湖帆先生，出潘文勤公旧藏此本见示，甫一展观，神采焕发，精光

---

① 见《唐石宋拓化度寺碑》，1987年成都古籍书店影印。此跋文甚长，不能全引，故引此一段，读者如愿读全文，请找此影印本。此本末还附有敦煌唐拓残本，可供对勘。

射十步外，不必一一与敦煌本校量，已可确定为唐石宋拓，且存字多至九百余，为之惊喜欲狂，而册后有翁阁学跋，因与它本不同，反以此为宋人复本，以蔽于所习，致颠倒若斯，然使予不见敦煌本，亦无由解畴昔之疑，更何能证阁学之惑，是吾人眼福突过古人，固不可因是诋讥前贤也。既假归寓斋，晨夕展玩，并附书册以识宝物，不能终于埋没，且喜予于见唐拓后十余年，又得见此原石足拓也。丙寅（庸按：1926年）五月九日灯下，上虞罗振玉书。

又此本卷首有吴湖帆勘碑图，其题记云：

> 吾家化度寺碑王孟阳本，翁覃溪先生题为宋翻宋拓本，余曾以敦煌唐拓残字影本校之，剥蚀悉合，纤毫无失，可证翁氏之讹。丙寅夏，上虞罗叔言丈南旋，顾余四欧堂勘赏竟日，叹为海内第一宋拓唐石真本，因作勘碑图于册端，志石墨盛事也。吴湖帆并记。

此册卷末，尚有吴湖帆氏跋，内容大体与罗跋同，因文长不录。又今人王壮弘先生著《增补校碑随笔》"化度寺"条云：

> 吴县吴氏四欧堂藏欧阳询化度寺碑，为攀古楼旧藏本，中华书局曾影印。今归上海图书馆。字口风神一似佳本《醴泉》，神采逼人。拓墨古黝纸质坚韧，恐是赵宋前拓本。存世《化度》此实为孤本。①

---

① 见《增补校碑随笔》，第483页，上海书画出版社1981年版。

但王壮弘先生又说敦煌本"实也是翻刻本",并举出七处字画之可疑处,以为翻刻之证,我仔细用吴氏四欧堂影印本与影印敦煌本一一对照,所举七处字画之差异确是事实,但敦煌本字口清晰,四欧堂本从整体来说较敦煌本漫漶甚多,可见两本先后时间差距较多,按化度寺碑立于太宗贞观五年(631年),离北宋初已三百多年,敦煌本世以为是唐拓,四欧堂本公认是宋拓,从两本各自不同的情况来看,前者字口清晰,石花较少,后者字口模糊较多,残损的字亦复不少,两本俱从整体来看,其先后相差甚远亦甚明,因此以后拓的四欧堂本去衡量初拓的敦煌本,以敦煌本之少数笔画与后拓的四欧堂本有差异,因而定敦煌本为翻本,我认为尚不足以令人完全信服。且敦煌藏经洞封于宋初或唐末五代之季,其时代尚早,似不至于在藏经洞封闭之前即唐或五代之世即有翻本(庸按:现今所见翻本皆为宋代翻刻),另外拓工技术之高低,用心之粗细也大有区别,故同样一种原石拓本,如拓手技术不高或不精心细拓,其效果就完全不一样。如王先生指出的敦煌本"憑"字上部"馬"字,四欧堂本是三点,敦煌本是四点,我细看敦煌本较四欧堂本多出之最后一点,似不像书写的笔触,而下部"心"字在弯钩之上敦煌本是三点,四欧堂本是两点按"心"字正写,共四笔,弯钩之上是两点,所以四欧堂本弯钩之上作二点是正常的,敦煌本弯钩之上作三点,是不合"心"字的正常写法的,但我查现存敦煌本《化度寺碑》残页共12页235字,其中共有八个"心"字,一个是独体的"心"字,其余七个是合体的"心"字,如"感"、"應"、"慶"、"德"、"憲"、"慈"、"憑"等,这八个"心"字除王先生指出的"憑"字下部的"心"字作弯钩上三点外,其余七个"心"字都是弯钩上二点。我再细看敦煌本的这个"憑"字下部的"心"字,发觉弯钩上部三点的中间一点,可能是石花,如与四欧堂比,四欧堂本恰好无此中间一点。再假定从翻刻的角度来说,敦煌本的时代当然早于四欧堂本,无论如何也不可能"翻"出这样的一个

"心"字来，何况敦煌本现存八个"心"字何以独有这个"心"字作如此写法？所以我认为这是拓手的问题，还很难凭此来定敦煌本是翻本。

我还认为鉴定碑帖，如两本肯定都是原石所拓，要定其先后，则检查两本的某些文字或笔画的残损状况，残损少者其时代当较早，残损多者，其时代当晚，这是一种较为科学的方法。所以如鉴定《圣教序》就有"高阳"不损本、"何以"不损本之别。但要鉴定整个拓本是原拓还是翻刻，则仅用这种检查损字损笔的办法，还远远不够。例如即以敦煌残本《化度寺碑》来说，现共存 12 页 235 个字，除了王先生举出的七处可疑处，其他均无可疑，也就是说还有 228 个字无可怀疑，那么难道这 228 个字是原拓，只有这七处是翻刻？如果此本全是翻刻，那么为什么其他 228 个字又能完全与四欧堂本一致，且还比四欧堂本时代早，字口生辣清晰，甚至可见其刀锋笔姿。所以我认为要鉴定碑帖的是否翻刻，除了这些个别文字笔画是否有异以外，还必须从整体着眼，而且后者是最主要的。因为也还有在原拓本上缺损处，被用后起翻本的拓片剪补的情况，旧时的碑帖商人常用此法以残本充足本以高其值。所以如果忽视整体而仅顾个别文字或笔画的残损与否，就容易以偏概全，容易被局部现象所欺骗，所以旧时称碑帖一行是"黑老虎"，因为它容易欺人。①

因此，归根结蒂，我认为启老诗中的论断，是对此一重公案的总结，敦煌本应是唐拓，但拓工不精，剪裱亦欠精细。然因为是唐拓，字口毕竟清晰生辣得多，所以仍极珍贵。四欧堂本是唐石宋拓，翁方纲定其为宋翻宋拓确是误鉴。

前引启老的另一首诗是评翁方纲的书法的，我认为"刻舟求剑"四字确是的评。犹记 1946 年我在无锡国专读书，同学汪君从无锡名画家

---

① 现在我们依据的两种都是影印本，如能用两种原拓对勘，则更无遗憾了。

胡汀鹭先生学画，胡先生书法学翁方纲，教其弟子汪君亦学翁方纲，汪君越学越捆缚，而且始终未能摆脱此束缚，这当然有学者是否善学的问题，但翁字确实给人以板滞僵硬的感觉，所以从那时起，五十年来我对翁字一直嫌其拙朴而无生机，无性灵，而且一入此路，便成桃梗土偶，无复情趣矣。

至于刘石庵的书法，1954年我初到北京时，隆福寺、琉璃厂等文玩店里比比皆是，我戏称之为一团"墨猪"。我至今没有改变对翁方纲、刘墉的看法，这次读了启老的诗，私喜鄙见尚有前辈可附。

尤其是启老讲"名医杀人"一段，真是感慨万端。此等事我虽未学，但所见亦已多矣，岂止鉴定一行而已。尤其是商品经济大潮一来，真是"假作真时真亦假，无为有处有还无"，世情如此，可胜道哉！

六、包世臣、何绍基

启老对于包世臣、何绍基的看法，我也深幸得到心印。
启老评包世臣说：

其论书之语，权奇可喜，以为文料观，实属斑斓有致，如汉人之赋京都，读者固不必按赋以绘长安宛洛之图也。何以言之？试观安吴自书，小楷以所跋陕刻庙堂碑一段为最，只是王彦超重刻虞碑之态，于明人略近祝允明、王宠，于北朝人书无涉。其大字则意在郑道昭所书其父文灵公碑，而每画曲折，有痕有迹，总归之于不化。今取北朝人书迹比观之，实未有安吴之体者。地不爱宝，墨迹日出，于是安吴之文词愈见其澜翻，而去书艺愈远也。①

我年轻时读《艺舟双楫》，深以为包世臣之书法定是上乘，然在农村无法得见，直至50年代初来京后，始见包书。第一次看见时，以为是伪作，因为实在看不出好在哪里，后来渐渐看得多了，才知安吴之书就是如此。当时我真不知用何语来评价，今读启先生书说"总归于不化"，真是一语中的。又说"安吴之文词愈见其澜翻，而去书艺愈远"，真是要言不烦，令人拨云雾而见青天。

至于何绍基，启老只是说："身后是非谁管得，安吴包与道州何。"何绍基的书法也曾名重一时，我早年亦极推重他的行书，但后来渐有所悟，及至见到他的临隶书，觉得他用力甚深，但所作隶书，都以己意运之，结果汉人之意尽失，就像吴昌硕写石鼓，完全是让古人就我，而不是我就古人，结果徒存倚侧偏斜之态而无复石鼓风貌矣。

启老的《论书绝句百首》，可以说博大精深，几乎涉及书学和碑帖学的许多重要问题，并且还进一步考订史事，衡量文章，还示人以读书治学之道，所以这部大著再加上他的《启功丛稿》，实在可以说是书学的津梁，度人的金针。我于书学碑帖学都未曾用功，读启老的书，不啻于沐春风而受化雨，得益匪浅。至于我的体会，必然有很多不到处也会有错误处，如果是我理解错了，当然不能累及先生。启先生的书学博大精深，绝非此短短浅文可以述万一的，只能说是略书所感而已。其有错误不当处，还请启老和专家读者批评教正。

1997 年 2 月 20 日于京华瓜饭楼

---

① 见《启功论书绝句百首》，第15—16页，荣宝斋出版社1995年版。

关于《化度寺碑》的补记

前文写完后不久，我整理箧中藏书，忽然检得昔年台湾潘重规丈所赠《敦煌唐碑三种》一书（1979年台湾石门图书公司出版），其中即有敦煌本《化度寺碑》影印本。此本内有两种印本，一为原大，一为放大。我细检两本，第二页第二行最末一字"凭"字下部"心"字均作弯钩上两点，而不是三点，无论是原大本和放大本，均十分清楚，一丝一毫也不含糊。可见王先生所指多出之一点，确是石花而不是书写笔迹。

近来我又在启功先生处得见日本昭和五十三年六月十五日书学院出版部发行之《唐拓化度寺碑》精印本。此本字迹宛若看敦煌原拓本，细检"凭"字下部之"心"字，弯钩上仍可见有清晰笔道之两点，笔意刀痕，丝毫不爽，唯在心字中间一点之右，有一隐隐可辨之白点，与其他三点之笔意刀痕清晰可辨者判然有别。故可证此一白点，确为石花，绝非心字之多出一点。因为此石花白点极隐约，故台湾印本墨色稍重，此白点即不复存在。今再得此两本为证，此疑可释矣。

又吴湖帆所藏四欧堂本，即唐石宋拓《化度寺碑》，后尚有褚德彝一短跋及吴湖帆一长跋，两跋皆甚重要。为使读者参研，特将两跋移录于下：

褚德彝跋

邕师塔铭，宋世已无完石，书楼保残，后邨补缺，当日拓本已难多观，余所见旧拓以蔡氏藏荷屋本为最可信，然仅存四百余字，难称完本。

湖帆道兄以此本见示，线墨黝古，神采内含，信本风规，藉窥畦迳，与他本板滞者截然不同，且存字独多，可订诸本之误。敦煌藏拓，并几对勘，若合符节，更足为唐石宋拓之证。江楼展玩，心目为霁。率题跋尾，以志眼福。丙寅（1926 年）秋九月余杭褚德彝记。

吴湖帆跋

率更化度寺塔铭，历来著录，允称唐楷第一。惟原碑早付劫灰，拓本等如星凤，后世相诧以为璇宝者，仅据大兴翁学士所定，洛阳范忠献赐书楼所藏残石拓本耳。乾嘉以来，煊赫艺林，若南海吴氏筠清馆、大兴翁氏苏斋、临川李氏静娱室、吴郡陆氏松下清斋诸本皆是也。惟书法纯乎含蓄。与率更他碑秀拔开张一派迥然不同。翁氏以吴本之仅存六百另八字，翁本不及五百字，李本才四百字，陆本且不足四百字。就残石之推测，断为范氏藏石之真本。此本系明初藏王孟阳家（庸按：此指吴湖帆所藏四欧堂本，原为王孟阳所藏），存字九百三十有奇。全碑面目及残缺剥泐处与所谓范氏本互异。初良常王吏部有生平未观化度真面之语，而此本有吏部三印，适启翁氏之疑，且谓既称残石，存字不应有若是之多。据此遂定为宋拓初翻之本矣。然范氏所藏之石，相传得之井中，则已断可知。至于存字之多寡，究无一定之稽考，即传近千字之本，不可谓世必无有，或拓在未归范氏以前，更未可知。玩此本书法确具率更真谛，神采飞翔，秉温公之秀气；刀斧斩截，兼皇甫之英华。文懿庙堂，冠冕之概，不足比其端方；河南圣教，珠露之姿，讵能彷（方）其温润。展合正敬，绝无摹描之弊；明暗斑驳，决非翻刻所能。前岁冬，得敦煌石室发现之唐拓残字影本，校之字里行间，纤毫无异，其为原石宋拓无疑矣。可知此碑在唐代已经断折，天水之世，且转辗翻摹，珍贵逾恒，矧今日乎？学士未获睹唐本残字，因以致疑，孰知越百年之后，发石室之秘，庐山真面目，恍然可识，惜翁氏之不及见耳。学士有知，当慨生非其时，顾必以解惑析疑引为知己，且拊掌顿足，一笑称快也。丙寅（1926 年）吴湖帆跋。

　　以上两跋，将此本来龙去脉，及翁氏致误之由，此铭与敦煌本对勘之情景，说得十分具体清楚，更加启老更进一步之论断，此重公案，遂而了结，并世及后世之论此碑者，当再无可疑矣。

　　　　1998 年 2 月 15 日晨，宽堂再记于京东且住草堂

哭启功先生

予与先生交，垂四十年，近十年问教尤多，先生入院前，尚嘱人以书赠予，不意竟成永诀。噩耗传来，痛摧心肝，诗以哭之，不足尽悲怀也。

宽堂识

噩耗飞来痛失声。先生百世隔音尘。
曾经万劫千难后，从此无阴也无晴。

一枝画笔自千秋。字字钟王万世留。
一字千金何足贵，神州无处可搜求。

三

相交平生四十年。问书常到小乘前。
生花妙笔时挥洒，教我勤参笔底禅。

四

往事如烟似梦中。先生依旧笑谈雄。
分明謦欬皆珠玉，谁信今朝转眼空。

五

恸哭先生去太匆。万众都欲仰高风。
从今问字排难日，一炷心香拜净翁。

2005 年 7 月 1 日夜 1 时

秋明翁墨迹卷书后

　　予自幼即喜王书，初习《圣教》，继习《兰亭》，及长始习《家书》。返视《圣教》、《兰亭》，则窃以为《十七帖》、《家书》乃王书之极致，盖晋人疏朗通脱之精神存焉。然《圣教》、《兰亭》自亦王书之精者，犹记"文革"前，郭老创为《兰亭》非右军真笔说，以驳南京高二适先生。谓右军之书，当如白下新发东晋王兴之、王闽之、王丹虎诸墓铭之方体字势若两爨者，予窃非之。是时予方与郭老游，数欲辩之，而友人吴君劝予曰：此事别有渊源，不必深究也。后数年，得读容庚、唐兰两先生驳郭老之巨文，乃大快。未几安徽马鞍山出土东晋墓砖，刻行草书五体，则益证郭老前说之为臆断也。又未几，予过寿县，发现元康元年字砖，字文作真行书并具隶意，略如右军《姨母帖》之书，而此砖早于《兰亭》六十二年。又未几而亳县建安曹氏墓发，得刻字砖甚夥，而其所刻字已作行草矣。且其文句多有"奈何奈何"之类，仿佛右军口气。夫建安元年，下距东晋永和九年一百六十余年，且此砖所刻字，乃匠人所书，非文人书法。由此则益信《兰亭》之为右军真笔也。世之摹王书者，章草则有先师王瑗翁，《家书》则有海上白蕉，《兰亭》、《圣教》则独尊沈尹老矣！惜予迄未有缘拜识，今观颖南大兄

127

所获沈尹老书，自是沈老书之极致。昔东坡云："细筋入骨如秋鹰，字外出力中藏棱。"此评沈老之书，足以当之。又此卷书引之沈裕老，题诗之张伯老，亦予昔年所从游者。沈裕老篆书而有行书意，洒脱自在，张伯老书诗画皆别具风范，不落人常套，伯老又以富收藏名天下，其斋曰"平复堂"，以所藏陆机《平复帖》为名也。伯老曾以此帖影本赠予，时值盛夏，后海新荷初放，伯老辄独坐海边，挥扇纳凉，穿夏布坎肩，裸两臂，赤脚趿拖鞋，予视之如羲皇上人，今作古忽忽亦已数年。闻沈裕老作古时，命将所饮白酒空瓶环列于榻前，目视空瓶，怡然而去，此真仙去，何得云逝也。今予尚存沈裕老仙去前寄我之长函，此函实为裕老绝笔矣。顷因拜读沈尹老法书，忽然过眼烟云，纷纷俱来矣，信笔书之，不觉腹痛也。

1993 年 5 月于瓜饭楼

分明元白唱酬诗

——读《种瓜轩诗稿》怀念林散翁

1995年6月15日，我收到了邵川先生寄给我的邵子退先生的《种瓜轩诗稿》一册，封面是林散之先生的题签。邵川先生我并不认识，他附书说希望我读后写一首诗。诗集的作者邵子退先生我也不认识，但林散之先生是熟知的，虽然无缘谋面，但他给我写过字，是由南京的友人代求的。

我读了《种瓜轩诗稿》，深受感动，集中有一半诗是与林散之老唱和之作，因此第二天我就写了一首诗，诗云：

散翁晚岁吾曾与，邵老天涯恨未期。

读罢种瓜长叹息，分明元白唱酬诗。

但当我要将此诗寄给邵川先生时，却找不到他的地址了，邵川先生也没有再来信询问，这首诗就此搁置了下来。

林散之先生的书法，是举世闻名的。尤其是散老晚年的书法，我认为已入化境，虽然也是从王字中变化而来，但已完全是炉火纯青的自家面目，无复依傍。从大草一路来说，说他是当代的"草圣"，我认为是当之无愧的。他的草书，我以为完全可以与祝允明、黄山谷并驾齐驱，而直入唐草的奥区。1974 年，散翁曾为我写过一首他的自作诗。诗曰：

> 日长林静路漫漫。红叶如花最耐看。
>
> 我比樊川腰力健，不烦车马上寒山。
>
> 　　　　其庸同志雅属甲寅夏日　林散耳

这也是一幅大气磅礴的大草书，我一直视同珍宝，经常观摹不已。特别是我在南京的研讨会上看到他写的毛主席的《浪淘沙》词"大雨落幽燕"一首，真有吞吐八荒、呼吸宇宙之势，我在这幅大草书前徘徊留恋，几不忍去，总算得到同意，摄得一影，以慰鄙怀。

后来，我又看到散老的山水画，笔墨超脱，绝无画家习气，展卷但觉逸气扑面，令人一洗眼目。

当年，同时给我写字的还有高二适先生，也是南京的这位朋友代求的。高老就是为《兰亭序》真伪问题与郭沫若论战的，郭老当年虽然位高势重，附和的人多，但道理并不在他一边，说王羲之的书法应是方笔，如南京出土之王丹虎等人的墓志一样，这一点也没有说服力。相反高二适先生的见解是对的。遗憾的是我并未能与高先生见面，却是高老病重在医院里还托人将他的一首诗稿移赠给我，不久他就去世了，诗稿至今我还保存着，每一展观，辄增怅惘！

林老与邵老是终生的至交，邵老去世后，林老的哀诗云：

> 从今不作诗，诗写无人看。
>
> 风雨故人归，掩卷发长叹。
>
> 昨日接电报，知君入泉下。

分明元白唱酬诗

犹闻咳唾声，忽忽冬之夜。

读此诗，令人有伯牙摔琴之叹。邵老赠林老的诗云：

草堂已落木，不见主人来。
竹里茶烟歇，江村秋色回。
登高望钟阜，多病委尘埃。
老至肠枯槁，新诗费剪裁。

林老又有《怀子退》诗云：

太息东陵客，长年欠一书。
隔江时怅望，之子竟何如。
青鸟三秋冷，黄花九日疏。
湖山犹待汝，招手几回呼。

在当今的诗坛上，像林、邵二老的这种深交，实在是太难得了，也实在太足以风世了！

今值林老书展和研讨会，追忆往事，以当怀旧！

1997 年 12 月 2 日夜 12 时
2000 年 8 月 8 日增补

怀念高二适先生

——《高二适先生文集》序

　　在南京有好多位我所尊敬的学术前辈，高二适先生和林散之先生就是其中的两位。林散之先生是因为我看到过他的很多书法和诗，所以对他十分敬佩和仰慕，高二适先生则先是由于朋友们不断地传誉，但却一直没有拜读到高老的学术著作和书法作品，直到 1965 年 7 月才读到他的大作《兰亭序的真伪驳议》。这篇文章论证《兰亭序》不伪，分析精辟而有说服力。我一直是王字的临习者和崇拜者，自从郭沫若先生考证《兰亭序》是伪作的文章发表后，我特别感到不能同意，他的考证我也感到没有说服力。我是从 1961 年起与郭老有所交往的，那时是为了考证陈云贞即陈端生的问题，郭老约我到他书房作长谈。我对他的考证结论直率地提出了怀疑，他却耐心地给我解释，虽然是第一次见面，但却像对老朋友那样随便谈笑，毫无架子也毫不拘束，临别时还把刚出的《文史论集》题字送我。事后证明郭老的这一考证是对的，我的怀疑却被后来更多的资料所排除了。在这一过程中，郭老多次给我写信，还感谢我给他提供重要的史料（郭老给我的信，发表在 1997 年 3 月中国社会科学出版社出版我的拙著《落叶集》第 75—79 页），后来还在文章里提出。之后就一直保持着这一联系，直到后来"文革"中他还叫人带信问候我。所以我对郭老是十分尊敬的，郭老在中国学术界的崇高威望也是人人共尊的。

但是，这次《兰亭序》的论争，我却完全不能同意他的意见，觉得他的考证比较片面主观，不能说是科学的客观结论。而高二适先生的论证，我却觉得鞭辟入里，令人十分信服。这次，我不但读了高老的文章，而且还看到了他的书法，也使我十分敬佩。从此我对高二适先生的崇敬就不是由于朋友的传誉而是自己的亲切感知了。

《兰亭序》真伪的论辩，在学术界、文化界的影响和意义是非常深远的。当时，我知道文化界有不少先生是不赞成郭老的意见的，但却不便表示。有的先生，文章前半部分分明是说魏晋时期已经有真书和行草书了，这也就是说在王羲之之前就已经有行草书了，那么王羲之自然也就可以写出《兰亭序》这样的行草书来了，但文章的后半部分却又对郭老的所说表示认同。我深知当时有他们的为难之处。但是《兰亭序》真伪之争，不仅仅是一件书迹的真伪问题，更重要的是我们要造就一种什么样的学风和文风，我们能不能树立一种唯真理是从的良好风气。在不少先生不得已而沉默或勉强附和的情况下，高二适先生却大声喤嗒起来驳议，这就为当时的学术界树立了一种好的风气，为后学树立了楷模。就是现在回顾起来，使人感到我们的学术界，就是权威如郭沫若先生那样的人说了偏颇的意见，也仍是有人起来反驳的，反驳的文章也仍可以得到堂皇的发表的，这是一个多么光明磊落的时代啊！这是一种多么可贵的精神啊！现在想想，高二适先生确实为我们时代的学风文风作出了别人所难以作出的贡献！

在《兰亭序》争论后不久，就是一场"文化大革命"的空前浩劫。到了1974年，我又通过南京的朋友与林、高二老取得了联系，林、高二老并都为我写了字留作纪念。1977年3月15日夜，高老在南京去世，去世前数月，他在鼓楼医院，还将手书的诗稿托人送给我，在诗稿上还明确写着"给其庸教席"几个字。这首诗是答卜孝萱同志的，诗云：

南京鼓楼病院答卜孝萱，喜君受调南归终养，故诗末及之。高
二适待芟草

　　岂意残年落病坊。每凭高枕梦匡床。

　　老儒不作医国计，寒谷空留吹黍方。

　　何必书名腾域外，却愁夭枉过天常。（原注：本大谢诗）

　　羡君哺鸟投林急，未觉高飞有底翔。

　　　　　给

其庸教席　七月十五日

现在高老给我写的诗轴和这件诗稿，我都珍藏着，特别是这件诗稿，已是他最后的笔墨了，他老人家还念念不忘要交给我，我真正感到有一种知遇之感。我深知高老对书学，包括碑帖学和诗学都是有极高深的造诣的，就是上面这首诗，也可以看出他对江西诗派和黄山谷的浸淫之深。

最遗憾的是我没有能向高老请教书学和诗学，还有高老所精研的刘（梦得）柳（河东）之学、校雠之学。尤其是他"出入千数百年，纵横于百数十家，取长补短，自得其所，而又超乎象外"的治学精神，这就是一种大气磅礴、顶天立地的精神。我自 1986 年以来，到去年 10 月为止，曾六次去新疆，深入大沙漠，上至 4900 米之帕米尔高原最高处的红其拉甫，登万山之巅，下至塔里木盆地、塔克拉玛干大沙漠，入古楼兰之境，为此我曾自撰一联，曰"纵横百万里，上下五千年"，我的私意是认为读书要有"上穷碧落下黄泉"的精神，要有"追穷寇"的气概。今读高老上面这段话，恨不能起高老而拜之。所幸现在他的遗集即将出版了，我们只有通过学习他的遗著来弥补过去的损失了。

高老明辨是非、勇于直言的精神，高老"出入千数百年，纵横百数十家"的治学精神，永远是我们的楷模。

1998 年 1 月 5 日于京东且住草堂

记老画家周怀民

　　周怀民老先生，今年七十六岁，是我国著名的山水画家。我与周老相识已经数十年了，但接触较多的却是"文革"以后的这十几年。周老住北京西海西沿，我的办公处就在前海，不熟悉北京地理的人听起来，好像我们之间隔着两个"海"似的，其实从我办公处走到他的画室，不过一刻钟的步行路程。因此，我们常常能在他的"海"滨的画室里絮语家常，有时他也不怕登五层楼的疲劳，常到我的书斋"宽堂"来闲话。

　　去年7月1日，我由中国作家协会安排，到北戴河去避暑休养，事先我没有时间打听有谁同去，匆匆忙忙地上了火车，到坐定以后，却发现我的隔座就是诗人徐刚。"不期而遇，清风故人"，真是高兴得很，哪知我们刚刚兴高采烈地谈了几句，却发现隔开几个座位就是怀民。这时他也听到了我的声音，已经站起来招呼了。这旅途中的奇遇给我们带来的高兴，可以说是难以形容的。因为最难得的是这个"不期而遇"，所谓"最难风雨故人来"也。

　　更加凑巧的是在北戴河，我们的住处又是"门当户对"。我步出大门，就可以走上他的寓处的台阶，我们都紧靠着大海，满耳是松涛声、海潮声。清晨我们看渔船上岸，一只一斤重的大螃蟹到处可以买到；傍晚我们一起在海边看落日，那晚霞的绚丽色彩和大海怒涛的排空雪浪，真是相映成趣，这却给我们的老画家带来了无穷的画兴。他临窗面对海涛，为一位朋友画了一幅山水扇面。画的一角是青山隐隐，画阁掩映。占画面主要地位的却是浩淼无际的大海，但是他却没有画怒涛排空，也没有画雪浪奔腾，却画了大海最和蔼、最平静的姿态，真是波光粼粼，一碧万顷。光看画家的这种出奇的构思，就使人钦佩不已了，更不必提笔法的高古超妙，不染尘俗了。周老要我为他的新作题诗，当时恰好听到广播六中全会胜利闭幕的好消息，因此我题了四句：

> 长空万里送高吟。一水盈盈见日生。
> 独立苍茫何所见，风波远去接潮平。

这诗当然寓寄着我们对于新时代的希望，周怀老的画如此构思，我揣度也含有这层意思罢。

最有意思的是我们一起到了长城入海处的老龙头，诗人徐刚也一起去了。我们到了长城从东海跃出跨上山岭的起点。这里是八国联军入侵时当地人民抗击侵略者的神圣战场。再往前追溯，据传说唐朝薛仁贵东征，就是从此处入海的，在海边至今还留有一块高大的"天开海岳"碑。

在这里看大海，更加显得胸襟宽广、浩淼无际了，这永远不平静的海浪，激动着我们的心情，真正是"浪淘尽千古风流人物"。正当我的思绪飘向历史的远方的时候，我瞥见周怀老却在笔不停挥地勾他的画稿，我想准是我们的老画家被眼前具有深远历史意义的古老长城和气象万千、变化无穷的大海风云以及起伏耸翠的群山迷住了，我们谁也不忍心去扰乱他的画兴和思路，我索性光着脚一直踏着海涛走到了老龙头——古长城入海处的遗址那里，回望蜿蜒如龙、夭矫不群的长城。我们的诗人徐刚，却站在海边仰望着蓝天和朵朵白云，我想这也许是他诗思潮涌的时候，陆机说"思风发于胸臆，言泉流于唇齿"，也许正是这种境界。

回到北京过不几天，周怀老却送来了一张画，画的就是老龙头。这幅画写实中又有变化，笔法则力追宋元，苍润古秀兼而有之。周先生要我作题，我在画上题了"饮海图"三字，又题了一首诗：

神龙入海吞苍茫。巨尾摆动万里长。

请看卧龙今跃起，九天风雨任回翔。

怀老满意极了，裱好后索性把这张画送给了我作为纪念。在北戴河期间，诗人徐刚要请他画一幅黄山图，周老毫不推辞，援笔立就，不到半小时，一幅水墨淋漓的黄山图画出来了，只见烟云缭绕、群峰罗立，真是一幅西海①群峰图。

周老先生的画，山水直逼宋元，得马远、夏珪的神髓而又出入变化，自造新意。他的芦塘，既非苇间居士边寿民，也不是八怪里的李复堂，完全是自树旗帜，独辟蹊径。由于他的芦塘实在画得好，所以时人多称他为周芦塘。近年来，他又专画葡萄，繁枝密叶，盖不住的累累硕果。他的画法又是自创新格，颗颗葡萄不仅琼浆欲滴而且霜粉可触，所以人们又称他为周葡萄。

不久前，周老又同我一起去清西陵游览，我们经过了苍茫的易水，远远看到了巍然矗立的荆轲塔，这里就是战国时燕太子丹送别荆轲的地方。辛弃疾词云："易水萧萧西风冷，满座衣冠似雪，正壮士悲歌未

---

① 黄山风景，分前海、后海、西海、东海和天海等景色，"海"是指"云海"。笔者曾四登黄山绝顶，亲自看到这种情景。

彻。"这又是一个令人低徊不忍去的地方，我们仿佛听到了当时激越的歌声和高渐离音节悲凉的击筑。我预计周老的画笔，又将被这古老而悲壮的历史歌声所激动，我们等待着他的新作。

1982 年 6 月 18 日夜 12 时于宽堂

周公怀民藏画馆落成序

　　太湖之滨，龙山之阳，峰回路转，郁郁苍苍，有馆巍然，鸾举凤翔。此则邑之新建周公怀民藏画馆也。周公者，邑之耆旧，国之硕德也。所作山水、芦塘、葡萄，驰誉中外，灿若瑰宝，兼精鉴藏，庋蓄宋元明清名画、牙签玉轴，满目琳琅，乃慨然赠之乡里，盛举空前，倾国赞赏。邑之贤执政者，乃筑馆以藏之。是则周公藏画馆之所由来也。丁卯暮春，斯馆落成，予适有永嘉之行，道出梁溪，躬逢盛典，感耆旧之硕德，庆桑梓之腾飞，乃为辞曰：

　　　　邑有耆旧，乡邦之光。千秋文物，万世宝藏。
　　　　嘉我后学，文化是倡。百年而后，国之栋梁。

　　　　　　同里后学冯其庸拜撰并书，时丁卯五月九日

《周怀民画册》序

周怀民先生，是我的同乡前辈，我们在50年代就交往了，至今已将半个世纪。

据周老亲自给我讲，他年轻时家境清寒，很早就离开家乡无锡。开始是学土木建筑，抗战时，来到了当时的北平，一面在电报局工作，一面却刻苦学画。由于他刻苦学习，又由于他聪明颖悟，所以他的画很早就出名了。那时他与张大千、黄宾虹、齐白石等画坛的名流时相过从。他在二十八岁的时候，就被徐悲鸿聘为国立北平艺专的教授。

周老在国画上是下过苦功的，他早年和中年时期的画，是宗的宋元北方画派，特别是以马远、夏珪的画派为自己追慕的目标。所以周老在50年代以后的画，具有明显的宋元山水北派的神韵和风格。宋元山水是以风骨见长，用笔劲峭斩绝，无论是山石、树木等等，都可以看到他独立不群、风骨棱棱的独特风貌。

周老的家乡是无锡，就在太湖边上，真是"观海则意溢于海"，太湖的水给了周老以创作的素材和灵感。大家知道，在宋元的山水大家中，马远是以画水出名的，至今他留下了不少水谱。周老远宗马远，近师太湖，以水为师，得水之神，所以他画的水，无论是縠纹涟漪，春生

141

微波，无论是雨斜风骤，波涛连天，总能下笔如神，得水之理趣。以此功力，他画的芦塘小景，使江南水乡的人民觉得如入画图，所以他很早就有"周芦塘"的美称。然而，他画的北戴河海景，雨横风骤，涵浑浩淼，而浪涛澎湃，气势逼人，面对这幅巨画，使人有"天外黑风吹海立"之感。可见他之善于画水，又何止芦塘小景。记得80年代，有一个夏天，我恰好与周老一起在北戴河海滨休养，我们天天一起领略大海无穷的变化，还一起到了老龙头、长城入海处。那时的老龙头还未修复。危墙断砖，直伸入海里，恰真像一条巨龙在饮海。我忽然游兴大发，卷起裤腿，光着脚，一直深入大海去寻觅残墙的尽处。我无意中回头，却见周老和周师母正在岸上老龙头的废墙边挥毫速写，而且全神贯注，不知身外还有何物。古人说"曾经沧海难为水"，而周老先生却是"曾经沧海好为水"了。果然回京以后，他画了一幅山水，题为"饮海图"送给了我，我至今还珍藏着。他画的巨幅山水如《白帝城》、《高山流水》、《黄山始信峰》、《百丈飞瀑》等画，都是大气磅礴、风骨棱棱的传世杰作。

建国以来，周老曾周游祖国的大好河山，以他的彩笔，为祖国山河传神，他描绘的一组南国风物册页，共百余幅，用笔流丽工整，设色雅洁，构图巧妙，新意迭陈，反映了南国的山川风貌和民情风俗。周老游览陕北时，描绘了革命圣地延安的风光。北京十三陵水库建成之时，周老为作巨幅，以纪其实。邓拓为作长题，一时叹为双绝。

我还曾与周老和周师母同游过清西陵，道出易水，即昔年燕太子丹送荆轲入秦告别之处，其旁至今尚有荆轲塔矗立山巅，而易水苍茫，落日如胭脂，令人仿佛看到渐离击筑、荆卿长歌之景，周老有感于此，曾拟作《易水图》，惜诸事匆匆，至今尚未命笔。

周老还喜欢画葡萄，而且自出新意，不落常套。他的葡萄既不是泼墨，也不是工笔，而是介乎工笔与写意之间。特别是他画的葡萄串，适当采用或参考了西洋画的用色法，使一大串一大串的葡萄具有鲜明的立体感，简直就像一串串挂在藤架上的真实的葡萄，使你感到飞鸟可啄、霜粉可触。因之，"周葡萄"之名又复大噪于世，收藏家们以得到他的葡萄为荣。周老近四十年来，居西海之西，日对烟波，蒹葭苍苍，周植葡萄，秋来硕果累累，紫玉霜藤，秋意无穷，无怪乎他的葡萄有琼浆欲滴之感。

除了上述山水、芦塘、葡萄以外，我还喜欢周老的梅花，他的画法一宗宋元，霜干如铁，花红如丹砂，令人感到真正是铁骨丹心。

周老的书法宗文徵明，尤其是他中年以后的小字，可以说文意十足，非功力深厚者，不克臻此。

周老于书画鉴定，亦是大家。我于鉴赏古书画时，常常向周老请教，总能得到他的切实的指点，于此获益不少。周老鉴定古书画的经验、眼力，都是从实践中得来的，而不是搬弄书本知识，所以他的鉴定多实践经验，多真知灼见。原因是周老自己历年来收藏了不少宋、元、明、清的古字画，例如他藏有宋人的《四喜图》、郭熙的《松溪归棹图》、元人的《圉人曳马图》以及赵孟頫的真迹，还有明代沈石田、文徵明、董其昌，清代八大、石涛等人的作品。前些年他将这批书画珍品无偿地捐献给了家乡无锡市，无锡市专门为他修建了"周怀民藏画馆"。周老的这种爱祖国、爱家乡的举动，赢得了崇高的声誉。

由于周怀民先生在国画创作上取得了巨大的成就和崇高的声誉，周老的画一直被国内外的博物馆作为收藏的对象。1950 年毛泽东主席访问苏联时，周老与其他几位画家合作的巨幅山水画《岱宗旭日图》，就成为毛泽东主席访苏时的国礼。周老的画还曾赠送给美国前国务卿基辛格和日本的几位首相：中曾根康弘、竹下登、海部俊树等。

1991 年 5 月，周老和夫人计燕荪应美国丹佛大学的邀请赴美作艺术和学术交流，并举行展览。周老的访问获得极大的成功，丹佛大学为此颁赠给他"荣誉教授"称号。之后，周老又应联合国的邀请，在联合国举行了画展，一时引起了轰动。不少人想买周老的画，为了展览，周老都一一谢绝了。周老在圣若望大学讲学时，当场挥毫，画了一幅水墨葡萄，一位老太太坚请要买，周老辞谢不得，即以画款交给我国大使馆作捐赠国内救灾之用，周老的爱国热忱于此可见一斑。

1992 年，周老又为江泽民总书记访日作《硕果累累图》，赠日本前首相竹下登。1992 年 10 月，周老和夫人又应日中文化经济交流协会会长三浦一志先生的邀请，为纪念中日恢复邦交二十周年，在东京国际俱乐部举行画展，赢得了极大的轰动。

周老已经是年近九旬的高龄，依然不断追求国画的新意境，依然不断为国家和人民作奉献，周老的这种高尚情操和品德，实是画坛的硕德，后学之楷模。

谨以此文祝周老健康长寿，祝周老艺事长新。

1994 年 2 月 2 日夜 1 时于宽堂

送别周怀民先生

周怀民先生以九十高龄与我们分别了！

周先生是我的同乡前辈，我与他相交已近半个世纪。他年轻时家境清寒，很早就到北平谋生，供职于一家电讯局。他从小就喜欢画画，到了北平以后，只要有点时间，都用在画画上。那时他全靠自学，经常怀里揣着两个窝窝头，到故宫博物院去临摹宋元的真迹，往往一去就是一整天。他那时对宋元的山水画简直如痴如醉。有一段时间，他住在颐和园内，生活几乎到了断炊的地步，有一次张大千先生去看他，回到城里时就叫了一辆人力车，给他送去一袋面粉。他尽管生活这样艰苦，仍旧全心全意地追求艺术。

后来，周先生的画逐渐为人重视，能够换一点钱了，生活也稍稍有点转机。为了进一步临摹宋元真迹，他就节衣缩食，购买一些宋元的画，以便临摹。这样日积月累，周先生又逐渐收藏了一批宋元明清的珍品，而自己积数十年的功力，在鉴定古书画方面，也有很高的眼力。

周先生在宋元山水画上是下过苦功夫的，因为他临过不少真迹，所以能有深切的体会，这种领悟后来都在他的画上体现出来了。我曾看过一部分他中年时期的画作，地道的宋人笔墨，行笔之峭拔爽利，构图的古雅，加上文徵明体的小行书款识，即使置之宋人的作品中，也毫不逊色。周先生特别精于画水，他对宋代马远的画水，也深有研究，在不少山水作品中，对于水的描写，都很突出。他曾有一幅《北戴河》，大概是六尺整幅，全是水面和水面上飘摇于风雨中的几叶渔舟，右上角题了毛主席的"大雨落幽燕"这首词。画幅气势雄伟，完美地表达了毛主席的词意。

周先生还善于画芦塘，往往在山水画中，间以芦塘，有时是数笔潇洒，有时是丛苇密阵，都能得天然之趣。周先生的故乡无锡，是有名的太湖之乡，自然与水有缘。我曾见周先生50年代初的一批写生册页，有数十幅之多。画风是工写结合，虽然仍可见他的宋元功力，但已开始转向雅俗共赏，流丽温雅了。这批册页的成就是他善于用传统笔法以反映现实生活而达到自然和谐，达到艺术上的完善。周先生后来的山水画，逐渐减少了宋元的面貌，而增加了江南山水的特色，直到晚年。所以研究周先生的山水，可以发现他后期的山水与他前期的山水有较大的跳跃。

周先生还善于画葡萄，他画葡萄，不仅用背面敷粉法，而且注意用光，所以写实感很强。周先生也喜欢画梅花竹石。他的梅花，铁骨冰姿，给人以凝重坚贞的感觉。

人们都一直不知道周先生作画是否从过师，有一次周先生恰好给我谈到这个问题。事情是因一篇文章引起的，可能这篇文章强调周先生的自学有点过头了，引起他的不安。他对我说他的老师是吴镜汀先生，忘记了自己的老师是不应该的。其实不是他忘记老师，而是写文章的人忽略了。就从这一点看，周先生为人是敦厚的。

80年代初，周先生忽然对我说，他要把他的藏画捐献给国家。那时这样做的人在全国还很少见。有人曾劝他卖掉一幅名画，可以买一幢住房，而他长期以来只住两小间的一套陋屋，他却坚决拒绝了。还有一次可能是住处的有关领导劝他再就地扩充一下住房，他对我说，也不必了。他宁可自己住着这样的简陋住房，却把一批宋元的珍品捐献给了国家。

周先生病重住院后，病势稍好一点，就给我来电话，说长远不看见我了，非常想念，就打个电话吧！隔了些时，我要因公外出，就到医院去看他，一进病房，几乎不认得他了。一段时间不见，有点瘦得变样了。我只好忍住心中的悲哀，默默地看着他。后来周师母对他说："冯先生特地来看你了。"他随即稍稍转身，却对我念了两句诗，问我平仄对不对。这真是出我意料。我连忙对他说："全对，你不要再多花心思了，好好养病！"他就默然。我大约默默地对着他坐了半个小时，就起身告辞。他微微动了一下，没有说话。

周先生的一生，是朴实的一生，勤劳的一生，真诚的一生。他在艺术上的成就是卓越的，因而赢得了崇高的国际声誉，但他依然一领青衫，自得其乐。

（原载 1996 年 11 月 7 日《人民日报》）

哭 周 怀 老

1996年8月24日晨1时，怀老去世，时予在屯溪，越日乃得电告，8月26日夜在扬州西园大酒店，草成此数诗，29日回京以诗哭之。

彩笔辛勤七十年。[①] 大名谁与子争先。
忽然一夜乘风去，定是琳宫缺画仙。

与公论道海西陬。满架葡萄一院秋。
怪道先生马乳好，青藤长到笔尖头。

与公论道太湖边。落日苍茫荻影天。
怪道先生秋水好，浪花飞到小窗前。

与公论道梁溪滨。马远夏珪皆奇珍。

---

① 周怀老终年九十岁，二十岁前即已作画。

148

哭周怀老

玉轴牙签归天禄，先生爱国心比金。

与公论道在京华。风雨平生愧屡夸。
古道照人高谊厚，送公远别泪如麻。

1996 年 8 月 26 日

149

怀念唐云先生

　　我在青年时期就听到唐云先生的大名了，但一直到很晚才与唐云先生认识，成为朋友。

　　1989 年秋天，唐云先生应邀到北京来作画，住在前门外一家宾馆，同时应邀的还有北京的周怀民先生。周先生与我是同乡，比我年龄大得多，我们从 50 年代就相交了。唐先生到后，周先生就给我来了电话，告诉我唐先生到了，要我去见面，并嘱咐我带本册页去，以便请唐先生作画，这样我就到宾馆，与唐先生见面了，同时见面的还有唐先生的次公子唐逸览。

　　我到的时候已近中午吃饭的时间了，唐、周先生留我吃饭，唐先生问我能不能喝酒，我说可以喝一点。唐先生大喜，就说有了喝酒的朋友了！随即他就对周先生风趣地说：你白长得那么高大，连酒都不会喝！周先生笑笑没有回答。席间我与唐先生喝了几杯酒，唐先生是喜欢喝洋酒的，那天也是喝的洋酒。饭后我要告辞了，唐先生要我再去玩。周先生说：你给他画一开册页，留个纪念，要好好画。唐先生说册页就放在这里罢。唐先生与周先生是好朋友，所以他们说话，总带一点风趣，其间却洋溢着深厚的友谊。之后我又去过两次，最后一次唐先生把册页交给我了，真正认真地画了一幅鱼乐图，还有逸览兄画的一开，也画得很好。

有一次我是与尹光华兄一起去的，唐先生见到我们去，非常高兴。他的画室里除了他自己坐的一张椅子外，只设一张客人坐的椅子。在他的椅子右侧，摆着一张单人床，上面放了七八把曼生壶。唐先生就让我坐在他对面的椅子上，其他的人就只好站着，我很不好意思，唐先生却谈笑自若。恰好他的一位学生拿来唐先生画的一部册页，看来是画给这个学生的。唐先生打开看过后，就说，就请冯先生题吧，随即唐先生就让我坐到他的椅子上，并拿出他的笔来，让我题字。我不好推却，就在前面题了引首，唐先生连说很好很好，将册页交给了他的这位学生。

唐先生知道我喜欢紫砂壶，就指着床上的七八个紫砂壶说，你看看这些茶壶，我一看床上放的全是曼生壶，都是珍品，真是让我大开眼界。我就对唐先生说，我也有一把曼生壶，顾景洲先生已看过了，唐先生随即详细问我这把壶的泥色、造型、款式、题记等等，并说以后一定要看看这把壶。1992 年，唐先生又到北京，住钓鱼台，我即去看他，唐先生见面就问这把紫砂壶，可不可以看一看，我说欢迎唐先生去看，这样就约定好时间，他与周怀民先生一起到我家里。唐先生首先就仔细看了这把曼生壶，久久把玩，反复看壶底的款式和题句，说："壶倒是很好格。"

这时我的桌上刚好放着在张家湾新发现的曹雪芹墓石的拓片，唐先生看后，大为称赞，说这是天下第一名碑，是无价之宝。我说有人说这是假的，说不合墓碑的规格，唐先生马上就说，不要听他们的，他们不懂。你一定要给我弄一张拓片来，我要珍藏，并告诉我，不要与他们辩论，与不懂的人辩论没有意思。后来我为唐先生找来了拓片，我又一次去钓鱼台时，带给了唐先生。唐先生看后，十分高兴，并为我藏的一件拓片题了字。

快要回去的时候，唐先生提出来要为我画画，周怀民先生说算了，时间不早了，唐先生却坚持要画画，并要与周先生合作，周先生推辞不了，就说你先画吧。唐先生真的在桌上拿起半幅宣纸，就画起来了。画到差不多快完成的时候，他却叫周先生来动笔，周先生不好再推辞，拿起笔来，就加了一道远山，然后，两位先生各自加了款，盖了章。唐先生说上面还应加题，他对着我说，这是你的事了。我随即拿起笔来加了长题。这样这幅画就成为我们三人的合作，也成为我们三人的永久纪念。

还有一次，唐先生来北京，他随身带着他所珍藏的"小麻姑仙坛"原拓本，特意要我去看，我去后，他非常郑重地把这件珍贵拓本拿出来给我看了。颜真卿的小楷法书，就数这件"小麻姑仙坛"为巨迹，我有幸得到唐先生处寓目，真是翰墨因缘。

唐先生的画，当然是当代的第一流的大家，我是十分钦佩和崇拜的。唐先生的书法也是极为精彩的，我曾在许麐庐先生处见到唐先生的隶书对联，写得好极了，我至今还闭目如在眼前。尤其是唐先生的为人，襟怀率真，当世无有其匹，所以唐先生的绘画、书法加上他的高尚率真的人品，可以说是三绝。前数年《文艺报》的包立民请不少老画家作自画像，唐云先生也给他画了一幅自画像，后来包立民拿来请我题诗，我随手给他题了一首打油诗：

巨笔如椽腹便便。诗书字画地行仙。

若问此老云游处，不在茶边即酒边。

现在唐先生已经不幸去世了，但是他的书画，他的独特率真而高尚的品格，会永远留在人们的心里，永生在天地之间。

1997 年 5 月 7 日凌晨于扬州国宾馆

临风怀谢公

　　我拜识谢稚柳先生，已经是"文革"以后了。那时我正在校订《红楼梦》，因事到上海，是由王运天兄陪同我去拜见谢先生的。谢先生一口常州话，因为我是无锡人，与常州紧邻，所以听起来格外亲切。我因谢先生的常州话，忽然想起我读中学时，酷爱词，特别仰慕常州的谢玉岑先生。他是驰名词坛的大家，可惜我闻名太晚，未及拜谒，谢玉岑先生已经仙逝了。后来我于旧书店买到一卷常州诗人唐玉虬的诗集《慧麓怀古》，其扉页题签"慧麓怀古"四篆字，就是谢玉岑写的。我甚至觉得其篆书比吴昌硕的还要好，所以我一直珍藏着。至此我就叩问谢先生，是否熟悉谢玉岑先生，没有料到谢先生竟说，谢玉岑是他的胞兄。这使我一方面感到予生也晚，孤陋寡闻，不胜惭愧；另一方面，更增加了我对谢稚柳先生的崇敬亲切之感了。从谢玉岑先生又自然谈到了江南名士钱名山先生。名山先生是著名的诗人，也是我青年时仰慕的前辈之一，我至今还藏着名山先生手书的一个横幅，是题赠给一位擅演周瑜的名艺人的六首诗，其末首云："宋朝已唱蔡中郎。可有姬姜泣路傍。想见山阴老居士，不胜清泪落斜阳。"其书法铁画银钩，龙飞凤舞。可惜我无福缘，也没有能赶上这位江南名士。而这位钱先生，恰恰就是谢先

153

生的外舅和启蒙师，这样我们的谈话就更显得亲切入味了。

谢先生对《红楼梦》也特别感兴趣，这时我正好发表与吴恩裕先生合写的《己卯本石头记散失部分的发现及其意义》一文，谢先生看到了这篇文章，就详细询问我有关曹雪芹的家世祖籍、生平遭际和《红楼梦》的抄本以及脂砚等问题，我一一作了陈述，因而谈得非常高兴，临别时，谢先生还送了我几本画册。

有一段时间，报纸上正在争论郑州博物馆所藏"曹雪芹小像"的真伪问题，有人传言说谢老说是真的。刚好我又一次去看他，就向他请教这个问题。但谢先生说，他没有见过这个小像，更不可能说它的真伪问题。所以无论外界传闻谢先生说真的也好，说假的也好，这都不是事实，都与谢先生无关。

1992 年秋，谢先生到北京来开会，与鉴定组的许多先生在一起，会议结束那天我去看他，恰好不久前，通县张家湾农民李景柱将原先发现的曹雪芹墓石交给了镇政府，因而引起了大家的关注，也举行了讨论会。我在《文汇报》发表了《曹雪芹墓石目见记》一文，认为这块墓石是真的。傅大卣、史树青等考古鉴定界的专家以及红学界的专家陈毓罴、刘世德、邓绍基、王利器等先生也都认为是真的，但也有人认为是假的。我即将拓片带给谢先生看，谢先生看后，十分高兴，说他要将拓片带回上海再给我题跋。这样谢先生就将拓片带到了上海。没过多久，谢先生就将拓片题好后托人交给了我。谢先生题云：

> 此曹雪芹墓石，墓在通县张家湾，盖曹氏祖茔俱在此，冯其庸先生曾亲往察看，并撰《曹雪芹墓石目见记》，实有足征信。壬申（原件误书为"壬午"）十月，过北京，其庸先生见示此墓石拓本，率为题数语于左。
>
> 谢稚柳

谢老为鉴定界的权威，谢老此题当然弥足珍贵，其所以必须带到上海细看有关资料后而题者，亦足见其十分慎重也。

恰好在此不久，唐云先生也到北京，住钓鱼台国宾馆，他给我来了电话，我立即去看他，也将拓片带了去。他看后十分高兴，他说这是天下第一名碑，无价之宝。他要我一定为他弄一张拓片珍藏，并立即在我带去的这张拓片上加了题跋，云：

> 雪芹晚年贫困，去世时至友草草殓之，碑石非当时流行馆阁体，而此字出于民间所书，朴拙可喜，其庸兄鉴定真不谬也。八十四翁唐云记。

其后，潘景郑先生又为题《减字木兰花》一阕，词云：

> 红楼幻梦，妙笔风流千古颂。原野荒芜，寂寞幽魂形影孤。　　精研高手，挥洒文章垂永久。星本留鸿，追步群贤惭寸衷。
>
> 调寄减字木兰花
>
> 宽堂先生红学专家，比得曹雪芹墓石墨本命题，衰老伧荒，拙不成句，率成短阕报命，即请指正。癸酉秋九月，寄叟潘景郑题于沪上著砚楼，时年八十有七。

此外，徐稼研、周退密诸词老均有赐题，然此皆谢老赐题之启其端也。

我过去还读过谢老《敦煌艺术叙录》、《鉴余杂稿》初订和增本、《水墨画》等著作，谢老的《敦煌艺术叙录》自是敦煌学的开山之作。谢老在 1942 年以一年的时间成此巨著，其勤奋坚毅之情可知，其于诸石窟之叙录，皆已成为阶段性的历史记录，至为可贵。而其书前的《概论》，即《敦煌石室记》，至今犹是不刊之论，启我甚多。特别是他《鉴余杂稿》诸文，尤为从事鉴定工作者的典范。我读《晋王羲之〈上虞帖〉》、《唐周昉〈簪花仕女图〉的时代性》、《北齐娄叡墓壁画与莫高窟隋唐之际画风的渊源关系》等文章，正有顿开茅塞之感。

谢老在 1996 年去美国之前，还为我的《曹雪芹家世新考》增订再版本题签。不久，谢老又因病回国。我经常与运天兄通话以了解谢老病情。所得情况，总是比较稳定，所以我决定在 1997 年 6 月 5 日到上海看望谢老。运天将这个日期告诉了谢老，谢老也在期待着我去看他。我和运天都在等，也都以为见面是不成问题的，谁知道竟然事出意外，谢老于 1997 年 6 月 1 日竟尔仙去了。消息传来，令我悲痛莫名。等我赶到上海时，已经人琴俱杳，再也见不到谢老了，我只能在灵堂里吊唁谢老！

我拿着由谢老题签的新版《曹雪芹家世新考》，只能临风怀想，真是"能回赵璧人安在，已入南柯梦不通"了！

历史终究给我留下了未能与谢老告别的无尽的悲哀！

　　　　　　　　　　1999 年 4 月 13 日夜于京东且住草堂

李厂词草序

　　东海徐公孚尹，鉴界之山斗，词坛之耆宿也。曩予拜读其词，郁伊惝恍，低回婉转，以为古人之作。夫词者诗之余而曲之先也。古人云词有别肠，盖词之与诗，截然有别，自五代两宋以来，词亦多变；或丽或则，或如后主之沉痛，或如晏欧之婉约，或如三变之铺陈，或如苏辛之豪放，或如清真之典则，或如易安之尖新，或如白石之清逸，或如张刘之郁愤，皆因时而异也。清初竹垞、其年、纳兰、梁汾，易代而兴，晚清至民初，朱古微氏出，重振斯业，至今日而词道衰矣！乃徐公孚尹与张丛碧、周玉言诸公迭相唱和，敲金戛玉，重听撅笛之唱，浅斟低酌，再续酒边之吟。予拜读李厂词草，多咏红楼之什。夫红楼意内而言外，指此而喻彼，由是观之，文体虽异而其道一也，宜乎诸公咏之频矣。徐公咏红之词多得雪芹真意，盖雪芹家破人亡之后，痛知音之先亡，伤故家之寂灭。繁华梦醒，冷月孤灯。饥来驱我，陋巷乞食。拾秦淮旧梦，花团锦簇；记眼前新愁，破屋荒凉。呜呼！天荒地老，茫茫白地。石烂海枯，万劫不磨。丹诚不泯，木石前盟。则此情此心江河同流，日月并照矣！雪芹地下有知，得徐公之咏，当欣慰终获解味于百年之后也。

癸未长夏，梁溪冯其庸拜序于京东双芝草堂
甲申初夏，再书于古梅轩，时年八十又二

木 兰 花 慢

——谢徐邦翁赐词，并用原韵，附徐公原倡

念青春岁月，遭倭寇、废书堂。只西抹东塗，书云子曰，凿壁偷光。荒唐。暗仪李杜，更司迁、留得万年香。又拜陈、徐、董、巨，墨翰自诉回肠。　　边荒。仰望玄师，寻前踪，誓相徉。望里尽龙沙，昆仑壁立，古道斜阳。十年七度来往，见秦唐旧业尚相望。千仞振衣欲唤，尽开大漠边疆。

调 木 兰 花 有序

　　余与冯公其庸均年逾耄耋，而于六法、八法都乐之不疲，冯又善摄影，则余所不能也。近日公又以法书绘画及摄影图一百余幅付之中国美术馆展览，余与尹光华兄同往参观，浏览之后，谱此调一阕赠之，亦以互为自励自勉耳。

正京华丽日，看群客，趱高堂。仰四壁弥铺，书姿畅臆，图写风光。豪狂。透从纸背，喜名标嗅得墨花香。岂限陈（白杨）徐（青藤）纵逸，别裁自出心肠。　　西疆。万尺高空，能胆

158

木兰花慢

壮，竟徜徉。几外械（摄影机也）收来，黄沙古道，边塞残阳。双双并浏览处，见无穷乐土应开倡。偕子掸衣同快，毋思耄耋逾将。

2001 年 4 月 6 日

乾坤清气一鸿儒

——《饶宗颐先生书画集》序

选堂饶宗颐先生，是当代最卓越的学术大家之一，我对饶公心仪已久，也曾多次拜会，但是别长会短，难以倾怀。

饶公首先是以学术声闻天下，他治学广博而专精。从广的方面来说，他于甲骨学、古文字学、上古史、敦煌学、艺术史、诗词学、音乐、古琴等等都能博通。从精的方面来说，他所治之学，都能独辟奇径，独造奥区，发人之所不能发，道人之从未曾道，就是佶屈聱牙的古文和骈四骊六的骈文和辞赋，饶公也是一代作手，求之当世，恐难得第二人。至于诗词，更是饶公的文章余事，信手拈来随口吟成，更无须含毫拈须。

饶公还长于书法和绘画，我曾读过他的画册，参观过他的展览会，令人感到钦敬无已。

从学问来说，饶公是国内数一数二的鸿儒，其声望之高，学术界无不衷心钦佩。但从书画来说，他又是地地道道的书画大家，并不是世人习惯所说的"文人画""游戏笔墨"，倒是真正的大书法家、大画家。而且出世之书画家而上之，足以与当代以书画名家的大师相并驰。

要说"文人画",饶公才是真正的文人画,我前面所说的"不是世人习惯所说的'文人画'",是指饶公丝毫也不是近世所流行的本人半点文采也没有而强作"文人画"的那种"文人画"。他们把"文人画"当做是一种品种,似乎只要照这式样画就算是"文人画"了,与本身是否是文人毫无关系。其实这种"文人画"只是徒有其名而已,与真正的文人画丝毫无关。

而饶公的画,才是地地道道的文人画。因为饶公首先是大文人,是一代鸿儒,而他又精通绘事,更不蹈袭前人,率以自出手眼,从心所欲,随意挥洒。可以说书画是其文章余事,又是其文章之别途,凡文章未发之精华逸气,悉藉书画以发之,所以饶公之书画,实亦饶公之文章别体也。以故,饶公的书画才是真正的"文人画",才是传统意义上的"文人画"。

这样的"文人画",历史上虽有,却不世出。例如唐朝有王维、郑虔。郑虔老早就号称"三绝",王维则是有名的"诗中有画,画中有诗",且又精于音律,妙于禅理。再如宋代的苏东坡,人人知道他也是诗书画三绝。王维、郑虔的作品已很难见到,东坡的墨迹,存世尚不算少,我曾看过他的《人来得书帖》等真迹,令人低徊景慕,他的《挑耳帖》、《黄州寒食诗》等也是我梦寐钦迟之作。所以在历史上这样的人代或有之,然代不过一二人或三数人而已。数之当世,饶公当在三数人或四五人之列。此非夸饰,实才之难,特立独出之人难也。

我最重饶公的白描人物,有人认为饶公之白描人物,直接李龙眠。李龙眠固然是一代大家,但龙眠与东坡同时,斯已晚矣。细读饶公的白描人物,大部从敦煌卷子中来,当与吴道子有所渊源。吴道子当玄宗之世,身经天宝之乱,至肃宗初尚存人间,其画风影响甚大,所谓"吴带当风"。且其主要是画白描佛像,故敦煌卷子中之佛像,当与吴道子画风有密切关系。吴道子的《送子天王图》今存日本,虽亦为后人临摹之作，但可见其画风。今以此来印证饶公之白描佛像，则其画风逼近吴道子可以无疑。

当然如要溯中国线画之渊源，画史上称东晋顾恺之，杜甫说"虎头金粟影，神妙独难忘"。可见顾恺之的佛画，令杜甫赞叹不已。实际上顾恺之的线画，是吸收民间画家之长，我曾两次进入汉末建安时代的安徽亳县曹氏家族墓，最令我惊叹不已的除墓砖上的行书字体外，还有墓门上的石刻人物画，其线条之流丽繁复，造型之伟岸庄美，真是前所未见。我幸得两件拓本，所以前数年常常拿出来观摩，因而深悟顾恺之的线画，实自汉末至魏晋间的民间线画来。后来又见到洛阳出土的北魏石棺上的石刻线画，其精妙程度，一如曹氏墓门，因此，更使我坚信此点：从汉末经魏、晋至北魏、东晋，遂有顾恺之，后又有张僧繇、吴道子。故饶公虽取法敦煌卷子佛画，而其画法之渊源有自，自非后来李公麟所能限也。

当然，我只是说饶公的白描佛画其渊源并不始自李公麟，而是远在吴道子及吴道子以前，并不是说他不能撷取李公麟之长。不仅如此，饶公于书画是广取博采的，所以才能成其大。就如后来的陈老莲，饶公也有所吸取，其《十六应真图》，在形式上与老莲自可联系，但其用笔，则又非老莲，老莲的人物构图奇古而线条刚劲，这与明代的木刻有关。而饶公的《十六应真图》，其造形更似敦煌佛画，而用笔缥缈有逸气仙气灵气，绝非刚硬一路，可见饶公能取能化，足证饶公笔墨之灵且通也。

饶公的山水画，可借用"瘦骨清相"四字来形容。此四字本来是用以称赞南朝的人物画和受南朝文化影响的佛像雕塑的，但我觉得借来说明饶公的山水画，也较合适。中国的山水画，自唐五代两宋以来，大体以写实为主，故无论荆（浩）、关（仝）、董（源）、巨（然）、李（成）、范（宽）都极尽其崇山峻岭、雄伟博大、阔远幽深的气势，至元代的倪云林，独以清逸瘦劲为骨，而其用墨又极腴润瀚郁。至清初程邃、弘仁、查士标等则又在倪云林的基础上有所变化发展，特别是渐江学人（弘仁），深得云林笔意而有所创新，今读饶公的山水画，我觉得其秀在骨，其清在神，深得云林、渐江的笔意，但又并不是照搬，而又自有取舍，融化生发，其所作《溪山清远图》长卷、《潇湘水云》图卷、《万点恶墨图》、《山水清音》册等等，最能显示他胸中逸气和笔下的灵气，这些画笔，可以明显地看出来自传统而又自出新意，全是自家面目。

饶公的书法，更是独具面目，无人可以比傍。昔年吾师王瑗仲（蘧常）先生，精于书法，尝为予言，他作书不作唐以后人一笔，我追随先师四十余年，所得书札今尚存六七十通，虽道家常，而字字晋唐。今读饶公法书，使我自然想起先师此语。当然饶公的法书，与先师又各自成体，各具风范。饶公精于甲骨古文篆隶，而其隶书又时有章草及北魏笔意，甚至有时亦化篆入隶，古趣盎然，此类书自非唐后人书。至于其所作行草，更不能辨其是碑是帖，是南是北，唯觉随意挥洒，浑然天成，而方圆兼施，不加修饰，纯是自家性灵之流露。但是有一点读者可以看得出来，他的行草，深得倪元璐、黄道周的凛凛风骨，虽然有时也作金冬心，也作邓顽伯，但我以为这是偶一为之，他真正的味道，是深得倪、黄清奇古拙之气，此或禀赋所近，气质使然也。

饶公书法之奇，他既能作蝇头小楷，点划均在毫厘之间，而笔笔精劲，如读右军《黄庭》，而他又能作擘窠大书，一字之巨，竟在方丈之间，可见其真巨笔如椽，力能扛鼎也。他竟以此巨笔，写成《心经》全文，闻已刻木，不作摩崖，将树之大屿山，为写经简林，创意尤新。

综观饶公之艺，岂止书诗画，亦岂止经史子集而已，实古今文化之通人，古今艺术之巨匠，古今一鸿儒也。所以他的书画与文章，实为一体而殊途，书画乃其文章之别体耳。予历观古今才大之人，往往多能而

163

专精，何则？其才大其识广其胸次高远，若仅赋一艺，则何以展其宏才，何以写其高怀？何以发天地清灵之气！故必博通专精，庶几能尽其长才而见天地化育之伟功也。予故有诗云：

苍茫浑朴更深醇。万卷罗胸偶写真。

赋得山川灵秀气，飞来笔下了无尘。

2004 年 8 月 10 日，旧历甲申年
六月二十五日写于双芝草堂

初到京华第一师

——我从许麐庐先生问艺的回忆

我是 1954 年到北京的，在人民大学工作，我在无锡国专时的老师周贻白先生已在几年前就到北京任教于中央戏剧学院了，我到北京，当然首先就是找周老师。周先生住棉花胡同，一年后我从西郊搬到张自忠路，离棉花胡同只有几分钟的路程。所以我们经常相见。

周先生喜欢集邮，有多次拉着我到东安市场集邮处选购邮票，往往一次就付相当大的款子。他还给我讲那些邮票的国际价格如何如何，但我却一窍不通，而且也无兴趣。但是周先生还有一个癖好，即鉴赏和收藏字画，这却是我生平第一嗜好，所以周先生除了要我陪同去选邮票外，还经常带我去书画店看字画。周先生在这方面也是朋友很多的，有一次，同我一起去看许麐庐先生，许先生是白石老人的得意门生，能得白石的真传。周先生说你崇拜齐白石，就先去看看许先生罢。这样他就带我去看许先生了。那时，许先生还在荣宝斋工作，但我记得那一次不是在荣宝斋而是在王府井，是在他创办的和平画店。与许先生见面后，周先生为我作了介绍，许先生一听我喜欢字画，并且特别崇拜齐白石，他就格外高兴，马上就要看我的画，我即将随身带的一张葡萄给他看。

他端详了一会儿，就说画得不错，有书卷气。然后又说，你的葡萄藤蔓怎么都是往右边转的呢？可真正的葡萄不是这样的哟！这一句话，真是胜读十年书。因为以前我学画，只是学画本上的，而且也不是观察入微地学，而是粗枝大叶地学。许先生的这一句话，真是醍醐灌顶，牖我灵敏，从此我就懂得要仔细观察生活，细格物理。有一次，张正宇先生看了我的葡萄，就说我的葡萄的点子点得太细、太拘谨，不能照原始状态来画，因为画是艺术。张老的这一段话，加上许老的一段话，真是相反而相成，构成一个完整的道理。

那天，在许先生处，谈得很久，当然其中有谈周先生的事，但末了，许老一定要带我去拜见白石老人。这是我完全不敢想的。我虽然十分想去拜见白石老人，但自己觉得自己幼稚得不能再幼稚了，这样去看老人，不是凭空给他添麻烦吗？所以我终于不敢去，我说等我苦学几年再去罢！我当时丝毫也没有想到白石老人的高龄，意识里只觉得他是长寿的，根本没有去想老人毕竟是要走的。过了一年，白石老人真的走了，那是 1957 年 9 月 16 日下午 6 时 40 分，消息传来，我悲痛万分，痛悔我没有去拜见他，当时我写了一首长诗，诗的底稿已找不到了，幸好我还能记忆，现记录于下，以免佚去：

白石老人歌

千古奇才一阿长。百年又见老齐璜。

画虾睹能虾须动，画酒直觉酒生香。

凌波菡苕蜻蜓立，带雨牡丹粉蝶狂。

种得芭蕉三两本，秋来听雨卧高堂。

读公山水别有境，落日一点苍江冷。

烟波森淼片帆远，古木森森古寺近。

寺中有僧不读佛，挥毫直写苍松影。

闻公名姓二十年。欲拜门墙路万千。

我今来时公已去，独对遗篇涕潸然。

我对白石老人的崇拜是出于天性，不是受任何人的影响，要说影响，就是白石老人自己的画给我的心悟，给我心灵的默然契合，或者说是"神遇"。所以我对许先生的画，也是同此心情。白石老人走了，不可能再见了，我惟一的问艺的途径，就是许麐庐先生了，好在我住处离许先生不远，他住在火车站附近，还靠近黄永玉兄，所以我一去可以连到两家。

从1957年到"文革"前，我是经常去许老家的，那时他办的王府井和平画店还在，许先生是大行家，所以他的画店里经常出现一些好作品，我虽然买不起，却可以去看，一是看看许老，向他请教，二是看看那些画件，默坐静悟。我一直喜欢王字，有一次，他挂出一幅王文治临右军的书帖。王文治的字流丽有书卷气，但总不免近俗，然这一轴临右军的书帖，却是极其神情洒脱，极富内涵的作品，我每次去，总要坐对此作，默然领悟。由此我也体会到对待古人一定要多看作品，不能看到一小部分就加论定，古人的书画，和今人一样，也有好有次，评论古人和今人，要看他所达到的最高的水平，这是他已经到达的，你不能不承认。至于一般的作品，任何一位书家或画家，总是有的，而且占的数量是大的，你想哪有可能画出来的或写出来的件件都是精品，这是不符合创作实际的。我对刘墉的作品，一直是不欣赏的，现在也是如此。但1998年我在香港，一位朋友给我看一件刘石庵的手卷，展卷之后，神采斐然，比刘石庵平时常见的作品，高出几倍，简直令人要刮目相看，而且经过鉴定，确是真迹，无可怀疑。由此可见，尚论古人和今人，都要审慎，不可造次。

　　我在许老的和平画店，还看到一件丈二的王觉斯的行草巨幅，全幅挂不了，只能挂出四分之三。但看其字势，真如黄河之水天上来，有奔腾澎湃，一泻千里之势。这幅字给我的已经不仅仅是章法和谋篇，而主要是书家胸中的涵养、气度和奔放的激情。这许多都不是仅仅外在的形式的东西，而是内在的作品以外的东西，而这些属于精神、气质方面的东西，也并不是不要任何修养任何人都能领略的东西。所以中国的传统书画，都讲究内在的蕴含而不单纯追求外露，或者追求两者都具备。像王铎的这件作品，以及他的大部分作品，都是两者具备的。可以说许先生的这家和平画店，倒成为我学习字画的高等学堂，真应了我的启蒙老师诸健秋先生"看就是学"的这句话。

　　但是更重要的是我在许老家里所看到和学到的。我住处离许先生很近，所以我那时常去许先生家，一是看他作画，二是听他闲谈有关书画方面的知识。特别是许老藏有不少白石老人的画和当代许多知名书画家的墨宝，他常常轮流挂出，所以我只要稍过一点时间去，就可以看到一批新的字画。我个人的体验，看一件真迹佳作，比读多少介绍性的文章不知要好多少，一看真迹，什么都明白了，用不着说许多废话了，有时看外行写的文章，还反容易误导。所以我在许老处能获得真正的感知，尤其是多次看到白石老人的几件小品，其笔墨之精妙，真是只可意会，至少我是无能力言传的。还有一次，看到唐云的一副隶书对子，也是精妙至极，是可令我心摹手追的。那时许老案头常置一把茶壶，可里面是装的茅台，也有时在椅子旁边放一瓶洋酒，我去许老常风趣地拿起茶壶说喝一杯，实际上是酒。有时碰到他兴致好时，就拿起笔来作画，还把作好的画送给我。我当时私心把许老的作画是当做示范的，是授徒，所以我一丝一毫也不敢懈怠。我看许老用笔之泼辣，用力，入纸之深，是很难想象的，但有时又很潇洒飘逸，并不执着死板。我有几次从电视里看白石老人作画，其行笔之从容沉着，意态之闲静，可以从许老得到印证。特别是我想起先师王瑗仲公作书，运笔缓而沉，他常常告诫我作书运笔忌轻而疾，这与张正宇老给我的告诫是一致的。正宇老常给我说，作草书甚至大草也不一定都是疾如风雨的，该快则快，该沉着处必须沉着。所以我每看许老作画，常常不由自主地会与以上这许多位名家相印证。

特别是在"文革"中，初时我们还能相聚，每去都是喝酒，还常要留我吃饭，有时不作画，就叫我看他作好的画，要我挑喜欢的拿回去，有一次我承情"挑"了一幅，他还要我再挑一幅，送给"弟妹"，即送给我爱人，还特地题了上款。这些看似平淡而实是深情无比的生活往事，现在每一回想，辄增思念。

尤其是"四人帮"批"黑画"的时候，黄永玉兄的《猫头鹰》是首当其冲，说画猫头鹰睁一只眼闭一只眼是对当时社会主义的讽刺，是反动；说许老画的《四世清白》，即四个柿子一棵大白菜是"翻案"等等。正宇先生的《猫》更是时时挨批的"罪证"，有一次他们几位都到了张老家里，讲到当时正在批的所谓"黑画"，真是令人痛恨无比，但当时大家有一个共同的感觉，"四人帮"这样的倒行逆施，日子不会长了。永玉兄还对我说："'四人帮'垮台后，我的第一张画就要送给你！"果然时间不长，"四人帮"垮台了，永玉兄真的把第一张画送给我了。

记得是1979年夏天，一个下雨的日子，我去看许老，当时还有几位客人在，都在作画，许老则边喝茶边看，他们作完了，许老说："你也作。"我趁兴就作了一幅枯藤葫芦，一串枯藤，两个飞白的葫芦，没有一片叶子，画完后，许老大声称赞，说是白石老人的意思。我加了一行题："己未夏雨窗于竹箫斋漫笔，宽堂。"我刚加完题，许老忽然说："我来加个虫子。"他拿起笔来，就在葫芦上加了一个蚂蚱，这一下这两个葫芦就增加了动态，画面就活起来了。还有一次，也是在竹箫斋作画，我拿起他案上的大笔，醮了淡墨，画了大大的几笔，我原本的构思是画几片荷叶，叶面上要勾筋，叶上面准备画荷花。正在我将要继续下笔时，许老突然说："我来两笔。"他拿起我手里的大笔，略醮了一点浓墨，就在我画的荷叶的上边画起来了，三笔两笔，竟画成两个山头，我原先画的成为两个山头的水中倒影，然后他又在山头后边用花青加了一层远峰，在画的右下角，又画了几间房子，抹了几笔赭石，这样这张画竟然变成了一幅山水，而且构图极为巧妙。许老要我加题，我就题了几句："予作残荷，麐师挥笔为山水，天地为之一变。其庸。"这次作画，是许老又一次给我示范。我真正是受益匪浅。之后，我还与许老合作过一幅四尺整幅的大葫芦。还有一些其他的作品，这一切都可以说是我向许老学画，是许老把笔教我。

所以许老真正是我初到京华的第一师。

岁月催人，以上这些事，一转眼已经三四十年过去了，就算己未作画的那件事，距今也已二十又二年了。许老如今真是人书俱老，已经是画界的硕德，艺坛的鲁灵光殿了。我自己并不是画家，我是在学校教书的，做一些研究工作，但许老对我的指点教寻，不能因为我并不是画家而加以湮没无闻。

前些年，我专门到辟才胡同内跨车胡同 13 号白石老人故居去瞻仰过，并题诗云：

> 来拜高居恨太迟。心仪半世失良师。
> 画坛百载谁千古，只有湘潭放犊儿。

写到这里，回忆四十五年前，许老要带我去拜白石老人，而我胆怯未敢造次，以致失此良机，后悔莫及。但我深感许老的深情厚谊，也成一诗云：

京华初识竹箫翁。便欲提携拜岱嵩。

可惜村童心胆怯，遂令交臂失真龙。

古诗云："四顾何茫茫，东风摇百草。所遇无故物，焉得不速老！"我恐怕岁月飘忽，春梦随云，前辈爱护后学的硕德，风飞云散，不为人知，故赶快聊寄笔墨，以彰令德。除此以外，则非所望也。

2000 年 8 月 10 日夜

画中八友歌

　　京中书画家萧劳、周怀民、黄苗子、许麘庐、秦岭云、潘素、卢光照、王遐举等八人为八友画展，因效杜工部体作画中八友歌，聊记一时之盛而已。

　　萧书瘦劲似修竹。临风潇洒筋胜肉。王书点划生波磔。力透纸背韵胜绝。纵横更推苗子书。浓淡干枯皆由之。以字作画画亦字，无怪世人迷如痴。山水独绝周怀老。马远夏珪信笔扫。云生于山波生水，看画却比看山好。平生最爱麘翁画。纵笔萧疏无所戒。超以象外得其神，一尺翁画千金价。水墨淋漓秦岭翁。苍茫浑朴亦空濛。看画顿觉翠扫空。篱豆花开是卢老。信手挥洒随意好。有笔快如并州刀。剪取秋光入画稿。古雅独绝是潘公。一幅烟雨见惠崇。飒飒堂上松风起，不觉身在画图中。

1985 年 8 月 4 日

醉来挥毫青天窄

——读许麐庐先生画展

　　我是 1954 年刚到北京后不久就认识许麐庐先生的，第一次见面是我的老师周贻白先生介绍的，地点是在王府井的和平画店。从那时起，直到今天，我从没有间断过向许老的请教。我曾写过《初到京华第一师》的一篇文章，记述我拜识许老的经过。

　　我从小就喜欢画画，但一直没有机会学习，在无锡时，幸遇诸健秋先生的指点，得初启愚蒙，到北京后，自从拜识许老后，我当然不敢失此良机，只要有空，我就到许老处学习。那时，许老住在北京站附近，与黄永玉兄住得很近，所以我总是先看许老，再看永玉，或者先看永玉，再看许老。

　　许老家里有一个小园子，园子里有一棵大树，绿荫蔽天，上面还挂着几个鸟笼子，旁边有好多个金鱼缸，养着各色的金鱼。但我去，很少观赏这些，总是尽可能地听许老聊天，或看他作画，那时许老嗜酒，案头有一把茶壶，其实里面是酒，我去也照样斟"茶"而饮，"寒夜客来茶当酒"，许老却是相反，是"酒当茶"！我在许老家，也看过不少许老藏的白石老人的精品，因为那时，许老经常四壁挂很多名人字画，其

173

中常有白石老人的精品。另外当代如钱瘦铁、唐云等人的作品，也经常挂出，所以我每次去，总要饱赏这些佳作。

有时，许老还当场作画，我看他疾如风雨，兔起鹘落，意到笔随，略无滞迟。有时还让我当场作画，他在一旁指点。有一次我画了两个葫芦，几枝枯藤，许老忽然提笔，在葫芦上加一草虫；有一次，我正在学画一排山头，忽然许老在我画的松树上用花青作大笔松针，又在远处纵横涂抹，登时遥岑献目，远峰如碧。许老每次挥毫，无异是对我的示范，我从中获益匪浅。可惜这样的日子，被一场急风暴雨的"文化大革命"粉碎了。

好容易熬过了这场风暴，我又照样去竹箫斋了。还记得在"文革"中间，"四人帮"搞过一次"黑画展"，我特地去看过。其中永玉兄的《猫头鹰》被挂在头里，作为主要批判对象，而许老的《四世清白》（四个柿子一棵白菜），也赫然在目。本来这是一个老题目，齐白石更是常画，略无可怪，不想，猫头鹰也好，柿子白菜也好，都成了罪状。还有张正宇老先生画的《猫》也遭到了批判。本来正宇先生人称"猫翁"，谁知竟因此而被批。更有意思的是正宇先生挨了多少次批，却不知道为什么要挨批，这是他偷偷问我的，我那时也莫明其妙！那时许老、永玉兄、张正宇老虽然不易见面，但也曾到张自忠路张老家见面过，我因在紧隔壁，所以总能见面，每次见面，总是对国事忧心如焚，对"四人帮"恨之入骨。

尽管当时的处境如此艰难，但许老还是一有机会就作画，有时我去竹箫斋，他还特意为我作画，有时不作画，就拿出作好的画让我挑，然后再加题识，以为纪念。许老所有给我的画，我都珍藏着，因为这是艰难岁月中珍贵的纪念，是具有特殊历史价值的珍品。

我与许老相交半个世纪，看许老的画也很多，但却是第一次看他的画展，正如永玉所说，早该早三十年、四十年开的，现在终于开了！这终于开了就是大好事，就能让大家来全面地认识这位闻名已半个多世纪的大画家。

大家知道，许老是白石老人的入室弟子，我认为当世之知白石者，恐怕无过于许老，许老之尊敬白石老人，也是众所周知的，但是许老却从不以此来炫耀自己，甚至作画也很少照搬白石老人的老面目，而且不是"很少"，而是根本没有。其实这才是白石的真传！因为作画但求形似白石，则何必定要是白石弟子，不是白石弟子者何尝不可以形似？所以白石才说"似我者死"，这话说得多么深刻！

我学习许老的画，以我粗浅的体会，我以为许老的画，至少有三个方面的内涵，一是白石，二是青藤，三是八大。而且这三方面已经都各自成为许老自己的血肉本体，而不是外求的了。此外，还有许老吸收涵养而未易体察的部分，则更使我们不易望其径路，不易望其径路是因为我自己学浅，不能说其无径路，这个道理自然是应该明白的。

有人对许老的大作赞叹之余，说其潇洒飘逸是其长处胜处，而沉稳厚重不足，是其弱处。其实这只是看到许老的一个侧面，一个极次要的侧面。其实大气磅礴、沉稳雄健，正是他的风格的最主要部分。请看他的画册的第1页《松鹰图》，用笔何等沉稳雄厚，可以说笔笔沉着，笔笔入纸。再看第10页的另一幅《松鹰图》，章法完全不同，鹰的头部全用枯笔线条，鹰的羽毛以淡墨为主，只有翅膀用重墨，鹰爪用重墨勾勒，但其用笔又是何等的沉着安详，包括那枝松树，也绝无虚浮之笔。尤其是第38页那幅《白莲》，展览时，我在画前久久站立，我对王少石说：虽青藤八大，无以过之！用墨用笔的变化脱俗，除了心领神会外，我这支笨笔，真是写不出来，加上这是一张带浅米色的旧纸，其神韵更是如饮醇醪。画册上底色太浅，失去了部分原作的淋漓尽致而又厚重之意，略觉可惜，但印刷品有时难免有此类问题，而其主要的神韵还是可以领略得到的，所以也未足为憾！特别是那幅《牛棚余兴》长卷，正令人拍案叫绝！置之青藤八大画中，难道不是绝顶上乘之作？我个人学习的体会，觉得此卷兼八大青藤而又是纯以许老自家面目出之，末尾的题跋说："1972 年 6 月牧牛之余，偶然落墨，可笑也。渤海老许麐庐写于湖北咸宁白阳湖畔，予久不作画，笔下荒率，有如是耳！付杰儿存之。"这是一段多么有意义的题跋！大家知道"文革"中的牛棚是怎么一回事，我也蹲过三年，深知其味，但许老竟能成此不世杰作，真是匪夷所思，这正可以与俞平伯老在牛棚里打拍子唱昆曲同成牛棚佳话，为什么？因为于此可见二老（许老、俞老）胸次之高，简直视世事如浮云，若无此胸襟，许老笔下何能如此超逸绝尘！还有那件大幅的墨梅、紫藤，其用笔，纵横捭阖，真是"兴到挥毫天地窄"，当其解衣般礴之时，天地为之低昂，宇宙为之呼啸，令人屏息而读，不敢长出气矣！

　　许老还有一类作品，是芍药、牡丹之属，其用笔之潇洒灵动，真是变化无穷，细看他的花片、花叶，浓淡变化，无不恰到好处，往往在一枝浓艳之下，系以长题，遂成诗书画三绝。这类飘洒的笔墨，既有青藤，也有李晴江，会心人自然能知其冷暖，知其甘苦，知其境界！我虽想多说，然亦非多说所能尽也！

　　许老的《香芋小鸟》，寥寥数笔，其神韵之佳，妙到毫巅，一片大芋叶厚重而郁郁有生机，香芋芋尖，两片红芽，显得生机勃发，蕴藏着无限的生命力，而芋杆上那只小鸟，正在动与未动的一刹那，暂时被许老定格，于是成此天趣横生之作，令人于尺幅间看到郁郁生机，看到无限情趣。

　　许老还善作泼墨大荷、鳜鱼。昔大千居士喜作莲花，大叶田田，红白莲相映，于碧波凉风外别具禅意，然其画法，尚未脱宋元旧制，而昌石、白石，取八怪之法，革而新之，大笔淋漓，随意挥洒，虚实相生，遂顿成奇观。许老师法白石而又变化生新，计白当黑，黑白互补互用，而浓淡干枯，参互其间，于是荷塘清趣，自盛夏至三秋，雨声枯荷，皆可于笔墨间求之，遂真成一花一世界，一叶一如来矣！

许老所作鳜鱼，巨口棘翅大腹，怒目鼓鳃，深得此物神理。盖鳜鱼为鱼中之凶物，体虽不甚大，而专食小鱼小虾，且常隐蔽据守，伺过者而食之。予幼年村居，常至河边以兜网捕鱼，一日网一旧罐，举而碎之，则罐内出一巨鳜，已团团成圆形，盖其藏身罐内，时时伺过者而食之，竟肥大至不得出罐矣。许老所作鳜鱼，用笔硬而生，斑驳其文，怒目巨腹而张嘴，真能摄此物之神也。

许老所作草虫，如蟋蟀、蚱蜢、络纬、蝴蝶之属，皆栩栩如生，虽寥寥数笔，皆传神阿堵，于一花一叶间偶着数笔，即生趣盎然，而秋情秋意盈幅满纸矣。此尤为难得者也。然虽此小虫，许老亦从白石老人笔墨中脱颖而出，毫无依样之感，而自出新笔，倘使白石老人见之，必当莞尔而笑，以为善学矣！

许老所作山水，则为一大创新。予孤陋寡闻，古往今来，似未曾见此画法，有之，则当自许老始。如画集中之《茅棚飞瀑》，于四分之三之大黑中，忽露一线飞瀑，而其下对岸，则着一茅亭，而半树红叶，如火如荼。于是秋意生矣！昔张元幹云"凉生岸柳催残暑"，许老画中将柳树换作枫树，于是着一红枫境界全出。许老所作《松居图》、《山幽图》、《云里雾中》、《泛舟观山》诸作，更是意象万千，大湿大干，破锋枯毫，随意落墨，皴擦点染，参互运用，其画无框框，无成法，出人意表而又入人心胸。我平生喜欢游览，于西南西北诸名山，无不历遍，我在贵州深山中，看到各种奇峰怪峦，曾经想，天地造化是最大的手笔，所有山山水水，无一雷同，千变万化，所以中国画如完全矩守程式，则失天地造化之意。后来我七至新疆，两登帕米尔高原，抚昆仑，度天山，更历一号冰川，至古龟兹国，其间山水，见所未见，闻所未闻，为了饱看西域山水，仅龟兹一地，我曾五次去观察，至今仍念念不忘。所以许老这样的笔墨，从古今画法来说，是古今所无；但从天地间山水来说，则万古早有，只待人去模写耳！许老可说是开一新面！

　　许老画中，更有一绝，是他的玩具画。我看到他的这些创作，不禁拍案叫绝。读者千万不要以为这不过是儿童玩具，是小玩意，可千万不要小看了这些玩具。要知道，在玩具里藏有大学问，藏有我们先民的许多神话传说和传统的美感，传统的审美观念。这类小玩意，在全国各地有多处地方都有。如古陈州，今安徽淮阳有"泥泥狗"，其各种造型，自天地生人到人间万物，在在都有，我曾专程去淮阳调查过，并带回来一箱。我还曾去贵州山区调查过，那里的"泥泥狗"别有名称，我一时想不起来，而色彩、风格、制作各异，又是一种文化特色。今许老所画，当是流传在北方的泥玩具。最难得的是许老画得逼真而传神，这是彩绘泥制品，不是瓷器、陶器，更不是玻璃器。许老不但画出它的泥质，而且画出它泥胎上的彩绘，而且各种开相，无不惟妙惟肖，我看了许老这些大作，几乎怀疑许老是否曾画过泥人，不然何以如此入木三分！真是要土，就土到家，就土到真土，而不是串戏，这是多大的工力，这才是真正的神行其间，与造化同工！

　　当然这些泥人的开相，里头还蕴藏着许多开天辟地的神话故事，虽然许老画得活灵活现，但在这篇文章里，无法再讲这些原始神话了！因为许老画到如此逼真，已经是神了！

　　我虽然与许老交已五十年，但这次画展，真正是让我大开眼界，所以赶忙写这篇短文，以记一时兴会。末了系以小诗，奉呈许老：

拜观许老画展有呈二绝

一

相视平生五十年。风高浪急到华颠。

醉来挥毫青天窄

挥毫犹觉青天窄，为有胸怀藏大千。

二

我与先生结墨缘。竹箫斋里参画禅。
由来六法皆末法，亮节高风是大坚。

2002年元月20日晨于京东且住草堂

学问家　鉴定家　书画家

——我所认识的杨仁恺先生

和溪杨仁恺先生，是当代著名的书画鉴定大家，我获交杨老已十多年，每值奉手多承教益，于是对杨老的认识，也就逐渐加深。我深深感到，若要稍稍全面地了解杨老，仅仅从书画鉴定方面来看，是远远不够的。尽管他是国家五人鉴定小组的专家之一，是举世公认的大鉴定家！

现在我所认识和理解的杨老，至少有以下三个方面不能忽视：

第一，杨老首先是一位大学问家、大研究家。他著作宏富，我曾先后拜读过他的《国宝沉浮录》、《沐雨楼书画论稿》、《沐雨楼文集》（上下卷）等大著，深感无限敬佩。杨老有关书画的论文，都是一篇篇内容充实，论证严密，结论正确而令人信服的高水平的学术论文。我读后受到很多启发。例如他论证《簪花仕女图》是贞元时期的作品，把画面上所有的事物，都一一作了严密的考证，他的文章所展现出来的，简直是贞元时期的一幅上流社会贵族阶层的生活图画，令人无比信服。他在考证到图中的"猧子"时，一直追溯到杨贵妃爱养猧子，某日玄宗弈棋将输时，贵妃放猧子乱局，从而证明在玄宗时代，唐代宫廷早有豢养"猧子"的风气。因而到贞元时期画中出现猧子是很自然的事情。杨老的这个论点，自是不刊之论。这里，我还可帮助杨老补充两条直接的材料。一是关于"猧子"的材料。《全唐诗》卷三百四十六贞元诗人王涯的《宫词》说：

白雪猧儿拂地行。惯眠红毯不曾惊。

深宫更有何人到，只晓金阶吠晚萤。

《全唐诗》介绍王涯说："王涯，字广津。太原人，博学，工属文。贞元中，擢进士，又举宏辞。"可见，贞元时期宫廷里依然宠养"猧子"，因此猧子出现在这幅画里更为贴切了。

另一条材料是关于高髻的，《簪花仕女图》里妇女的发髻是一种高髻，其发式是自鬓向上挽，高高地立于头顶，有如一个高冠。有的研究者认为当时无此发式，恰好还是这个王涯的《宫词》说：

一丛高鬟绿云光。宫样轻轻淡淡黄。

为看九天公主贵，外边争学内家装。

诗的第一句"一丛高鬟绿云光"，非常贴切地写出了当时宫廷贵妇人高髻的风仪，对照着《簪花仕女图》，这句诗简直就像是为这画里美人的高髻所下的注脚。由此可见，杨老定此图为贞元时期的作品，正是一锤定音，释尽疑点。

杨老对于《李成寒鸦图》的分析，对于《魏晋书风和王羲之父子书法风貌》的分析，都能条分缕析，鞭辟入里，读后令人叹服。而这些文章和上面所举的著作，恰恰证明了杨老是一位大研究家、大学问家。

第二，杨老当然是举世公认的大鉴定家。然而，杨老的大鉴定家的地位和荣誉，首先是建立在他渊博的知识、学问和深厚的学术研究基础上的，并不是简单的技术性的问题。先师王瑗仲公曾赞叹杨老说：

> 先生既淖及书画之理致，进而鉴定古书画，尤于古画，能以神遇。尝谓初熟于画史，既一一寻其根源，并前后藏家，然后察其结构、笔意、印章，与夫纸本绢本之年代，则百不失一矣。人见其若望气而知，而不知其淬砺目力，盖数十年之久也。

这里"熟于画史"，"一一寻其根源"就是一项艰苦的研究工作。他的"淬砺目力，盖数十年之久"，也就是从艰苦而深刻的研究中锻炼出来的识力。我尝从杨老游，观其鉴定书画，往往只须展开数尺或三分之一，即能识其真伪优劣，所作题识，更是援笔立就，不假思索。非不思索也，而是杨老目力所及，早已成竹在胸也。此种本领，是他深厚的学识和数十年的实践经验的综合。所以杨老又不仅仅是一位大学问家、大研究家，而且还是一位实际经验非常丰富、目光如炬的书画鉴定大家。

第三，杨老不仅仅是学问家、鉴定家，而且还是一位书画家。杨老于绘事，初法宋元，后师造化，由山水而旁及花鸟草虫。杨老的书法，王瑗仲师也说：

> 先生于书，初嗜苏长公，喜西楼帖，后及石门颂，龙门二十品，复合汉碑晋帖为一冶，凡数十年，所造益雄奇。

瑗师所论，确是的评。我看杨老为所摹《徽庙花鸟册》作的跋，初一展卷，宛若东坡手笔，可说是形神俱似。夫世之学东坡者，学其《天际乌云帖》者有之，学其《赤壁赋》者有之，皆于字体扁肥处求之，虽可形似，终嫌板刻。而杨老所书，端静沉着，流利洒脱，一似东坡书简。

其所作"竹西"两篆书，真从李阳冰来，其挺拔秀劲而又超逸有书卷气，非胸中有诗书者，不可能有此。

杨老所作行草，则纯是学者之字，无纤毫书法家习气，是以更觉可贵。

杨老以上三方面的成就，是并列的而不是次第的，尤其一、二两项，是互为因依、互为补充的，这一点必须正确理解。

特别可贵的是杨老的这些巨大成就，都是从自学中艰苦奋斗得来的，是实践出真知，而不是从课堂中得来的，这就更显得难能可贵。

杨老虽然著作等身，学识渊博，而却平易近人，谦谦君子，与人接，和煦如春风，温暖如冬日，而终日孜孜不倦，不遑宁处。可以说他把自己的一生，完全贡献给了祖国的文博、文化事业。所以我希望读者在看到杨老卓越的书法的时候，更应该知道他是一位大学问家、大研究家和大鉴定家！

1999 年 7 月 2 日拜撰于京华瓜饭楼

云鹤其姿　松筠其品

——我所认识的杨仁恺先生

我与杨老相识已经数十年了。在我的认识里，杨老不仅仅是一位闻名遐迩的大鉴定家，更是一位大学者、大研究家。是一位德高望重的先辈，是学界的典范。

今年正值杨老九十华诞，我敬祝他老人家南山之寿，松柏常青。

一

要说杨老对国家和人民的贡献，我这支拙笔是说不尽的，我仍然只能说说我心目中的杨老。

我一想到我对杨老的认识，第一感觉，杨老就是一位读书人，是书生，是大学者，是研究家。

过去我曾写过一篇文章，一开头也是这句话，这回我想换一个说法，但想了好几天，总是离不开这个第一印象，可见他在我心目中的学者地位是不可更改的。

　　我为什么会有这牢固的认识？那是杨老等身的著作给我逐年造成的，不是凭空一时产生的。

　　我读他论述唐《簪花仕女图》的一系列文章，我纯粹是把它当做最有深度的学术文章来读的，我只注意他论证一个问题所用的大量史料和他的思辨方法。一句话，我以"唯物"和"辩证"两个方面来衡量杨老的《簪花仕女图》的论文和其他所有的文章。

　　一篇《簪花仕女图》的论文，杨老运用了多少重要的史料，从社会的政治历史背景，经济背景，社会风俗，妇女的妆饰，妆饰品的工艺水平，制作原料，服饰和衣料的品名，以及这些服饰衣料生产的工艺，直到画眉，发髻的式样，脸上的傅粉，以及插鬓的花朵，豢养的宠物珍禽，甚至花开的季节和服饰的节令，画工的手法，敷彩的时代性等等等等，还有画家所用的绢素，画件的装裱等所有画上出现的问题，杨老无不作详尽的考论，而且事事有证，详引史实以为论据。我读这篇论文，使我闭目如置身于中唐贞元社会之中。我真敬佩杨老如此的博识多能，然而在这背后却是杨老的博览群书，杨老的博学、苦学。

　　读这篇文章，还引起我的回忆，前些年我在读《全唐诗》时，发现了贞元诗人王涯的《宫词》："白雪猧儿拂地行。惯眠红毯不曾惊。深宫更有何人到，只晓金阶吠晚萤。"王涯的另一首《宫词》："一丛高鬓绿云光。宫样轻轻淡淡黄。为看九天公主贵，外边争学内家装。"王涯是贞元中进士，他写的《宫词》当然是纪实，那末诗里的"白雪猧儿"和"一丛高鬓"无异是对《簪花仕女图》的最好的注脚，也是杨老贞元论的第一手有力证据。另外，我还想到我曾在西安的长安县住过一年，我是秋天去第二年夏天回来的，我初以为陕西是西北地区，一定很冷，没想到它的气候竟与江南一样，它的纬度与我老家无锡是接近的，所以一过春节，就春暖花开，到3月初上巳节，仕女皆竟穿单衫游春，而辛夷花（乡人称紫玉兰）也已怒放。无怪身居辋川的王维有《辛夷坞》诗，可见这里的辛夷是很普遍的。我无锡老家的隔墙就有一树辛夷，花开时如紫云，所以我在北京现在的居处，也种植两棵辛夷，两棵白玉兰，不过每年开花季节要比老家晚一个多月。由此而看，讨论《簪花图》辛夷的季节和图中人穿单衫的问题，实际上也不成问题，从而更证实了杨老论断之正确。

<h1 style="text-align:center">二</h1>

我读杨老《试论魏晋书法和王羲之父子风貌》、《隋唐五代书法艺术演进轨迹》、《晋人曹娥碑墨迹泛考》、《唐欧阳询〈仲尼梦奠帖〉的流传、真赝和年代考》、《唐张旭的书风和他的〈古诗四帖〉》、《关于〈史可法书札〉的考识及其他》等论文，也深深感到杨老立论，首重历史证据，而其方法是用辩证的方法，普遍联系相关的事物，作缜密而切实的历史的分析。这样的分析不仅有根有据，而且鞭辟入里，具有极强的说服力。例如他提出魏晋时期是书法的重要演变时期，演变是从东汉后期逐渐开始的，他还指出真书是从西汉时就逐渐开始的，他列举了不少出土汉简的例子。对此我深有同识。我认为实际上在汉隶里就包孕着真书的结构因素，这从长沙马王堆出土的帛书，敦煌马圈湾出土的木简、简牍、觚、封检，西汉《王杖诏令》册，东汉《居延令移甲渠吏迁补牒》册，《居延都尉府奉例》册，楼兰出土的残纸、木简等都可以看得出来。恰好最近有朋友寄我一件东汉的石刻铭文拓片，其书体已经全无隶书的笔意，基本上是真书，寄拓片的朋友还告诉我，有朋友也提出了西汉已有真书化的问题。我对此并不觉得奇怪，并且与我上面所举的众多例证是能相一致的，这些我觉得都能佐证杨老的论断。杨老还说到章草也是从汉隶中演化出来的，并举出罗布淖尔出土的西汉成帝时期

的律令从事、醇酒、薄土三枚木简为例，我认为杨老的见解是完全可信的。我还可举出 1993 年江苏连云港尹湾村西汉墓出土的木牍和竹简，竹简是一篇基本完整的《神乌傅（赋）》，行笔很快，写得较草，已经具有明显的章草笔意。

　　从杨老对中国书法演变的论述里，我体会到中国书法的发展过程是一个渐变的过程。① 从宏观来说，是时代分明、阶段分明，大篆（古籀）、小篆、隶书、楷书（真书）、行草各有其流行的主要时代，但是从微观来说，各种字体的产生发展变化，都各有其萌生、成长到成熟流行的过程，也即是渐变的过程，各种字体并不是截然终止也并不是突然产生的。古籀里边就包含有小篆的部分，小篆里也蕴含有隶书的某些法则，而章草又是从隶书中衍化出来，真书也是从隶书中化生出来的，尽管其历程较长，但衍化的轨迹还是清楚的。我国的魏晋时期正是书体发生重大变革的时期，所以在同一时期，诸体并存是一种真实的历史现象，并不存在什么奇怪，魏晋时期，更是如此。王羲之所以成为一代书圣，从时代来说，就是处在这个书体由旧向新转变的时期，而他的真行草，都能领时代之新，继传统之醇。所以他就成为推陈出新的典范。至于在同一个时代里，并存着几种书体这是毫不奇怪的，例如当真书流行的时代，又流行着行草，这有什么奇怪呢？现在能见到的传为王羲之的书法，不是真、行、草都有吗？至于隶书盛行的时代，仍有篆书存在，这也是同样的道理，有时为了特殊的文体，为了求古，特意写较古的篆书甚至金文，所以往往碑额是篆书，而碑文是真书或隶书，这是常见的现象。这种书法史上特殊交错复杂的现象，杨老在他的多篇重要论文里，都有精辟的论析，解人之惑，释人之疑。

————————————

　　① 秦始皇时代的书同文，是一种文字改革，也有突变的意义，但从大篆简化成小篆，小篆又往往是从大篆中衍化出来，如石鼓文的 𤳥（吾），被简化为吾，实际上是取大篆的一部分，所以从这一点来说，它又是渐变。

杨老的这些文章，都是高水平的学术论文，当然从书法史、美术史的角度看，它又分别是书法史和美术史的专题论文，从鉴定学的角度看，它当然更是鉴定学的专论。

三

在这样深厚的学术基础和实践基础上，杨老花了极大的精力，写出了他的《中国书画鉴定学稿》一书，都60万字，图片数百幅。

我国的书画鉴定，是有悠久的历史传统的，最早大约可以上溯到两晋六朝。但是千余年来，只有著录和简略的品评，没有详尽的论证。因为以往的鉴定，主要是靠目验和有关的著录题跋，没有更进一步的科学论证，更没有近现代的科学手段，所以也没有一部专讲书画鉴定的专书，尽管历代著名的鉴家辈出，但却无这方面的专著问世。直至上世纪中期，才有张珩先生的《怎样鉴定书画》一书问世。张珩先生是举世公认的大鉴定家，他在鉴定古书画方面的权威性是公认的，可惜不幸早逝，这部书是他的一次讲演录，而且还是他去世后经老友整理的。所以从篇幅来说只是一本小册子，但从质量来说无疑是他毕生珍贵经验的总结。然而毕竟被过小的篇幅所限制，不能尽其所能述。到了上世纪80年代，又有徐邦达先生的《古书画鉴定概论》出版。徐老是书画鉴定的大家，众所公认，本书文字十多万，附图百幅，比张珩先生的书大大扩充了，可以说是书画鉴定学方面的一大跃进。到了上世纪最后一年的10月，杨仁恺先生的《中国书画鉴定学稿》出版，全书约60万字，附图数百幅，成为鉴定学方面的皇皇巨著。凡鉴定学方面的有关问题，如时代、风格、流派、款识、著录、题记、印鉴、装裱、流传、收藏、真伪等等，无不详细论述，结合插图，读者更觉亲切，如同耳闻目见。这无疑是书画鉴定方面的一部带有阶段性的巨著。

中国的古书画鉴定已经传承了千余年，从古人到今人，积累了大量丰富的经验，可惜一直没有系统地整理并加以科学化、理论化。幸而由张珩先生开头，中经徐邦达先生扩大，到杨仁恺先生总其大成，并定名为"鉴定学"，这是一个划时代的飞跃。

把中国的古书画鉴定作为一门"学科"来看待，来建设，这是完全符合这门"学科"的实际的：一是它已经具有了千余年的传承历史，古代和当代的许多鉴定专家都积累了丰富的文化历史知识和鉴定经验，"鉴定学"的建立，是对古代和当代许多鉴定家的成就、学识和经验的肯定和综合，并非只是个人的成绩；二是我国具有如此悠久的历史文化，须要鉴定的书画还很多，也包括其他文物，都须要鉴定。当然其他文物的鉴定与书画鉴定并不一样，但"鉴定学"的建立，对其他古文物方面的鉴定也会具有积极的意义；三是"鉴定学"这个"学科"建立后，还会不断提高，不断地更加科学化，随着时代的发展，可能还会有更先进的技术手段。所以"鉴定学"这门学科也会继续有所发展。

因此，我认为杨老提出"鉴定学"这个概念，写出具有丰富的鉴定经验和深刻理论的专著，这是对我国文化建设的一项重要贡献，更是对文博事业的一项重要建树。

四

杨老的另一重大贡献是他的《国宝沉浮录》。《国宝沉浮录》是一部专门记载辛亥革命胜利后末代皇帝溥仪从故宫盗取书画珍宝的事。溥仪利用他当时的特殊条件，盗取了故宫所藏的大批书画珍宝，后又勾结日本帝国主义成立伪满洲国，背叛祖国，背叛民族。溥仪又将他盗取的大批珍宝凭借日本帝国主义的势力从天津运抵长春伪皇宫。抗战胜利，日寇投降，溥仪又挟宝潜逃，被我缴获。但大部分留在伪宫小白楼里的大批书画珍宝，造成伪满洲国看守士兵的哄抢争夺以致撕毁和流散。造成中国历史上最近最重的一次书画珍宝的大劫。

杨老一向关心溥仪盗宝的这件大事，想弄清此事的来龙去脉，并想尽可能地抢救这批国宝，恰好 50 年代初，杨老由政府派往东北调查清理征集这批流散国宝，因而对这次小白楼事件及溥仪盗宝的前前后后有了最深刻的了解和亲自接触掌握了第一手资料。在这个过程中，杨老还为国家抢救了上千件文物，著名的《清明上河图》就是他在仓库的杂品中发现的，原先被作为北宋张择端《清明上河图》真迹的恰恰是一件后人的画本，经杨老发现真本后，才将这件国宝从杂品冷库中选拔出来重放光彩。杨老还两次在荣宝斋遇到一位从东北来的青年，拿着一包古书画的残卷碎片来卖。杨老竟从残卷中认出米芾《苕溪诗》卷真迹来，从而使这件国宝得以遇救，同时被抢救的还有几十件，国宝巧遇"国眼"，劫中遇救，一时传为佳话。

杨老的《国宝沉浮录》，详详细细地记载了从溥仪故宫盗宝偷运天津张园，到溥仪本人依靠日本人力量从天津偷逃至长春，甘当"儿皇帝"，又借日寇之力将国宝运抵伪宫，以及后来日寇投降溥仪潜逃被截，伪宫宝物哄抢流散，文物古董商人趁机发财，直到后来国宝部分收回等等，尽皆据实详录。

不仅如此，更重要的是杨老以他卓越的书画鉴定能力，对溥仪盗宝清单上的国宝书画，尽量作了学术性的鉴定和考论，并附有大量的图版，使这部书成为可读性极强而专业水平又极深的好书，从而又使近代史上溥仪盗宝事件得到了最真实详尽的记录。

我国历史上每逢大乱，必有书画国宝的被毁和流失，但以往只有简略的记述，从未有如此详实的专著。所以杨老这部书，又是我国文化艺术史、文博史上具有创造性的专著，发前人之所未发，作前人之所未作。

杨老另一部著作，就是一百多万字的《沐雨楼文集》，此书收录了杨老有关书画鉴定和艺术研究的大部分文章，是他鉴定每一件古书画的专论。读者可以从他文章中，看到杨老是如何运用历史唯物主义和辩证法来研究具体问题的，更可以看到杨老缜密的思辨和分析能力以及他渊博的学识。正是这一部文集，加上前述两种专著，证明了杨老崇高的学人地位。

当然，这几部名著，也同时证明了杨老是卓越的古书画鉴定大家。

五

我们不能忘记，杨老还有《沐雨楼翰墨留真》，这是杨老的书法集。从书法的角度看，杨老当然是当代的书法大家，集中的篆书"竹西"两字何等功力！还有所临汉篆，地地道道的汉篆风味，如无绝顶的功夫，决不能至此。而他的行草，笔法之娴熟，风度之潇洒，一任自然，毫不着意而行云流水，自然天成，令人钦敬不已。先师王璲仲公曾云：

> 先生于书，初嗜苏长公，喜西楼帖，后及石门颂，龙门二
> 十品，复合汉碑晋帖为一冶，凡数十年，所造益雄奇。

先师是大学问家、大诗人、大书法家，日本书法界称他是当代的王羲之。可见先师之评，一字千斤，不可动摇。

但是我读杨老的书法，却发现杨老的自书诗，不仅仅书法好，诗亦极好，令人读之不厌。例如"夜色苍茫访古寺"一首，"前事不忘后事师"一首，"结伴六十载"一首等等，都情真意深，令人难忘。

我与杨老相识数十年，多次与他在一起，每逢友人出卷轴请他题

识，总是见他援笔立就，不假思索，有如宿构。而且并不是一次两次，而是每次都如此。也不是观款短跋，往往是洋洋洒洒的长文。有一次我拿出一卷清初的书法长卷，请他鉴定，他竟拿起笔来一口气把后面长长的拖尾写完，真是文不加点，一挥而就，不能不令人衷心折服。

我知道杨老还有其他著作，但我知之不详，不敢妄说。

杨老这样的大学问、大才气，人们总想了解他是哪一个名牌大学毕业的？得到什么学位？杨老却很风趣地说他是琉璃厂大学毕业的。杨老的回答虽然风趣，却是事实。杨老的学问是从实践中得来的，是靠勤奋苦学得来的，当然他早年在重庆得识许多名家，如郭沫若、沈尹默、谢无量、金毓黻、马衡等，以上诸位，都是名震遐迩的大家，岂能轻易见到，杨老却在青年时期就得到他们的指点，真是人生一大幸！

然而，若不是杨老的勤奋，若不是琉璃厂"大学"的实践，岂能有今天的成就？所以"实践出真知"这句话确是至理名言，不仅如此，我还认为"实践出真才"，出"干才"。离开了实践，一切知识都是空话，所以我一向认为，人才是靠自我培养，自我造就的。从这一点说，杨老就是自我造就的一位大才！

杨老才大，学问大，眼界大，但是待人却极谦和，毫无架子，遇之如春风，接之如冬阳，一切平平淡淡，一点也觉察不出他浑身是"大"，更觉察不出他是一位走遍世界的大学问家、大鉴定家。普天下的书画国宝，不论是国内的或国外的，绝大部分都已经过他的法眼了，他胸中眼中藏有多少书画国宝，恐怕除他自己而外，很难有人能估量。

也因此，我写这篇短文，也只是以蠡测海，最多不过是得其一勺而已！愿意更多地了解杨老的人，还希望直接去读他的书，因为只有观沧海而后能知沧海之大，只有登昆仑而后能知昆仑之高！

2004 年 8 月 23 日夜 12 时

怀念沐雨翁

　　杨仁恺老离开我们转瞬已快一年了，记得去年6月3日我从北京出发，到沈阳去看望杨老，我们是乘的下午2点的火车，6点整到沈阳，郭延奎同志在车站接到我们后直接去医院看杨老，杨老知道我要去连晚饭也不吃，一直在等我们。见到杨老后十分高兴，杨老也特别兴奋，我看他的气色很好，样子除略为瘦了一点外，没有什么变化，特别是他的神采仍旧如往昔，没有太多的改变，我看了，大为宽慰，心想不会有问题。我与他谈了约半小时，他的话我能听懂一大半，与平时也差不多，当时杨师母和辽博的马馆长还有杨老的子女也都在场。我怕杨老太累，就告辞出来，告诉他我明早去辽阳，临别时，杨老还坐着轮椅送我到房门口。

　　第二天清早，我们去辽阳，同行的除中央电视台的老朋友李耀宗和艺术研究院的任晓辉同志外，孙熙春、郭延奎和辽博的张启刚同志也一同去了，张启刚同志是去帮我拓《大金喇嘛法师宝记碑》的，李耀宗兄是帮我去拍照的，晓辉是去帮我整理资料和照顾我的。我们大约刚走了一半，忽然郭延奎同志接到杨老女儿的来电，说当天下午回去，杨老在家里等我，他要在自己的家里接待我，让我看看他的新居。我当时就答

193

应回去一定到他家里去。

我们的车到辽阳市的高速路口，老友林正义和王洪胜同志已在等候我们了，接着他们就带我们到休息的地方，安顿好后就直接到博物馆进行拍摄和捶拓。中午辽阳市的领导王清远市长和王洪胜、林正义同志还安排请我们吃饭。下午3时即起程回沈阳，约4时半到杨老家里，杨老已在坐着等候我们。今天杨老换了西装，与平时的穿着一样，我乍一看，觉得丰采依然，完全不像病人。这下我心里更落实了，心想杨老定能渡过此难关，看杨师母心情也较宽松，杨老还要我参观了他的新居、书房和卧室。比起以前的旧居，确实宽敞和明朗多了。考虑到杨老毕竟有病，也不敢多留，约半小时即告辞。当时我回到宾馆，更加有了信心，觉得杨老不会有问题。晚上我睡得也很踏实。第三天下午我即回到了北京。

听说我走后不久，李瑞环同志也去看他了，杨老的精神也很好，这是郭延奎同志电话里告诉我的，所以在我的脑子里似乎已有了结论：杨老不会有问题。

此后，郭延奎同志多次来北京，还有其他的同志来北京，都没有说到杨老的病情有什么变化，只是入冬以后，有一次郭延奎在电话里说到，杨老身体有些下降，病情不稳定，有些担忧。但当时已入严冬，南方大雪成灾，沈阳也大雪，老人一般到冬天身体都要差一些，所以我还是从好处想，希望过了这个冬天，杨老会慢慢好起来。但是此后总是有病情加重的消息传过来，因此逐渐地也给我增加了担心。

今年1月29日，郭延奎突然来电话，说杨老病已入危险，十分痛苦，医生已束手，嘱咐准备后事，这真是个晴天霹雳。到了31日清早，我一反常规，5时左右就醒了，总是睡不着，迷迷糊糊地只是觉得要给郭延奎打电话，但时间又太早，硬延迟到7点我给延奎打电话，却没有人接。小郭早晨是起得很早的，我每次打电话，一般都能接到，但今天却落了空，我想也许他有事，一早出去办事去了。于是7点半打一次，8点再打一次，8点半又打一次，都没有人接，我更相信他有别的事办事去了。如果杨老病情有变化，他早来电话了，所以我反倒不往这方面去想了。

到了9点钟，我总放不下心，又给小郭打电话，这回总算一接就通了，我不由自主地第一句话就问：杨老怎么样？谁知小郭低沉地说：杨老已走了，早晨5点。真是奇怪，我早晨一反常规，5点就醒了，醒后总觉得要给小郭打电话，是什么原因也不知道，而且愈打不通电话，我却愈往好处想，谁知竟来了这个毫无思想准备的消息，我一时竟有点转不过来。小郭说，他5点前就到医院了，走时匆匆没有带手机，所以没有给我打电话。所以我打给他的电话自然也无人接了。我停了好一会儿，才勉强从悲痛中苏醒过来。小郭说，你准备写挽联罢，他还要去料理别的事，于是就放下了电话。

我静静地躺在床上，脑子里却不断想着杨老的事，但很紊乱，根本理不出头绪来，更别想写什么挽联了，这一天就这样恍恍惚惚地过去了。到了第二天，2月1日，我稍稍冷静一点，想起了挽联的事，就躺在床上，默写了一副挽联，上联是：

沐雨栉风，数十年鉴宝护宝奉祖国。

下联是：

焚膏继晷，千万字著书立言遗人民。

拟完这副挽联，我的哀思仍不能止，又写了三首悼诗：

悼沐雨翁

一

相识平生四十年。论文常到沈水边。

春风化雨多润我，怕见先生病沉绵。

二

传来噩耗等惊雷。四海同悲日月灰。

从此江山空沈水，万牛难挽沐翁回。

三

半世相交一旦休。教人怎不泪长流。

从今问字排难处，四海何方觅故侯。

　　杨老的追悼会是 2 月 15 日，此时南方大雪成灾，其他地区也有雪，沈阳是严寒。我一直在病中，延奎来电话，说大家劝我不要去，追悼会在沈阳郊区，更冷。上博的领导和王运天同志等都去了，一共去了五位，还有全国其他博物馆的同志和我的不少朋友都去了，但他们却都嘱咐我不能去。我事实上也行动不了，只好在心里默哀了，想着想着，脑子里又自然地出来了一首挽诗，就算我心里对杨老的送别罢：

送 杨 老

漫天风雪送杨公。大地长哀挂玉枕。

德道无形还有影，生刍絮酒满郊冢。

196

送别杨老的时候，不少地区大雪纷飞，天地皆白，好像是为杨老志哀。追悼会上，屈兆田兄来电话说，追悼会很隆重，由省领导主持，四方赶去送别杨老的人很多，可能有一两千人，我想这是对杨老公正的客观的评价。司马迁说"桃李不言，下自成蹊"，正是说的这种情景。人的生命总是要终结的，但生命有两重内涵，一重是指生命的本体，即现实的人；另一重是从他现实的人转化成的精神的、思想的、文化的结晶，这就是他的业绩和著作。现在杨老的第一重生命是终结了，但他的第二重生命却会永远长留天地之间，如长江黄河，永远奔流不息，永远滋润着祖国和人民。也可以说是：杨老永远活在人们的心里。

2008 年 6 月 28 日晨

振衣千仞冈　濯足万里流

——《傅抱石先生画册》序

我平生有两大憾事，第一是未能拜识白石老人，第二是未能拜识傅抱石先生。

这两位大师，是当代画坛上的两座高峰。50 年代初，我在无锡，往来于沪、宁之间，但却未能拜识我心仪已久的傅抱石先生，当时不是不能去拜识，而是不敢去拜识。自分予生也晚，不敢轻易去打扰前辈。1954 年，我到了北京，当时白石老人还健在，我不仅常能见到他的画，而且与他的高足许麐庐先生也常相过从问学，但基于同样的心理，也未敢去寄萍堂上一拜风范。待到两位大师先后逝世，才使我感到大错铸成，从此邈若山河，永不可识矣。"可恨同时不相识，几回掩卷哭曹侯"，永忠哭曹雪芹的怀抱，我越来越深地得到了体认。

我从小喜欢书画，于 40 年代见到白石老人的画后，感到胸襟为之一开，感到世界上另有一种卓绝千古的画风在，不觉心向往之。那时我尚是一个中学生，生活在农村，而且还在种地，根本不容许我有任何奢望。

我见到傅抱石先生的画，已经是 50 年代初了。我比傅先生整整晚了二十年，傅先生完成第一部著作《国画源流概述》的时候，我还堕地未久。此后又一直困于农村，所以于外界的事一概无知。

但自从 50 年代初期我见到了傅先生的山水画后，同样给我的心灵以极大的震撼。傅先生的山水画，比起我当时习常能见到的那些时行的画来，真正使我感到有"振衣千仞冈，濯足万里流"的气概，使我的眼界和胸襟又为之一开。

但是，人生的遇合似乎是有许多机缘的，我竟没有福气能与这两位大师见上一面，这就给我留下了终生的遗憾！

然而，从此以后，我就特别留心读他们的画，虽然忽忽四十年，各家各派的画，包括画史上的剧迹名作，我读的越来越多了，对人生和艺术，对我国的传统文化和艺术的理解也有所增进了，因之，对过去所爱好或崇拜过的，也逐渐有所变化了，但是，白石老人和傅抱石先生的画，在我的心目中的分量却愈来愈重了。

当今的画坛和文化界，有谁不知道张大千这个名字，大千居士也确实以他的"开辟鸿蒙"的气象，震烁于当今的画坛和文坛，我对他同样是十分崇敬的，他是我们中华文化的一种骄傲。然而我敢说，傅抱石先生的画，足可与大千居士并称，在某些方面甚或过之，如果天假以年，则其所成就更难预计。

抱石先生出身贫困，于书画无所师承，正由于此，他却可以兼收并蓄，不囿于一家一派，终而至于集古今之大成，登一代之高峰。我觉得此中契机，是由于抱石先生倾心石涛而得到的妙悟。石涛山水画的独得之秘，是"搜尽奇峰打草稿"，画法和灵感，都从真山真水中来，也可以说是直接得天地氤氲之气。我认为抱石先生一生所实践的就是这句话。而这一句话，却是渡登彼岸的宝筏，通向艺术的无尽世界的南针，抱石先生从此就向大自然永远取之不尽，用之不竭了。

人们都称赞抱石先生所独创的山水皴法叫"抱石皴"，这很正确。

然而，却需要作解释。我觉得这个"抱石皴"决不是可以用几种笔法来概括无遗的，如果有人用类似"荷叶皴"、"披麻皴"、"斧劈皴"、"乱柴皴"之类的名称以概括之，则就大错而特错了。以上这些皴法，都各自抓住了中国山峦的各自的特征，各有其代表性，但是却不能适用于中国的一切山峦。如果用一二种皴法去画中国东西南北各不相同的山峦，则这种皴法便变成了刻板的模式，就失去它自身的生意了。抱石先生从石涛的画语得到启示，纵横数万里，上下几千年，既熟知了前人的各种各样的皴法及其生活依据，更饱览了祖国的山川，透彻地认识了我国各地山川形胜的特征。而且这些特征，不仅仅是外在的，更重要的是内在的，也就是画家与这些山川的生活关系，感情关系。抱石先生早年生活在江西南昌，抗战初曾奔走于湖南、广西，这些地区的山山水水，自然会成为他的生活的一部分，精神和思想感情的一部分。后来，抱石先生长期住在重庆郊区金刚坡，"此地有崇山峻岭，茂林修竹"，金刚坡确是一个峰峦重叠的山区，而且一住七年，这里的朝晖夕阳、风烟雨雾，这里的竹篱茅舍、鸡鸣犬吠，这里的松间沙路、江畔帆影，在在都是抱石先生举目即见、伸手可触的事物。金刚坡之于抱石先生，真有如渊明之栗里，王维之辋川。所以抱石先生的画，入川以后，风格大变，气象大变，这都是神与境会，画家与大自然达到契合妙悟的缘故。全国解放后，抱石先生更是经行数万里，饱餐山川之秀色，倾心北国之风光，而且远访欧洲，作更大范围的汗漫游。在这样的生活基础上创造出来的山峦的皴法，岂是几种简单的模式可以归纳的。古人说：文无定法，文成法立。这两句话，我觉得也完全适用于抱石先生的山水画。所以所谓的"抱石皴"，是在传统皴法的基础上，从现实生活出发，从身经目寓的山山水水出发，继承吸收融化了传统皴法而又大大突破了传统皴法，革新了传统皴法，得心应手，随心所欲，随物赋形的一种画法。这样的一种变化无穷而又取则有方的画法，如何可以用寻常的什么皴法来加以衡量呢？如果一定要简单地说出什么是"抱石皴"的话，那么，我就只好说，这是一种诸法俱备，妙造自然，随物赋形，目与神会，心手相遇的至高境界的画法。它既是有法，也是无法，它是有无相生，难易相成，我行我法的一种画法。

抱石先生在山水画上的另一个突出的创新和发展，就是大大地发展和扩充了"染"和"点"的作用。"点"、"染"，本来是中国画的传统表现手法，古人在表现云、雨、雾、雪的时候，也常常采用"染"的手法，然而像抱石先生那样把"染"的手法发挥到如此淋漓尽致的极致的程度的，求诸古人，可以说是得未曾有，可以毫不夸张地说是"古今一人"！曾经有人对抱石先生如此大胆大量地运用"染"法颇不理解，甚至颇有微词，其实这是囿于成见，安于成法，不敢也不知道应该创新的缘故。特别应该懂得，画是用来表现生活的，如果有一种生活必须用这种手法才能表现逼真的话，为什么不去采用这种手法呢？抱石先生长期生活在金刚坡这样一个多云多雨多雾的山区，如何逼真地表现这种自然环境，当然就是画家的一种责任，风、云、雨、雾，从来就是画家表现的难题，抱石先生面对这个历史上积累下来的难题，创造出了新的表现手法，而且表现得真而且美，这怎么不值得大书而特书呢！这怎么不是中国画表现技法的大丰富和大发展呢！

至于"点"，这也是中国山水画皴法中不可或缺的一种技法，所有的山水画家，都必须要掌握"点"这种技法。在"点"法上曾经进行大胆革新的山水画家，有宋代的米芾，他大大地发挥和扩展了"点"在山水画中的作用，甚而至于大胆创新，创造了一套"米点"的山水画法。对这套"米点"的山水画法，历来也是褒贬不一的，但他创造的"米点"，毕竟是有生活根据的，是可以用来表现特定情景下的山水的，所以米芾毕竟在画史上占有了重要地位，他的画法也被流传了下来，他的作品，也成为国宝。可以说，在山水画史上，没有一位画家不用

"点"的，但用得好，却实在不易。对明清画家的"点"法，我最佩服石田、石涛和石溪。在抱石先生早期的山水画中，以上各家的"点"法，看得出来，抱石先生都有所吸取，特别是米芾和石涛。但是抱石先生后期的山水画，用"点"却十分谨慎，并且作了新的用法，他不是用"点"来表现山石的苔，而是用"点"来表现树叶和花，因此在他的巨幅的湿度很重的山水画上，就很难看到有如石田、石溪一样的大块大块的墨点或密集于山石上的墨点。抱石先生的这种变化处理，使得他的画面得到了和谐和统一，统一于一种新的皴、染、擦的技法，统一于画面的和谐的节奏、和谐的线条和色调。一句话，统一于画面的和谐的美。

抱石先生的画作中，人物画具有十分重要的地位。当今的画坛上，真正能够继武古人而又有所发展的人物画家是不多的。抱石先生在这方面的成就是非常突出的。他的人物造形，既有陈老莲的高奇古拙，而又扬弃了他的过分的怪异，在衣折线条的表现上，则顾恺之、吴道子、李龙眠乃至于宋元以来的人物画家，他都作过探究，并有所吸取。从实践上来说，我认为抱石先生吸取宋元以来人物画的衣折和笔法比较多，至于顾恺之、吴道子的线条，他自然作过探究，但一方面是这些人的真迹难求，另方面也是去今过远，要用顾、吴的线条来表现人物，毕竟已不能适应时代的审美观念了。

特别要指出来的是，抱石先生所作人物，具有浓厚的历史气息和风貌，例如他的《晋贤图》、《山阴道上》、《虎溪三笑》、《渊明携酒图》、《煮茶图》等，显然是晋人衣冠，而他的《丽人行》、《琵琶行》等等，则显然是唐代人物。人物画的另一个关键问题是开相和点睛。现在大多数的人物画，都是今人面孔，古人衣冠。而抱石先生的人物画，却完全不是如此，他的历史人物画，往往是骨相清奇高古，看上去距今甚远，决无现代人的面貌。但是抱石先生在画现代人物时，则一望而知是今人而不是古人，例如他的《四季山水——春、夏、秋、冬》里的人物，显然是今天的人而不是古人。

抱石先生在人物点睛上，更加是不同凡响。所谓"传神阿堵"，抱石先生所作人物的眼睛，不仅传神，而且都是意有所专，特别是全身的姿态动作与眼神都是一气呵成，这样，眼睛就成为人物行动的焦点，外在的态势和内心的意向，都可以从眼神中传达出来，从而使得人物栩栩有生气，并不是徒具形骸。

抱石先生的人物画中，特别要指出他的仕女画的特点。他的仕女画，开相和衣折，吸取敦煌壁画的画法比较明显，因此，仕女的脸相都较为丰腴，但较之唐人壁画和卷轴，则又有所减削，由于面相丰腴，点睛传神，敷色得当，因此，抱石先生的仕女画，妍丽而不姿媚，生动而不流俗。这就使得他的仕女画，具有很高的格调。

抱石先生无论是山水画或人物画，都十分重视构图，事实上，任何一位艺术大师，在动手创作之前，没有不认真构思、经营安排的。一幅画的构图，是全局性的问题，如构图平庸，则往往会减弱画面对于读者的吸引力。例如抱石先生的《平沙落雁》图和《听泉图》这两幅画，对照来看，就可以看出抱石先生的匠心独运，看出其谋篇之妙。

《平沙落雁》图，他把人物置于画面的下部正中偏左，人物所占位置只有在画面的四分之一的线上，另外的四分之三强的画面，是一望无际的广阔天地。而在这广远的空间，除了两个人字形的雁行在空中摆开外，还有在人物前景两边的曲曲弯弯的江流。由于人物的位置放在画面的下端只占四分之一的线上，这就明显地构成了这幅画的重心和视角展开的起点，从而给读者也是给画中人留出了广阔的视野，这就有力地展现了"平沙落雁"这个主题。从这里我们看到了构图的重要性和抱石先生构图的妙思。同样，我们再来看看《观瀑图》这幅画的构图。这是一件巨幅立轴，画面上有三叠瀑布，上端的瀑布飞流直下，气势磅礴，仿佛从空而下，真如九天银河，中间却突然横画一峰，将瀑布拦腰遮住，顿时隔断，似乎已看不到瀑布的去处。但峰势平坦，可以登眺。忽然在这横峰之左下端，又有一叠瀑布分流而下，水势已较缓曲。很明显，这就是横峰隔断视线的那股瀑布，经过曲折奔腾，又从横峰的左底倾泻而出了。然后又经过一个大曲折，瀑布又转向画的右下端，起先仍是数股分流，直到崩崖坠壑之时，又合成一大股倾泻直下，无复阻挡。从整个画面来看，见不到峰顶，瀑布就如从空而下，也见不到山根，仿佛瀑布仍是悬在空中。这样的构图，已经给人们以无穷无尽的想象了。但关键的问题是画中人当于何处观瀑最为适宜？可以说这一关键性的情节，就是这幅画的"画眼"，处置不当，就会空负以上三叠瀑布的巧妙经营。抱石先生果然妙思独运，他一反《平沙落雁》的章法，将人物置于离顶端三分之一不足的高度，即那个横峰之上。这样，画中的三叠瀑布，就有二叠已经在人物所站的峰下。这个布置，可说是绝妙的一着。画中共有峨冠博带的四人，两人仰面观瀑，其中一人负手而观，一人举手指点，另两人相对而语，似在惊叹这绝世奇景。对语的二人中，又有一人是扶杖而立。画家没有让这四个人并排直观，如果这样，画面又会显得僵化而死板，相反，画家却将这四个人作了四种不同的姿态，这就使这个极静极静的画境，顿时有了动态，有了生气，显得画面静中有动，画也就活起来了。为什么说将人物置于高处是绝妙的一着？第一，它可以暗示这四位高人一路观瀑而上，已历过下流的两叠瀑布，攀登到最高处了。这就正面写出了"观瀑"。如果将人物置于第一叠或第二叠的瀑布之下，那就只能算是"望瀑"而不切这个"观"字。第二，从整幅画来说，几乎全部是山和水，人物在高处所占的画面，只是极其渺小的一点。然而惟其渺小，才显得山高水长。第三，正是因为这样，才烘托出来这画中的人物是高人逸士，胸次高旷，不是尘俗之徒。可见得这四个人物的位置，于整幅《观瀑图》来说，有画龙点睛之妙。我们再看一看《西风吹下红雨来》这幅小品。画面呈正方形，两边是崇山峻岭，中间是江流急湍。这个江流，恰好自画面的右上角成一条对角线流向画面的左下角，从画面上看，是江水从高处奔流而下，大有"轻舟已过万重山"之势。时值深秋，故两岸都是红叶。以上这些构思，都还没有显出画家独到的妙思来，令人拍案叫绝的是画家于画面的左下角江水将要流出画面处，却画了一叶扁舟，船头上坐一位游客，船尾上一个舟子，船身也呈斜角之势。这一布局，真是恰到好处，十分切题。为什么？因为如果这一叶扁舟画在右上角，也就是江流入画处，那末这满山红叶落纷纷的诗境，画中人最多也还只能是远远看见，尚未身经，因此画题还不切。惟有放到出画处，则这句话就无须解释，一目了然了。抱石先生构图上的匠心独运处，有许多是非常值得加以探讨和诠释的，可惜限于篇幅，此处不宜过于枝蔓。

　　抱石先生的画的另一重要之点，是他的画的意境和画的生活气息。抱石先生的山水画和人物画，大都是有深远的意境和浓厚的生活气息的，并不仅仅是山石和峰峦的堆砌，也并不是一些笔墨技法的展现，例如他的《大涤草堂图》、《虎溪三笑图》、《潇潇暮雨图》、《万竿烟雨图》、《满身苍翠惊高风》、《不辨泉声抑雨声》、《屈子行吟图》等等等等，都是值得反复探究的不朽巨构，都是寄托着很深的意境的。例如《屈子行吟图》，就其构图来说，有借鉴陈老莲之处，但老莲在屈子身后安排的是一片空白，也就是森森的湘江。老莲的这种布局，当然是绝顶的高手，用湘江的空白来衬托屈子的孤独，衬托这个忧心国事的独醒的高人。然而，抱石先生则自出新意，于屈子身畔的湘江，不作空白的处理，而是用秃笔横刷出浩淼的江水，这水不是平静的，不是波平如镜，而是波涛郁怒，湘水浩荡，这样，把屈子忧国忧民的内心沸腾的感情，就借着浩荡汹涌的湘波衬托出来了，于是这个历史人物的襟怀，得到了最好的表现，从而也使这幅画的意境更加深远而富于生活气息。至于他在山水画里用新的手法成功地画雨景，用排笔的渲刷和洒矾，使不同的雨景得到了最好的表现，他大大地丰富了中国画表现雨景的技法，提高了中国画的表现力。

我常常感到读抱石先生的大幅山水或长卷，如《云台山图卷》等等，就好像是读一首五七言歌行长诗，觉得结构精严，层层深入，而含蕴无穷。读他的小品画，则有如读一首五七言绝句，轻松愉快而美妙隽永，可以说抱石先生的每一幅画，包括人物画，就是一首完美的诗，它所给予后人的美的欣赏和启示是无穷尽的。

抱石先生不仅是个画家，而且还是金石家、书法家、学者、诗人。抱石先生经常在画面上题的篆书的画题，从画来说，是增加了它的凝重感和古趣。如《山阴道上》这幅人物画，在空旷的画面上端，用篆书题："丁亥初秋写山阴道上图，抱石记。"这两行横行的篆书，古拙而又凝重雅秀，与下面的晋代衣冠人物相呼应，使人们感到了真正的完美。而就他的篆书书法来说，也是寓流丽于古雅，其笔法之精严，结构之缜密，特别是用笔之随意宛转，篆书而行写，真是意之所至，笔力曲折，无不尽意。求之今人，几个能到！抱石先生的画之所以能有如此深刻的意境，如此完美的效果，如此超尘拔俗的境界，我认为根本的原因是，他首先不仅仅是一个画家，他是一位胸次高旷、襟怀磊落的高人，同时他还是书法家、金石家、学问家、诗人，而且更是一个酒仙！抱石先生于学问也是痛下苦功的，他对石涛的研究，他对中国画史的研究，有不少见解，至今仍有新意。他对《云台山记》的研究，是下了苦功的。我深深体会到做学问，也如老僧之参禅，要参透彻悟，决非一日之功。而我看抱石先生对《云台山记》的研究，可真是参透画禅了，无怪乎抱石先生要刻一方图章，其文曰："虎头此记，自小生始得人解！"而他的《云台山图》，实在是一件不可多得的墨妙！抱石先生的这个图章，似乎是目空余子，然而我却深深为他的这种精神所感动，要知道这是在他驳倒了日本人对顾恺之的《云台山画记》研究的自吹自擂、狂妄无知、妄自尊大而得此自豪之语的,① 是他的自豪，也是我们学术界的共豪，也是我们民族的骄傲！

傅抱石先生离开我们忽忽已经二十三年了，哲人其萎，我怀何如？我感到抱石先生也可以说并没有离开我们，因为有他的不朽的画作和著作在。陆放翁说："何方化作身千亿，一树梅花一放翁！"我深深感到，抱石先生尽毕生精力所作的成千幅画，就是他的化身，就是他的"一树梅花一放翁"！

抱石先生和他的画，将与天地共长久！

1988 年 7 月 18 日夜 3 时酷暑，挥汗草于京华瓜饭楼

---

① 　请参见《傅抱石美术文集》，第 81 页，江苏文艺出版社 1986 年版。

论侯北人的画

——《侯北人画集》序

　　1981 年秋天，我应美国斯坦福大学的邀请，到该校去讲学，寓居加州 Palo Alto。后来我又应哈佛、耶鲁大学的邀请，到哈佛、耶鲁去访问，并作学术讲演。之后，我又到纽约，访问了哥伦比亚大学。在此期间，我会见了在美国的著名华人学者和美国学者，如哈佛的韩南教授，耶鲁的余英时教授，纽约的唐德刚教授、夏志清教授等。在加州，我与王靖宇教授、刘若愚教授、高恭亿教授更是过往较多。上面这许多学界的朋友，都给我很深的印象，这种国际的学术上的友谊，我感到非常珍贵，因而也时时会引起我美好的回忆。

　　但是，我在加州，还有一位难忘的朋友，这就是著名画家侯北人教授。[1] 我与侯先生的相见完全是意外的，因为我们的见面实在有点偶然。就是在那年的冬天（加州的冬天，实际上不过是北京的初秋），著名的

---

　　[1]　侯北人，1917 年生，美籍华人，著名国画家，张大千生前知友。侯先生原籍河北昌黎，生于辽宁海城，现侨居美国加州，任大学教授，并教中国画，在美国，侯教授桃李满门。今夏，侯先生应邀在北京中国美术馆举行画展，获得了极高的评价，我国友谊出版公司即将出版他的大型画集，本文即是为该画集所作的序言。

京剧程派名家赵荣琛先生访美归国，路过加州，应斯坦福大学的邀请，到该校讲演。赵先生是我的旧友，异国相逢，当然倍感亲切。在听完了他的精彩的讲演以后，我即席题了五首诗，这诗被高恭亿教授看到了，高教授就将这几首诗抄录给画家侯北人教授，侯先生看到了这几首诗后，一定要约我见面，终于他驱车到了我的寓所。从此我们一见如故，成为深交。

以上的情况，说起来不真有点意外吗？

但是，究其实也不尽然。我们的一见如故是有原因的。一、我们同是京剧爱好者。二、我们都喜欢诗。三、侯先生是著名的画家，而我对中国画也是爱之弥深的。有以上三方面的共同爱好，那末，我们自然就能一见如故了。

北人兄在加州有一所宽敞的画室，在1osaltos，取名曰"老杏堂"。之后，我就成了"老杏堂"的常客，只要我有空，他就驱车来把我接去，谈诗论文和作画。我一直不明白他的画室为什么叫"老杏堂"，我忍不住提出了这个问题。于是北人兄就带我去参观他的后园，这是一个不算太大的花园，里面正盛开着几十盆梅花，我说：有这么多梅花，倒可叫"梅花草堂"了。北人兄说："梅花草堂"，上海朱屺瞻老先生已经用过了，或者叫"百梅草堂"罢，但"老杏堂"仍不可废，因为这个名字是有来历的。于是他领我走到了一棵龙钟蟠曲的老树旁边，指着这棵树说，这就是"老杏"。确实，当我站在这棵老树旁的时候，我还没有注意到这是一棵"老杏"，因为这么大而且蟠曲如虬龙的杏树，我过去还没有见到过，简直可以说是"柯如青铜根如石"。据说加州盛植杏林，每到春天，花开如云如霞，大千居士就常喜在加州看成林的花团锦簇的杏花。但我不知道那些杏林里的杏树有多大，我猜想未必会有"老杏堂"的这株古老吧，那末，就无怪乎侯先生要以此杏为画室命名了。

　　当然，在"老杏堂"里，首先是看北人兄的大作。前前后后，我差不多读完了"老杏堂"自藏的大部分作品。正是如行山阴道上，几有应接不暇之感。我完全没有想到我在异国能饱赏到这么多具有强烈的中国传统风格的中国画精品。正当我在赞叹不已、大饱眼福的时候，北人兄却把他的几幅精品拿出来要我题诗。这却难住了我。第一，我没有想到要我题诗，第二，这些精品，我妄加题识，岂不有点可惜，但是，我苦辞不得，也就只好即席挥毫了。我一连为他题了五幅。

　　题《竹林听泉图》云：

平生爱著游山屐，五岳三川侧帽看。
今日到君华堂上，千金直欲买范宽。

　　题《山行图》云：

神州梦绕几千回。红树青山信手栽。
拂拭素笺看仔细，家山尽是旧莓苔。

　　题《秋山图》云：

万里飘蓬到海西。青衫芒履一布衣。
问君袖里何所有？一片故园好山溪。

　　题《竹林高士图》云：

华岳擎天石一柱，莲峰壁立万仞姿。
凭君欲问谁家法，不是云林是大痴。

最后一幅是他的桂林山水，画面峰峦重叠，烟雾迷濛，我看了这幅画，简直又像到了漓江边上阳朔的莲花峰下，那空濛的山色，清澈的江水，近处远处重重叠叠奇形怪状而又秀气逼人的山峦，特别是飘浮在江面上的一叶叶的竹筏，有时还传来一声两声渔歌……这一切，都使我如梦如幻，明明身在地球的对面，作客在异国他乡，但仿佛又回到了祖国的土地上，徘徊于青山绿水、芭蕉竹林之间。我深深感到画家通过画面表达出来的故国之思。这幅画上，原题是："一砚梨花雨，泼湿桂林山。丁未年长夏于北美加州之老杏堂，侯北人。"画幅上端中间，已有大千居士的题诗，诗云："八桂山川系梦深，七星独秀足幽寻。漓江不管人离别，翘首西南泪满襟。"诗后小记云："桂林之游，忽忽已是三十年前事，可胜叹喟。爰。"显然，这幅桂林山水同样也打动了大千居士的故国之思，这幅画由于张大千的题诗，自然就弥足珍贵了。北人兄却仍旧要我在画上题诗，我苦辞不得，只好紧挨着大千的诗后，率题了一绝，诗云：

> 梦想千翁四十年。忽从画里识神仙。
>
> 漓江我昔轻舟去，恰入侯公蝉翼笺。

诗后题句云："奉题北人先生桂林墨妙并怀千翁大师，其庸。"北人兄对这几首诗谬加称许，还让我将最后一首写成横幅由他寄赠给大千居士。因为这首诗前两句是说他的。

看了北人兄的画，我有极其深刻的印象，我认为他在中国画上的成就是很突出的，足可称为"大家"。北人兄的画，以我肤浅的看法，至少可以指出三个方面的特色：一曰构图，二曰意境，三曰设色。中国山水画的构图是极难的，难在远近得宜，主次有序，虚实相生。中国画的构图是采取的俯视法，即读画人的位置是在相当的高度而不是在山根的平地上，因此才能一览众山，远近毕现，如果是在山根下，那末除了能见眼前的一座山外，其他就什么也看不见了．因为近山虽低，可以挡远山之千仞。所以游西岳华山，初入山口，根本见不到太华三峰，一直要走了二十里，到达青柯坪以后，也即是已升到相当的高度，并且把阻挡视线的近山绕过以后，才能看到矗立云表的太华三峰的真面。从这个角度来看北人兄的山水画，可以说是匠心独运．布置得宜。宜在何处？宜在"自然"二字。看他的山水画，不使人感到是画出来的，是有意经营布置的，相反倒使人感到是看的真山真水，昔黄山谷《题郑防画夹》诗云："惠崇烟雨归雁，坐我潇湘洞庭。欲唤扁舟归去，故人言是丹青。"这首诗正好说出了我看北人兄山水画的感受。山水画构图之难，还难在容易重复，落入常套，画得多了，久而久之有了框框，画来画去，都在框框里面，读者的感觉，就是千篇一律，因此也就失去了新鲜感。但北人兄的山水画，却可以说几乎是没有重复的构图，差不多每幅画都给你一个新的画面，绝无雷同。这一点实在是不容易。石涛说："搜尽奇峰打草稿。"为什么要"搜尽奇峰"？从生活方面来说，画家要尽量吸取新鲜的东西，从构图方面来说，画家也要捕捉新的形象，构成新的画面。我看过的北人兄的上百幅画，感到他的构图非常讲究，面目常新，没有重复雷同之感，这是何等的难能可贵！我没有问过北人兄，但我相信，他之所以能够做到如此，他一定是用了很深很大的写生功夫，游历过很多名山大川，所谓胸罗丘壑，要不是从大自然中来，怎么可能有这么多至善至美的各不相同的画面呢？

　　中国的山水画，尤重意境。如果一幅山水画没有使人感到有一种内在的东西，有一种透过画面所造成的意境，或曰境界，那末这幅画就是死的，索然无味的。而北人兄的山水画，可以说无一幅无意境，无一幅不空灵。意境有有人之境，也有无人之境，如画集中的《竹林听泉图》是有人之境也，《朝霞》、《山花深处》、《远山初雪》、《山村夕照》是无人之境也。但是无人之境有时又使人感到有人，如《醉枫楼读书图》，画面上没有一个人，只有两间房屋，而大千居士题云："千林渴雨秋如赭，丛林含霜醉未醒。我欲移家蹑高躅，朝昏长听读书声。"这首诗具有画龙点睛之妙，画家是很讲究意境的，虽然没有画人，却题曰"醉枫楼读书图"，那么，定然是房屋里有人在读书，因而大千先生的末句干脆就说"朝昏长听读书声"，把画家掩映半面的地方，索性加以一语道破，令人真正如听琅琅书声，这不是无人之境里又是有人了吗？反过来有人之境有时也会使人反而感到空山寂寂，阒然无人。如《唐人诗意图》，画面上分明有两个人，但是却给你寂寂空山的感觉，这仿佛唐诗"鸟鸣山更幽"一样的作用，画了两个人，反而显得偌大的深山，却只有两个人在问询，这样就反而使人感到山空无人，境界幽绝。苏东坡说："味摩诘之诗，诗中有画；观摩诘之画，画中有诗。"我看这两句话，也完全适用于北人兄的山水画。其所以适用，是因为画中有意境，也就是有诗也。

山水画的另一难点是设色，北人兄的山水画，泼彩的大青绿山水占多数，这种大青绿山水的传统由来已久，现存故宫隋展子虔的《游春图》，可以说是现存最早的一幅，画史上又说唐大李将军李思训于大同殿作嘉陵江山水累月而成，金碧辉映，这显然也是大青绿。所谓"金碧辉映"，是山水的线条用金笔勾勒的，这是隋唐人的画法，此后作青绿山水的代有其人。但北人兄的泼彩，已大大突破了旧时大青绿的藩篱，是一种新的方法，如果硬要用传统的手法来比拟，我觉得倒有点没骨法的遗意，但其设色之重是过去所不见的。所以"泼彩"二字才能正确地表达出这种画法的特点。当然这种画法，当代许多画家都喜欢采用，如大千先生就是常用此法的圣手，再如朱屺瞻、刘海粟这几位大师，也是常常喜欢泼彩和泼墨的，屺瞻老人和海粟老人的泼彩，尤其为世人所重。但我看了北人兄的泼彩山水，又另有新意。他的泼彩，于泼辣中又极严整，于恣肆中又极雅逸。色彩浓丽而又雅淡朴厚。实际上他是巧妙地把两种相反的东西使它相成起来了，泼辣与严整，恣肆与雅逸，浓丽与淡雅，都是相对立的，但却巧妙地得到了和谐统一。如画集中的《山村夕照》、《秋深在在》、《秋亭红树》、《杏花春雨江南梦》、《玉屏耸翠》等作品就是如此。我在仔细观赏北人兄的泼彩山水的时候，发现了他的一个用色的"秘密"，他往往在一幅山水上，以一种颜色为主色，占据画面的主要部位，然后再佐以其他适当的各种颜色，这样就使每一幅画给人以一个突出的色彩感，同时又不显得单调呆板，因为还有其他各种适当的颜色点缀穿插其间。还有一点，画家常常讲究"大胆落墨，小心收拾"。北人兄在这两方面都充分地做到了，而且运用自如，得心应手。"大胆落墨"，就是泼彩时不能犹豫，该重的地方就要重，该轻的地方就一定轻。"小心收拾"，就是在最后完成画嘱时，又匠心经营，毫不马虎。一幅画往往在"收拾"时才看出画家的独特妙思，这也是一种画龙点睛之笔。我说北人兄的画既泼辣而又严整，这"严整"就是指他的"小心收拾"，"收拾"得一丝不苟，这就给人以"严整"的感觉。另外，他在画面上还尽可能地避免了两种对立颜色的等量并用，如大红与大绿，尽管在一幅画上也常常都有，但总是以一种颜色为主，占据画面的主要部位，然后再以对立的颜色略加点缀，这样就起到了衬托的作用，犹如大红大紫的牡丹花，得到了绿叶的衬托。但是北人兄的山水画的色彩，更多的是运用相邻的颜色互相组合衬托，这样就使得画面特别和谐朴厚，我所说的既浓丽而又淡雅，就是指的这种效果。就颜色来说是浓丽的，但因为他用色点染配合得当，浓丽的颜色又产生了"雅淡"的效果，这一点，确实是泼彩山水最难掌握的。古人说"惜墨如金"，这是指不滥用墨，因为滥用非但得不到好的效果，相反还要起破坏作用。那末，北人兄的泼彩山水，尽管颜色是"泼"的，是大量运用的，但实际上他一点也不随便运用，可以说倒是惜"色"如金。惟其如此，所以画面的色彩才能轻重得宜，产生出画家所要求的美的效果，久而久之，也产生出画家的个人风格。还有前面所说的"小心收拾"，也并不是泼彩时无目的地随便"泼"，"泼"完以后再加"收拾"。我理解，画家作一幅画，总是有自己的构思的，尤其是山水画，意境深远，如果没有事先的构思，那泼彩就变成"游戏"，这样"收拾"起来也就难了。所以，所谓"收拾"不过是把画中的构思用画笔，用线条，用点染的色彩最后来完成和体现而已。有没有事先毫无构思，等泼墨或泼彩以后再加点染，因物象形的呢？当然也有这种画法的，但这并不是常法，偶一为之，游戏笔墨而已。我看在北人兄的山水画里，就很少这种情况。

那么，用这种大青大绿或其他鲜艳的色彩如赭、黄、红等颜色来画山水，是否有实际的生活依据，在真山真水之间，是否确有这样富丽的色彩呢？我的回答是肯定的。我爱游山，曾在终南山下住过将近一年，后来又在江西的山村住过三年。我去过黄山五次，每次都登绝顶，去过华山、终南山、庐山各两次，也都登上绝顶。其他如雁荡、泰山、秦岭诸山我也都登临过。我西至敦煌流沙的三危山、祁连山，东到东海之滨连云港的云台山，南至四川的青城山，剑门关，嘉陵江上游以及桂林、阳朔的漓江，北至黑龙江的高山湖镜泊湖。其他还到过富春江、瓯江，饱赏过富春江、瓯江两岸的景色。中原地区我到过嵩山，游览过洛阳龙门，在开封和邙山都曾看过浩荡奔腾的黄河。至于太湖则是我的故乡。历年游览所得，我感到大自然的色彩是无比绚丽的，我看过白雪皑皑的终南山，在太阳光的照耀下，简直是一片晶莹的水晶世界，特别是我在黄山玉屏楼遇大雪，第二天冒雪走到西海和后海，雪后的黄山，简直是色彩缤纷的海洋，因为除白雪装裹着的群山和树林外，各色的树叶，红、黄、紫、橙、绿在风雪的洗涤和太阳光的照射下，显得格外娇艳，斑斓夺目。特别是山村的落照，有时使整个山头染成鲜红色，有时雨后，又会突然见到紫色的山峰。有一次我在新安江道中遇雨，雨后却见一排几个山头全是娇艳的土黄色，山头的皴法完全是披麻皴，我雨中游梅城三江口和富春江七里泷，坐在一叶小船上，那朦胧的山色，若有若无，影影绰绰，东坡说"山色空濛雨亦奇"，至此我才体会到这个"奇"字。同样我在西子湖上，也遇到过暴雨，我在西泠印社的茶室里躲雨，眺望着西湖，那飘风般的雨线，打在湖面上，打在荷叶上，如乱溅的跳珠，而湖中的景色，在迷濛中显得格外的缥缈，简直如梦似幻。此情此景，只有东坡的《望湖楼醉书》"黑云翻墨未遮山，白雨跳珠乱入船。卷地风来忽吹散，望湖楼下水如天"或能尽其一二。还有我在终南山顶远望秦岭，见远处参差排列着的山峰在严冬的阳光下一碧如蓝，蓝得像透明的蓝宝石。总之，大自然的色彩是富丽堂皇、多彩多姿的，画家不过是把这种难得遇见的绚丽色彩用自己富有感情的彩笔给它摄取下来而已。

我在加州，知道大千居士与北人兄深交。大千居士与北人兄的交往，也是艺林珍闻，颇有可道者。1968 年春天，大千居士作《长江万里图》长卷，绢本，全幅长 786 英寸，自都江堰索桥写起，一直到上海吴淞口入海，全图未起草，意之所至，信笔挥洒，而洋洋万里，城郭人民，江山风物，历历如数掌上。昔吴道子在大同殿写嘉陵江三百里山水，一日而成，大千此图，长江万里，尽十日之力，可以说与吴道子后先辉映，同其神功，而此图的最早文字说明，就是由北人兄写成的，我曾仔细地对照长卷读过一遍，真是指点江山，激扬文字，可以图文并传。

大千居士不仅画好，而且书法好，诗好。1969 年春 3 月，他从巴西到加州洛城（Losaltos）同北人兄看杏花，日后曾作《观杏图》见赠，并题诗云："一片红霞乱不收。更霏微雨弄春柔。水村山店江南梦，勾起行人作许愁。"第二年即移居加州克米尔（Camel），购"可以居"寓所，第三年又筑"环筚庵"于滨石村，因向北人兄寄诗索海棠以为庵中胜景。诗云："君家庭院好风日，才到春来百卉开。想得杨妃新睡起，乞分一棵海棠栽。"逾数日，北人兄即赠以西府海棠、垂丝海棠各一本及梨花数树，并亲自驱车送去，居士大喜，复报以诗曰："自辇名花送草堂。真成白发拥红妆。知君有意从君笑，笑此狂奴老更狂。"并加跋云："北人道兄亲送梨花海棠至环筚庵，戏拈小诗博笑。"大千居士还曾与北人兄题过许多画，除上文提到的以外，如题《黄山图》云："三到黄山绝顶行。年来烟雾暗晴明。平生几两秋风屐，尘蜡苔痕梦里情。"题《三峡图》云："皎然如在玉山行。帆入巴渝第几程？不是不归归不得，峡中时有乱猿鸣。"题《蜀中山水》云："乱云掩映故乡山。更有飞泉落九天。总与流人添旅思，挂帆何日是归年？"以上这些诗，虽然可以看出居士因久居海外，对故土有些隔阂，但兰成作赋，乡关之思，溢于言外，明眼人是一看便知的。可惜现在居士已归道山，其平生业绩，自当付与历史公论，但其为髯苏，其为癫张，则必居其一，甚或兼而有之，无可疑者。忆予在加州时，北人兄尚思与通话，何其岁月夺人，今则邈若山河，人琴俱亡，永为隔世矣，不胜叹喟！

我离开加州，忽忽亦已两年，每当夜深人静，茶余酒后，窗前明月，窥人半眼的时候，我就自然而然地想起老杏堂前挺拔的松树和萧疏的竹影，特别是每当我夜深告别时，那松间的一轮明月，皎如冰盘，而园中的老杏红梅，以及其他无名杂花，皆萦人心怀，特别是侯夫人韵琴女士自酿的青梅酒，仿佛温馨如昨。那时北人兄曾以画集序文相属，今画集已将付印，北人兄书来索序，回首前尘，不觉神驰，因历叙往事，以代小引，其有疏简，幸知者谅之。

1983 年 11 月 9 日晚 8 时于京华宽堂

巨笔如椽　丹青不老

——《侯北人画集》序

十年不见故人面，一夕相思梦几回。

想得百梅堂外月，清光依旧逐人来。

平生知己数侯公。不见来书意忡忡。

料想草堂风月夜，诗人高唱大江东。

——怀加州侯北人大兄

　　我是1981年在加州与侯北人先生认识的，那时，我在斯坦福大学任客座教授，适值老友京剧程派名家赵荣琛先生来斯坦福大学讲学，侯先生是京剧爱好者，因此在听讲时我们就见面了。侯先生是名画家，我在耶鲁大学讲学时，就由余英时兄为我介绍过，但那时只见到他的画，而并未见到他的人，这回总算得以识荆，自然高兴极了。

　　我与侯先生除了京剧的共同兴趣外，最主要的是共同酷爱中国的传统绘画艺术。对侯先生来说，当然他是大画家，是传统中国画的卓越的创作者，这"酷爱"两个字是专对我说的，而且我"酷爱"的对象，也包括着侯先生的大作。

　　见面后，我们真是一见如故。侯先生邀请我到他的"老杏堂"做客，我欣然从命，约定时间，我由侯先生开车来接。我当然说不出路径，但我记得他的住处是加州洛城，英文名字是 Losaltos。记得他的画室是在一片丛林中，环境清幽之极。我在他的画室，饱赏了他的大作。侯夫人韵琴女士特地拿出了她亲酿的青梅酒，我们煮酒论画，真是无上的幸福。

　　侯先生画室后面是一个花园，园中有一树老杏，初看几疑是一棵千年的枯树，细看才发现它依然生意盎然；因为是冬天，没有叶子，所以不认真观察，是不容易看出的。但园中广种梅花，我去时正值寒梅吐芳，满园清芬，白雪如海。这不禁使我想起故乡无锡梅园，那太湖的烟雨，映衬着百亩的香雪海，真个令人销魂。然而，我身在地球对面，而能置身于百树梅花之中，而且能得韵友如侯公夫妇，其赏心快意，自不待言矣。

　　然而，最使我留恋忘返的是侯先生的大作。我在侯公的画室里，饱赏了他的佳作。侯先生的画，第一是从传统中来的。无论是山水、人物、花卉、翎毛，无一不是地道的中国画，中国气派。在国内看中国传统画，不觉得稀奇，然而一到外国，当你偶尔听到几句中国话，就会牵动着你的感情；当我看到侯公如此地道的动人的中国画时，就情不自禁地如痴如醉了。第二是侯先生的画给你一种崭新的感觉。尽管侯先生的画是从传统中来的，但它却给你一种全新的感觉，一丝一毫也没有陈旧的感觉。这就非常非常之难了。这个"新"，主要是构图上、意境上、笔法上都不落常套，这样自然就给人以一种崭新的感觉了。第三是设色上的富丽堂皇，光怪陆离。中国画本来就有水墨、浅绛、青绿、金碧等种种的区别，其中青绿、金碧也是够富丽的了，然而侯先生却迥出不凡，他的设色绝不是浅绛、青绿、金碧等旧概念所能囊括得了的。他能大紫大红，大黄大绿而又和谐统一，协调自然。侯先生用色之强烈而又如此和谐自然，实在是一种奇迹。我"一生好入名山游"，足迹几乎走遍了全国。近十多年来，我五次进入新疆，即古代的西域。且直上昆仑，深入南疆大漠。昆仑的雄奇，大漠的宽广，冰川雪峰的壮丽，常常使我惊心怵目。尤其是库车一带的山峦，连天赤色，映衬着碧蓝如宝石的天空，其色彩之斑驳富丽，常常令我惊讶，使我念念不忘，我已三至其地而犹嫌不足。我曾与海粟大师、朱屺老讲过，他们都非常感兴趣，尤其是朱屺老，设色凝重泼辣而对比强烈，如果他们能亲临其境，自当产生惊天动地的巨作，可惜两位老人都已在不久前作古了。然而，侯先生却是善用这种对比颜色的高手。前不久，侯先生寄来新作照片数十张，其用色的强烈而成功，实在出人意表。我几乎怀疑他是刚从大漠归来。

我与侯先生分别已经整整十五年，其间虽有几次见面，但终是匆匆过客，很难得如"老杏堂"之清而且韵。这次看他的新作，简直是大气磅礴，老笔纷披而更加富丽堂皇。

颜色，对画家来说，就是一种感情的反映。侯先生把祖国的山川点染得如此富丽堂皇，多彩多姿，自然反映着他对祖国的强烈感情。

我的记忆，侯先生已经是八十高龄了。然而他依然挥笔如椽，泼色似海，气吞河岳，神接造化。以如此雄健的笔力，我预祝侯先生海屋添筹，丹青不老！

1996 年 5 月 19 日夜 1 时于京华瓜饭楼

侯北人的山水画

不见侯公又十年，梦魂常到草堂前。

旧时月色仍恋我，直洒清光到枕边。

　　　　　　　——寄怀加州北人大兄

不见侯北人大兄，忽忽又已十来年了。

我是1981年在美国斯坦福大学讲学时得识北人大兄的，从那时起直到现在交往一直没有间断，中间北人兄回来，也曾见过几次，但从上次见面到现在，又已十来年了，流光如驰，令人感慨万千。

最近得知北人大兄将他的全部书画作品捐赠给昆山市，昆山市为他建立一座美术馆，并要为他出画册。去年秋天我路过昆山，特地去参观过，觉得设计和建筑都十分周到，看了十分高兴，感到北人兄的这许多艺术杰作，真正得到了很好的典藏。

我在加州的时候，曾经多次到北人兄的画室，那是一所很好的别墅，门外有大片的松林，古木参天，绿荫满地。别墅的后园是一座花园，其中有著名的一树老杏，看上去婆娑其姿，恐怕也是百年以上之物了。除此之外，还有许多梅树，加州是气候宜人的地方，所以无论是老

221

杏还是梅树，每到花季，都是万花怒放，仿佛要一吐为快，以报主人一年辛勤的栽培。我去的时候正碰上花季，所以印象特深，也因此，北人兄的画室，既叫"老杏堂"，又叫"百梅草堂"。

我在"老杏堂"还特别享受到韵琴夫人亲制的青梅酒，我与北人兄和韵琴夫人，常常一边拜读北人大兄的许多精品杰作，一边品尝青梅酒，真是煮酒论画，其乐无穷。

我在加州品赏北人大兄的杰作，还是距今二十四年前的事，那时，我已感到北人兄的画，一方面是具有浓厚的中国传统山水画的气派，画里的山水，也是故园风物，充满着乡土气息。但另一方面，又具有特殊的新鲜气息，尤其在色彩上，真是富丽堂皇，是以前传统画的设色所从未见到过的。就是张大千、刘海粟、朱屺瞻先生的敷彩，其鲜明强烈的程度，也未必过之。更难得的是整体的和谐，如果色彩强烈而不和谐，那么，一幅画就会变成几个大色块。但北人兄的画，既有强烈的色彩对比，更有全局的和谐统一。整幅画总是只有一个主题，而不是分割拼凑，这就是非常不易的功力，也是非常高的美学修养。

可是，最近北人兄通过昆山画院寄给我的一批他近年来的画作照片，使我大吃一惊，真正是奇光异彩，斑驳陆离，不仅是令人赏心悦目，而且简直是应接不暇。

我深深叹息，北人兄山水画的用色，达到了如此高的境界，令人无法想象，真是一片天机，尽是化境。譬如那幅《少陵幽居图》，画面正中是大片空濛的白云，周围是红紫青黄斑驳陆离的颜色，右边中部有两人背立。而画中颜色的交差互渗，既自然而又适中。我一看这幅画，就想起十多年前，我去黄山，经鸣弦泉去寻云门峰的时候，忽然山雨欲来，我立即到一块巨石下躲雨。刚刚站定，却看到眼前一片奇景，一大片蓬蓬勃勃往上升腾的白雾，顷刻结成云团，竟然像这画面上的白云一样。而周边的景色，依然是红紫青黄的山石红叶树木，而这一大片白云，亦转眼即逝，瞬息万变。于此，我深感造化之奇，却不料想竟在北人大兄的画中重现。再如那幅《皖南山村》，整个画面，有五分之四的面积是深浅不同的紫色的云气和山峦，只有下端居五分之一的篇幅略见皖南民居和古松。从画面看，正是缥缈空灵至极。尤其画面几乎整幅是深浅紫色的烟雾和山峦，真是奇极而又妙极。皖南是我常去的地方，但从未遇见过这样奇妙的景色，然而找却在南疆的古龟兹国即今天的库车，看到类似的山水奇景。因为那里的山是紫红色的，也有纯黄色或纯青色的，如果遇上浓雾，则全部形象即被吞没，而只剩深浅不同的紫红色，有时也可隐约看到各种形状的山形，简直是一幅最好的朦胧山水。特别是我于1986年秋天，从古龟兹返回焉耆的时候，汽车刚过开都河（庸按：传说就是《西游记》里的流沙河），却见眼前一片绚丽的紫红色的奇景，开都河上一丝落日呈现着耀眼的金光，我面对着这样的奇景，毫不犹豫地抱着相机直往开都河边飞奔。我一转眼就飞奔到河边，连连抢拍了三张照片，到第三张时，那一丝落日的金光也就消失了，而原来满眼的紫红色天地，霎时就变成暮色。从此我留下了一帧珍贵的玄奘渡头（庸按：传说此处是玄奘西天取经渡河处）的落日余晖。而这幅照片留下来的绚丽的色彩，却正好成为北人大兄这幅变幻莫测的奇妙山水的印证。

我在西部，曾两次登上4900米的帕米尔高原的喀喇昆仑山之顶，我经过4000米的高山湖泊喀拉库里湖，在碧蓝的湖水对面，耸立着世界著名高峰慕士塔格峰、公格尔峰、公格尔九别峰。在阳光照射下，洁白的雪峰，倒映在澄蓝如蓝宝石的湖水里，湖边还有白色和黑色或黑白相间的牦牛和穿着红色衣服的牧民，又是一幅色彩斑斓的图画。

我万万没有想到，这样绚丽斑驳的奇景，却会在久居海外的北人大兄的笔下出现，这或许是当年江文通的那支五色如椽笔，已经交给北人兄了，也或许是因为北人大兄热爱祖国的山水，而用最强烈最绚丽斑斓的色彩把它感情化了，然而不论是什么原因，或者两种原因都存在，我却要证实，这样强烈的色彩，并非是虚构，而恰恰是现实生活中存在的，何况艺术的本能，除了真实以外，还需要夸张！

所以我读了北人大兄这许多新作，感到无比兴奋，因为祖国瑰丽的山水，终究有大艺术家把它典型化、艺术化而能让普天下的人尽情地欣赏了。

我要告诉读者，这样的瑰丽斑驳，并非出于虚构和杜撰，而是夺天地造化之神功，尽宇宙绚丽之奇谲，是艺术家的天才捕捉，是通天人之际，是发泄天地氤氲之宝气。

于是乎，我为北人大兄写这篇短文，以证明北人大兄的橡笔，沟通于天人之际，达到了与造化的同功，与大地浑一！

1983 年 11 月 9 日

《澄心·天籁》序

方召麐先生和池田大作先生，是当代的两位杰出人物，方先生是书画艺术大师，而池田先生则是文化艺术的巨人、新的大乘佛教思想的缔造者、倡导者和世界和平的奔走者。

我有幸与方召麐先生同乡，而且还同受教于国画大师钱松嵒先生之门，我比方先生小将近十岁，当然是后学。

方召麐先生有着艰苦卓绝的经历，这经历也反映了她坚强不屈的精神和毅力，她在事业上的成就是以这种精神为基础的。我对方先生闻名已久，也很早就读过她的画，但直到近年才有幸拜识，真是相见恨晚。

方先生的书画，是有极高的功力的，这从她画册中仅有的几幅传统风格的画和她临的隶书、篆书就可以看出来了。以这样高的功力，要做一名传统的山水画家和书法家而且达到最高的成就，在方召麐先生来说是不难做到的，但是方先生却放弃了这条轻车熟路而去选择一条崎岖不平之路、艺术上容易被误解之路。仅从这一选择来说，也就可以看到方先生坚强的艺术个性和拔山扛鼎的勇气和魄力。

如何来识读欣赏方先生的画，仅仅是中国画的传统技法和西洋画法的结合吗？仅仅是儿童画的一派吗？都不是！

　　方先生是以她毕生的艺术实践，达到了炉火纯青的境界，才自然地呈现她的艺术个性而变法自强的。这里没有任何有意的模仿和做作，在方先生的画里所呈现的一片天机，是自然的仙境。

　　从方先生的画里，你可以看到一位八十多岁的老人，却用如此天真纯朴的眼睛在看望世界，看望世间的一切！在方先生的画里，世界是如此美好，人们是如此善良；流水潺潺，阳光普照，花香鸟语，前途光明。

　　这不仅仅是画，这是老人的心话心声，这是老人对人类永远幸福的祈祷祝福，对世界永远和平的祈祷祝愿。这是一种真正的菩萨心肠。

　　明白了这一点，也就可以理解方先生的画不是一般的技法问题，也不是什么儿童画，而是返璞归真，与天地造化合而为一。

　　要论方先生画的源头，当然是中华文化之源，方先生亲自对我说过，她喜欢汉画像石、画像砖上的画，她常从中得到启发，这当然是画源之一。

　　但方先生是无锡人，从小就在无锡学画。而无锡是历史上出大画家的地方。中国画史上最早的一位大画家，东晋的顾恺之就是无锡人。元代大名鼎鼎的倪云林也是无锡人，明代的大画家王绂也是无锡人。到了清代末期有大画家吴观岱，而方先生的老师，也是我的老师钱松嵒先生就是直接继承这一传统的。现在当然就是由方先生来接续这一传统并发展创新这一传统了！

　　池田先生的大名，我当然已经久仰。我敬佩池田先生的佛学精神，对人类前途关怀的精神，对世界和平的缔造的精神。尤其令我感动的是他对中国的关心、对敦煌的关心，特别是认为世界的未来和幸福，不是在物而是在人，不是在科学的发达，而是心灵的净化。池田先生发扬着大乘佛教普渡众生的精神，发扬着佛教慈悲的爱人的精神，这在当今利欲熏心的潮流中，无异是暗夜的明灯、中天的旭日。这种慈祥的爱人的精神，这种利物济世而不是唯独利己的精神，不仅是东方文明的需要，而且是"放之四海而皆准"的一种崇高思想。这一思想源头，既在儒家的经典著作中早已存在，也在宽宏博大的佛教思想中得到更深更大的发展和普及，所以儒佛的思想，从其根本来说，是有其共通性的，而当今物欲横流之世，这无疑是醒世的警钟，治世的良药。

池田先生不仅仅是一位卓越的思想家、佛教精神的创新和发扬者，而且还是一位杰出的艺术家、诗人。我拜读了他的大作《心之交响诗》，不禁由衷地钦佩。现在把方召麐先生的艺术杰作与池田先生的艺术杰作合在一起出版，用句中国的老话来说，真正是"珠联璧合"！《澄心·天籁》的出版，无疑是本世纪的东方文化艺术最后放射出来的一道彩虹，也可以说是迎接21世纪的一束灿烂的曙光！

我拜读了池田先生的摄影艺术作品，感到这是他对世界壮丽、美好、祥和、芬芳的衷心赞颂！在他的作品里，世界是显得那么和谐协调，我仿佛是在欣赏贝多芬的《田园交响乐》，又好像听到了钟子期、俞伯牙的高山流水之音。特别是当我看到池田先生1994年6月航拍的那幅雪山之景时，仿佛看到了我于今年8月25日在海拔4700米的帕米尔高原明铁盖达坂山口看到的景象，那是圣僧玄奘取经东归入境之路，长期湮没在雪山山顶，至今才被我找到。当我看到池田先生一系列航拍的彩霞和旭日时，更加感到池田先生手里的相机，无异是一支生花彩笔，他把世界壮丽斑斓、多姿多彩的面貌真实地记录下来了。此时，池田先生身在万米以上的高空，而把握时机如此之巧妙准确，这只有心与宇宙妙合，得造化之自然节奏才能至此境界！

总之，我从池田先生的摄影杰作中，不仅看到了他的非凡的摄影艺术，而且看到了他的一片崇高的佛心。就是这一点，恰恰与方召麐先生的返璞归真、慈心善心是完全一致的。所以池田先生与方召麐先生的《澄心·天籁》，不仅仅是艺术的合作，更是两位艺术家一片赤诚善心、一片天真化机的合作。

可惜我所学者浅，对两位高人不能作深论，有负雅意，不胜惭愧之至！

1998 年 11 月 7 日于京东且住草堂

百岁老人《萧龙士画册》序

　　我知道萧龙士老画家的名字，是在 70 年代后期，在许麐庐先生画室。那次，萧老的弟子王少石也在座。萧老和许老都是白石老人的弟子，所以闲谈中，许老就说到了萧老的兰草，他称之为当今艺坛之一绝。之后不久，王少石同志就给我寄来了萧老的兰花册页一张，我至今一直珍藏着。

　　后来，不少安徽的朋友都给我谈到萧老，这使我想拜见萧老的愿望愈来愈强烈。

　　今年 3 月 18 日，我应朋友的邀请到了合肥。我去合肥的最大心愿，就是要拜望萧老。萧老已是百岁老人了，我再也不应该迟误了。3 月 20 日，由王少石、李百忍、梁恒正三位，陪同我到了萧老的府上。

　　我真的见到了这位画坛的老寿星！

　　我刚进他的画室的时候，萧老正坐在藤椅里看画册，这是一本大约 30 年代前后印的兰草画册。我听到萧老边翻边自语说："这张画不好，这样的画也选进去了。"随着又说："这张画好，有好的也有不好的……"萧老的儿子承震告诉萧老说："冯先生来了。"萧老抬起头来，透过老花眼镜见到了我，就要站起来，我们连忙让他坐下，萧老很风趣地说："你

229

是大名鼎鼎的人，今天光临，真是蓬荜生辉。"我没有想到萧老还能这样随便和这样风趣。画室里的气氛顿时活跃起来。我们谈到北京的许老，也谈到上海的朱老。萧老说："今年九十八岁，说百岁，还有点冒头。但看样子不成问题罢？"萧老的风趣的问话，引得大家大笑。承震同志就对萧老说："纸已铺好了，难得冯先生来，请您作画罢。"萧老欣然就案，命笔作画，虽然已是九十八岁的高龄，但提起了笔，仍然是神采奕奕。他一边慢慢地行笔，一边自语说，这里要再来一笔叶子，这里要再来一笔……然后将笔交给承震，说要淡墨，要画花了。看老人作画，好像是在给你示范，又好像是他自得其乐。他作画时行笔纵横，不疾不徐。最后，我以为已经完成了，萧老端详了一阵说："还要来点山坡，否则没有交待，没有着落。"于是又挥毫落纸，忽然从纸上长出了一个斜斜的山坡，两丛兰花，都着地生根了。这真正是一枝生花妙笔。

在老人作画和与我说话的时候，随同来的朋友当然不失时机地照了不少镜头。大家怕老人太累，我们就转到另一室说话，好让老人休息。老人就坐在沙发里闭目养神，其神态之自在，简直是世外高人。

过了约半小时，我走到那边一看，老人早已休息过了，正在嗑瓜子。见我进去，就拿一把瓜子给我，问"嗑不嗑？"我说："我不嗑，你还能嗑瓜子吗？"老人说："能。"说罢又嗑起瓜子来了。老人又对我说："不要名和利，没有名没有利，晚上睡得着，就没有烦恼，就能够长寿。"看起来老人说的话很简单，很朴素，但这是老人将近一个世纪的亲身实践的总结，与一般人随口说说是有本质的不同的。我听了老人的话，忽然想起了《五柳先生传》，那文章里不是说先生"闲静少言，不慕荣利"，"忘怀得失，以此自终"吗？从这里我体察到萧老的高怀逸致。别看他终年穿一领蓝布衫，足不出户，外貌像一个诚朴的农民，实际上他是一位了不起的高人，他的高尚的情操和胸襟，将近一个世纪以来一贯如此，真是"吾道一以贯之"！仅凭这一点，当世有几个人能够与他比肩呢？艺术到了最高境界，总是与人为一体，与心为一体的，也就是常说的"文如其人"、"画如其人"。因为艺术家进入了艺术的自由王国以后，他的艺术，必然是他的全部人格、胸襟、修养、爱好的反映，也就是他的个性的真实反映，所以我们要欣赏和评价萧老的画，尤其不能不了解萧老高尚的情操和恬淡的胸怀。

承震兄一定要留我们吃饭，我原想不吃饭了，但还要看萧老的画，正在犹豫的时候，萧老却起来说："我还可以陪你喝一杯。"老人的诚恳和热情，实在使我感动，我们只得留下，但我们坚辞了萧老的陪饮。

饭后，由承震兄打开了萧老以往画的一幅幅的画轴，真是洋洋大观。接着又看了一大堆萧老的画照和美术界评赞萧老的文章。这才使我对萧老和他的艺术有了更为全面的了解。

萧老的画是早有定评的，远在三十七年前，即 1949 年萧老六十岁的时候，白石老人就为萧老题过这样的话：

> 此龙士先生所画，未见其画，亦未见其人，国有此人而不知，深以为耻。

白石老人的题评，是最高的评价，也是千秋定评，所谓"崔颢题诗在上头"也。所以我也不必再评萧老的画，我只从欣赏和学习的角度，说一点我读萧老画的体会。

萧老的画，尤其是他的蔬果、荷花、芭蕉、牡丹之类，从他的继承方面来说，主要是受"扬州八怪"及吴昌硕、齐白石的影响，特别是萧老还拜过齐白石为师，所以他的画，从流派的角度来说，是属上列这一派的。但是，这只是从大的方面来说，从客观方面来说。从微观方面来说，则萧老的画，又有他自己鲜明的个性，与以上任何一家都不雷同。我觉得贯串在萧老的画里，成为萧老的画的个性的，是浓烈的乡土气息。萧老的启蒙老师朱学骞，就是一位土生土长的乡土画家，擅画蔬果和禽鸟。萧老画中浓郁的乡土气息，当然主要不是来自哪位老师，而是地地道道地来自乡土，来自萧老纯朴谨厚的农民气质。我们指出萧老画中特有的乡土气息，当然是赞赏和肯定。齐白石自刻一章，曰"大匠之门"，还受吴昌硕的影响很深。但这许多影响，到底掩盖不了他自己的艺术个性、艺术特色。齐白石画风之纯朴，设色之简单，描写对象常取农村所见入画，连柴耙、算盘、不倒翁、猪、狗等等都作为题材，这同样反映了齐白石的画有浓厚的乡土气息，是来自乡土，来自劳动人民。就连他本人也确认出自"大匠之门"，是一位标准的"木人"，是一位真正的劳动人民。由此可见，齐白石画风中浓厚的乡土气息，浓厚的劳动人民气息，无妨于齐白石的画崇高和伟大。那么同样，萧老画中浓厚的乡土气息，浓厚的劳动人民的思想感情，也无妨于萧老的画的崇高和伟大。这是一样的道理。还有一点，萧老的画，用墨很重，设色单纯，喜用元色，特别是萧老画荷花、雁来红时，在红色上，常喜用墨勾线，形成了红与黑的对比，形成了画面的浑厚纯朴而凝重的感觉。这种用色上的特点，也反映了萧老画的民间气息。

然而"扬州八怪"的画风，主要是书卷气、文人气。连当时在画坛上占统治地位的以"四王"为代表的"娄东派"的画风都影响不了他们，束缚不了他们。那么，说萧老受"扬州八怪"的影响，是否有根据呢？这个问题很值得一谈。我认为萧老是受"八怪"的影响的，且其影响还很深。这要从两方面来说。萧老的画，除了上文说到的乡土气很浓烈的画外，还有一类是书卷气、文人气很重的画。例如《萧龙士百寿画集》里选印的那幅《兰石》，白石老人题曰："龙士老门客，画石能顽，谓有顽气必有灵气，此语诚是。九十一岁白石。"这一幅画，就是文人气、书卷气十分突出的。还有一幅《玉簪八哥》，也是笔墨淋漓酣畅，书卷气很足的作品。其他如《墨荷》、《秋色》、《屈宋文章》等作品，都可以纳入此类。这类画当然还有很多，约占萧老画的半数以上，这里不再一一列举。

以上是从萧老的画风来讲的。下面我们再从萧老的兰草稍加分析。萧老的兰草，是他的画的主要方面，可以说，萧老在绘画上的成就，主要部分是在兰草上。我认为萧老的兰草，无论从笔法、构图和风格上，都神似李方膺，有时也有点像懊道人李复堂。因为他两家的画兰，本来就有相似处。但就萧老的墨兰来说，确实神似晴江。近百年来，我再也想不起有谁能如萧老这样传晴江之神了。晴江作兰，往往秀叶纷披而多折笔，貌似凌乱而实则郁勃有生气。此非清供素心，实乃空谷幽芳，野生之兰也。因之更能得自然之趣，具文人画之品。萧老的墨兰，我认为李晴江的神髓，尽已得之。然而，萧老毕竟是萧老，不是一个半世纪以前李晴江的重复。萧老尽管于李晴江有会心处，但萧老自己的艺术个性，却不是李晴江能够挟制和吞没的，其中自有我在。因此，我们从萧老的墨兰中，可以看到他的渊源所自，可以从中寻出李晴江的某种神韵来，但已毕竟不是李晴江。另外，也还要看到，萧老的兰花，是博取各家之长，所以他对石涛、板桥，以至于昌硕、白石，都是有所借鉴的。就从这点来讲，他也不可能完全像李晴江。

由此可见，无论是从画的风格和画的取材来说，都可以看到萧老受"八怪"的影响，也都可以看到萧老的画的书卷气、文人气的方面。所以，必须把一个有着浓烈的乡土味的萧老和一个接受了影响，有着浓厚的书卷气和文人气的萧老合而为一——而且这两方面是互相渗透的，并不是截然划分的，这才是一个完整的萧老。

然而，还必须指出，萧老于山水、人物上亦另有情趣。他的《伯牙学琴》图，是临黄慎的。黄慎此画的原件，我未能见到，但看萧老的临画，也是一幅杰作。其用笔之顿挫流利，造形之真实传神，均是上品之作。尤其是对坐两人的眼睛，各传其神又互相交流呼应，所谓"传神阿堵"者，真此情状矣。由此亦可见萧老人物画功力之深，修养之醇。

萧老的山水画如《雨霁》、《隐隐飞桥隔野烟》、《由狮峰向光明顶》、《双龙探海》等等，无论是意境或用笔，都能奇趣脱俗，自出手眼，不同流俗，而他的《幽兰在山谷》等幅，则是山水兰草的合笔，其用笔之苍润，构图之超奇，即使置之于"八怪"之中，亦不多让。

至于他的荷花、葡萄、棕榈、芭蕉、海棠、蔬笋、南瓜、枇杷、雄鸡之属，自然是得之昌硕、白石，而又变化生新，自出手眼，即此亦可见老人自非凡响也。

夫人生百岁，古今能几？今萧老身登大耋，而神明不衰，齿发不脱，犹能挥毫作画，意态如昔。其所以能享大寿者，岂非萧老所云绝名利之心乎！萧老之画，无论为巧为拙，或诚朴如乡农，或高蹈如逸士，皆能风标独树，自有我在。岂非萧老百年勤学，虚怀所得乎！故吾曰："萧老，画师也，人师也！吾党小子，可不勉哉！"

1986 年 7 月 23 日草于京华瓜饭楼

时骤雨乍过，明月在天也

彩笔昔曾干气象　白头吟望苦低垂

——读柳子谷的画

老画家柳子谷先生的大名，我是很晚才知道的，他的画册更是近时才拜读。拜读柳老画册的第一个感觉，就像我当年错过拜识白石老人的机缘的那种懊恨心情。

我认真读了柳老的书画和题诗，也读了一些有关的资料，深深感到柳老是一位满腔爱国热情的志士，他热爱祖国，热爱人民，热心于社会公益事业，执着于友情，执着于事业，于绘画更是全身心地投入，终生执着地投入，所以他才会在绘画艺术上达到如此高的造诣。他是当世第一流的大画家，这是当之无愧的。

柳老从青年时期起，就是一位积极入世者，他忧国忧民，爱国爱民，他二十六岁时就参加了北伐革命战争，画出了《北伐从军图》，并自题诗云：

> 北风瑟瑟透征衣。号角声声催战骓。
> 料得将军传檄日，血花并作雪花飞。

235

此画和题诗，得到林伯渠的赞赏，并为题诗云：

> 万里长征人，怀才意不薄。
> 于斯风雪中，合赋从军乐。

30 年代，他已蜚声画坛，与徐悲鸿、张书旂并称"金陵三杰"。这时"九·一八"事件爆发，他积极宣传抗战，画出了《还我河山》、《闸北劫后》、《木兰从军图》、《民族英雄戚继光》等重要作品，他在《民族英雄戚继光》画上，题王昌龄诗云：

> 秦时明月汉时关。万里长征人未还。
> 但使龙城飞将在，不教胡马度阴山。

戚继光是抗倭名将，画家借用此诗来表达画面的抗日主题是十分鲜明有力的。

1933 年，苏北发生大水灾，柳老创作了《灾民图》、《流民图》、《水灾图》等纪实的作品，他在《水灾图》上题诗说：

> 斯岁辛劳一次空。浮沉泪海任西东。
> 伤心瑟瑟秋风里，任听哀鸿泣晚风。

从诗和画面上，深切地反映了柳老对灾民同胞的一片真情。当时的报刊评论说："最足引人注意者为《灾民图》、《流民图》、《木兰从军图》、《不爱江山爱美人图》，或为时事，或为史实，或为寓意，殊有价值。其他临古之作，亦多酷肖，可以乱真，人物如《民族英雄戚继光》像，仕女如《琴心幽思》等，花鸟如《春江水暖》等，兰竹如《雪竹》、《幽香向谁吐》等，均足使人敬佩，叹为观止。"① "昨日为柳子谷画展最后一日，参观者仍多，蔡元培、何应钦、罗家伦、孔祥熙等莅临参观……并预购画品，孔部长除私人定购外，并商得柳君同意，将非卖品之《灾民图》购去，以为全国赈灾之用。"②

40 年代，他在湘西当县长，论者以为有板桥之风，他自己在所画的《墨竹》上，题板桥诗云：

> 衙斋卧听萧萧竹，疑是民间疾苦声。
>
> 些小吾曹州县吏，一枝一叶总关情。

他身为县令，用板桥当县令时所作题画诗题画，足见其襟怀相同，他也以板桥自励亦自况。40 年代末，家乡玉山县解放。他作《雨竹》图，题句云：

> 百年干旱降霖雨，喜得苍生热泪流。

家乡的解放，他如久旱逢雨，高兴得热泪横流，这就是他以满腔热情迎接解放的真诚的政治态度。所以到 50 年代抗美援朝战争爆发，柳老即积极投入，与参加抗美援朝二次战争归来的满键同志以三年的精力，创作了伟大的史诗式的长卷《抗美援朝战争画卷》，此画全长 27 米，为古今稀有的长卷。柳老还在画卷上题诗云：

> 战争正义全无敌。画卷长存此理真。

---

① 引自《谈画未敢忘子谷》，第 119 页，内蒙古人民出版社 2000 年版。
② 引自《谈画未敢忘子谷》，第 105 页，内蒙古人民出版社 2000 年版。

弱能胜强小胜大，中朝血肉万年春。

这首诗，再次真诚地表达了柳老积极的政治热情，表达了他对新社会的无限热爱。

综观柳老的一生，他是一位积极的入世者，是一位肝胆相照，襟怀磊落，以天下为己任，对社会和民族抱有强烈的责任感，也即是具有忧患意识的爱国志士。这种爱国爱民、忧国忧民的忧患意识，是中国知识分子的优良传统，是长期的历史文化所形成的。这种忧患意识，并不是人人生来就有的，只有深深地热爱祖国，对祖国的传统文化有很深的接受和很深的热爱才可能自觉地形成这种对天下、对社会的一份责任感。由于这种责任感，在时世艰难、社会贫乏的时候，他可以全身心地关心人民疾苦，投身于人民灾难的解脱；由于这种责任感，当外敌入侵、强敌压境的时候，他可以挺身而出，投笔从戎，献身于保卫国家、保卫民族的伟大斗争。柳老的入世精神，就是以上这种内涵的入世精神，而绝不是那种庸俗的入世当官、争权夺利的内涵。实质上后者就根本不是什么"入世精神"，其内涵不过是"贪欲"二字而已。所以柳老的"入世精神"与后者是根本对立的，是冰炭不相同的。

柳老分明是一个忧国忧民的积极入世者，然而柳老一生的遭遇却是坎坷不平、险难丛生的。实际上，柳老在年轻的时候一踏上社会，就没有得到有权力者的认识。柳老三十三岁时的题画诗说：

潇洒清真今古闻。临池墨浪动风云。

无人识有匡时略，只把能书看右军。

这后面两句分明是自况，明明是有"匡时略"的一位志士，世人却只把他看作是一个会写字的人。当时民国二十二年，国民党时期，柳老已经

238

深感匡时有策而报国无门了。他三十六岁时的另一首题画诗说：

　　　　扪虱当时颇自奇。功名远付十年期。
　　　　酒浇不下胸中恨，吐向青天未必知。

这首诗，更加明显地表达了他忧国忧民的心情，扪虱而谈天下事，是前秦王猛的故事，此处显示了柳老的抱负和清高。"酒浇不下胸中恨，吐向青天未必知"，这是对国民党统治时期的不满和不平，是一个爱国志士忧国忧民的心理写照。可见他在国民党时代，虽有二三画友知己，但却从未能有舒展抱负的机会。

　　以上这些诗，可以看作是他在解放以前，民国时期的内心写照。

　　到了1956年，柳老五十六岁时，又有题画句云：

　　　　千载积污冲刷尽，万方欢颂好洪流。

这是解放初期，国民党的污浊社会刚刚被解放的洪流痛加冲刷，画家情见乎辞，画了一幅有巨大瀑布奔腾席卷的山水，对新社会表达了衷心的欢悦和歌颂。

　　正当柳老热情奔放、真怀坦诚地欢迎新社会的时候，想不到新社会却对他投以不信任的眼光。

　　大家知道，解放初期，是一个特殊的社会历史阶段，一方面是美帝国主义发动侵朝战争，其目的是想扼杀刚刚建立起来的新中国；另方面是国民党在台湾叫嚣反攻大陆，配合着潜伏在大陆的特务的破坏，所以社会特别复杂。针对以上种种情况的运动也特别多，再加上一些人的宁"左"勿"右"的思想，所以在相当大的范围内扩大了怀疑面甚至打击面，这种情况，当然是当时特殊的复杂环境造成的。所以从50年代起柳老就被一些莫须有的"问题"无形或有形地捆缚住了，以他当时的艺术造诣和才华，何至侷促于一隅而不得大展其才，正是"却将万字平戎策，换得东家种树书"。人生最痛苦的是有才不得施展，有志不得报国。柳老分明是追风逐电的千里驹，却只能侷促于辕下；柳老分明是有志报国，却横生猜忌，叫人欲诉无门，欲哭无泪。对柳老的这种坎坷抑郁的遭遇，我不禁慨然有怀，为之题诗云：

绝世才华绝世愁。有怀不得到壶头。

英雄困死名驹老，一代奇才付沉浮。

然而，最难得的是柳老虽然身受抑郁，但却处之泰然，依旧为国家、为社会、为人民作画不辍，而且都是写实的精品，将政治与艺术融于一体，达到水乳交融、不可分离的至高境界。例如他的《抗美援朝战争画卷》就是一件划时代的杰作，论思想内容，当然是歌颂中国人民志愿军赴朝作战、保家卫国的爱国主义主题。论艺术，则更是一件绝世的杰作，抗美援朝过去已经半个世纪了，我们至今未能看到有与它同样恢宏的作品，无论是中国画或油画。所以这件作品，作为一个时代的象征，作为中国人民顶天立地的英雄气概的写照，作为抗美援朝英明决策的形象记录，这件作品是应该万世长存的，应该把它与其他国宝同样地看待。

从艺术上来看，画家把古典山水画的画法与最新最现实的生活融合在一起，达到如此和谐一致、水乳交融的境界，实在是令人匪夷所思。我们不得不钦佩柳老写生的绝顶高超水平，更不得不钦佩柳老镕古入新、镕新入古的长才绝学。我曾看过不少画家画的反映现实的山水画，往往使你感到像是在古典山水画上加上一两幢洋楼，或有几间厂房，有几支大烟筒在冒烟，再或就是有几辆汽车，或者水面上有一艘轮船，等等等等，总使你感到是加法，是两个不相干的东西用加法加在一起的。总之，是生硬，不协调。然而在柳老的长卷里，却是把一切现代的事物，如飞机，大炮，装甲车，运输车；铁路桥，公路桥；黑夜的照明，炸弹的爆炸，大火的燃烧，部队的抢修，后方医院，以及部队的调度，急行军，后方的支前，物资的运输，等等等等，所有朝鲜战场上现代化战争的种种，几乎一幕幕地都出现了。昔人论东坡的诗说，东坡于齿牙间自有一付炉锤，能镕铸万物，化为自己的诗语。我觉得柳老的艺术语言，也同样如此，世间一切事物，一到他的笔下，就自然妥帖，各自有序，而且就像真实生活那么自然。让你见到此画卷，就像亲临前线，亲冒炮火一样的逼真自然。这是多么伟大的艺术镕铸力啊！以前看《清明上河图》，总感叹那画里的生活真实和艺术真实的和谐统一，然而那是一个古老的社会，其间并没有急剧的新旧交叉，无论是衣冠文物，市井建筑，都是天然一色的中世纪原始风味，画家在镕铸过程中，并不会遇到特殊的新与旧的强烈反差和不可组合的难题，可柳老遇到的难题太大了，反差太强烈了，但现实就是如此，这就是真实！柳老利用他北派山水的高深功力，加以漫天的冰雪，然后将以上种种崭新的洋事物、土事物用高超的艺术手段把它们镕铸在一起，其中当然有满键同志的不可缺少的作用。柳老在镕铸这数不清的新旧事物入画时，显示了他深广精湛的艺术修养和功力。例如他在这幅巨制中描写了数以千计的人物，这是古今所无的创举！而这许多人物放在这冰天雪地的北派山水同时也是写真山水里，却显得非常协调自然，我觉得这里边柳老就运用了北宋燕文贵的细笔人物山水的画法，而且加以大大地发展创新了，画中的舟、车、驴、马等等，也是北派山水里常见的事物，但无论是燕文贵也好，北派山水也好，其中的人物、舟、车、驴、马，都只是点景，只是偶尔一现，但在柳老的长卷里，这些戴着军帽，披着披风，背着武器的千军万马，却是画卷的主题，是全画的灵魂，由此也使柳老的画富于我们时代的特征。从这幅长卷中，不仅看到了柳老深厚的传统画功力，也更令人感佩他的盘盘大才，甚至可以说是天才，要设计驾驭这样大的画幅，叙事性的、行进性的画幅，没有精密的构思和高超的艺术境界，没有真正的生活感受（这当然是满键同志的重要作用），是不可能完成的。但还有重要的一点，是柳老独特的绝妙的造形才华。画中所有一切，到了柳老笔下，都显得那么妥帖自然，各种形象的姿态，都可以达到栩栩如生，将生活的真实和艺术的真实十分和谐自然地统一在一起，这是多么大的本领啊！我对这件绝世杰作的复印件，低徊观摹了好多天，真正是感佩无已，可惜不能起柳老于地下而拜之，因题一诗，以志倾倒：

敬题柳子谷老《抗美援朝战争画卷》长卷

万水千山笔墨精。中华儿女作天兵。

凭公绝代无双笔，留得千秋万世名。

柳老还有一件题为《山村新貌》的长卷，是 1959 年到 1961 年完成的，全长 7.5 米，也是一幅超长度的长卷。如果说《抗美援朝战争画卷》是一首正义战争的颂歌和史诗的话，那末，这幅《山村新貌》长卷，就是一首和平建设的赞歌，前者的背景是朝鲜的崇山峻岭和冰天雪地，画家所作山石用笔峻险，多用大小斧劈皴，结构也显得特别紧密、紧凑，以显示出战斗环境的特殊气氛，而这幅《山村新貌》则用笔舒缓，画面开阔平坦，虽然也不时出现山头，但作者却把它推到远处作为远景衬托，画面上偶然出现一点山石或小丘，已是大山的余势，显得是一片依山傍水的山村。而画面上占主要地位的是建设山村新貌的农民，于是农村建设的一切新面貌便在画卷中次第出现。例如拖拉机，联合收割机，卡车，手推车，正在地里耕作的农民，牲口饲养棚，建筑测量，俱乐部，文化宫，养猪场，牛马畜牧，群众的集队活动，俱乐部前的群众舞蹈，妇女们在河边洗衣，河里及岸边则鸡鸭成群，有的农民则在套车驾车，有的则正骑在自行车上，有的则在交谈，总之一派山村欣欣向荣、忙忙碌碌的新气象。而参差错落的房屋，生机勃发的树木和权桠的老树，各色服装的大大小小男男女女的人群，则分布在各种不同的场景，显得正在各自忙碌而井然有序。这是与《抗美援朝战争画卷》完全不同内容的一个长卷，然而柳老却画得同样逼真，一种真实的生活气息只要稍一展卷就会扑面而来，令人如同亲自到了这个充满着生机的新山村。这一长卷，再次展现了柳老镕铸生活素材使它转化为艺术杰作的一种卓越的创造力。

以上两个长卷，柳老的绘画奇才，与古为新的镕铸生活的巨大才能，已足以令人惊叹不已了。然而，柳老的这种卓越技能是与他深厚的传统功力学养密不可分的。柳老早在三四十年代作的传统山水画已经震惊画坛，深感他的功力深厚了。例如他三十三岁时作的山水人物，三十四岁时作的《溪山暮雪》，自题拟宋人法，还有《春水行舟》、《逆水行舟》图，三十五岁时作的《松涛图》，三十六岁时作的《独酌》、《拟夏珪风雨水阁图》，四十岁作的《山居图》，四十二岁作的《冰溪小景》等等，都显示了他传统画的极深功力，其主要风貌是宋画风格，也有清初四王参酌其间，但主要功力和风格还是宋画的风格，而且达到了神韵相生的程度。五十岁以后的作品，则在传统画的基础上吸收了一些近代画法，画风略有变化。配置在上述这些宋画风格的山水中的人物和亭台楼阁界画，也谨守宋人法度，无一丝随意之笔。他所作的仕女，论者以为近于费晓楼，而他的墨竹墨兰，世人都以板桥目之，他有一部分墨竹，逼近板桥，如1983年画的那幅墨竹，自题云：

板桥画竹人如竹，劲节坚贞枕岁寒。

为活饥民宁忤上，乌纱掷去不为官。

甲子初冬师板桥画竹，并师其人，八三老人柳子谷

这幅画确是逼真的郑板桥。但是除此类画外，实际上他还参以石涛、文同等人画竹的笔意，晚期，还参用一些近人画竹的笔意。总之，他的墨竹墨兰，也达到了极高的境界，而且前后也有变化，并不是板桥一人所能范围住的。

柳老所作的翎毛花卉，逼近张书旂。张书旂是他的好友，友朋间互相笔墨浸润，这是常事，但柳老的笔墨，竟能与张书旂神交，其用笔的潇洒飘逸、书卷气，丝毫也不让张书旂。例如他的《秋谷幽禽》、《白头长春》、《桐叶白头》、《荷叶翠鸟》、《海棠花》、《樱花珍禽》、《红枫白绶》、《八哥红枫》、《红叶小鸟》等作品，虽置之张书旂的作品中，亦是绝顶上乘之作。柳老的月季、牡丹、紫藤之类则又可与半丁老人相伯仲，而他的草虫，如《纺织娘》、《天牛》等，也是传神妙品，虽然在画册中不多，却是精能之作。

总之，我反复拜读柳老的画册，不胜倾倒之至。我认为柳老是一位难得的画界全才，无论是山水、人物、翎毛、花卉、草虫、走兽、界画，都能出色当行，都能臻于上乘，这是非常难得的。尤其是柳老高尚的人品，更可以照耀当代和流传画史。柳老自己的座右铭说：

寻理应求水落石

争鸣不虑火烧身

上句表示柳老追求真理，一丝不苟的精神和勇气，下句表示了他的直言坦荡和虚怀若谷。柳老八十岁时，有《感怀诗》云：

坎坷世道太难平。犹有歪风时袭倾。
愧我无能说鬼话，羡君有骨发金声。
诗人不计眼前利，志士应求永世名。
报国满腔愁日短，请缨夙愿乏门行。

这首诗可以看作是他自己的抒怀和写照。他为家乡玉山县题县志云：

如玉之洁，如山之高。
山清水秀，地灵人豪。

这四句话，正好用来作为我们对柳老的赞辞。从柳老一生的遭遇来说，他可以说是不幸的，因为他虽然在青年到中年时期，已经峥嵘头角，已经是当时画界的一流人物，他的画已经誉满全国，但终究他的长才绝学，未得大展，他的杰作完成后，又未得广为世人所赏，连同他自身，一直被封闭，被投闲置散，甚至被侧目，他在坎坷和寂寞中度过了一生。这是他的真正的不幸。但是，个人的生命毕竟是短暂的，即使百年，也只是一瞬。所幸柳老的画，终究保存下来了，终究愈来愈为人们所认识了，而且必将永远被人们所认识、所珍爱，永远流传下去。柳老的名字，也必将在画史上占有光辉的一页。柳老的作品，也必将藏之金匮石室，永为国家之宝，尤其是他的《抗美援朝战争画卷》等，必将万世长存。从这一点来说，柳老又是幸运的！昔杜甫称颂李白说："千秋万岁名，寂寞身后事。"杜甫在当时就看到了李白必然会享有千秋万岁的大名，这是杜甫的识力，也是杜甫的感叹。可惜杜甫当年的这种感叹，至今仍不能免，如今我们又要用这两句话来称颂柳老，感叹柳老了！历史为什么总喜欢重复这种循环呢？这种循环为什么又偏偏落到柳老的身上呢？这不能不让我们发出更为深长的叹息！

　　然而，从根本上来说，柳老毕竟还是幸运的，因为他终于必将享有"千秋万岁名"了！

2001 年 10 月 16 日夜 11 时于京东且住草堂

湘兰楚竹寄高情

——记老画家蒋风白

　　老画家蒋风白先生今年已经七十岁了，"人生七十古来稀"，对于一位艺术家来说，这七十岁的年龄，正是象征着艺术上的更高的阶段，可以看看历史上及当代的许多艺术家，他们的最高成就，大都是在七十岁以后。吴昌硕自称六十岁开始学画，这倒并非真是如此，但他的艺术上的真正的成就，却是在七十以后。当代最著名的大师白石老人，他的许多杰作，也是在七十以后。尽管有不少艺术上很早就成熟的艺术家，如陈师曾、徐悲鸿等等，但七十岁，毕竟是艺术家创作历程的具有重要意义的阶段。

　　我认识风白先生，已经快有十年了，那是老友尹光华兄陪同我去他府上的。一进他的画室，入眼就可以看到一幅文徵明的行书长卷，后面是王宠的跋。这样的名迹，就横悬在他画桌身后的壁间。稍坐茶罢，他又拿出他藏的张瑞图的卷子，绢本行书。我于张瑞图的字有特别的爱好，因为他能在风靡一时的董字以外，独树一帜，与董字并称。他的书法结体方正而用笔转折随意，别具丰神。仿佛在吃多了甜腻的东西以后，吃一口酸涩的橄榄，觉得特别清新而有回味。随后我又看了他藏的石涛和新罗，皆非泛泛之作。

晚间酒后，风白兄拿出他的兰竹多件，要我作题，我一连题了四五张，还写了几幅字，当晚十分尽兴。风白兄精于茶事，冲的茶都是上好的碧罗春，嫩绿如柳黄，细沫如牛乳，放翁诗云"晴窗细乳戏分茶"或即指此也。可惜那次我的时间太紧，只是匆匆一宿而别。

第二次，是数年前的春天，我又到了苏州，当然就直接到他家里。正在欢然道故的时候，吴县政协的徐文魁兄来了。文魁兄极力邀我明日游甪直的保圣寺。我素知甪直有杨塑和陆龟蒙墓，但一直因循未去。此次经文魁兄和风白兄的鼓动，决定明日往游。翌日清晨，文魁兄备车来接，我与风白兄即登车。道经石湖、横塘，但见烟雨迷濛，欲觅范成大、陈圆圆遗迹，皆渺不可得矣。自此往甪直，两旁皆为水乡，至一处，烟水淼淼，细雨霏微，水面蟹籪曲折，而扁舟蓑笠，一篙独往，春水盈盈，柳丝袅袅，对此清景，几疑欲逢凌波仙子。至甪直，雨渐大，急往保圣寺，观塑像，殿侧为斗鸭池，池北为陆龟蒙墓，惜因雨，不能驻足。在镇上午餐，鱼虾甚美，烹调极精，若非水乡，安能得此佳味！薄暮始归。晚饭后与风白兄论画，风白胸次高旷，不琐屑作俗议，但偶一发言，必启人深思。他说：梅兰竹菊，世称四君子，以其有君子之风也。何谓君子之风？简而言之，就是"清高"二字，也就是不趋时俗。梅花发自严冬，冲风冒雪，不趋时世，甘与苦寒搏斗，从苦寒中讨生活；兰花虽然发自春天，但空谷幽兰，孤芳自赏，其芳馨在若有若无、有意无意之间，与三春桃李，灼灼其华，炫人眼目者显然不同；竹子四季常绿，雪压霜欺，不改其节，不易其色，而且不择地而能自长，故昔王子猷爱竹，闻人植佳品，必直造其门，品竹而归，竟不问主人。东坡则云："宁可食无肉，不可居无竹；无肉令人瘦，无竹令人俗。"菊花发自秋季，恰是诸芳消歇，繁华已过，而竹篱茅舍之间，老圃黄花，屋角墙根，红紫竞放，为冷落清秋，另添一番景色。故此四君子者，皆不趋时而自得其时，皆不媚俗而独留清高，所以历来画家，专画此四君子者代不乏人，以其高风逸韵，可以拟人也。我说，风白兄高论，自是发人深思，而历代画家，又有发挥，或专工其一二，或四美具备。明清之际，我最爱石涛，所作兰竹，皆得自然之态，自然之趣，或数竿横斜，姿态自出；或笔阵纵横，郁勃葱茏，皆能妙入造化，神追自然。与他同时之郑板桥，所作墨竹，劲节临风，萧疏可喜，然较之石涛，则尚有上下床之别。盖石涛用笔，不落常套，不依定式，依山傍水，信笔挥洒，皆合自然，绝无雷同，此所以为难也。由此观之，板桥则同者多矣。

我们尚论古人，自然不知不觉，话题落到了风白兄的画上。我于风白兄的画，是极为倾倒的。风白兄专工兰竹，也兼及梅、菊以及其他翎毛动物草虫。他早年从潘天寿大师学画，能得潘老笔意，抗战前在重庆开画展，汪东为作小启，盛称风白兄的画"于八大、清湘为近"，"工而兼逸，形神俱似"。虽只寥寥数语，但却正是一语中的。盖潘老早年亦从八大、清湘中来，风白兄学潘老，之后自然要追本溯源，直造八大、清湘之堂奥。但风白兄除以上两家外，他对板桥的兰竹，也有所融会吸收，此外对历代兰竹名家，也多所借鉴。所以现在来说，风白兄的兰竹，已经不主故常，独立风标，画出了他自己的风格。我觉得他的兰竹，能得石涛自然的丰韵，用笔潇洒奔放，而又法度谨严，笔笔精劲。本来画兰竹最容易流入俗套，而风白兄的兰竹，却能超凡拔俗，有清秀气，有书卷气，在某种程度上来说，他又吸取了郑板桥用笔挺拔的一面，使得所画的墨竹，于清秀自然的书卷气中，又有刚劲挺秀的味道，因此使他的画的品格远远超出于流俗，在当代画兰竹的画坛上，我觉得风白兄可称得上是高标独树的一家。

风白兄的翎毛，我也特别欣赏，我看他作的八哥，神韵独造而又富有笔墨趣味。每次看他的八哥，总要使我想起唐寅的《鸲鹆图》来，因为其笔墨的淋漓洗练，意象的活泼生动，二者正是有相通之处。

其他风白兄作的鱼虾、草虫、青蛙，也都用笔极精练，极讲究，可以看出他几十年的笔墨功夫。我常说，画家的笔，就像侠士剑客的宝剑，剑锋所至，必是十分准确，如大匠运斤，削去观者鼻尖上的白垩而丝毫无损于鼻尖。画家笔尖所至，捕捉形象，也要准确得不能再准确，使人感到笔笔有交待，笔笔有着落。

大家知道，中国画是十分讲究题跋和印章的。一幅好画，如果写上拙劣的题字，那末很可能会把画都毁掉，起码不能起到衬托的作用。风白兄的书法是极有功力的，题在他的画上，正是相得益彰，加上他的图章，还有色泽很好的印泥，真是珠联璧合，组成了一幅真正的艺术品。

我们剪烛西窗，纵横古今，无所不至，这样的兴味，真正是难得。可惜月移花影，参横斗转，不觉已经夜深，只得暂时收住话头。

1985 年 4 月 2 日夜 1 时于宽堂

1988 年 3 月 7 日改定

蒋风白先生画展序

天下何人画竹枝？金阊门里瓣莲居。

三竿两节风和雨，未解平生折腰支。

——题蒋风白先生画竹

蒋风白先生，是当代著名的老画家，其画兰竹，风行海内外，天下之喜兰竹者，无不奔走相求也。

蒋老早年从潘天寿大师学，攻山水、人物、花鸟，尽得潘老所传。后复攻兰竹，数十年闭户默揣，蓄兰甚富，复有修竹千竿，月光灯影，晨露夕烟，取法无穷，于是风翁之兰竹皆活于纸上矣！

或曰：风翁兰竹，可拟板桥。予则曰：当在板桥之上。何则？板桥兰竹，画有定式，笔有定势，盖胸有成竹故也。夫成竹者死竹也！今风翁之竹，随物取形，偃仰风雨，胸无成竹，而笔有活竹矣！

风翁所作花卉，如鲜露明珠，而所作翎毛，亦如欲闻空山鸟语，幽谷莺啭也！

今风翁以八十高龄，始来京办画展，以求问艺于京师，则其虚怀若竹，而亦自必幽芳如兰矣！

1995 年 10 月 19 日

蒋风白先生《兰花百图》序

予与蒋风白先生交，垂二十年。风翁以兰竹驰名天下，而其山水翎毛人物，亦皆超超乎一流也。予昔曾见其所作，初不知是先生手笔，乃竟以为古贤所遗，及至卷尽，始知为蒋老手笔，予不禁为之汗颜。然风翁之山水翎毛人物，固不可忘矣。

去岁，风翁来京作画展，以兰竹为主。予登其堂，则满室兰馨，竹梢风露，几疑在与可筼筜谷，亦复疑如子猷看竹，不问主人也。

予尝谓今日兰竹，当以风翁为天下第一。何者，风翁之竹，上可拟与可、东坡，下亦可拟晴江、苦瓜，盖风翁之竹，风雪雨露，或竹篱茅舍，或荒山幽谷，皆天地氤氲所钟之灵气也。

风翁之兰，盖灵均所艺，而所南翁之所溉也，故读其所作，不无香草美人之思，千里故人之怀也。

今风翁复以兰竹成册，以广其传，则从此天下皆当沐风翁幽谷之馨，劲节之操矣！

宽堂冯其庸沐手拜序，丁丑立秋日于且住草堂

画竹凛劲节　画兰挹清芬

——蒋风白画集序

天下何人画竹枝。金阊门里瓣莲居。

三竿两节风和雨，未解平生折腰支。

　　这是好多年前我作客吴门，在瓣莲巷访蒋风白先生，在他的寓所看蒋老的大作时有感而写的一首诗。那次，我们在细雨中一起游了甪直的保圣寺，观赏了甪直的名迹杨惠之的泥塑，还观看了诗人陆龟蒙的斗鸭池。在细雨霏霏中，我们途经了石湖、横塘，但是无论是范石湖还是陈圆圆都已化为陈迹，只留下一点好古者的惆怅了。

　　回到家里，灯下一边茗话，一边看蒋老的画。蒋老喜画四君子，而尤擅画兰竹。兰竹本是中国画的老题材，画史上擅画兰竹的可以数出一大排名字。在清代最负盛名的大概可推石涛，而实际上与他同时而稍前的八大，较后的李方膺也都擅画兰竹；而与李方膺同时的郑板桥却独以兰竹鸣后世，以至于后来的人论兰竹只知道有郑板桥了。近世的画家中，吴昌硕、蒲作英、符铁年、白蕉、陈定山、萧龙士也是画兰竹的名家。当代，恕我见闻隘陋，我仅知有海上画坛寿星今年一百零四岁的朱

253

屺瞻老先生。朱老的画竹，如狂飙突起，风雨夜惊，又如铁骑奔腾，金戈齐鸣。其笔挟风雷，神参造化，气吞六合的气概，我以为当代难有其匹；有之，我以为只有蛰居吴门的蒋风白先生了。蒋老今年八十高龄，比起朱老当然还年轻，但人生七十已经是"古来稀"了，八十自然已是耄耋，自然也是人书俱老了。

我曾与蒋老的弟子辈说过，世人心目中只知道郑板桥的画竹可贵，我却以为蒋老的兰和竹都超过了郑板桥。

在清代的画竹，我最推重石涛，以其得自然之理，一任天籁，无定式，无俗笔。李方膺的风竹，写胸中逸气，一以神行，然而已是承文人画竹的先路。他意胜于笔，意在笔先，后来的吴昌硕则更加发扬之，可以说是意远于笔了。以上诸家，在有清的画坛上，都应是高标独树。至于郑板桥，自是劲节临风，异军突起，蔚然大家。然而仔细评量，总觉其画有定式，笔有定势，方之石涛之变化莫测，笔随意转，意与物迁，一任自然，就大不一样了。

风白先生的兰竹，鄙见以为方之板桥而有余，方之石涛犹未足，或者说恰在两者之间，论形，则板桥居多，而又有所变化；论神，则石涛居多而又有所涵藏。故我以为风白先生的兰竹，其清在骨，其秀在神，其韵在墨，其雅在笔。有此清、秀、韵、雅、自然是名家笔墨，不同凡响，自足不朽了。

风白先生不但是兰竹的专家，而且兼擅翎毛花卉和山水人物。风白先生的翎毛，无论是八哥、蜡嘴、苍鹰、鸭雏、麻雀等等，都能栩栩如生，形神兼备。如收在画册里的一封八哥，意态多么生动，用笔多么准确。

中国画的难度，用笔是其一端。用笔不准确，则形象也就不准确、不生动。而最难的是下笔就准，不能修补涂改，真正是须要"下笔如有神"，才能见笔墨的骏利，才能达到飘逸流畅和书卷气。风白先生的翎毛确能达到这个境界。

风白先生的山水也是造诣极高的，收到画册里的几幅，就可见其一斑。我非常欣赏那幅《驴背吟诗图》，虽然这还是蒋老早年的作品，但已足见其笔墨的丰采和功力了，无怪乎这幅画上有卢前、梁实秋、张充和等名家的题诗。在另一幅山水上，还有汪东的题诗，这就更为难得。可见风白先生的画，受到当时名家何等的重视。昔年汪东先生还曾为风白先生的画展写序，称他的画"工而兼逸，形神俱似"，这是最精到的见解，也是最准确的评价。

风白先生还擅长画梅花，近世画梅，吴缶翁自是大家，并世画梅者，无不受其风靡。但风白先生却另辟蹊径，结构布图，一反昌翁结习。风白先生专以虬枝屈曲，以写梅之傲寒清奇，所以在缶老之外，画梅又得一绝品。

风白先生的书法，功力甚深，颇得潘天寿先生遗意，所以，在他画上的题句落款，都能与画面相衬托，收到相得益彰之效。加之，风白先生对印章、印泥亦甚讲究，而于作品的出手更严，因之，每一幅成，必定是书法题跋画面印章四者相互衬托，相映成趣，成为一幅完美的艺术品。

风白先生又富收藏，精于鉴赏，他日日与许多古人名迹相对，久之，自然而然地心与古会，笔有灵逸之气了。

我与风白先生游，屈指垂二十年，每过吴门，必造高居。而风白先生谦谦君子，暖暖春云，每论画，必言己之不足，而羡诸公之长，如此胸怀，可师可风，岂亦画竹而解心虚，画兰而挹清芬乎？

然则风白先生实以君子之清操，画四君子之高风，是以人画同化，人笔双清矣！质之当世之知者，其然乎？其不然乎！

1994 年 2 月 24 日甲戌上元之夜 1 时于京华瓜饭楼

健笔凌云　万象纵横
——读陈佩秋先生书画

赠　陈　健　碧

一

健笔凌云不世才。烽火江关动地哀。

百劫千难天作我，万象纵横笔底来。

二

近水遥山笔笔精。直追两宋到关荆。

平生踏遍天涯路，都在先生画里行。

　　陈佩秋先生是当代著名的大画家，我心仪已久，但久居京华，相隔数千里，无缘请教。往年晤谢公时，又值佩老不在，数失良机，慨叹无已。去年在上海，竟得机缘拜见，多聆清言，足慰平生。最近我又得读陈佩老画册，反复观摹，更佩高致。

健笔凌云　万象纵横

陈佩老在《山光水态图卷》中有一段题记说：

> 予习山水，自清六家四僧而上溯宋元，每有名山大川之游，反复体察前人"外师造化、中得心源"之说，至于古稀之年，犹未悟得其间精髓。迩来画人多以西洋彩影摄像为师，于是搜尽奇峰打草稿，疲于奔命之苦，遂一去不返，从此弃古奉新，舍中就外，穷尽移花接木之能，而颇以匠心独运自诩。殊不知此中奥秘，人竟皆为是，难免又有山阴道上之患。而我辈从事绘事者，能不以之自勉乎？

这段话，正好给了我们理解她的画作的一把钥匙，也可以看出她当年起步的正确。这实在是不容易的，因为当时的潮流，就是崇拜西洋画，认为学画必须从素描学起，把临摹古画看作是一种落后的思想，这种风气在美术界影响很大，甚至到现在还没有改变过来。陈佩老在50年代所作的《临流独坐图卷》的题记里回忆往事时说：

> 余醉心宋人山水，盖其师法自然而有所取舍。此图为五十年代初期所仿宋人之作。曩者余初习山水于校中，每有临抚，辄为同窗讪笑。回首此境，不觉五十余载，虽世殊事异，而其言犹在，能不令人感慨系之矣！

这段题记，更加证实了当时片面崇尚西画而无视我国传统的一种风气，我是亲身经历过这个阶段的，所以深有同感。当时陈佩老能独立在这种潮流之外，坚定不移地走自己的路，可见她是何等的卓识，何等的坚毅。

　　现在我们循着她的启示来读她的画时，就会清楚地感到她的画，一是直追宋元，深入堂奥；二是功深力厚，笔墨精湛；三是巨篇杰构，俱足典范。她的《抚宋各家山水册》，可以看到董源、巨然、燕文贵，甚至还有五代的赵幹等的笔法，而且能得各家的神韵。她的《临流独坐》，也是50年代精心之作，即当时受人讥讪者，现在看来，此画恰恰是深得宋人神韵者，其笔法主要是从巨然等变化而来。她的《清溪泛舟图》，也是50年代精心之作，画的上端曲岸斜线，自然地钩出溪岸，下端则是微涟轻烟，丛苇浅渚，一叶扁舟，萦回于中流，而岸边的丛林，倚侧有致，令人联想起宋人《秋林放犊图》、《濠梁秋水图》等的树法。其整体意境，更是一派宋画神韵。予曾以小诗题此画云：

清溪一棹自回舟。曲岸丛林事事幽。

依约此情何处见，分明宋院旧风流。

陈佩老的《长松飞瀑图》则是非常出色的黄鹤山樵笔法，所以启功先生题诗说：

一派山樵笔墨精。遥天翠色列眉青。

云飞瀑响如相语，何处仙居入画屏。

健碧夫人画不减南楼，此卷笔飞墨舞，全自黄鹤太白山图来，
次韵题尾，以志眼福。启功

王蒙的《太白山图》，现藏辽宁博物馆，我曾见其原作，佩老此作，确如启功先生所说，但原作是浅绛山水，陈佩老一变其浅绛傅色为青绿，遂生新意，至于构图，更是匠心独运，自抒机轴，所以别开妙境。

陈佩老于1988年作《秋山图》浅绛山水，则更与《太白山图》可

以颉颃。令人深叹佩老的笔力无穷。

1997 年作的《青峦山居图》，则是重峦叠翠，青葱深秀，满纸森郁之气，依然可见巨然笔墨。这幅图我曾反复观摹，总觉似曾相识。后来悟出我数次从新疆伊宁翻天山到南疆库车，发车后沿巩乃斯河上行，一路景色如画，令人欲醉。车近那拉提，右侧崇山叠嶂，翠绿欲滴，巩乃斯河淙淙而下，喷珠溅玉，数树古松，散布翠嶂间，如翠盖、如绿伞，远看自下而上一片青葱，恰如陈佩老所画。我贪看景色，在此停车一小时，真是置身于万绿丛中，是夜宿那拉提，海拔 3000 多米。此情此景，如在目前。今见陈老此画，宛如重游旧景，倍觉亲切，亦深佩陈老运古入新、与古为新之巨笔。虽然陈老不是画的此处景色，却令人自然联想，可见其画的艺术感染力。我曾为此画题小诗云：

> 绿草如茵翠色浓。淙淙泻玉响玲珑。
> 平生几度天山路，万叠青嶂数点松。

陈佩老另有一类山水画，突破宋人，吸收近贤笔墨，自成新貌而古趣盎然，亦古亦新，如《早春二月》、《小溪幽居》、《溪山晴夏图卷》等，均可见其吞吐古今、含英咀华之长才。

陈佩老的花鸟草虫，于宋元用力极深，尤其是她的《花鸟杂册》八开，我反复观摹，觉得虽置于宋画之中，恐一时亦难以区别。她的《仿钱选八花图卷》，更是的真钱选，其功力之深，令人叹佩，无怪潘伯鹰老每开都有题诗，予细观此册，各花叶脉文理，繁密而自然，恰如其真，傅色则随花自然，各有轻重而皆得其生生之意，虽是临本，亦足见其写生妙手。陈佩老于《盆景》一画上有题记云：

> 余二十写花，今五十一矣。每当秋春百卉着蕾之时，策健

步于花房园林，或手栽盆景，纵观其休歇成盛怒发之态，久之
心有所得，而运诸于笔。于是花之舒侧，偃仰纷靡，婆娑之
态，莫不挥洒自如，栩栩乎跃之缣素之上矣。

这一段题记，正好用来说明此画虽是临本，却能如写真之有生意之秘
奥，亦是"外师造化，中得心源"一语之真诠。近世画人，亦常用此
语，而观其所作，却去真邈远，可见此八字岂可泛泛套用？非写真如陈
佩老者，始可言"师造化而得心源"也。此中尤要，是在"得心源"
三字。盖"得心源"者，实一"悟"字也，佩老于自然造化，独有所
"悟"，慧心一点，造化独钟，实非易得，亦非人人可得言此四字者，故
借此慨乎言之，以志感佩。

陈佩老的荷花，一类是没骨写生，一类是纵横泼彩。此两类皆各擅
胜场。予观其没骨写生，则临风出水，涓涓珠露，玉立亭亭，风致嫣
然，可以想见姜白石"嫣然摇动，冷香飞上诗句"之概。而其纵横泼彩
之荷花，更得发画家胸中之逸兴，可见其解衣磅礴，旁若无人之胜概。
以前大千先生画荷花，往往大笔舒卷，尽兴快意，然证之荷叶真态，亦
相去过远。昔南宋姜白石曾刺小舟于荷花丛中，叶高过顶，船行翠盖之
下，弥天绿云，怡然自得，则此荷叶当甚大，然能否如千翁之长笔舒
卷，亦未可必。故予更喜陈佩老之泼彩荷花长卷，可见其大笔淋漓之
态，郁勃幽深之境，故予复有诗云：

仙子凌波彩墨香。横塘月色照霓裳。
如何一管生花笔，竟比词仙意更长。

词仙，指姜白石也。

陈佩老的鸟雀草虫，亦擅胜场。1961 年所作的《红叶秋蝉图卷》，

1962 年所作的《蛱蝶图卷》，令人叹为观止。昔白石老人作草虫，名震中外，一虫之值，何止百金。予在京华，有缘得多所观摹，尝叹写生之精，尤为绝调。其所作秋蝉，翼轻如薄纱，笔细如游丝。今观陈佩老之秋蝉，工细至于极致，且蝉翼轻薄透体，而蝉背微微透光，衬以红叶，真形神兼备，光色相映，何减白石当年，真妙笔也。其所作《蛱蝶图》，蛱蝶大小共六只，运笔如丝，姿态各异，而并得翩翩之状。画史上称赵昌蛱蝶，予未得见，虽故宫有藏，亦疑非真。今观陈佩老之蛱蝶，其写生妙笔，足可与白石并论。

陈佩老之鸟雀，亦并世之一绝。画史上之鸟雀，以黄荃、崔白并称，今各有传，若以陈画相较，则精妙传神，何减崔黄。尤其是陈佩老所作鸳鸯，鹣鹣比翼，香梦深稳，可谓尽态极妍，依然宋画风貌。予于其所画之蛱蝶、鸳鸯，均有题咏。题《鸳鸯》云：

> 鸣禽纸上有崔黄。千载何人继胜场。
> 今日映窗惊健笔，秋塘风细睡鸳鸯。

题《蛱蝶图》云：

> 翩翩粉蝶思蒙庄。梦里还疑是赵昌。
> 不见当年齐白石，秋堂蝶影有花香。

陈佩老 1979 年所作《牡丹》，花、叶、干均双钩细笔，傅色沉雅，1960 年所作《牡丹》，同一风致而稍有差异，然同是出于钱选。佩老所作水墨《四君子图》，运笔舒展潇洒，笔随意转，风神别具，其高致略似徐天池，而其所作《双鱼吉庆》册，每页都画双鱼而变化有致，其笔法略拟八大而又有新意，自饶韵致。陈佩老所作细笔兰花，更显示她卓绝的笔墨线条功夫，临风飘洒，婉转随意，而刚柔相济，虽然初看只是几根线条，实际上却是最好的笔墨功夫的展示，此类线条，轻重得宜、疾徐有致，而无一笔有滞涩，无一笔不飘洒，非有极精湛的笔墨功夫，何能臻此高境。而近世竟有人以为笔墨等于零者，观此杰作，能不慨然。

陈佩老的画，丰富多彩，亦古亦新，工写皆精，决非此片言只语可以尽其高致者，以上所云，不过浅言浮想而已。

陈佩老的书法，行草出自张旭、怀素，大字恢宏伟岸，有磊落亢爽气象。小楷出自倪云林，并参以章草笔法，故其所作字，秀劲古拙，令人久看不厌，可谓书、画两绝。

近数年来，国画界老陈凋谢，颇有寂寞之叹，而陈佩老已届八十高龄，依然健笔凌云，纵横今古，其所作书画，无论是宋元规范，无论是自出新意，皆足垂范当世，而其所历学艺之艰难路程，亦后学之所可得而循也！

2001 年 7 月 18 日大暑挥汗，写于京东且住草堂

丹青泼向黔西东

—— 《刘知白画集》序

隐逸天南老画师。超超画笔绝人知。

金陵只有髡残子，① 百载神交相与痴。

二石超超画笔稀。② 天南又见白云飞。

神州自古多奇逸，寂寂空山一布衣。

—— 赠刘白云画师

我孤陋寡闻，一直没有读过刘白云先生的画，最近由于友人的介绍，让我得见刘老的一部分册页原作和部分画作的照片，使我大吃一惊，读刘老的画，真有"如听仙乐耳暂明"的感觉，其所以如此，是因为刘老的画，是地道的中国气派，中国神韵！

我最激赏刘老的这些山水画，笔墨之高，已入化境，也即是达到了

---

① 石谿本名髡残，又号白秃子。

② 二石，指石谿、石涛。

263

自由的境界，真所谓"从心所欲不逾矩"。要达到这个境界，真是千难万难，并不是每个画家都能达到的，有如参禅，不参透多少重禅关，不可能达到真正的彻悟。

刘老一生艰难困苦，历尽人生旅途之险，都从不畏惧，更不停步，继续历险，继续攀登，终于达到了高峰。陆放翁说"历险心胆元自壮"，我恰好从刘老的画中看到了他的"壮心"。

从山水画的渊源来说，刘老画里呈现出来的是石涛、石谿、梅瞿山等人的气派，而且其高处，绝不在二石之下。也许有人会说我夸张，但我是反复斟酌后才说这个话的，我连续看他的山水册页原作，看了半个月，一再自己衡量我这句话的分寸，我觉得刘老的画可以当之无愧！我也绝没有夸张！我除了看到刘老的画外，与刘老至今还无半面之识。

刘老的画除笔墨之高外，还有一点是笔墨、构图之新。画面略无雷同，画笔虽然可以辨认出石涛、石谿、梅清的血脉来，但绝不是摹仿，更不临古，恰恰相反，他的山水完全是从贵州的真山真水中来。

刘老曾住在贵阳东南的龙里洗马区两年多，这是个山区农村，他奔走于龙里到织金的黔西山区。说也巧，这一带山区，我于 1985 年 5 月去过，我从贵阳出发经安顺，直到织金。一路山水之奇，令人惊心触目。给我印象最深的是有一处山峰，孤立突出，上宽下窄，宛如曾看过的一幅石涛画稿。我初看此画时，觉得山峰上宽下窄，差距甚大，不可思议。及至在织金途中看到此山时，方信天下山水，奇妙无尽，不可以蠡测也。我又从贵阳坐汽车经龙里、贵定、凯里、施秉、镇远、岑巩、玉屏到湖南的怀化。这一路上的山水更是奇妙壮丽，不可名状，这一次我把黔西黔东走了一遍，只觉得如入石涛画册，非复俗世，当时曾有诗云：

一路看山到米家。青螺十万尽轻纱。

丹青泼向黔西东

婵娟不是羞人面，舞罢霓裳髻子斜。

山回路转翠重重。扑面青葱十二峰。
今代画师谁国手，丹青泼向黔西东。

我是说，是哪一位国手画师，把自己的画铺在这黔西东的大地上了，这当然是夸张形容之词；但我现在看了刘老的画，却觉得是黔西东的山水跑到刘老的画里了！当地的山水本身就如石涛的画，再加上刘老传统画法的修养很深，于石涛、石谿尤所熟悉。自身的修养、气韵与客观的山水环境契合无间，自然就独造神妙了！

我说刘老的画多有石涛、石谿等人的影响，这是从分析的角度说的；就画面的效果和欣赏的角度来说，那刘老的画，完全是自出新意，一片天机，没有丝毫陈旧的感觉，相反却是令人为之耳目一新，看到了贵州真山真水的神韵！

刘老的花卉，也是信笔天成，虽然他极崇拜吴昌硕、齐白石，乃至八大、石涛，但他的花卉，也完全是自家面目，绝无依傍。如一定要寻其渊源，还是八大、昌硕的意趣在笔墨间自然流露较多。

刘老的金鱼，堪称一绝。画史上虚谷的短尾巴金鱼是出名的，其出名当然不在尾短，而是在得鱼的神理。据知虚谷时代的金鱼，还没有长尾巴的品种，长尾巴是后来培养出来的，这犹之乎陶渊明时代的菊花，还没有今天看到的各色各样的长瓣品种，还只是自然的短瓣黄花一样。所以虚谷不能画长尾巴金鱼，却能画出金鱼的特殊神味。

近世画金鱼，汪亚尘是一绝，长尾飘洒，助长了金鱼"鱼水之乐"的神情，但刘老的金鱼，用笔极简而又极准确，不仅造型美，而且能独得其神韵。我虽只看到他三幅墨迹，但其高妙的笔墨造诣已可知其深得"鱼之乐"了。

　　刘老一生坎坷，但襟怀坦荡，意存高古，不戚戚于富贵，不汲汲于名利。作画只是写意，只是自抒胸臆，不是制造商品，所以绝不作自我宣传。我读刘老的画和了解了他的生活道路和崇高的品格，更加感到他的画的深厚的内涵和超逸的意蕴！

　　刘老的画我感到已经人格化了，而刘老的人也已经与天地、山水、自然浑然默契了，这真是画家最难达到的最高境界！

1999 年 7 月 11 日夜于京东且住草堂

赠刘白云画师

参透苍苍笔底要。萧萧风雨起六朝。

辋川若见莲翁笔，应悟洪荒是寂寥。

2000 年 5 月 11 日

金针度人绣鸳鸯

——读刘白云先生山水画稿

　　最近，我有幸读到刘白云先生的山水画稿。所谓"画稿"，当然是指"草稿"，即作画的初稿。有的是直接写生的稿子。记得数年前有出版社出过《白石老人画稿》，我曾得到一本，朝夕观摹，爱不释手。为什么？因为这是画稿，课徒用的，往往一棵树的画法，分成好多部分，从中看到他作画的过程，先画什么，再画什么，于初学者甚有启发性。前不久老画家蒋风白先生，出了一本画兰竹的书，也是授人以法的课本。于有志于学画者极有用处。我小时候曾反复临过《芥子园画谱》，也是一种课徒的书，流传已久，记得白石老人曾说过，他小时候就是临《芥子园画谱》，可见此书度人无数。

　　关于此类的书，很多很多，一时是说不完的。

　　刘白云先生的这部山水画稿，并不是课徒用的，而是他的写生稿或作画的草稿。因为不是专为课徒用的，所以画稿并没有将每幅画作分解，都是一幅幅单页的画，而且每幅画都已经完成了绝大部分了，尚有少部分没有完成，所以还是属于"稿"。

　　"画稿"既是一种未完成的作品，那末它能有什么用处呢？用处大得很，就是从他的未完稿，学习他的作画过程，作画技法，从中寻觅门径，琢磨画家的行笔、技巧、构图、布局等等。

记得我小时，曾在大画家诸健秋先生画室看过他作画，先生告诉我说"看就是学"，要我仔细地看。从此我就特别注意看，从看中去学。最得益的是看他作画，作画是完成的过程，从看的角度来说，是从局部到整体，从分解到综合。这与画谱一样，而比画谱要直观得多了。然而，这样的机缘不是人人能遇到的，所以，能看到老画家的"画稿"就是非常可贵的了。

刘白云先生的这部画稿，共八十幅，全部是山水。读者可以仔细琢磨，这八十幅山水，无一幅雷同，真是万千丘壑，变化无穷，而尽藏胸中，尽从笔底流出。有志于山水画者，可以学习刘老胸藏丘壑的本领。其实这不单纯是学画稿上的图，而是更要学刘老的实践，学他的踏遍青山。山看得多了，自然胸中就藏得多了。

这部画稿的另一启示，是刘老将近九十年的经历，历尽艰难，而终身不渝。刘老在画稿上自己题诗说：

数十年来何所事？一心一意种青松。
千山个个伸头望，笑谓云翁意未穷。

刘老的这种一辈子"一心一意"的精神，是非常重要的一点，也可以说是成功的关键。现在有些年轻人，总希望一朝发迹，这完全是不可能的，走此捷径，必然不通。屈原说："路幽昧以险隘兮，惟捷径以窘步。"想走捷径的人，无一不是以失败而告终的。所以刘老的这种"一辈子"精神，是画家成功的秘诀，是不二法门。这部画稿就是证明。

前面已说到，这部画稿，千丘万壑，无一雷同，各种形态的山石，也即是各种皴法，各色各样的树木，不仅仅是不同的树种，圆叶的、阔叶的、针叶的、齿叶的、对称叶的、聚生叶的等等；还有各种各样千奇百怪的姿态的古树，还有配置其间的流水、小桥、渔舟、茅亭，以及携杖的老人、牵衣的稚子等等，这一切都是学山水的基本课题，刘老在画稿里，都一一配置得十分自然妥帖，看起来都是一幅幅真实的写生画面。实际上其中有的是真实的，有的是移花接木，是从别处借用来的，这就是画家从真实到艺术的创作过程，这一过程，于初学者更是宝贵的经验，而这本画稿里，在在都可以取法。

只要反复阅读这部画稿，读者自会发现自己所需要的更多方面的启示。用不着我来罗列。

"鸳鸯绣罢从君看，不把金针度与人。"这是一种陈旧的保守思想，现在刘老则反其道而行之，这叫做"鸳鸯绣罢从君看，尽把金针度与人"！

2001 年 10 月 18 日凌晨于京东且住草堂

白 云 之 歌

　　大画家刘白云去世了，终年八十九岁。他走得很安详很平静，他临走时要作画，初时画得很写实，很具象，跟平时作画一样。渐渐地，变形了，抽象了，幻化了，无所谓山也无所谓云了，他也在幻化中走了。他吃一辈子的苦，作了一辈子的画。画就是他，他也就是画。我为之作歌曰：

　　　　白云白云，来去无心，
　　　　来也飘飘，去也轻轻。
　　　　谓尔已去，
　　　　尔在山巅，尔在水滨，
　　　　尔在木末，尔在青萍。
　　　　谓尔已来，
　　　　尔也无形。
　　　　尔在虚空，尔在溟溟。
　　　　尔在无何有之乡，尔在广漠之无垠！

白云白云，来去无心。
无所谓来，无所谓去。
去就是来，来就是去。
去来之间，早已无形。

白云白云，
谓尔有形，尔已无形。
谓尔无形，尔也有形。

白云白云，
归为大化，归为溟溟。
与天地合一，以宇宙为心。
悠悠白云，万世长存！

2003 年 8 月 15 日凌晨 4 时于北京

忆老画家张正宇先生

　　我是哪一年认识张正宇先生的，现在竟有点记不清楚了，大概是60年代的初期。那时，我们常从文联礼堂看戏回来，走在一路，因为我们是紧邻。有一次，他邀我到他家去玩，印象最深的是书房里挂的那副对子，联语是："山随画活，云为诗留。"对句好，书法尤为别致，非草非篆，亦草亦篆，一种清新的气息扑人眉宇。我那时并不知道是他写的，脱口就说："好字！"问是谁写的，他说是他写的。至此，我才知道他除了能画以外，还有一手好书法，他大概也因为我还能领略他的书法，颇有空谷足音之感。又有一次，我看到他的书房里挂着一幅钱瘦铁画的南瓜，朱红色的瓜（瓜是用朱砂画的），一片挺立的叶子，用笔沉着，设色浑厚，没有一点火气。这张画我看了又看，觉得虽然是尺页小幅，却包含着画家的全部功力和修养，包括构图上的自然和真实。他说："瘦铁画了十几张，才选出了这一张，你的眼力真凶！"（庸按：无锡话，就是有鉴赏力。）从此我们就常常来往。

　　当时，我们大家都很忙，所以在一起聊天的机会并不很多。

　　"文化大革命"中间，我知道他受的冲击很大，我自己也在受冲击，所以有整整六七年没有往来。尽管我们仍旧是紧邻，但我在江西干校，他在高碑店农场，天南地北，很难有见面的机会。

1972 年我从江西回来，不久，他也从农场回来了，从此我们又见面了。而且，我们大家都无事可做，这倒给我们带来了天天见面的好机会，我成为他家每天必到的座上客。我们无所不谈，从书法、绘画到戏剧，有时也谈点文学，还谈诗，实际上对我来说，是每天到他那里去学习。我确实受到了他的不少启发。他多次要我在他的画桌上写字。他看过我写字以后，立即指出了我的毛病，他说我运笔太快，临写以前想得不够，没有作全局的构思。运笔快，笔不入纸，字就显得飘浮，构思不够，常常影响到整幅字写完后缺少完整性，缺少整体美。他告诉我，就是写草书，也不是运笔很快的，仍然是疾徐有致、不急不躁、有擒有纵的。他还特别注意每个字的结构即造型上的美，他写的"山舞银蛇"等草篆，简直是形象美到极点了。

有一次，他忽然兴致来了，说要到我家去，我住在五层楼上，我说你就算了吧，爬五层楼太吃力了。但他执意要来，到了我的书房里，首先要我的画看。我根本不是学画的，偶然信笔涂鸦，哪里能算画。他抬头看到我房门背后挂着一张墨葡萄，这张画已经画好一年了，一直挂在那里没有去管它。他看到后，极为赞赏，说一定要裱。我就把它裱了，送到他家，他说放在我这里挂罢，如果挂在这里能站得住，就算你经得起考验。我当然明白，这是老人对我的一种鼓励和鞭策，若论画，哪里说得上。但由于他的鼓励，我居然也放大胆子常常乱涂起来，他每次看我的新画，总是要批评几句，有时还很严厉。他说："你要'破'，自己否定自己。不要老一套，为什么葡萄的叶子总是三笔呢?"他说："画画不能光求形似，要求神似，这就叫做'超以象外'，然后才能'得其环中'。"他还为此把这两句话写成对子送我。他的这种不断追求创新，不肯固步自封的精神，我觉得实在是难能可贵的。

说到画，他常常说起他的哥哥张光宇。他说："光宇了不起，可惜你没有见到他。"有一次他拿出一张张光宇的画，画的是"金钱豹"。寥寥几笔，天真传神，题字是："三弟，送你一幅金钱豹。"字也写得挥洒自如，无丝毫刻求之意。我一见它，就像刻进了我的脑子里一样，闭目即能看见，我深深感到好的画确实有象外之象，味外之味。

由此，我们谈起了戏剧。一说戏，他便如数家珍，从杨小楼一直谈到盖叫天、李少春；从梅、程、荀、尚一直谈到张君秋、赵燕侠；还有一位武生厉慧良，他的《嫁妹》、《艳阳楼》、《长坂坡》更是张老时常谈起的，而且一谈起来他总是翘起大拇指连声称赞，眉飞色舞，令人神往。他说可惜现在都已经风流云散了。他说："赵燕侠是一位大家，她还在，也许还有可能看到她的演出罢。"他谈起这些举世闻名的表演艺术家来，总是十分激动，对他们十分怀念。我记得 1975 年他从上海回来，还特意画了一幅盖叫天的《十字坡》送给盖叫天的儿子，足见他对盖老的感情之深。

"四人帮"大批齐白石，连他的坟墓都被挖掉，一提起这事他就愤愤不平。我说齐白石批不倒，"长城万里今犹在，不见当年秦始皇"。齐白石用他的画筑了一座万里长城，而批齐白石的那个"三点水"，只不过是一个做尽了坏事，遗臭万年，永远被人民唾骂的丑角而已。他连忙说："'三点水'不是个好东西，早晚要完蛋！"尤其是 1975 年"四人帮"批"黑画"的时候，我们实在气坏了，常常在他家里发牢骚，有时甚至关起房门来骂。他常说要去看看黄永玉，要去看看老许（许麔庐）。大家知道，黄永玉同志就是被"四人帮"视为眼中钉的最"黑"的"黑画家"，他的罪状兼杰作还是那张睁一眼闭一眼的猫头鹰，而许麔庐同志因为画了一张"四世清白"——四个青柿子，一棵大白菜，而被认为是"翻案"，也被"光荣"地选进了所谓"黑画家"的行列。我们看着这种倒行逆施的情景，实在感到忧心如焚！

"四人帮"为了阴谋反对我们敬爱的周总理，曾突然掀起了批判无标题音乐的运动，我对于音乐是外行，根本不懂得什么叫无标题音乐，更不会觉察他们的阴谋，正宇同志与我也一样。但没有想到这场"运动"，也会给这位老人的创作带来损失。大家知道，"文化大革命"中一直批他画"猫"，他也始终不明白画"猫"何罪之有？但既然要批，那就不画罢。所以"文化大革命"以后，他一直不画猫，只画一些山水小品和熊猫、石头之类的东西。有一次他画了一幅尺页，画面是一个陶制的红泥小火炉，上面横放着一条鱼，用笔极其简朴古拙，色彩极为单纯。这张画特别富于民间气息，也显出这位老人幽默天真的风趣。在画面上端题了草书"无题"两个字，旁署年月和他的名字。这张画是我最最欣赏的他的小品之一，多次想问他要，但觉得这样的精品，我不忍夺他所爱，所以从未向他说出我的意思。他把这幅画裱好后放入镜框，悬在室内。我每次去，总要仔细读一读，欣赏一番。但有一天我去，照例想读读这张画，一看却没有了。我问这张画到哪里去了，他说："撕了！"我大吃一惊，问是怎么回事！他说："不是批无标题音乐嘛，我这个也是无标题音乐'无题'嘛！"我说："他是批无标题音乐，与你这个'无题'的画有什么关系呢！你把它撕了，多可惜。"他说："你说没有关系，到时候他就'关系'上来了，不如撕了干净。"他说："反正我们这一号人，是不会合他们的胃口的，改造也改造不来，他批什么，我就有什么，你说怪不怪？这回又碰上了！"张老的这些话充满着愤激之情，是对"四人帮"的强烈抗议和控诉。通过这件事，可以看到"四人帮"对这位老人，也是对所有的正直的知识分子的心灵摧残得多么严重啊！当然，它另一方面，也反映了这位老人的倔强不屈。

1976年1月8日，我们敬爱的周总理与世长辞了。早晨我含着热泪，穿好衣服，没有吃早饭就跑到办公的单位。回来时照例先到张老家里去，这时大约是10点钟左右，我走到他的书房门口，里面静悄悄地好像没有人，我习惯地推开他的房门走进去，只见他一个人独自坐在画桌前的藤椅上，房间正中的方桌上放着一瓶新鲜洁白的玉簪花。我走到他画桌对面的椅子旁与他相对坐着，他用沉痛的眼光看着我，好久没有说一句话。沉默，一直是沉默着，但止不住我们各自的眼里簌簌地流下泪来了。沉默了很久，他终于说话了。他指着那瓶玉簪花说："这洁白新鲜的玉簪，表示我对总理的最沉痛的哀思，总理就是那样洁白无瑕啊……"停了一会儿，他就指着他身后书架上放着的总理像说："像前的这朵瓷质的粉色小玫瑰花，是总理送给孙维世，孙维世又转送给我的，我一直珍藏着，'文化大革命'中也没有丢失，现在他们都不在了，我拿出来献在总理像前，纪念他们两位罢！"他说话时的语调是那么诚挚沉重，停了好久，他又说了一句："不知金山怎样了。"我每一回想到这段情景，我的眼泪就止不住要流下来。

我们相对默坐着，无话可说……

天安门前人似潮，花如雪，悼念总理的人流像"不尽长江滚滚来"。我有生以来第一次经历这样动地的哀声，也第一次经受这样巨大的悲痛，它像泰山压顶一样，压得每个中国人喘不过气来。我回到家里，拿起笔来画了一幅泼墨葡萄，题了四句句子。

和墨和泪写葡萄。泪珠墨珠一齐抛。

写成总觉无颜色，江山日月惨怀抱。

我把天安门前的情景每天告诉张老，他说我也要到天安门去悼念总理。张老这时已经七十三岁了，身体有病，我不放心，我说："你挤不起，不要挤坏了，每天我们来给你说说罢。"他说："我是要去表达我的心意啊！"

1月13日，那是一个星期日，我一早就去天安门了。这时人们的哀思越积越重，花圈已经布满了整个广场，一直摆满了天安门前的观礼台。无情的刺骨寒风，好像是特意要加深我们的悲伤的气氛。这天，我一直到 1 点才回家，照例我又先到张老家里，哪知道他也是早上去天安门的，回来后，他在一张四尺的宣纸上用行书写了一首诗：

> 九州摧腑恸，四海共沾巾。
> 青史三千载，如公有几人！

旁边的题句是："一九七六年一月十三日，携全家前往人民英雄碑悼念周总理归来诗。张正宇。"诗是他的女婿瞿寿德同志写的，这张字表达了他对总理的无限崇敬和痛悼的心情。

敬爱的总理与世长辞后，整个政治形势大变，"四人帮"以为时机已到，加紧了他们篡党夺权的阴谋活动。他们首先向全国人民寄以无限希望的邓小平同志下手，大约是 2 月底，"四人帮"控制的《文汇报》，在一篇黑文章里，就开始用指桑骂槐的手法，骂起所谓"黑猫白猫"来了。"物不平则鸣"，我们实在不平啊！满腹牢骚，何处可以发泄？我说："他批黑猫白猫，你干脆画一个又黑又白的花猫，怎么样？"他迟疑了一会，以杖叩地奋然说："画！"于是他马上拿起纸来，我把画室的门关上，他略加思索，就画了起来，不到半小时，一张又黑又白的花猫画好了，画得十分传神。他说你题罢。但是，题词是个难事，说得太露，容易被他们发觉，说得太藏，又不容易表达我们的意见，我踌躇了一会儿，终于想好了几句：

> 尔貌如狮，
> 尔性温如。
> 尔口念佛，
> 尔嘴嗜血食。

忆老画家张正宇先生

猫乎狮乎？

兼而得之。

这最后两句是双关的语意，意思是说，将来有朝一日，猫要变为狮子把你们这批祸国殃民的害民贼吃掉。正宇同志看了极为满意，立即就写了上去。为了避免"四人帮"鹰犬的发觉，画上没有写年月，也没有署名，只写了"石门老人并题"几个字。这幅画画好后，他极为得意，原来是要赠给我的，他说先留下来我自己看看罢。这张画没有敢拿到外面去裱，由装潢设计家曹辛之同志亲自拿去裱了，裱好后，一直挂在他的室内，并且更换了好几个地方，为的是坐卧都能看到它。哪里知道，这张《猫》，竟成了他的绝笔。

7月28日夜里，唐山突然爆发了大地震。我在睡梦中从床上一下被震到对面的书架上，我在慌急中与全家一起冲下楼梯，耳边只听得有如天风海雨，一切东西都在往地下纷纷倾泻，整个大楼在剧烈摇晃。当我们冲下楼后，惊魂甫定，我就走出大门去看正宇同志，只见他已在院子里，幸而大家都无恙。这以后的一段日子里，天天是紧张地防备地震，好多人劝他到南方去躲地震，他坚决地说："我要与八百万北京居民共存亡，坚决不走。"有一次，他幽默地对我说："我就睡在这窗边的小床上，明儿房子震塌了，你记着就到这个地方来扒我！"后来，我们一起在门前马路边上搭了防震棚，我们住在一个防震棚里。由于气候的反常，马路边的槐树，花开得密密层层，每天扫几遍都扫不完。这时，张老的脚已经开始有点肿了，但他的精神仍很好，只要稍为安定一点，他就要回到家里写字画画。我对他说我集了一副对子，你写下来留个纪念吧，联语是集庾信《小园赋》的句子，叫："落叶半床，狂花满屋。"我说这两句恰好切合我们地震棚里槐花满床、落叶遍地的情景。他一听这个句子欢喜极了，连忙跑到家里，挥笔就写。这副对子写得特别精彩，非篆非隶，亦篆亦隶，天真自然，实在是别开生面的化工之笔。我给他拟了一段长跋："丙辰地陷东南日，予与其庸结棚居门前马路侧，时槐花狂发，落叶满地，因书庚子山句，为它日记忆耳！正宇。"写完以后，他满意极了。他说："你要我放开写，不怕'怪'，所以我就没有拘束了。"哪里想到，这副对子，也竟是他最后的一副对子。

那时，他的病已经愈来愈重了，当时主要的症状是脚肿，我特意请了耿鉴庭大夫来给他诊治。耿大夫给他开了方，当天正宇同志精神很好，像往常一样只要有纸就爱写，耿大夫带来了一张丈六的乾隆纸，他喜欢极了，让我们给他准备好墨，他挥笔就写。记得写的是刘禹锡与白居易同登扬州栖灵寺塔的诗，是写的狂草。正宇同志每到写字时，总是解衣般礴，全神贯注，有时还要大声喊叫。我深深感到他只要一进入艺术这个王国里以后，就什么都丢开了，他是全身心地热爱艺术的。这张字写得神气十足，看他写字时的神气，怎么能想象到一个月以后他就要与世长辞了呢？我给他开玩笑说，一进入艺术王国里，你就是个拔山盖世的楚霸王。他说："艺术是要有胆气的，决不是描龙绣凤。"那天他写完这张大幅的狂草后还没有过瘾，又把裁下来的一段纸为耿大夫写了"鸭趾草堂"四个字，字写得极"怪"而极好。他豪兴不尽，还要留我们畅谈，我们怕他身体不好就辞了出来。

正宇同志后来入院治疗。他在病中仍天天关心国家大事，"四人帮"大搞"批邓"，他一听就火，嘱咐要把他那张《猫》好好保存。10 月初，他的病愈来愈重了，卧床不起，有时出现神志不清的情况。8 日中午我突然得知了中央已经一举粉碎了"四人帮"，把他们统统抓起来了。当时我兴奋得热泪纵横，不知如何是好。我首先想到的是赶快去告诉正宇同志，我兴冲冲地赶到医院，到他的病榻边，对着他的耳朵告诉他："'三点水'还有其他三个统统抓起来了。"他一听这个消息，兴奋得要坐起来，我就扶着他坐了起来，背后放了靠垫。他喘了一口气说："总算等着了今天。"他说:"我要赶快出院,我要狠狠地给他们画几张画(指揭露'四人帮'、批判'四人帮'的漫画),尤其是这个'三点水',我不能便宜她,要多'赏'她几张画。"说到这里,他的儿子张羽立进来了,他连忙把这个消息告诉了羽立,并嘱咐他先不要讲出去,免得出事。

这以后,我们一直沉浸在狂欢中,我们参加了游行庆祝大会,回去就告诉他,他总是问得很仔细。遗憾的是他的病日重一日,到 10 月 20 日以后,基本上一直在半昏迷状态中了。我们心知这位老人,这位胸中藏着不知多少艺术宝藏的艺术大师不能再起了,我每次去看他,总是怀着悲痛而绝望的心情,只是争取多看一眼而已。10 月 26 日那天我去看他,他已经不能说话好多天了,我走到床前,他睁开眼看见是我,脸上微微露出激动的神情,嘴不止地动,终于他使尽了力气喊出了一声:"其庸!"这两个字刚出来,他的眼睛已润湿了,两滴泪水停在他的眼角上。我给他擦干了泪水,可我自己的泪水却怎么也擦不干了!我含着眼泪问他:"你要说话吗?"他微微点头,可就是说不出来。我问他要用笔写吗?他仍是微微点头,我把圆珠笔放到他的手里,他的那只创造过不少艺术精品的手,却再也握不住笔了,圆珠笔从他手里落了下来。这时无穷的悲哀向我袭来,我不知如何是好,我凑近他的耳朵说:"你是不是要嘱咐我们要好好保存整理你的艺术创造?我们一定会遵照你的嘱咐做好这件事的。"这时他的好友也是学生尹光华、黄云刚走到身边,张老微微点头,用他微弱的眼光看着我们三个人……

10 月 27 日,这位优秀的艺术家终于与世长辞了。

正宇同志在艺术上的成就是很突出的,他的书法功力深,造诣高,别具风格。他的草篆、他的隶书以及狂草,都达到了极高的境界。尤其是他的草篆,具有独创的性质,虽然在清代也有人用草书的方法写过篆书,但仍旧拘谨得很,草意极少。正宇同志大大发展了这种写法,真正做到把篆书当做草书写，原来整齐均匀因而也带有一点呆板的篆书，到了他的手里，就飞动起来了。他说，他写"四海翻腾云水怒，五洲震荡风雷激"这两句，就一定要使读者感到有"四海翻腾"的感觉，具有革命的时代气息。他的书法的另一特点，是具有很高的造型美，也就是在字形结构上具有形象的美。他的隶书，出入于汉隶，但他善于吸收，有时把篆书、魏碑、竹简、马王堆帛书等多方面的东西都融化进去了，形成了他的特殊的风格，而又浑成大雅，无丝毫做作气。他的狂草，也是戛戛独造的。有一次他写一条两丈多长的条幅，绢本，只写了"飞流直下三千尺，疑是银河落九天"十四个字，写好后挂起来，简直如看庐山香炉峰的瀑布，真有"飞流直下三千尺"的磅礴气势。正宇同志的画，成就也很高，他天分高，气质好，出笔就不同凡响。他的猫是早已有名于艺林了。他晚年所作的熊猫、水仙、荷花、石头，以及山水、梅花等，都能妙境独造，不与人同，如果天假以年，他是可以成为当代的巨擘的。他到 1975 年以后，才开始刻图章。我的几方图章："草书之幻"、"醉墨"、"宽堂"、"瓜饭楼"、"故里龙山"、"宽斋"等等都是他给我刻的。他的图章，功力在他的书法，加上他是一位工艺美术专家，精通装潢艺术，所以他的图章的章法就很高，而且一任自然，绝无做作之弊。从图章的风格气息来说，还是融化汉隶的东西较多而又自出新意，所以他的图章，丝毫也没有印人习气，自呈清新朴厚的面貌。可惜他动手太晚，而又天不假年，因此所刻无几，大致一共不到百方。他常常爱写石涛的这首诗：

画法关通书法津。苍苍茫茫率天真。
不然试问张颠老，解处何观舞剑人！

我以为这首诗，可以概括他的书法、绘画、金石等方面的全部艺术！

　　总之，正宇同志的艺术，无论是书画金石各方面，正当他到达妙境，神韵独造的时候，自然规律却夺去了他的生命，夺去了他的无穷无尽的艺术创造力，夺去了这样一位具有深厚素养的卓越艺术家，这是我们当代艺术界的无可弥补的损失。

　　现在，离开正宇同志去世已经两年了，我每一展卷，摩挲他的手泽，总是觉得他的声音笑貌如在目前，而他的人却早已邈若山河，不可寻觅了。昔东坡曝与可画卷，至失声恸哭，今天面对着正宇同志的这些遗作，我真正体会到了古人的这种心情。

　　　　　　　　1978 年 12 月 17 日凌晨写毕于瓜饭楼
　　　　　　　　时距正宇同志逝世两周年又二十天也

哭张仃老诗并序

小　序

　　予与张仃老相识于 1966 年，时"文革"初起，予等均已被打成"牛鬼蛇神"。予与张正宇老住张自忠路，相距仅数十米，张正老精于书法绘画，并舞台美术设计、书籍装帧等，举世皆公认其为艺术大师。而其书画尤能上接古人，高于当世，故张仃老时来相聚。当时常来者，尚有王世襄、黄永玉等，皆"牛鬼蛇神"也。每聚予必在，时张仃老已开始作墨笔白描山水写生，来时必携所画共赏，张正老必赞誉有加。时张仃老亦作篆书，正宇老于正、草、隶、篆各体皆称大师，尤其所作草篆，当世无可与并者。张仃老作秦篆，能得斯、冰神韵，正老每见其篆书亦必极赞之。王世襄先生来，每提一小布囊，穿中式对衿短上衣，探囊中必是诗稿及所作楷书，皆持以相赏，黄永玉兄每来，必愤极而骂"四人帮"，予等亦无不应和者，盖同仇敌忾也。一日，正宇老七十大寿，友朋中无敢来者，永玉忽携一大幅金笺红梅来，为张正老祝寿，张仃、王世襄与予亦同为张正老贺。是夕，正老屋中喜气盈盈，几忘其皆在难中矣！未几，"四人帮"大搞"批邓（小平）"运动。举世皆愤愤，予与张正老语曰："先生善画猫，今'四人帮'大批'黑猫白猫'，公敢画一又黑又白之花猫否？"先生奋然对曰："君如敢题，予即敢画！"于是正宇老嘱速闭门。然后铺纸走笔，顷刻间一又黑又白之花猫活现纸上矣。予即为题曰："尔貌如狮，尔性温如。尔口念佛，尔嘴嗜血食。猫乎狮乎，兼而得之。"意者，此猫将来必成为狮，将"四人帮"吃掉也。正老见此题句，喜极，援笔立书，画成，正老赏之再三，自谓得意之作。后张仃老、世襄老及永玉兄来，皆极赏之。永玉谓予曰："'四人帮'有朝一日垮台，予作第一幅画必赠兄。"1976年夏，"四人帮"果垮台，而永玉即以第一幅画送予。之后，予迁至金台里红庙而张仃老亦同时迁至红庙，与予仅隔一楼，故每至晚饭后散步，常于路中相遇，则必絮语移时，不忍别也。数年前予迁居通州，而张老亦迁居门头沟，一在京之东，一在京之西，昔褚二梅云："陆机兄弟之屋，东头西头。"予与张老虽不能称兄弟，而居处则正东头西头也。然虽远别，却时时以电话通音讯。去年，尚与约定时间往访，岂意临行前予又患病，未果行。意者，待稍愈再往也。岂料竟得此噩耗乎！予骤闻此讯，如遭惊雷，乃为诗以哭之，亦惟略记往日之一二而已，岂能尽所怀哉！

一

横流沧海急西风。举世何人振国雄。

千里江山黄叶谷，先生尽入画图中。

二

相视平生四十年。金台夕照接高贤。
萧萧华发飘然过，一笑相逢话似泉。

三

公去西山我住东，音容从此隔秋风。
几回相约枫林聚，俗事纷挠终变空。

四

噩耗传来泪满襟。先生从比隔穷尘。
为奉即世兰台令，画史当居最上岑。

2010 年 2 月 28 日

陈从周《园林谈丛》序

　　我与从周兄相交已经三十年了，他是我国著名的古建筑专家、园林艺术专家。我与从周相识，是由于另一好友诗人严古津的介绍。古津是一个热心肠人，凡是他所钦佩的朋友，必使之相互都成为朋友，就这样我与从周真正一见如故，三十年来相交无间。除了他的古建筑学的专长我一无所知外，差不多他所爱好的也大都是我所爱好的，因此，我们俩不见面便罢，见面后就有说不完的话头。

　　"文化大革命"中，我们各自天南地北失去了联系，而古津在无锡也不知道我们的信息，古津写诗忆从周，后来把诗寄给了我：

　　　　伐木丁丁鸟自呼。湘兰楚竹画相娱。
　　　　别来几见当头月，望断长天雁字无？

因为从周不但是古建专家，而且是书画家，所以古津诗里第二句及之。我看到这首诗的时候，正是 1966 年秋末的一个风雨之夕，当时感触很多，随手写了一首怀念从周和古津的诗：

漫天风雨读楚辞。正是众芳摇落时。

晚节莫嫌黄菊瘦，天南尚有故人思。

现在古津已经去世两年，而这些诗却成了不可磨灭的梦痕。

从周比我年长，我对他是十分尊敬和佩服的，惟其如此，我们相处从不拘形迹，可以倾心谈吐。他本来是学文史的，后来转入了古建筑的研究，而且卓然成家，仆仆风尘，几乎跑遍了整个中国。凡是著名的园林古建，绝大多数都经他的调查研究。去年春天，我到扬州开会，当天晚上，就与朋友举行了一次座谈会，到10时毕。忽然得知从周也在扬州，住天宁寺旁西园宾馆，这真是意外的喜讯。我急欲看望他，当夜即踏月往访。到天宁寺，已将近11时，门者说不能会客了，已经睡了。我说我从北京来，有急事要见他。门者不从，我坚持要见，我说你只要说我的名字，他就会起床的。门者无奈，通报后，果然从周跃然而至。原来他们根本没有睡觉，而是与钱承芳等几位朋友一起在作画。我到后大家喜出望外，索性放下画笔畅谈起来了。从周告诉我，这座天宁寺，就是曹寅当年刻《全唐诗》的地方。门前的水码头和石阶，就是当年康熙南巡时由三叉河口船行到扬州停泊的码头。后来乾隆南巡，也到此停舟。码头一直保持着原貌，未经改修。经他这一番指点，更为这次夜访天宁寺增添了不少趣味。因为夜太深了，不能久留，他送我出来时，穿过天宁寺的园林，当头一轮明月，银波轻洒，地上树影婆娑，有如水荇交横，此情此景，恍如东坡承天寺夜游。

与从周相处，常常免不了谈到古建筑，谈到园林艺术。他常谈起建园要因地制宜，有实有虚，有借景，有对景，有静观，有动观，有山脉，有水源。有时要竹影参差；有时要花香暗度；有时要春水绿波，池鱼可数；有时要绿荫满院，莺声初啭。我听他谈园林艺术的这些讲究，简直如赏名画，如读游记。有一段时间我住在颐和园半山的"云松巢"，常常在茶余饭后，在长廊里或昆明湖畔闲步。每到夕阳西下、暮色苍茫的时候，抬头见西边一抹青山，玉泉山塔影倒映入湖，下面是长堤翠柳，玉带桥隐现于柳影中，真是园内园外融成一片佳景，这时我体会到了古人造园时的借景之妙。

从周还常常谈游园要注意春夏秋冬四季不同。春宜观花；夏宜赏荷；秋则老圃黄花，枫叶流丹；冬则明月积雪，四望皎然。有一次大雪后，我和另外几位朋友在晚上写作到 10 点多钟，大家游兴顿发，一起在颐和园后山冈上踏雪赏月。这时，偌大一个颐和园，悄无人声。我们一路谈笑，月光与白雪相映，正是四望皎然，如同白昼，空气虽然寒冷，但却特别新鲜清冽。俯视前边昆明湖，只是白茫茫一片，惟有十七孔桥瘦影如带，龙王庙树影幢幢掩映而已。我们都被这"明月照积雪"的清景迷住了，简直流连忘返。有的同志大声谈笑，却不料惊起了头顶上的宿鸟，扑棱棱飞起，把树头的积雪碰落下来，弄得大家身上脖子里都是雪，又引起了一阵哄笑。这时我们仿佛置身于《山阴夜雪图》中。

不久前，从周赴美筹建"明轩"经瑞士回来，在北京逗留，我们又欢聚了几日。我正在校注《红楼梦》，住在恭王府里面的"天香庭院"里，过去有人曾考证这里就是曹雪芹写大观园的取材处。十多年前，从周曾调查过这些建筑，这次，我请他再实地查勘一遍。我们边查边谈，他说像恭王府的东路第一进三间大厅，建筑规格完全是康熙时期的，中路和西路则都是乾隆以后的。花园部分，他指出东面大围墙毫无疑问是康熙时期或较先的建筑；花园最后面的一座假山，其向阳部分用黄色土太湖石堆砌者，是康熙时旧建；山洞用石过梁，洞腹小，都是乾隆以前的旧制。在太湖石堆里，还长有两棵古老的大树，更证明这是堆山时植下去的，否则不能使树与石长成一体。至于花园的其余部分，皆是后来的建筑，叠山的手法也判然有别，都用青色云片石堆砌，四周山冈皆无古树。经他这一语道破，我们外行看来也就觉得历历分明，没有含糊了。所以我又深深体会到从周从事的古建筑研究的学问，都是脚踏实地的实学，是从实践中得来的真知，不是泛泛之论，更不是空洞无物的空论。

从周的散文，有晚明小品的风味，这从他的集子中可以看到。他又是一个诗人，他的诗、词均极清丽可诵。他的《羊城杂咏》云：

一

高楼百尺水沉沉。花市羊城动客心。
人影衣香来异国，老夫依旧汉儒生。

二

西园一曲尚泠泠。人远江南入梦痕。
佳话荔湾成影事，千年功过向谁论。

他的《临江仙·勘查广州花塔，应广州文化局之邀》云：

不信我来花事过，画堂依旧芳芬。午阴嘉树覆浓荫。蝉鸣门外柳，人倚水边亭。　　漫道此生还似梦，老怀未必堪惊。名园胜迹几重经。浮图高百尺，健步上青云。

从周常称自己是"梓人"，赵朴初翁赠诗有"多能真见梓人才"之句称之。他已刊的著作有《苏州园林》、《扬州园林》、《苏州旧住宅》等多种及古建园林论文、调查记数十篇，风行海为，为治古建筑学者所宝。此外，他尚著有《梓室余墨》若干卷，仍秘行箧。他还喜爱制砚和制杖，他知我爱此二物，曾为我制一砚，并乞海上王瑗仲师为书铭。他又知我爱杖成癖，每到一地，遇有佳材，辄制杖以赠。去春又为我制缠枝杖，并请吴门矫毅为刻题记，其多才多艺复多情辄如此。往岁，他曾制杖赠苏州钱梦苕先生，梦老报之以诗云：

一

寒碧西湖记不真。孤山桥路梦成尘。
飞来纸帐横斜影，却抵江南万树春。

二

飘然灵杖万峰还。起我沉疴一夕间。
绝胜谢家团扇上，碧云只画敬亭山。

三

清闷狮林在下风。胸中丘壑扫雷同。
擎云心事何人识，曾上天门小岱宗。

从周的画自出手眼，所作兰、竹、山水小品，极清逸之致，亦如其诗、文、小词之隽永有味。叶圣陶先生曾赠诗云："眼明最爱从周画，笔底烟波洵石湖。"可见其画为前辈见重如此。

我爱读从周的园林著述及古建论文，常苦散处报刊，欲索无从，今喜结集，正可以手此一卷，以当卧游了。但从周要我作序，这却把我难住了，无可奈何，我只好讲些老实话，也就是外行话。读者在欣赏过他的园林小品及论文以后，再看看我介绍他的一些其他方面的成就，或许也不算是多余的吧，所以我大着胆子写了这些。

1979 年 1 月 8 日夜 2 时半写毕于京华瓜饭楼

与陈从周教授书

——代《簾青集》序

从周兄：

　　惠寄大著《春苔集》及前后两札，皆已拜收。属为新集撰序，愧不敢当，自当勉力从命。兄文章如晚明小品，清丽有深味，不可草草读过；又如诗词，文中皆诗情画意也，更不可草草读过；又如听柳麻子说书，时作醒人醒世语，时作发噱语，然皆伤心人语或深心人语也。以如此之文，欲弟速速作序，立等无误，难矣哉！请宽弟一周，当细读《簾青集》，然后再命笔。

　　《簾青集》名甚雅，惜不知收入哪些文章？弟叙文只能说隔年旧账，不能准对"簾青"作序矣！然文如其人，兄人未变：诗情未变，画意未变，深情未变，真实直语未变，好古敏求未变，古道热肠未变……以此种种，则虽未读新集，或亦不能离题太远乎？弟忙甚，然每至夜深更静，一灯独对之时，明月低窗，树影婆娑，则海内旧雨，想望中如对杯酌，如聆清言，兄尤为座中佳士也！犹忆 1976 年，时"文革"初罢，海内故旧零落，甚或存亡莫卜，弟正以兄为念，而忽得兄书，喜极欲泣，知兄仍在也。因口号一诗云：

与陈从周教授书

思君万里转情亲。劫后沧桑剩几人？
海上幸余陈夫子，书来赚我泪盈巾。

此实录也，不可不为兄言之。兄治古建、治诗词、治书画、治昆曲、治考古文物、治种种杂学，皆能融会贯通，化而为一，所谓文、武、昆、乱不挡，是为大家，是为人师。

窃以为世之治学，有稗贩者，有读而小得者，有读而深得者，有百川汇海融而为一者，兄其后者乎？盖凡兄所言所著，皆绝去倚傍，独抒性灵，其为人为我，无复可分，自成一家言矣。夫治学而至此，几人可到？或屈指不可数也。而兄复虚怀若谷，时有所待，如此襟怀，难矣哉！

顷兄荣膺美国世界建筑大师贝聿铭之聘，出任顾问，贝先生真是巨眼，其目力竟达地球之彼端，然则贝先生亦人杰也。前闻兄偕贝先生赴苏州顾曲，弟不觉心动耳痒，惜车尘机声，无复可及，然亦传为佳话矣。

偶一动笔，便不能自已，奈何奈何！草草，不一一，即叩吟安，并问嫂夫人安。

弟其庸拜上
1986 年 2 月 2 日夜

293

哭从周兄

客中忽闻陈从周兄逝世，不能往吊，诗以哭之。

一

电掣雷轰八十年。先生健笔似神仙。
一枝瘦竹千行泪，忆得坡翁曝画篇。

从周兄长予四岁，一生中所经风浪多矣，而其挥笔不停，著作等身，又擅诗、书、画，常以佳纸作画贻予，所赐墨竹尤多。昔文与可与东坡交深，为东坡作墨竹图，与可谢世，东坡曝与可墨竹图，展卷而失声痛哭，乃作《筼筜谷偃竹记》，至今读之，令人泫然。

哭从周兄

二

名园不可失周公。处处池塘哭此翁。

多少灵峰痛米老，无人再拜玉玲珑。

从周兄为园林名家，识奇峰怪石，得其品题，遂成至宝，予与从周兄有同癖，而不逮远甚，今从周仙去，天下名园奇峰，无人能拜矣。

三

千载名园到海西。碧瞳也识个中奇。

至今亿万虬髯客，拜倒先生笔底痴。

从周兄为美国大都会博物馆建"明轩"，后予赴美，曾往拜观，则宛然中国明代园林也。而西方各国参观之人摩肩接踵，啧啧称奇，予所亲见也。

2000 年 3 月 20 日于姑苏旅次

题贺友直《申江风情录》

　　吾国绘画传统中，素有风俗画一门，虽其名称或有不同，其内容则相通也。予所见此类画最早为嘉峪关魏晋墓、酒泉十六国墓，壁画画面于当时社会各色场面，皆描绘如生，大至官吏出行、主人宴客、歌舞音乐，小至杀鸡、椎牛、烤羊肉串，以及犁地、扬场、射猎、放牧，色色俱全。予入墓中观四周壁画，几疑已入魏晋社会矣。因思敦煌壁画中，亦不乏商贾、行旅、盗贼抢劫、官僚出行之场面。降至宋世张择端《清明上河图》，实汴京之风俗相也，近世则有陈师曾之《北京风俗画》、蒋兆和之《流民图》，亦一时记事之杰作。今观贺友直先生所作《申江风情录》，则亦张氏上河图之亚也。友直先生画笔如有神助，刻画世态栩栩如生，其所画半世纪前之申江风情历历如见。予今年将八旬，友直先生长予二岁，五十年前同客海上，故于画中各色场面，观之如温旧梦，如见故友而已，恍然隔世矣。故友直先生之画笔实亦史笔也，可不珍之宝之哉！今之少年见此画，当知今日繁华富庶固来之不易也。则此画又有鉴戒存焉，可不贵之重之乎！

　　　　　　　　　　宽堂冯其庸谨识于京华瓜饭楼中

　　　　　　　　　　年七十又九，辛巳露白风清之日

296

贺友直画《老上海弄堂风情》序

六十年前予居上海，于旧上海之弄堂虽略有所知，而未能细也。友直先生具异才，凡所经目皆能不忘。且其久居上海，于上海弄堂之种种知之详且细矣。先生又善画，凡其所见皆能以画出之，遂有此旧上海之弄堂长卷之作。予展此卷，谛观之，则旧上海弄堂生活之种种皆赫然在目，予则栩栩然如入旧梦矣！乃为题此诗：

六十年前海上居。也曾陋巷见诸如。

多公不朽千秋笔，往事轻云入梦蕖。

己丑二月十五日，宽堂冯其庸八十又七于京华瓜饭楼

题沈鹏书《江阴颂》诗帖

江阴，古称澄江，去无锡不数十里，予童稚时数往游之，抗战间读《江阴城守记》，因叹江阴之民忠义之烈也。后往调查，则四眼井、玉带河、明伦堂等遗迹均在焉。予于明伦堂瓦砾蔓草间复发现冯公训导一门殉节碑，乃为树立之。其南城门额大书"忠义之邦"，予犹亲见。

改革开放以来，江阴为全国首富之地，与无锡及常州并称为无、常、江全国经济富区。

沈鹏先生原籍江阴，今集唐宋以来名人歌颂江阴诗数十家书之为《江阴颂》诗帖，予拜读之余，因思江阴可颂者有三：一曰大江浩荡，清流扬波，势扼天险，地拥良畴，可工可商，举国首富，得气之先，得地之利，此可颂者一也。二曰江阴民性强毅，铁骨铮铮，不降其志，不屈其节，大义凛然，青史烈烈，迄于抗战，浩气贯日，此可颂者二也。三曰江阴素称人文之邦。在明有地理学家徐霞客，在清有大词人蒋鹿潭，在晚清有大学问家大藏书家缪荃孙，在民初有刘半农三兄弟；书法于唐则有怀素草书碑，于今则有全国书协主席沈鹏，后先辉映；且唐宋以来名人多所题咏，此可颂者三也。

题沈鹏书《江阴颂》诗帖

吾观此帖，意在《自叙》、《书谱》之间，而笔法自运，神行造化，此继素师之后又一剧迹也。予以乡谊之故，得先睹此黄庭初拓，可不一记眼福哉！

庚辰岁朝宽堂冯其庸谨识于
京东且住草堂，时年七十又八

诗书画一体　情文韵三绝

——读《范敬宜画集》

　　我与范敬宜兄是 1947 年无锡国专的同班同学，那时，王蘧常老师讲《庄子》，童书业老师讲秦汉史，张世禄老师讲音韵学，顾佛影老师讲诗词。在无锡是冯振心老师讲《老子》，朱东润老师讲《史记》、《杜诗》，吴白匋老师讲词学。那时，我们除正课外，都有一些课余的爱好，敬宜喜欢书画诗词，我也是一样。敬宜经常请教当时的国画大师吴湖帆先生，能得吴先生的指授，我除喜欢业师王蘧常先生的章草外，还特别喜欢白蕉的行草和兰竹，也有所请益。诗词方面，我们还经常请教陈小翠，记得还见过陈定山先生。那时上海的书画界是全盛时期，名家如林，我们可以很自然地受到当时文化艺术气息的熏陶。此外，我与敬宜还喜欢京剧，我还听过当时的须生泰斗孟小冬。

　　敬宜兄于书画和诗词都很敏悟，天分高，同学中他是最突出的。记得他临摹的一部陆廉夫的山水画册，拿去请吴湖帆大师题签时，吴老竟然题了"廉夫画册"四字，敬宜连忙告诉他这是他的临本，吴老才又加上"敬宜范世兄临本，属吴湖帆题签"一行字，那时敬宜还不到二十岁，现在来看，这部画册，也仍然是笔墨精良的佳作，无怪当年吴湖帆大师于随意之间，会以为是陆廉夫的原作了。这部《诗书画》册中，有一首《金缕曲》，那是毕业前夕写的。词云：

> 晓角声哀彻。正江南西风凄紧，乍来苹末。衰柳丝丝攀折尽，怕唱阳关三叠。更莫把前尘重说。往日弦歌归何许，镇销魂一例烟尘灭。无一语，尽凝咽。　　伤情最是轻离别，况今宵关河萧索，繁霜如雪。寂寞云帆沙渚远，空对斜阳愁结。能消得几番啼鴃。幽梦明朝天涯路，细叮咛莫忘相思切。千里外，共明月。

那时，全国正处在解放前夕，从词里还可以感觉到国民党统治时的时代气息。我后来回到了无锡，1948 年毕业时，也是填的《金缕曲》。敬宜兄这本书里所收的诗、词、散曲，有不少是情韵相生，久读不厌的，即使是集中的几首少作，也仍经得起今天重读。其他如散曲《双调》（南归抒怀）词、《浪淘沙》（记事）、《水调歌头》（新千年抒怀）、长诗《世情画理两悟彻》等，均是集中佳作，可惜篇幅有限，不能引录。然而，这却是他在书、画上成就的坚实基础。

敬宜兄的书法，早在同学时，大家就很推崇，他的楷书、行书都见功力。我们当时学书，都严格要求临帖或临碑，总之是向传统学，向古代名家学。所以敬宜的书法，有深厚的传统临习的功夫，因此出笔就见法度。还有一点，敬宜作书法，往往有跋文，跋文作小行书，不仅书法雅逸有书卷气，而且跋文短而隽永可读，如书王之涣《登鹳雀楼》诗跋云：

> 唐王之涣登鹳雀楼一诗，二十字写尽天地间壮阔气象。
> 辛巳立秋之日录此，不觉为之心胸豁然。
>
> 吴郡范敬宜

看看只有短短几句，但经此一跋，立即情韵相生。从书法来说，也与所书的诗句大小配合，可读可赏。现今有些人作书，往往只会写固定的几个字，一到落款，就不成书，更不用说题这种雅逸的短跋了。即此也可看出敬宜兄的全面修养。更加意想不到的是敬宜兄学先师王蘧常先生的书法，而且神味醇厚，一如吾师。我初翻此集，以为是瑗仲师的题字，细看才知是敬宜的书法，令人叹佩！因为大家知道，我们的老师王蘧常瑗仲先生是当代的章草大师，日本人尊之为当代的王羲之。但他的书法，自成一体，素称难学，不想敬宜竟能登堂而入室，不能不佩服他用功之勤，敏悟之深。

在这本集子里尤其令我赞叹敬佩的是他的画，我过去只看过他临陆廉夫的那本山水册页，已经令我念念不忘，觉得他真正是"前身应画师"。因为那部册页，还是我们同学少年时的作品，他还不到二十岁，笔墨就如此老健，确是令人难忘。但这次我看到他的画册里临石涛的两部作品，更为令人震惊，这是我过去从未见过也从未听他说过的。

第一部册页是临石涛的杜甫诗意画。石涛的画变化多端，虽总起来说，他喜用湿笔，但每件作品的干湿程度各有不同，我曾看过故宫藏的一个巨幅山水幛子，全用大湿笔，淋漓尽致，令人感到好像刚刚画完，似乎墨犹未干。但石涛另有一部分作品，则是干湿相济而略偏于湿，湿多于干。敬宜兄临的石涛杜甫诗意画，就是属于这一类，其难度是要干湿掌握得恰如其分，而用笔要有含蓄，有有余不尽之意。看画如入深山，只觉连绵无尽，郁郁葱葱，看不到头，这才显出真山真水的森郁气象。敬宜此画，可说尽得其妙。这六幅画，幅幅笔墨精良，令人不忍释手。还有一点，作中国画一切意境、构图、题跋等，当然事事要讲究，但临摹之作则完全忠实于原作，这方面的问题在原作者而不在临者。可是有一点，中国画讲究用笔要笔笔清楚，令人如看着他一笔一笔画下来的，而且无一滞笔，无一复笔（重改），即使是墨晕，也要求晕得自然恰当，浓淡适宜，不多不少，尤其是画水纹，俗话说风生水上，自然成纹。线条必须似曲非曲，似复非复，一任自然。而敬宜兄的这部册页，可以说是无一处不是自由挥洒而又法度严谨的，真是从心所欲而不逾矩。我想在这六幅里挑出更好的一两幅来，反复端详，竟无法区别，可见其用笔之精到何等程度！另一部临石涛的册页是启功先生题签的，开卷有谢稚柳、徐邦达、范曾、何海霞、启功等先生的题识，谢老题云：

　　　范敬宜临石涛山水册，蹊径既同，笔墨亦似，神理之间，
　　已入石涛妙境矣！

　　　　　　　　　癸亥夏初观因题　　壮暮翁稚柳

徐邦达先生题云：

　　　唐人之境，清湘之笔，卓矣范君，摹之不失。

　　　　　　甲子春月为

　　敬宜同志题　　　　　　　邦达

可见前辈大师对敬宜是何等器重！

　　石涛还有一类画，喜欢用细笔尖锋勾勒山石、树木、房屋等等，而干湿相称。敬宜兄临的另一部册页，就是这种风格的作品，而其用笔与前作，又是另换一副笔墨，但其所达到的成就，正如谢、徐二公所评"已入石涛妙境"，"卓矣范君，摹之不失"了！

　　还有一点，石涛题画，往往喜欢作隶书。而他的隶书，又是他自己特有的风格，所以临石涛的画，如石涛原题是隶书，临摹者如果写不像石涛那样的隶书，那就情韵顿失。而敬宜兄所临石涛隶书，真是几可乱

真。这种绝顶的功夫，若不是有十年磨杵的精神和毅力，是断乎不能达到的。因为艺术是没有取巧的捷径的，只有老老实实地下苦功夫，才能成正果。敬宜兄现在能得此正果，说明他是苦修过来了！这一条经验是值得有心于文学或艺术的人牢牢记住的，千万不要以为别人的成绩是容易得来的，也千万不要想自己能一朝发迹，睡一觉就会成大师，更不要以为有变戏法的路子，走邪门歪道，就可以成为艺术家，就可以得到别人一辈子苦练都得不到的成果！

我与敬宜不但是老同学，而且是深深相知的。我知道他吃过很多苦，受过很多不应受的委屈，但他却从来不提这些，而且从来是对工作兢兢业业的，可以说凡他工作过的地方，没有不留恋他的。特别是他实际上是才华横溢的人，却从来不目空一切，更不肯炫耀自己。谦谦君子，一直是他不变的风格。所以，达到敬宜的艺术成就和学问成就难，达到他的为人的高格更难。敬宜兄的画册，应该给人以一些什么样的有益的东西呢？我认为不仅仅是他诗书画一体，情文韵三绝的才能，更宝贵的是他茹苦如饴、坚毅不拔的精神和对祖国、对人民无限忠诚的高尚情操！

　　　　　　　　　　　　2002 年元月 8 日于京华瓜饭楼

金　缕　曲

赠范敬宜兄

犹记当年否？正西窗、长歌激越、满眼神州。逐鹿中原天下事，虎跃、龙腾、狮吼。共奋袂，榆关燕幽。谁识风波划地起，有多少故人沦楚囚。天地泣、鬼神愁。　　丈夫不解记前尤。莽昆仑、晴空万里，任吾遨游。急驾巨龙腾飞上，切莫此时迟留。那顾得、霜鬓雪头。我与轩辕曾一诺，虽粉身碎骨誓相酬。君与我，共驱驺！

2002 年元月 9 日未定稿

闳博富丽　一代新貌

——拜读汪观清先生山水画

　　我与国画大家汪观清先生的交往，屈指算来，已有将近三十年的历史了。我还记得二十五年前，上海王运天弟到北京来看我，带来一幅汪先生的大作《耕牛图》，四尺整幅，墨气淋漓，栩栩如生，令人赞叹不已。运天弟嘱遍请京华诸老题咏，旬日之间，此画便传遍京华。当时的老人如王昆仑、俞平伯、黄苗子、黄君坦、许宝骙等等，都为之题咏。原先画上已有我的老师王蘧常先生题嵩"击角歌商"四字，章草，后来王老又加长题。之后京沪两地的大家，先后都题了，如周谷城、苏步青、杜宣、陈从周、苏渊雷、赵景琛、王京盙、邓云乡等等，有的还作了长题。最后我也敬从诸老之后，勉题一诗，诗云：

三生又见梦来时。五十年前怜我痴。
俯首曾依汝背坐，夕阳短笛为君吹。
君今往矣吾亦老，坐对画图惹梦思。

因为我小时曾牧牛，此画传神，令我如温旧梦。从此，汪观清先生的画

306

牛，便响动京华，传遍神州。

其实汪观清先生是一位全才画家，他不仅工画牛，而且山水、人物、花鸟无所不能，无所不精。这一点，我常常觉得与他的家乡关系很深。汪先生是安徽歙县人，也即是古徽州人。徽州，是一个经济、文化很早就非常发达的地方，在经济文化和艺术上，明清两代的徽州就很突出，经济方面有著名的徽商，文化思想方面有徽州学派，在艺术方面有徽派板刻，有新安画派。特别是思想方面，戴震（东原）是乾嘉学派的代表人物，他的家就在屯溪附近，至今还保存着，我曾去访问过。而新安画派则更是人才辈出，其中渐江（弘仁）、查士标、汪之瑞是此派的代表，也都是歙人。至于近世，思想文化界有胡适，国画界有黄宾虹，都是歙人，也都是各领风骚的人物。

我国有句古话，叫"地灵人杰"，也有倒过来说的，意思都一样。徽州这个地方，我曾去过很多次，这里有世界闻名的黄山，还有白岳等名山，可以说这一带是山水精华所聚。从绩溪到屯溪，或者从屯溪到绩溪，我都曾反复走过多次，其风光之迷人，实难言传。至于黄山，我去的次数更多了，我曾在黄山遇上大暴雨，看过满山飞瀑，也曾在黄山遇上大雪，看到四望皆白的景色。徐霞客称黄山"闳博富丽"，老百姓则说"游罢黄山不游岳"。可见其景观之超逸。汪观清先生从小就生活在这样一种超逸的自然环境里，他的家就在新安江边，大门对着新安江，真正是"人在画图中"。用句通俗的话来说，他是在山水中泡大的。

然而，这客观条件，毕竟只是因素之一，最根本的是他自己。汪观清先生难得的是他从小就喜欢画，从小画到大，年年岁岁无休无止地画，这样的勤奋，这样的执着，自然会悟出作画的真谛，尤其是山水画的真谛。看来，"人在画图中"的外在条件，对他的内心起到了作用，于是外因和内因融成一体了，这就产生了无穷的创造力。

我看汪先生的山水画，第一是气势宏大。汪先生的山水画，无论是大幅或小幅，都会给你一种大气磅礴、气势宏大的美感，一种壮美，也就是徐霞客说的"闳博富丽"。例如他的《满山红叶》图，概括了多么宏阔的场面，真是尺幅千里。我是见到过这样的真山真水的。我第一次到黄山，是1970年的10月，我在天都峰鲫鱼背和从玉屏楼到后山的途中，见到过这种满山红叶的场面；而且红紫缤纷，峰峰相连，真是一个雄伟壮丽、众彩纷陈的彩色世界。还有那幅《虎跳峡》，那幅《山镇瑞雪》，那幅《钱塘一线潮》，等等等等，无不是大气磅礴、尺幅千里的巨制。我说的"巨"，并不是单指画幅尺寸之大，更主要的是指画家概括力之大和他所表现的意象境界之大。这样的画，在观清先生的画中，举不胜举，真正是构成了他的画的一大特点。

　　他的山水画的第二个特点，是静中有动。汪先生的山水画，给你一种与众不同的特殊美感。即粗看是静，细看是动，粗看是静为主，动为宾；细看则是动为主，静为宾；而三看则更是满山皆动，无一静处。例如那幅《瀑布倒泻天都峰》，那幅《山雨弦鸣》，那幅《哪知石上喧，却忆山中静》，画面上都是乱流纵横，喷薄而出，或一落万丈，或横飞侧射，简直是满山飞瀑，一片奔腾世界。此情此景，我曾在黄山亲历，这正是上世纪70年代初，我从江西余江干校回北京，特意先到黄山，住在北海，那是一个夏天，快到中午的时候，突然山雨欲来，乌云密布，我一看来势很猛，就与一位在山上遇到的同游者立即决定快步下山（那个年代，游人甚少，几乎没有游人），哪知刚到黑虎松，暴雨就来了。我们仗着腿健，继续往下赶，但暴雨泼天而下，像翻江倒海一样，一路上满山满谷，尽是瀑布飞流，而且是横飞侧射，不到几分钟，我们都已成水人。记得到"仙人指路"时，雨势更大，飞流更急，只觉得满山都是飞流和瀑布，横喷侧射，真像是十面埋伏，突然万箭齐发。我感到这是我的一次奇遇。以往大家只知道黄山的云、雾、山、峰、松，谁也没有遇过满山飞瀑、暴雨如狂的黄山。我们从北海直奔到山下，虽然已在雨中泡透，但只觉得奇景难得，是一次毕生难忘的奇遇。现在看到汪先生的这几幅画，又如身历其境，特别感到亲切。在传统的山水画里，是少不了瀑布飞泉的，但它的表现方法，与汪先生的表现方法却大不相同，最大的区别，是前者是静的，后者是动的。如五代关仝的《关山行旅图》和旧题关仝的《秋山晚翠图》，北宋李成的《茂林远岫图》、范宽的《溪山行旅图》、燕文贵的《江山楼观图》、郭熙的《早春图》等都有瀑布。特别是王诜的《烟江叠嶂图》，画中画了四处瀑布群，每一群都有几叠，真是洋洋大观。但画面上的这些瀑布，都不会使你有喧闹的感觉。有的只会使你感到是悬挂的匹练。为什么会有这种效果呢，我感到有两个原因：一是主观的，即古人画山水，大都是表现山水的静境，即"山深似太古"的意境。画瀑布，是为了点缀大山的崇高幽深，是"鸟鸣山更幽"的作用。所以即使如王诜那样在一幅画里画了四处瀑布群，也没有让读者感到喧闹。二是客观的，即这些瀑布，你如果离得很远去看，那观感上就是直挂下来的匹练。我曾看过庐山香炉峰的瀑布，看过雁荡山大龙湫的瀑布，也看过贵州黄果树的瀑布，只要离得远一点看，其效果就如宋人画里的效果。这说明古人画瀑布，并不在突出它的喧闹，而是要点缀山的深幽。他们这样画法也并不是没有根据。现在观清先生的这种画法，是一大发展和一大突破，是山水画意境概念的扩展和丰富。当然古人也有表现热闹的一面的，如范宽的《溪山行旅图》，山下一组行旅，当然是动的是喧闹的。但它与大山的比例却显得这一队行旅只是在山下经过而已，而这座大山是那么幽深崇高。所以观清先生不仅是画出了山水的动态，而且是延伸和扩展丰富了山水画的意境概念。

　　他的山水画的第三个特点是笔墨新奇。中国画历史悠久，山水的皴法很丰富。这是古人从真山真水中总结出来的表现方法，是十分珍贵的财富，观清先生对于这些山水画的皴法，当然娴熟于胸中，可是，面对着新的真山真水，怀揣着新的山水画的理念，是一成不变地使用原有的这些技法呢？还是另辟蹊径呢？观清先生不是因袭而是创新。然而，这个创新，却不是无源之水，无本之木。我们从观清先生的这些画里，找不出传统的各种皴法，但实际上他是把各种皴法溶解了，在此基础上又变化生新，创造出现在画上的各种表现技法，你如果仔细看，还是可以看出他的山石的画法，水的画法，是从传统的画法中化解出来，而又吸取了真山真水的实际情况而创造出来的，创新是为了反映新的现实的需要，而这个新恰好是传统皴法与现实生活的结合，是在传统基础上的自然发展。所以新中有旧，旧化为新，这也就是继承和发展的关系。

看汪观清先生的山水画，谁也不会说它是传统的古画，但又谁也不会说它是从外国画那里来的，更不会说它是外国画。这就是说，它既是创新的，又是民族的、传统的。不能忘记，观清先生是侨居国外多年的，他对西方的绘画是非常熟悉的，他可以把它作为文化修养，作为营养加以吸收，但他把它消化了，这也是文化吸收的一种最佳方式。

大家知道，中国的诗词有诗词的格律，中国的戏曲有戏曲的程式。但在有修养的老诗人那里，他的创作从来也未被格律捆缚住，相反却是运用格律游刃有余，而且变化生新。同样戏曲的程式，对于有修养的表演艺术家来说，程式不是束缚，而是有助于他表现的一种手段。从汪观清先生的山水画，我们可以清楚地看到这一点。

那么，现在观清先生的画法，我们怎么看呢？我认为就是法造化，法自然，或者说"外师造化，中得心源"。他是深入了传统，而又怀着传统的营养深入造化，深入现实生活的。所以我用八个字来概括他的画：闳博富丽，一代新貌。

2007 年 7 月 25 日于瓜饭楼

汪观清《三国演义人物画》序

　　《三国演义》为我国家喻户晓之古典小说名著，然其成书过程，却经历唐、宋、元数代，历五百余年。晚唐李商隐《骄儿》诗云"或谑张飞胡，或笑邓艾吃"，可见晚唐已有说"三国"之"说话"。宋孟元老《东京梦华录》记有"说三分"之专题，霍四究即是当时"说三分"之专家。到元至治年间虞氏《新全相三国志平话》就开始有"说话"的刻本，即"话本"了。所谓"全相"者，即是有全部图像也。也即是说，到了此时，已经有三国故事之人物画了。

　　另一方面，在金代已盛行三国戏，如"襄阳会"、"赤壁鏖兵"等就是当时的剧目，而三国戏到元代便更盛。著名的剧目有"关大王单刀会"、"隔江斗智"、"连环计"、"诸葛亮博望烧屯"、"关张双赴西蜀梦"等。这又说明三国故事人物已经在舞台上出现了。尤其值得注意的是元《全相三国志平话》的故事人物插图是上图下文，图的位置只占三分之一的版面，到明代万历年间雕虫馆刻《元曲选》，就用整幅的插图了。而且刻工精良，构图严整。这一发展过程，说明了三国故事从口头到书面，又从书面到图绘。应该说，明代的木刻插图从艺术的角度看，也是高水平的，应该是广大群众所喜闻乐见的。但有一个奇怪的现象是《三国演义》的人物画，始终没有像陈老莲的"水浒叶子"一样，风靡于艺林。现在一提起陈老莲的"水浒叶子"，可以说在艺术圈内无人不知；在陈老莲当时，估计不仅仅是艺术圈内，当是社会的普遍喜爱，因为"叶子"（纸牌）本身就是群众性的娱乐工具。可惜《三国演义》在人物绘画造型上，始终没有出现像陈老莲的"水浒叶子"这样的高峰，这是历史留下的一个空白。

吾友汪观清先生，近为上海地铁运营有限公司绘制纪念磁卡《三国演义》绣像五十幅，故事十幅，结构精严，形象生动，于三国群英，个个赋予个性，即使小儿观之，亦可辨其为刘、关、张、赵、马、黄或孔明、周瑜、孙权、曹操也。其所绘战争场面，或舳舻千里，或骏马嘶鸣，如见当阳之尘土，如观赤壁之烈火，如闻西城之琴韵。

噫！昔年三国之纷争：茅庐之辟划，三分之筹策，隔江之用计，六出之忠贞，五丈之遗恨，吾一一于纸上得之矣，于是乎吾益信吾友汪观清先生之妙笔神技，能致神于千载之上也！

《三国演义》得此妙绘，则千年之历史空白至是而得补，从此，陈老莲亦不得专美于前矣！

然则，上海地铁运营有限公司，以运营播文化，以文化促运营，其运营理念至可贵也！

是为序。

2003 年元旦

我读懂了《 天书 》

——读韩美林的《天书》

最近，老友韩美林同志送我一部《天书》，要我读后写点意见。我想起来此书出版以前，也曾送来部分作品要我读，我自知资质鲁钝，哪有本领读《天书》？何况《天书》是从未听见有人读懂的，所以我当时连读都没有敢读。

前些天，我到陕西白水县，主要是去调查杜甫的诗迹，却参观了当地的仓颉庙，看到了仓颉书碑，顿时给了我灵感，想到了美林给我看的《天书》的书稿，碰巧回来后，厚厚的一大部《天书》已放在我面前了。说也奇怪，原先我看不明白的东西，这回翻开来就有不同的感应，也许真是仓颉给了我灵感。

感悟之一，是美林的天书，虽然不是古文字，但是它的渊源却是古文字。我觉得他是把最早的、尚未成字的符号性质的原始"文字"和逐渐成形的古字和甲骨、钟鼎还有各地的岩画等等，作为他的创作依据，因此你细读他的这些美不胜收的天书，感到既熟悉而又陌生，既新鲜而又如旧识。

感悟之二，是这些天书，既具有文字的形式而更富有美感，如果你多从形象的角度、造型的角度、艺术的角度去读它，你就会豁然顿悟，

313

这是一个艺术的海洋，思维无穷变化的幻境，你会觉得它千变万化如大海之波澜无穷无尽。甚至你会惊叹一个人的创造力会如此像火山爆发一样地释放出来；转过来我又悟到当年仓颉造字是否也类似这种情景呢？当然，这只是比喻，仓颉当时是更原始的时期，没有这么多资料可据，可现在仓颉碑上却只有 28 个字，也未免太少了一点，或许是因为原创吧？也或许是时代久远散失了吧？

我们对照着看看美林的天书，难道不觉得两者太一致了吗？我从仓颉的造字悟而解读了美林的天书，明白它是一种艺术，是一种变化无尽的造型，是一种思维的痕迹，是人的形象思维创造力的记录和证明……转过来我又从美林的天书，悟到了仓颉当年的造字。

感悟之三，是我感到美林是一座时时在喷发的活火山，在他并不高大的个体里，却不知蕴藏了多少能量。他画马可以一口气画上百张不同的马，他拿起画笔可以彻夜不停通宵达旦地画。拿这部《天书》来说，全书不知有多少字我没有统计，但只让我感到如面对着汹涌的大海，我是站在海边，望不到对岸。或许美林是一个特殊材料，常人是无法与他比拟的。但我自己的感受是觉得他投身于事业，投身于艺术的精神太感人了，他可以说是只要艺术不顾自己。面对着他只觉得自己远不如他的拼搏精神。

这一点，或许也是这部《天书》对世人的鞭策和鼓励。人的能量也许自己并不清楚，只有忘我地去发掘它，它才会源源不断地喷涌出来！人不要太爱惜自己了，太爱惜了自己可能会扼杀你自身蕴藏的能量！

人们，努力去发掘自己吧，努力为社会多作有益的贡献吧，千万不要把你自身的能量封闭了！

这是我读懂了这部《天书》后的感想！

2007 年 12 月 1 日夜 12 时于瓜饭楼

读唐双宁狂草书后

　　我认识唐双宁同志，已经好多年了，也知道他是书法家，但对他的狂草书法和他在学问上的兴趣，特别是他喜欢游历，喜欢作实地的调查研究等等，却是近几年才知道的。他竟重走了红军二万五千里长征之路，并对若干长征的史实进行了详细的调查。此外，他还调查了不少历史文化遗迹。前不久，还调查了通州运河终点的御码头、李卓吾墓等等，他对历史事实的调查，真是下了很大的工夫。

　　他的这些文化、历史、学术兴趣，特别是重视实践、重视读万卷书行万里路的精神，使我感到非常有兴趣，使我感到在治学上，在生平的爱好上正是找到了空谷足音。正是由于这些原因，使我对他的狂草也产生了很大的兴趣，由此也使我稍稍注意了狂草的历史情况，以为研读他的狂草的参证。

　　我对于狂草，本来是不大注意的，虽然也知道"颠张醉素两秃翁"，但却从未深究。现在由于双宁先生的狂草，增加了兴趣，但涉之既浅，就必然语焉不深了。

　　我深知，任何艺术家、学问家的成就，都不是孤立的单方面的成就，都必然有其他方面的修养作为基础，作为内涵的。双宁先生自然也不能例外。

　　我对他第一感兴趣的就是他的读万卷书行万里路式的游历、调查考察，他称之为"书外功夫"。这"书外功夫"，历来就是受人重视的。陆游在《示子遹》诗里说："汝果欲学诗，工夫在诗外。"在《冬夜读书示子聿》诗里说："古人学问无遗力，少壮工夫老始成。纸上得来终觉浅，绝知此事要躬行。"这两首诗，恰好说明了要重视"书外功夫"，要重视"躬行"，即身体力行，其中即包括着"行万里路"式的调查和实践。双宁先生二万五千里长征路线的调查实践，其收获是无比丰富而切实的，只要读一读他的《巴西会议会址考》① 这篇文章，就可以略知他的"书外功夫"有多深了。这"书外功夫"对于一个追求者来说，究竟有些什么作用呢？我认为就是丰富自己的知识，开拓自己的胸襟，扩大自己的视野，提高自己的思想境界和意志力，提高自己的修养，等等等等。这看起来都并不是什么具体的技能本事，但实际上对于提高一个人的思想修养、精神境界和气质，是非常重要的，而这些恰恰是一个人的事业的基础和底蕴。

　　我讲这些，是为了说明唐双宁的狂草，是以这样的思想文化精神境界为他的底蕴的，他的狂草不仅仅是技术，也不仅仅是艺术形式，从根本上来说是一种精神境界，是一种形而上的追求，是一种精神奥秘的探索，也是他的精神思想情绪的宣泄。

　　我对他第二个感兴趣的问题，就是他的狂草。为什么把狂草放在第二呢？是因为不说明第一点，就说不清第二点，而实际上第二点才是他的成就，才是他的业绩。所以这第一第二不是高下，而是序次。当然我这里说的是他专职以外的事，如要包括他的专职，那末当然是他的金融事业是他的第一业绩了。

---

　　① 　见《百年潮》2005 年第 2 期。

　　狂草在历史上，是后起的一种艺术。在狂草之前只有章草、今草。狂草之所以后起，是有历史原因的，这个历史原因就是因为它只能产生在篆隶真行之后。狂草这种书法艺术，如果没有在它以前的这几种书法艺术的先行，就根本不可能有所谓狂草，所以它必须在以前几种书法艺术次第产生发展以后才能产生。特别应该注意到，作为狂草书体的少数字，在以往的章草和今草里早已存在了，所以狂草这种书法艺术，从微观来说，从少数字的书写方式来说，在狂草成立以前早就出现了，何况在狂草以前，流行的行书和草书，早已成为狂草的先驱。狂草是在原有的草书基础上发展而来的。狂草是对今草的简练、概括和抽象，如果没有今草，它如何简练、概括和抽象呢？所以，如果割断了书法发展的历史，那末，狂草便成为天上掉下来的或者某一个人忽发奇想想出来的了，这种无原无本的情况是不会有的。

　　大家公认，唐代的张旭是狂草最早的具有代表性的人物，在他之前还找不出与他一样的人物来。大家又知道，怀素是继张旭狂草的代表人物。这两个人物，历史上被称为"颠张醉素"。世传张旭"饮醉，辄草书，挥毫大呼，以头揾水墨中，天下呼为张颠"（张怀瓘《书断》）。又说："旭善草书而好酒，每醉后呼号狂走，索笔挥洒，变化无穷，若有神助，时人号为张颠。"（《旧唐书·文苑传中·贺知章》）怀素也是嗜酒喜作狂草，自言得草圣三昧。这两个人的嗜酒喜狂草，是相同的，但他们所作狂草的风格却完全不一样。张旭"则更无蹊辙可拟，超忽变灭，未尝觉山谷之险，原隰之夷"。而怀素"虽驰骋绳墨外，而回旋进退，莫不中节"。（以上引文见《广川书跋》）以上两段话，就是说张旭的狂草，狂而更狂，超忽变灭，无蹊径可寻，简直都是神来之笔。而怀素的狂草，回旋进退，莫不中节，也就是说虽然已经很狂了，"驰骋绳墨外"了，但还"中节"，还有它的规律法度可寻，还有它与今草的相通处。用通俗一点的话来说，怀素的狂草可识读性强，张旭的狂草比较难读，其字体结构的概括性、抽象性大大不同于怀素，张旭是无蹊径可寻，怀素是莫不中节。一个是不可捉摸，一个是都有法度。

张旭、怀素以后，宋代的黄山谷、赵佶，明代的祝允明、徐渭、董其昌，明末清初的王铎等也都有狂草的创作，但都各不相同。但有一点值得注意的是除张旭外，以上这些家的狂草虽各不相同却又较为相近，也就是说较有法度可寻，他们的共同点是都与张旭不同，或者说是差异性很大。我个人认为，张旭以后，再无张旭这样的狂草出现。

所有的狂草在书写习惯和书法风格上，都各有不同这一点是可以理解的。因为篆隶真行这几种字体，其结体重在形或象，而狂草恰恰是重在意，其结体上高度的概括、高度的抽象往往是意在其先，不再拘于形和象了。陆游有一首《草书歌》说："倾家酿酒三千石，闲愁万斛酒不敌。今朝醉眼烂岩电，提笔四顾天地窄。忽然挥扫不自知，风云入怀天借力。神龙战野昏雾腥，奇鬼摧山太阴黑。此时驱尽胸中愁，槌床大叫狂堕帻。吴笺蜀素不快人，付与高堂三丈壁。"陆游诗中所描写的狂草的创作境界，特别是创作时的"意境"是十分真切、十分形象的。因为各人在创作狂草时都是以意为先，不再拘于形，因此各人的狂草也就自然不一样了。试检张旭、怀素、黄庭坚、赵佶、祝允明、徐渭、董其昌、王铎等人的狂草来看，便可验证。

我罗列这么多狂草书家，并不是写书法史，而是要用来与唐双宁的狂草作一比较。在古往今来的狂草书家中，唐双宁卓尔不群，特立独出，为近世狂草史上少见的人物。杨仁恺先生评唐双宁的狂草说："若长枪大战，屈铁盘丝，豪放不羁，气度恢弘，于无法中而有法。"王学仲先生的评语是："唐双宁写字一旦落笔，便如风卷残云，势如破竹，随意而至，全篇一气呵成。"两位先生的评语，都能切中唐双宁狂草的特点。我读唐双宁的狂草，突出的感受是"天马行空，不受羁勒"。再细看，有的如惊涛拍岸，洪波万顷，有的如银河泻地，飞瀑千丈，有的如长缨在手，矫若游龙。总之，唐双宁的草书如天外飞来，破空而去，令人感到变化无穷而又神行太虚，御风而行，飘然洒然，有迹无迹。如他的毛泽东《七律·长征》、毛泽东《减字木兰花·广昌路上》，他自己的《自作词·六月六日抒怀》、《自作词·登庐山》等，都达到了这种境界。如果要拿古人来比的话，我觉得其用笔略近张旭，其狂草的狂劲，也有一点张旭的意味，而与怀素的用笔则完全不同。前面说过，所有古往今来的狂草书家绝无雷同的，因狂草主要是在意不在形，各人恣意肆气，各人的个性充分发挥，自然就各不相同了。所以我说双宁的狂草略近张旭，也是一种比喻，并不是实实死指。

在唐双宁的狂草里，镕进了飞白书，所以又称为"飞狂草书"，这是一种创新。怀素的狂草是中锋圆笔，其笔划线条如屈铁盘丝，其结构"回旋进退，莫不中节"，而唐双宁的狂草不是中锋圆笔，而是中锋中带有偏锋和散锋。即用笔略带内捩和侧捩，内捩则笔锋略平展而不是浑圆，这一点恰好是唐双宁与张旭有共同处。还有张旭的行笔都曲折狂怪。双宁的行笔也颇有此意。以往的论书，往往独崇中锋，而贬偏锋、侧锋，我并不赞成这种看法，我看王羲之的书帖，尤其是《丧乱帖》、《孔侍中帖》等等，都是中锋侧锋并用的，这样才显得变化有致。所以唐双宁用偏锋、散锋，我并不觉得不如中锋。既用了偏锋和散锋，则在作狂草时，自然可镕进飞白，尤其是在墨将枯时出现飞白是很自然的，而且也是一种书法上的美。记得当年张正宇先生作草篆时，常喜用山马硬毫，而且常喜用破笔，取其能出破锋飞白等特殊效果，他是常常中锋偏锋侧锋并用的，而且他喜作狂草，我曾亲自看他作狂草而且将这幅字送给了我。我看他随意挥洒，意到笔随。我看了双宁的狂草，才想起了张老的狂草，两者倒真有相似之处。所以在双宁的狂草里参用飞白，是顺理成章的事，是笔之所至必有的效果，既是顺理成章，也就是开花结果。

总而言之，双宁的狂草，独立中流，出一代之新。当然随着年龄的增长、学识的增长，他的狂草还会前进，还会有更多的成就，不必现在就定格、定论。

我对他第三个感兴趣的问题是他以一个第一流的、顶尖的金融家而热中于狂草、热中于文史哲、热中于行万里路的实践调查、考辨，还热中于诗文。明代的张岱说："以书生而践戎马之场，以将军而翻文章之府。"似乎什么事都倒了个个儿。那末，唐双宁以金融大家而作狂草书家、作诗人、作书生，是否也是倒了个个儿呢？我认为完全不是。我认为人是具有多方面的潜在能力的，而人的潜在能力是靠自己去培养发掘的。人的本能应该不止是一二种能力，近现代的观念、近现代的教育，往往把人教扁了、看扁了。专家专家，只专一家，如果又专了第二家，就是杂家，就不是专家了。这是真正的谬误。毛泽东不就是最大的"以书生而践戎马之场，以将军而翻文章之府"吗？所以唐双宁能在专精金融成为顶尖的大家之外，又能在狂草上独树一帜，又能在诗歌领域里得一席地，又能作万里长征式的实地的社会、历史的调查，又能以实证为学问之本，这一切，又是多么难得啊！

反过来，又恰恰是这些专业以外的特长和爱好，促进了他的专业，而他的专业也助长了他的其他方面的喜好，这样才成了相互循环的促进和影响，这样才使他一天到晚沉浸在自己的各项喜好中，乐此而不疲。也正是这样，才使他在各个自己喜爱的领域里长足前进，取得加倍的成绩。所以人都不应该轻视自己，低估自己，不应该成为只懂一样的"专家"。而应该努力鞭策自己、督促自己、要求自己，从而自己造就自己。我曾说过，古往今来的人才，都是自我造就的，如果自己不努力，没有做人的责任感、使命感，那末，纵然有最好的学校，最好的老师，也不能保你成才的。所以唐双宁的多方面才能的展现，正说明了人不能自己放松自己，自己懈怠自己，唐双宁就是一个现实的成功的典型！

2005 年 4 月 21 日

唐双宁狂草歌

予读唐君狂草，如少陵观公孙剑器舞；又如读太史公书项羽破秦军百万，诸侯军山呼震岳；又如闻雷轰电掣，声光扫寰宇；复如听梧桐夜雨，二泉映月。其奥微处在微茫之间，当以神会也。因为作狂草歌，略抒所感而已，不依韵律，一以吾乡音顺口为准（吾乡音多留古音，并存入声字），惟求适意，不足称诗也。

疾风劲草读君书，君书都是剑器词。忽如惊风飘白日，忽如鲸鱼破苍波。忽如羿射九日落，忽如大禹劈山斧。忽如长桥斩蛟龙，忽如高天射雁鹜。忽如电扫四海黑，忽如雷轰山岳舞。忽如苍茫微月出云海，忽如旭日东升万象呼。忽如秋雨梧桐飘落叶，忽如漫天风雪银装素裹万里江山瑞雪赋。忽如铁马金戈十面埋伏九里山，忽如破釜沉舟巨鹿大战诸侯縠觫壁上呼。忽如剑阁闻铃凄凉夜未央，忽如平沙雁落万鸥翔集霜天曙。忽如二泉映月哀弦回肠声声苦，忽如昭君出塞胡沙万里琵琶声急铁马驰。忽如澹荡春风三月天，忽如柳丝飘拂艳阳时。忽如梨花院落溶溶色，忽如江上闻笛千里月明倚栏思。要之君书独得天地造化灵秀气，只有山河大地五岳风云堪与相吞吐。

2004 年 12 月 25 日草

321

文章尚未报白头

——怀念苏局仙、谢无量、张伯驹、顾廷龙、沈裕君诸先生

几十年来，我所交往的前辈名公，有不少我已写了文章，但也还有不少，一直没有写过文章，现在趁此结集之际，补上一笔，借酬宿愿。

苏 局 仙

我认识的前辈中年龄最大的是苏局仙老先生，我与他通信交往时，是在70年代末，那时他已将近百岁。事情有点偶然，记得是吴恩裕先生的夫人骆静兰女士，有一天告诉我：中华书局的一位朋友想求我为他的朋友作画，问我可不可以？我当时就答应了，画了几开册页，画的是葡萄，送给了中华书局的朋友。之后不久，就得到苏老先生的来信，信是写给中华书局的朋友的。那封信说：

千里先生左右：其庸书画气势磅礴，行笔横辣，非池中物也。承令弟求得，感甚。以后请弗再物色，因箧中填满，老眼

322

又昏花，传之后人，未必能视如珠玉。埋没名笔，实不敢为，幸勿误会。小诗六绝，拜烦转致，明知不入其目，终算表谢忱也。所用名字，青藤徐渭，吴庐昌硕，齐璜白石，山阴王徽之，痴僧怀素。诗如其画，亦澎湃，天分高，非可强能。敬复。即颂

教安

  养怡信烦面致

      弟苏局仙顿首

        一·十八日

信中提到的六首诗，是另写的一个小横幅，诗云：

奉酬

其庸大法家惠赠书画

一

天马行空不可羁。气吞河岳逞雄姿。

古人尽扫笔端外，只向阴阳造化师。

二

老来堪笑似顽童。犹识珍奇拜下风。

反快山斋瓦缝薄，宝光直射斗牛宫。

三

英流怀抱不寻常。一掷千金宁望偿。

敢告珍藏传后世，勿轻上市换壶觞。

四

十年错未结因缘。同感蹉跎离恨天。
可是今朝深识面，南田画笔句青莲。

五

天假残年逾九六。幸持晚节不羞竹。
白圭诗句久废吟，毛选五卷日三复。

六

静待无妨再十年。申江重过补因缘。
还丹九转凭君乞，同作长生不老仙。

一九七九年初月中浣

南沙苏局仙

这六首诗是 1979 年旧历正月中旬写的，我当时有答苏老的两首诗：

局仙老翁九十六。尚运兔毫喷霜竹。
世上岂无谪仙人，此翁便是髯苏复。

闻公名姓十三年。三到申江未结缘。
若识春风云水路，欲从海上拜苏仙。

1980 年夏天，我去美国参加《红楼梦》国际研讨会，会前启功先生、朱屺老都应我之请为大会作了画，苏老则应我之请题了一首诗并亲自书写寄我，并寄我一书，云：

其庸先生左右：大札拜读，过誉处愧不敢当，局以入春来雨多晴少，寒气凝结不解，殊感欠适，委写件勉力涂奉，特异常拙劣，不足塞外人目，至期慎于去取，非关一人荣辱已也。局本不善书，不自料偶被选录，世人误采，浮名坌集，函索面乞，苦于应付。现眼已半盲，腕力又弱，从庚申年始拟弃笔墨，然日有数起，真有奈何之叹！拙作素不留稿，蒙先生见重，欲重行写，请将原稿抄寄，当再录奉，知己前决不作谎。纸暂留下，即请

撰安

局仙顿首

这封信未署时间，当是在初春。到了 4 月末，苏老又来一信，此信是答我的去信的，书云：

其庸先生左右：手书读悉，拙句抄出奉上，字劣有负雅属，殊以为愧。前件至请郑重带出，恐被外人之所轻笑也。江南天气，一直阴多晴少，寒流时下，绝无花明柳暗春色，因之贱躯益见颓唐。先生赴美归来，当在初秋，时暑气未消，南下之约，不妨少缓，或到沪后时间局促，东来把晤，再待机缘。忝属知己，当不以礼俗相待。匆复，

敬请

著安

弟苏局仙顿首　四月廿八日

我从美国开会回来后，因为事忙，未能去上海，但有过通信。此后一段时间，讯息较少，听说苏老不幸跌倒，受了损伤。住院后愈合得很快，完全出乎医生所料。到 1982 年 6 月，我又接到苏老的儿子苏健侯先生的来信。书云：

其庸先生大鉴：

　　岁月不居，疏通音问，倏已逾年。家君时时念及，以为情厚才高者在交友中不可多得。特为上年又遭倾跌，精神更退，眼力又差，小字已难落笔，缺于启候为此也。刻交新夏，蛙声阁阁，闹人夜寝，家君时动于怀，再四命弟仰问起居，务请详告为幸！家君饮食稍减而闭户不出，日看些报刊，怡然自得。客至尚健谈，有兴临写古帖，常说耽误一生，当从头学起，可愧又可笑云云。据以赘及，籍慰悬念。敬颂
台安

　　　　　　　　　　　　　　　弟苏健侯顿首

这封信的上海邮戳是 1982 年 6 月 14 日。阅信，得知老人对我如此悬念，我立即写信向他问候，并简述我的境况。

之后，有一年冬天，上海突然奇冷，苏老上午还出来会客，中午午睡以后一直睡去，未能起来。享年一百一十二岁。

我最大的遗憾是几次到上海，未能到南汇周浦牛桥去拜访苏老。现在则是连健侯先生的消息也久已不通了。但愿他能如局老一样，健康长寿！

谢 无 量

　　谢无量先生，是中国最早的文学史专家，出版过中国最早的文学史著作——《中国大文学史》。据知，新中国成立后，毛主席请他吃饭，还说到读过他的《中国大文学史》。我早先也藏有此书，现在也可能仍在。谢老还是著名的大诗人，大书法家。

　　大概是 50 年代末，谢老应中国人民大学校长吴玉章老的邀请，到中国人民大学来任教。那时，人大还没有语文系，只有一个向全校各系开课的语文教研室，那时谢老年纪已很高，学校没有再要他上课，只是在教研室开过几次座谈会，教师们都认真地听谢老座谈。那时，我是年轻教师，负责与谢老联系，我的住处，又与谢老只隔一个楼门，来去都很方便。教研室的同志对谢老都很尊敬，一般都不轻易去干扰他。谢老有什么事，总是叫保姆送一个纸条给我，有时是便信，那时我保存着好几封谢老给我的便信，可惜"文革"中大都丢失了。现在我还藏着他一封信和一把扇面，一个条幅，还有一个空信封，里面的信已没有了。我保存的那封信，信面上开：

　　　　　　内诗　　　　　呈

　　冯其庸同志　斧正　　　　　　　　　　无量　　4. 29

里面的信笺上写着一首诗：

俚句庆祝五一劳动节

四海欢声此日同。千歌万舞庆劳工。

擎天幸有丹心在，开物全资赤手功。

帝孽魂飞惊令节，中原花发正春风。

骧言大道从今进，天下为公指顾中。

谢无量

这是在庆祝五一劳动节时，他写信给教研室办庆祝壁报用的。

　　谢老是著名的书法家，外面不少人向他求字，我却始终没有求他写过字，有一次他忽然问我：你不喜欢我的字吗？我连忙说：当然喜欢！谢老说：那你为什么不向我要字？我说：谢老年纪大了，我不好意思再烦劳谢老。谢老连忙说：那不要紧，我给你写。过了几天，他让人送来一幅条幅，是写的黄山谷咏白薯的诗。旁边还有跋文说：今年白薯丰登，因忆山谷山芋汤诗，为其庸同志书（大意）。我当时高兴至极，此件一直珍藏到现在。后来他又给我写过两把扇面，一把是写的一首词。词调是《柳梢青》。词云：

劫外斜阳。凌波何处，空忆霓裳。流水依然，这回重到，瘦了湖光。　　锦鞾霞绰啼妆。掩半面、羞红断肠。梦冷云沈，天荒地老，一寸孤芳。

词下有题记云：

　　一九三一年金陵大水，后湖荷蕊漂没，有藏其片萼征题者，为赋此解。写呈

其庸同志正拍

谢无量

另一把扇面也是写的一首词，扇面已经送给一位朋友了，所写的词也不复能记忆了。

有一次，谢老约我到他家里去。他给我看他的一大本诗稿，都是用鸡毫笔写的，其书法之妙，当时看得我几乎不忍释手。我看他桌上搁着刚用过的鸡毫笔，我拿起来试试，笔毫软如棉花，根本无从着笔，我才知道鸡毫如此之难。但他拿在手里，真是得心应手。之后我也经常用鸡毫，稍稍能举笔而已。

谢老用的笔，轻易不换，我经常看他到琉璃厂修笔。他说用熟的笔不能轻易更换。王羲之的笔传到后代尚能用。

我虽然并不经常去他家，但毕竟每月总有事要去的，因之，无意之间，就得到谢老的熏陶，谢老是一位真正的学问家、大诗人、大书法家。他的词是真正的词人之词，他的书法，我为之倾倒不已！

1964 年，我被安排去陕西长安县王曲大队参加"四清"。我被派为工作组的副组长，组长是当地的干部，地点是终南山下的马河滩。当时"四清"的紧张形势是众所周知的，所以我根本无法再与谢老联系了。但我做梦也想不到，隔了一年我回北京时，谢老竟不幸逝世了！

我未能最后看到谢老一面，这是终生的遗憾！

张 伯 驹

张伯驹先生，我是很晚才拜识他的，记得是 70 年代成立韵文学会的时候。我曾应约到他的府上拜见过他。他就住在后海银锭桥畔，后海南沿，开门就是碧波，对岸就是清初明珠相国故居，也就是词人成容若的住处。而我的办公处就在恭王府，而且就是大画家溥心畬的画室，从我办公处到张老住处，步行经柳荫街也不过十分钟，所以我常常下班经过他门口去看看他。他有事找我时，常叫一个女孩送信到我张自忠路的住处，所以我当时还保存着伯老给我的多通便信，现在几经搬家却一封也找不出来了。

伯老是真正的大收藏家，为国家救护了不少国宝级的文物。如西晋陆机的《平复帖》，隋展子虔的《游春图》，唐李白的《上阳台》、杜牧的《张好好诗》等等，都曾经是他的收藏，后来无偿地捐献给国家。伯老曾将早年他用珂罗版印的《平复帖》题赠给我，还曾给我做过两副对子，一副的联语是：

> 其鱼有便书能达
> 庸鹿无为福自藏

上款是"其庸先生雅属"，下款是"戊午元旦，张伯驹时年八十又一"，图章是"伯驹长寿"，"丛碧八十后印"。这是一副藏头对，把我的名字放在联语的第一个字。大家都知道伯老不但诗词好，而且属对也是一绝，尤擅作藏头对。送我的对子就是一例，后来伯老又送我一副对子，联语是：

> 古董先生谁似我
> 落花时节又逢君

上联是用的《桃花扇·先声》的第一句，下联是用的杜甫的《江南逢李龟年》诗。伯老不仅善于集句，而且这副对子伯老是有深意的，实际上，上句是他自况，下句是指我。这个"落花时节"并非指自然季节，而是指他的晚年。也就是说在他的晚年却遇上了我。我刚拿到对子时，一时还没有琢磨过来，后来才恍然大悟，赶快向伯老致谢，可惜写完这副对子不久，伯老就谢世了，从此人天永隔，再也看不到这位高义深情的"古董先生"了！

然而，伯老人虽然走了，他却给我们留下了十分珍贵的永恒的东西，这就是他的崇高的爱国主义精神和对待朋友的高义和深情。

因着这些，后人对伯老，必将千秋永怀！伯老的崇高精神，必将流芳千古！

顾 廷 龙

顾廷龙先生也应该说是我的老师，虽然我没有在课堂里接受过他的教诲，但我从 1948 年开始，在合众图书馆看书，接受顾老的指导，一直到 1998 年 8 月 22 日顾老逝世，前后整整五十年，没有中断过联系。

1948 年春我在上海无锡国专读书，王蘧常老师特为我写信介绍顾廷龙先生，让我在他的合众图书馆读书，顾老认真地为我作了安排，我基本上每天都去看书，一看就是一整天，我借的书一律不收回，只存放在图书馆的专柜里，第二天到馆后可以拿出书来就看，无需再办借书手续。我在合众图书馆写成了《蒋鹿潭年谱考略》初稿。解放后，合众图书馆与上海图书馆合并，顾老任上海图书馆馆长。1982 年上图写信给我约稿，他们要出纪念性文集，顾老指示要我早先写的《蒋鹿潭年谱考略》，我即写信回答上图，很快就得到顾老的亲笔回信，信说：

> 其庸同志：
>
> 　　昨奉手书，敬悉一一。
>
> 　　承许为敝馆纪念论文集撰文，光我篇幅，至深感荷！
>
> 　　大著《蒋鹿潭年谱考略》，甚好。希望得暇命笔。为荷！
>
> 　　近阅杨殿珣君年谱目录，鹿潭年谱尚付缺如。尊作出，足弥

331

此憾。

　　闻京中炎热，上海尚不过二十八九度。诸惟珍摄。匆复，
不尽一一。祗请
撰安

弟廷龙敬上

6. 20

　　后来这部稿子就先在上图的纪念论文集里发表了，到 1986 年才由齐鲁
书社正式出版。这部稿子的得以写成，追根究底，还是在合众图书馆得
到顾老的帮助。

　　1998 年 5 月，我在中国美术馆举办个人的书画展，想请顾老剪彩，
但又想顾老年事已高，能不能出来，我即先打一个电话试试。电话接通
后，顾老耳朵有点背，听不明白，他就叫一个年轻的女孩子来接，再由
她转告。顾老听了转告，马上拿起电话来就对我说："可以，可以!"于
是我的这次展览会开幕式，就得到了顾老的光临，而且顾老当时精神极
好，略无倦容。

　　不料到 6 月 9 日，就查出顾老患肠癌，已是晚期，虽经抢救，终于
8 月 22 日与世长辞。

　　回顾我与顾老交往的五十年，实际上一直是我向顾老问学的五十
年。我是一直怀着对老师的敬意来尊敬顾老的，现在顾老虽已去世，但
我的这份敬意却永远不会消失!

沈　裕　君

　　沈裕君老人，我是很晚才拜识他的，大概拜识以后一年多一点，老

人就去世了，我未能向他多所请益，真是此生的憾事。非但如此，连对这位老人要作更详细的了解，也还没有做到。

老人写得一手好篆书，潇洒而有书卷气。我去拜访他时，大概已是九十七八岁，老人还为我搬椅子，我连忙接过来，说："不敢当，不敢当!"老人却说："你是客，我是主，我当然要为客人设座。"老人家里四壁萧然，十分简朴。记得室内中间只有一张四方桌子，有几张破旧的凳子，但是他却意态自如，怡然晏然。老人的这种精神风貌，就给我以极深的印象。之后，我曾与老人多次通信，老人还给我写过几副对子，两幅小匾。有一次我收到他的一封长信，书法写得好极了，我一直珍藏着，但这封信不久，老人即去世了，据说终年一百岁。

还听说，他喜欢喝二锅头，规定几天一瓶。临终前，让家人将他喝完的空瓶放在他的床前，他眼看着这些空瓶，安然而去! 请想想，这是多么高的境界，老人有没有留下什么话，我不知道，但这不是留下的最好的"话"么，其意境的空灵，有几个人能到此境界呢!

我所认识而敬佩的前辈名公，还有不少，尤其是学界的前辈，我还没有写。实际上，一二篇文章是写不了的，只好留下篇幅，等以后再写罢。

2000 年 7 月 24 日

梦里青春可得追

——怀念华君武、黄永玉、张正宇、关良、刘旦宅、戴敦邦诸先生

我国古代的文艺评论方式，常常喜欢用一个"话"字，如"诗话"、"词话"、"曲话"、"文话"之类。有的虽然不一定叫"话"，但写作的方式也基本一样，如"诗品"、"词品"等等。至于评论绘画和书法，虽也有叫"话"叫"品"的，如《墨林今话》（清蒋宝龄撰）、《画品》（唐徐浩撰）、《书品》（宋刘孝标撰）等等，但它的名称更为繁复，可说举不胜举。

不管它们的名称有多么千差万别，但它们的评论方式，确实有点像说话，有点像谈家常，使你感到亲切入味，而且要言不烦，切中肯綮。但近世以来，这样的评论方式就很难见到了。

最近，见到了谢春彦同志，他告诉我他写了一本评论画的书，叫《春彦点评录》。他拿了一部分稿子给我看，他说最好我能写点什么意见。我一看又是"评"，又是"点"，倒简直有点像是"评点派"。再一看他的文章，都是长话短说，有如话家常，亲切入味，不是板起面孔，给人上大课，给人高台宣讲。我说这不就是过去的"画话"、"书话"或"画品"、"书品"吗？这就引起了我的很大兴趣。

　　我不知道他一共点评了多少位书画家，给我的部分稿子里，就有多位我熟识的朋友，如华君武、黄永玉、沈子丞、江兆申等几位。我相信如果看到全部的话，我还有更多熟识的朋友。

　　华老是我的同乡老前辈，他的画正如春彦所评那样，是"华家样"，是艺林的独树一帜，他在画坛的影响是举世共知的。

　　就拿黄永玉兄来说，我也大可点评一番。我与永玉兄是同年，但我比他大一点，我是从他住北京火车站附近一间小屋子时期认识的，然后共同经历了"文化大革命"，共同目经了唐山大地震逃出来的人，我还眼看着"四人帮"批"黑画"。他的《猫头鹰》是批判的首选。说实话，我确实是非常佩服他的才华的，所以每次去香港总要去看看他。前些时，他送我一本散文集《一些忧郁的碎屑》，文笔之好，令人不忍释卷，恰好报纸要我写一写最近喜读的书，我自然就把它写进去了。

　　记得"四人帮"横行的时候，他对我说，哪一天"四人帮"垮台了，我的第一张画就要送给你。说"哪一天'四人帮'垮台了"这句话本身就足够坐牢的，但这却是一句人人想说的话。所以我们自然也就说了。更有意思的是幸而言中，这句话后不太长的时间里，"四人帮"果然垮台了。我们正在热烈地庆祝"四人帮"垮台的时候，有人来告诉我，"四人帮"垮台后黄永玉的第一张画画好了，是送给你的，赶快去拿。我真的立刻到了永玉的家里，也真的拿到了那张非常值得纪念的画，是画的四尺整幅的黄山天都峰，并且作了长题，完全是传统的风格，实在好极了，我至今一直珍藏着。

　　有一次，我去香港看他，我问他：你什么时候回去？他没有答复，拿起笔来就纵横挥洒，不一会儿就叫我去看，却是一幅人物，两个人对坐在小阁里说话。画的左上端题着："君问归期未有期，巴山夜雨涨秋池。何当共剪西窗烛，却话巴山夜雨时。"这是李商隐的名诗《夜雨寄北》，这张画和这首诗，就是最好的回答。

　　去年永玉真的回来了，朋友们举行了盛大的欢迎会，我一进去，他就对我说："我正担心没有通知到你呢！"最近他在北京通县建了很宽的画室，据说要筑一个很大的荷花池，堂名"万荷堂"，还不知是否真是这个名字，因为去年我第六次去新疆大沙漠考察，回来时他已回香港了，没有能见着。最近听说他很快就要回来了，这当然更高兴。永玉的艺术才华不仅是多方面的，而且也是不可估量的。我认为我们的时代，应该有能够代表一个时代的大艺术家！

　　话别黄永玉，自然就要想到张正宇老先生，那时永玉常来看他，也是"四人帮"时挨批的伙伴。张老喜欢画猫，"文革"中被斗得一佛出世。但他却偷偷地问我："为啥要斗我？"原来挨斗了好几年，连个为什么挨斗都不明白，这真是天下奇闻。但说穿了也不稀奇，因为这是要避讳的，而他老人家却左一个猫右一个猫地乱画，自然就大大的糟糕了。

　　最有意思的是"四人帮"批邓，批"不管黑猫白猫，能抓老鼠的就是好猫"的时候，我对张老说，你敢不敢画一只又白又黑的猫？张老却说，我画了你敢不敢题？我说只要你敢画，我就敢题。他说好，把门关好。于是我就帮他关紧了大门，他拿起笔来就画，没有多久，真的一只又白又黑的猫画出来了。他说你题吧！我面对着这只特别有神的花猫，想了一想，题了下面这样几句：

　　　　　　　　尔貌如狮，

　　　　　　　　尔性温如。

　　　　　　　　尔口念佛，

　　　　　　　　尔嘴嗜血食。

　　　　　　　　猫乎狮乎？

　　　　　　　　兼而得之。

我的意思是说，你不要看他是只猫，他有一天要变成狮子把"四人帮"吃掉！张老一看，心里立即明白，拿起笔来就加题在画上。题好后左看右看，高兴得不得了。他对我说这张画一定送给你，但裱好后我要看它几个月才能给你！我说随便你看多少时间。张老真的一直将这幅画挂在他的床前，天天面对着它，一直到他不幸逝世。所可告慰的是，当张老弥留之际，"四人帮"垮台的消息传来了，那还是秘密消息，我赶到医院里凑着他的耳朵告诉他时，他高兴得要求坐起来，他清醒了一会儿，对我说："我要起来画画！"可是说完了这句话后，他就再也没有能起来！我含着眼泪看张老的遗容时，却发现他的脸容是微笑的、欣慰的，因为他终于听到了"四人帮"垮台的消息！

还有使我不能不写的是关良先生。我曾与关老一起看厉慧良的《长坂坡》。那天关老为慧良画了一幅《长坂坡》的赵云送给他，关老送给我的是慧良的《拿高登》里的高登，这两幅画都是关老晚年的杰作。之后不久，就听说关老病倒了，而且很重。我很着急，写了一封信并附了一首诗寄给曲章富。诗云："闻公病榻卧支离。苦忆淞江老画师。诗到应遣病魔退，试看笔下怒钟馗。"关老看了诗很高兴，把诗贴在床头，过不久，老曲来信说，关老能起床了，也许你的诗有作用！这当然是开玩笑，因为看到关老能起来，大家自然很高兴。想不到没有高兴多久，关老终于不起了！我得到了这个噩耗，面对着他画的那幅《拿高登》，久久不能平静。可现在就连慧良也已去世了，还有什么话可说呢！

当然，上海的画家，我熟识的还有不少，如刘海老、朱屺老、谢稚老、唐云老、沈子丞老，可惜都已作古了，关于他们的话，更是说不完的，因此也只好暂时不说。

健在而我熟识的画家，还有刘旦宅、戴敦邦两位，他们都是《红楼梦》的知名画家，他们的成就也是举世皆知的。刘旦宅不仅画好，我还欣赏他的书法。

我不由自主地一下写了这么多位画家，也不知春彦的点评里是否点到，不管点到与否，就算从我的角度的补充罢。

还要说一点的是关于春彦的点评，他的点评，不仅文笔好，而且他熟知这许多画家的艺术，所以往往能一言中的。看他的一段短评，就能把握住画家的总体，真正能够做到这一点，确是不容易的。如果对这么多的画家没有足够的深入了解，何能做到这一点？更何况真正是纸短情长，言有尽而意无穷！

1998 年元旦凌晨 2 时于京东且住草堂

意 在 画 外
——论石壶

潦倒穷途老画师。胸中丘壑几人知。
可怜一管生花笔，待到花开已太迟。

淡写轻描真画师。青藤八大定无疑。
数峰天外横苍翠，更着石谿上峨嵋。

以上是我题石壶的两首诗。非常遗憾的是石壶生前我没有见到他，连他的名字都不知道，更不用说读他的画了。我是直到很晚很晚才从石壶的展览会里看到他的足以惊世骇俗的画作的。

石壶的画，初看似乎是貌不惊人，但是只要你稍微仔细看看，只要你对中国的绘画传统略略具备一些常识，你就会发现，你面对着的是一位惊世骇俗的、不同凡响的、高出于自己的时代多多的具有绝代才华的卓越画家。

因为石壶是一位横放杰出的人物，所以读石壶的画就不能寻行数墨。石壶的山水画，我认为有龚贤的浑厚朴茂，有石谿的郁勃幽深，有石涛的淋漓纵放，还有近代黄宾虹的峭刻深沉。以上四个人，对石壶来说，并不是现成的因袭，而是作为传统绘画的营养来吸取的。人们初次接触到他的山水画的第一个印象，就是一种扑面而来的清新浑厚的味道，一种不同凡响的新鲜感，一种强烈的绘画个性。

石壶的山水，从构图上来看无一雷同，不论你看多少，决没有重复的感觉，这实在是很难很难的。为什么石壶能够有如此的胸襟和本领？原因是他的画稿完全是从写生中得来，大自然千丘万壑，无有穷尽，石壶也就有千丘万壑，无有穷尽，原来画家石壶与大自然合而为一了，原来天地间的奇山异水，无一不是石壶现成的画稿，早就准备好的粉本。

天地是无私的，大自然的千丘万壑，并不是石壶一个人的私有，可以说人人得而取之。问题在于取之者的胸襟和本领，多少的奇山异水，对常人来说，视之不见，无动于衷，然而对石壶来说，却有会于心，自然与神悟得到了契合。这种神悟、契合，是全部的学问、修养、性灵、个性、胸襟、气质的会合，决不是随便可以得来的。

石壶十分重视山水画的"骨"。他曾说：

骨意飘举，惝恍迷离，丰神内涵，此不易之境也。

又说：

神情发于骨髓，非可以貌取也。乙卯秋杪，余大病后涂此自遣，得在意外之趣，不易也。

这里所说的"骨"，就是指墨笔的勾勒，也包括皴法和构图。石壶山水之奇，首先是奇在构图，而构图之奇，从素材来说，是得之于自然，从笔墨来说，是他独特的富有个性的线条和皴法。我敢说没有一个人可以说得出来石壶山水皴法的名堂,是披麻皴,斧劈皴,荷叶皴,还是卷云皴?都不是。因为石壶的山水根本不是从书本上来的,你要想寻行数墨地寻找他的出处,可以说是枉抛心力,因为他的出处不在于此而在于彼,不在书本而在大自然。这当然不是说,石壶没有下过深厚的书本工夫,而是说他早已从书本里走出来,传统的种种画法和皴法,只是他入门的手段,一旦他登堂入室以后,就不再满足于已有的种种表现方法,不得不另辟蹊径,创造出足以表达他自己个性的一整套画法。

石壶的设色也是奇而又奇的。你说他的山水是青绿,是水墨,是浅绛,这些说法都对,但又都不对,因为他已经是随意设色,不守绳墨了。但他的设色,又让你感到十分和谐统一,十分真实。总之,你如果想把石壶的山水纳入前人的现成框框中去,你肯定是要失败的,因为他根本就不是按框框来画的。对于石壶来说,除了大自然这个惟一的大框框外,就没有任何其他框框,也没有任何框框可以框得住他。

石壶常常喜欢在画上用一个"写"字,我读石壶的画的一个突出的感觉,就是觉得他是在"写",是用画笔来写他的心灵,来抒发他的感情。当然山水画的随意性比较大,而石壶的山水画,更是笔墨挥洒,一泄无余,当然也有引而不发、含蓄无尽的。总之无论是挥洒还是含蓄,都是他内心的抒写,是感情的倾吐,他是用作画的方式来向世界倾诉,向人们叙述的,因此作画就是他的说话,就是他的歌唱,就是他的悲愤哀怨,就是他的仰天长啸!

读石壶的山水,我常常自然而然地想到陶渊明。陶渊明用诗来描写了他所处的自然环境,写得那末生动真切,使你现在读他的诗,还仿佛看到了当时的景色。陶渊明的胸次高旷,远远高出于他的时代,即使现在读他的诗,仍旧会感到他的志行高洁,不同流俗。我们今天谈石壶的画,则刚好从画里看到了他所处的自然环境,真正的蜀中山水,真正的蜀中农村,真正的蜀中风情,而且同样感到他志行高洁,不食人间烟火，虽然穷途潦倒，而仍不改其志！

读石壶的山水画，我还常常联想到阮籍的诗。阮生咏怀，意在诗外，而寄托遥深，石壶的山水画，也是有画外之旨的。

石壶的花鸟画也是有突出成就的，与他的山水画相比，我感到很难分出高下来。在他的花鸟画里，可以明显地看出八大、吴昌硕、齐白石等人的影响来。比起他的山水来，他的花鸟画更来得简练，寥寥数笔，便已神完意足，他的八哥、鸭子、小鸡、小鸟等，尤其可以看出八大的风味，而他的藤萝、葫芦等，显然是源于白石、昌硕。尤其难得的是他画的这些小动物，都是生气勃勃，神态十足，好像都是活泼泼的生命。

以上所论，还只是画面上的石壶，或者说画里的石壶，讲画面上的石壶或画里的石壶易，要讲画外的石壶就很难很难。然而石壶的真精神，真意趣，真境界，真正超越之处，恰恰就在画外。画外，对于一般画家来说是不存在的，但是对于石壶来说，恰恰是他的旨趣所归。

然而，画外是哲理的，抽象的，迷离惝恍的，或者说是画家主观的，也同时是读画者主观的，因此要谈画外的石壶，就如晋人谈玄，不可捉摸，或者说虽谈，而终不知其可否。

为了避免这种不可捉摸性，我想到了一个门径，就是从石壶的画论里来看石壶的画外之趣，石壶说：

> 峻嶒兀岸处中自有秀逸之气，当于笔墨外求之。①
> 平淡天真、迹简而意远，为不易之境界也，余写虽未称意，而心向往之。②
> 神情发于骨髓，非可以貌取也。乙卯秋杪，余大病后此自遣，得在意外之趣，不易也。③

---

① 题《青山叠嶂图》，见《石壶画集》，第 52 页，天津人民美术出版社 1987 年版。
② 题《青山叠嶂图》，见《石壶画集》，第 1 页，天津人民美术出版社 1987 年版。
③ 见《陈子庄画册》，第 129 页上图题，四川美术出版社、外文出版社 1988 年版。

　　写蜀中山水险峻易得，淡远至难。余去年游九顶山燕子岩，南行百余里，群山万变莫测，惜老病之人不能多行，归而点染此景，得一淡字。①

　　甲寅三月重阅此册，因忆荆浩云：可忘笔墨而有真境。此纸笔墨水色浑然俱忘，虽全自胸臆中流出，而较泥滞于物者，其真□之受，何止千百倍乎！②

　　石壶在以上这些题记里所讲的，语言虽然有所不同，但意思是一致的，这就是说要超脱于形似之外，追求神似。所谓"笔墨外求之"，"迹简意远"，"意外之趣"，"淡远"，"真境"等等，都是一个意思，就是要超越于形似，超越于笔墨之外，而与大自然的天机、真趣相合。

　　石壶还说：

　　若妙合天趣，自是一乐，不以天生活泼为法，徒穷纸上形似，终为俗品。③

　　画中有声，不在笔墨而在意度，观者可以目闻也。④

　　余听王华德鼓猿鹤操，情景宛然，当是精思苦练万遍后始得之者。前人有云：用笔如弹琴，试以琴韵写吾山水，能天机活泼，形似在其中矣。⑤

　　写沱江山色长卷，□□点染，毫不着意，其意已足，此不易之境界也。⑥

---

①　见《陈子庄作品选》，第62图题句，四川人民出版社1982年版。

②　见《荣宝斋画谱》之《陈子庄画册》，第38页第4图题记，1991年版。

③　《陈子庄画集》，第40页，荣宝斋出版社1987年版。

④　《陈子庄》，第26页，四川美术出版社、外文出版社1988年版。

⑤　《陈子庄》，第57页，四川美术出版社、外文出版社1988年版。

⑥　《陈子庄》，第132页，四川美术出版社、外文出版社1988年版。

此中有佳境，欲说已忘言。壬子三月抄成稿，六月补题。①

吾蜀邛崃山，峰峦灵秀，谷中涧水清明见底，涧边多幽篁，密处不见天日。余于壬寅之夏由平乐入山游，得数十稿，皆先后散失，今写此约略似之，用笔虽草草，自谓得其机趣，明眼当不以我为妄也。②

山村篱落，晴岚烟村，望之松疏简淡，知为龙泉寺景色也。下里巴人左腕病后并记。③

吾蜀丹景山产牡丹，不在洛京下，余于三十年前与盲禅师到此，今写白玉盘能得其天趣。乙卯大病后补题记之。④

上面这些题记里所反复提到的"天趣"、"天机活泼"等等，就是进一层说明了超脱于笔墨形似，就是为了求得与天地造化相合。昔李卓吾云：

《拜月》、《西厢》，化工也，《琵琶》，画工也。夫所谓画工者，以其能夺天地之化工，而其孰知天地之无工乎？今夫天之所生，地之所长，百卉俱在，人见而爱之矣，至觅其工，了不可得。岂其智固不能得之欤？要知造化无工，虽有神圣，亦不能识知化工之所在，而其谁能得之？由此观之，画工虽巧，已落二义矣。文章之事，寸心千古，可悲也夫！⑤

---

① 《陈子庄》，第74页，四川美术出版社、外文出版社1988年版。
② 《陈子庄》，第70页，四川美术出版社、外文出版社1988年版。
③ 《陈子庄》，第76页，四川美术出版社、外文出版社1988年版。
④ 《陈子庄作品选》，第15页，四川人民出版社1982年版。
⑤ 李贽《焚书·杂说》。

李卓吾在这里说，画工虽巧，已落第二义，只有天地造化，化生万物，完全是自然生成，不见丝毫痕迹。石壶反复讲的要超脱于笔墨形似之外，追求"妙合天趣"、"平淡天真"、"天机活泼"等等，也就是要超越画工而达于化工，达于天地之"真境"（石壶语）。石壶极力反对"徒穷纸上形似"，主张"毫不着意，其意已足"，主张"得在意外之趣"，主张"笔墨之外"等等，就是追求超脱于画工的痕迹。

应该承认，石壶所追求的是中国画的至高境界，这种追求，也反映了他胸襟的高旷，可以说提出这种追求的人，其本身就是不凡的。

石壶还有几段话，了是十分精辟的，可以当作警句来读，他说：

> 文章自当从艰难入手，却不可有艰涩之态，学画亦如是也。
>
> 不读书虽埋头作画，磨穿铁砚，断难得其仿佛。

这两段话，涉及读书、作画和写文章，我认为这两段话，都是"磨穿铁砚"后的甘苦之谈，如果自己没有从读书、作文、作画中"翻过跟头来"的话，决说不出这样的话来。所以咀嚼体味了石壶的这许多具有极高的文化深度和思想深度的话语，再来重读他的这些山水画和花鸟画，自然就会感到另有一番深意了。

归根到底，石壶是一位具有绝代才华、迥不犹人的卓越画家，他的作品，永远是一份珍贵的民族遗产，他的名字在历史上将与昌硕、白石、八大、石谿等并存！

1991 年 8 月 18 日夜写于京华瓜饭楼

山川钟灵秀　素手把芙蓉

——读谢伯子先生画

余少时蛰居乡里，以耕牧为生。及长，即远走北国，一别故乡五十年，故故乡之人之事，转觉生疏，转觉不若他乡之稔且熟也。然予童稚耕牧于乡间，闻邻县有钱名山先生者，古之高士，诗界之苏黄也。窃欲奔赴之而其人已仙矣！为之怅惘者不已。

稍长，入中学，得顾钦伯先生、张潮象先生为师。顾公精于诗而张老精于词，别号雪巅词客。予时酷爱诗词而于词读尤勤，亦稍稍习之，而不敢以呈吾师。一日，吾师于无意中见予习作，叹曰：汝乡有谢玉岑者，词中之仙也。予怦然心动，欲往拜之，而谢公早已仙去矣！

"文革"后予在沪上，识谢稚柳先生，往往倾谈移日，相见恨晚。予因叩谢公曰：常州有谢玉岑先生，予心仪数十年，而未能读其片词只语，常以为恨耳！谢公唯唯曰：玉岑，固予之兄也！予闻之大惊喜，几欲下拜，盖数十年想望，一朝豁然，情何能已。

予家贫，少年失学，终日于垄亩间。而于书画，天性酷爱之。曾得海上郑午昌画册，喜极，不仅临其画，且亦临其晋唐书法。后予复酷嗜蒋鹿潭《水云楼词》，于《水云楼词》版本，搜罗极备，其中竟有郑午

346

昌印《水云楼词》一种，予特珍藏之。

近忽得钱璱之先生赐函，属予为谢伯子先生画集作序。予少小离乡，老大未还，固于故乡人事多所寡闻，此予之过也。及拜读所寄《谢玉岑诗词集》，乃知集中唱酬诸公，大半皆予师辈或曾相接者，若玉岑先生仍在，则必能拜识也。惜予无福缘，不得接钱、谢二公，为之奈何！

然幸藉璱之先生之介，得读玉岑先生长公子谢伯子先生之宝绘，差可告慰耳！璱之先生同时还寄《小山诗词》一册。小山先生，予昔曾拜识，并蒙赐法书，固亦足补未拜名山先生之缺憾于万一也。

予读伯子先生画而重有感焉。伯子先天聋哑，人皆以为病，病固然也。然事物固相反而相成者，伯子先天之聋哑，岂造物之欲成其奇才乎？且画，固无声诗也，画既无声，聋哑何害！即非聋非哑，又岂能听画问画哉！昔人云：听有音之言者聋。由是观之，则吾辈皆聋，而伯子独聪也！昔吾乡有倪小迂先生，予之数十年知交也。先生为云林嫡传，至今清閟阁香炉，尚存其室。先生亦先天失聪，然先生作云林山水，妙得其神！尤神而奇者，予每与先生见，先生必欲为予奏二胡《二泉映月》。予固熟闻华彦钧独奏此曲者，至顿挫处，往往为之泣下沾襟。予听小迂先生以聋者而奏此曲，居然能略得其节奏神韵，而小迂先生不知也。每奏毕，必以手指问予：何如？此非聋者之独聪乎？

伯子先生受业于张大千、郑午昌先生之门，且自幼得名山先生之亲炙，其先天虽有缺而后天独厚，此岂常人之所能得哉！

今观伯子先生画，无论山水、人物、翎毛、花卉，皆得之于大千者居多，甚或有宛然神似者，即此亦可见其天分功力之高矣。夫大千，当世之董、巨、马、夏也，岂易为者？并世画士能得其真神韵者，吾不知有几也！

予昔年在美国加州，识侯北人大兄，侯公固大千知友也，惜大千先生已先一月赴台矣。侯公属为其所作《漓江图》题句，而其上已先有大千先生题诗矣，予乃勉题一绝云：

> 梦想千翁四十年。忽从画里识神仙。
> 漓江我昔轻舟去，恰入侯公蝉翼笺。

后予两至台湾，拜双溪大千先生故居。去岁重拜，予复有诗云：

> 重到双溪拜故侯。髯仙还是旧风流。
> 江山万古西川笔，卓立昆仑最上头。

故伯子先生画能似大千而得其神韵者，真国手也，常人岂易为哉！

然而，此仅就其大者论也。伯子先生画，固自有其出大千者，如1957 年所画之《紫金山》，则令人想见赵吴兴之《鹊华秋色图》也，《溪山清远》则倪高士也；此外，大涤子有之，梅瞿山有之，黄大痴亦有之，种种笔法，变化生新，岂能一一析而论之哉！然而浑元归一，则又是一谢伯子也！

予复见其所作华山《苍龙岭图》，因忆昔年予曾两登华山，夜过苍龙岭，同人为之战栗，予坦然而过。至玉女峰，道仄，月光不得入，遂扪壁而行，直抵松桧、落雁峰，则皓月当空，松影匝地，予与二三友人，徘徊于松林间，月华如水，万籁俱寂，胜似东坡承天夜游。次日下山，重度苍龙岭，云生足底，鸟负朝阳，俯视则不可见其极，始知老杜拄到玉女，退之投书大哭之由也。今观伯子先生此画，则极尽其高险，直为山灵写其神韵矣！

夫阳湖，古延陵也，固多才士之地也。伯子先生承其家学，得其地灵，虽语默而性聪也，心有灵犀也。然则，伯子先生实乃当世之才士也，岂仅画师也哉！

　　他日有缘，倘能再至常州，一拜名山、玉岑两先生之墓，稍伸童稚仰慕之忱，则幸甚矣！

1999 年 3 月 18 日夜 2 时于京华瓜饭楼

怀画家杨彦

我在很早以前就读到了杨彦的画，这是一位久居北京的扬州朋友拿给我看的，是一幅青绿的山水长卷，画得极其认真也极其传统，用笔流畅自然，有书卷气，随着画卷的逐渐展开，情随景转，引人入胜。我越看越喜欢，觉得我们又出现了一位杰出的年轻画家。我问这幅画的情况，那位朋友说，已被一位台湾朋友买下，很快就要来拿走了。他告诉我台湾人非常喜欢他的画。——这件事记得还是十多年前的事。

我什么时候认识杨彦的，现在已记不清了，但有一件事是记得很清楚的。在八年前，还是那位扬州朋友给我来电话说：有人送杨彦一条小藏獒，还只有两三个月，杨彦家无法养，问我要不要。这时我认识杨彦已很久了，我连忙说"要"。当天下午那位朋友和杨彦就一起开车过来了，到了我门口，汽车刚开门，小藏獒就跳下车来直奔我家大门口，竟在大门外正中朝南坐了下来，就像一头小狮子。这时杨彦他们刚从车上下来，我正好开了大门，见这条小藏獒竟端端正正坐在门口，心里很奇怪。杨彦他们看了，也觉得奇怪。接着杨彦他们走进大门，而这只小藏獒也自动地跟着进来了，好像一点也不觉陌生。

我与杨彦闲谈了一会，杨彦他们要回去了，我以为小藏獒会跟着主

350

人走出去，不料它却端坐不动，到了晚上，我给它安排在楼下洗脸间睡觉，因为它还很小，一点也不费事。晚饭以后，我上楼了，其他人看了一会儿电视也休息了，但小藏獒在楼下却不停地叫。我初以为是换了地方不习惯，但听他总是叫个不停，而且是在我的楼梯口叫，我不知是怎么回事，就下去看看。只见它在楼梯口对着二门叫，我走到二门一看，发现二门半开着，我心想是不是因为二门没有关它才叫，我随手把二门关好插上再上楼，果然小藏獒就不叫了。这件事引起了我们全家对小藏獒的兴趣，至今小藏獒已经八岁，已是庞然大物了，但它却更机灵了。

在这期间，杨彦也常来我处玩，一起聊聊国画创作，无意中说到他的老师是亚明，他原是在南京的。一提起亚明，我们就更加亲近，因为亚明是我的好朋友。1949 年 4 月 22 日夜里，解放军突破江阴防线，向无锡挺进。这时我带着一批学生黑夜里在锡澄公路上迎接解放军，第二天，我步行到无锡城里，找到部队后就报名参加解放军。当时的目标是随军南下，解放大西南，不想隔了一段时间，上面有指示，要把我们几个刚入伍不久的青年留下来，做地方的政治教育工作，我被派到了无锡市第一女中。当时亚明在苏南日报，我去报社开会时，常与亚明相见。他那时还在搞木刻，而我也曾喜爱木刻，鲁迅介绍的几位木刻家如李桦等，我都很喜欢，还有德国的珂勒惠支，我还买了她的画册。有时亚明也常到学校来采访。所以往来较多，但到 1954 年 8 月，我就被调到北京来了，虽然与亚明分别了，却没有中断联系。但有两件事亚明约了我，我却没有能应约：一是亚明约我春天到南京，一起到长江里的船上吃新鲜的河豚。二是约我到宜兴去给他题紫砂壶，因为他请宜兴的紫砂老师父做了几把紫砂壶，他知道我与紫砂大师顾景洲很熟，与高海庚、周桂珍也是好朋友。这两件事，当时我都未能做到，因我的课程很重，根本不可能有空闲时间可以外出。后来亚明迁居苏州，在郊区买了一座旧宅，改建后命名为"近水山庄"，邀我去参观。我虽然去了，但已晚了很久，记得我去苏州时，他已得病了，外表还是老样子，所以见面后还很高兴，我赠了他一首诗：

赠　亚　明

当年犹忆渡江时。意气风飞笔有姿。
重见而今头俱白，东山已是石田师。

据说这首诗一直挂在他画室的墙壁上。

以上这些琐屑的事情，都是我与亚明交往的种种，杨彦知道我与亚明的这些交往后，更加深了我们的友谊。

有一次，杨彦来看我，提到我画的西部山水，非常感兴趣，特别是我用强烈对比的色彩，使人感到大胆而新奇。我说我是受西部山水的启发而画的，是写实而不是凭空虚构。他知道我三次上帕米尔高原，2005年，还去了罗布泊、楼兰，非常羡慕，约我以后同去，不想我却从2006年起一直生病。去年他来看我时，告诉我他已独自去新疆、西藏回来了，在西藏还遇到了一次很大的风险，总算平安度过了。说罢他给我看一批他画的重彩西部山水，全用红色。他毕竟是大画家，构思和技法都十分到家，看了令人十分震撼。

我觉得中国大西部的山水，还是一个秘区，自宋元以来，始终乏人注目。我们现在处在西部大开发的历史时期，从绘画的角度来看，我觉得也可来一个"西部大开发"。因为画西部，不仅是它的山水特异，它还需要你用新的审美观念、新的构图、新的笔法（皴法）、新的色彩来画它，光靠古人留给我们的一点皴法是远远不够的，所以这个"大西部"，无论从地域来讲，也无论从绘画的创新发展来讲，正好是给我们的画家留下了驰骋笔墨和施展才华的广阔天地，当然，这是我们的时代赋予我们广大画家的共同使命，而不是少数几个人的任务，而且更是一个需要长期探索实践的任务，而不是短期完成的任务。

不见杨彦又快一年了，我相信他又积累了一大批画稿要给我看了。几年前我曾题过两首诗赠他，现在即作本文的结束：

赠 杨 彦

一

红紫缤纷事亦稀。金陵王气几曾微。

大江东去波浪阔，又见神龙破壁飞。

二

纵横画笔任纷披。怪石险峰别一奇。

画到幽微灵秀地，嵇康阮籍要移居。

2010 年 8 月 8 日

丹青不觉老将至　富贵于我如浮云

——《戴行之画册》序

戴行之先生是我的同乡老友，他原籍是常熟，但一直居住无锡，我与他相交已逾五十年。

行之兄毕生致力于书画金石和文物鉴定，可以说，书画、金石篆刻、文物鉴定是他的三绝。他早岁从名书画家季厚焘（今崗）先生学，后又从著名书画家文学家杨恺（无恙）先生学，所以他无论是书画金石和鉴定，都有深厚的学术基础，因此他后来一出手就与众不同。

他因为早岁就蜚声艺坛，所以二十岁以后就开始鬻画，并为收藏家作鉴定，当时的润例就很高，到"甲子秋仲"（1984 年），大诗人钱梦苕（仲联）先生又为之重订润例，并系以诗云：

　　画禅三昧孰闻持。喜尔传灯有本师。为道近来常日损，烟云好助养生资。

　　甲子秋仲为
行之先生画家代订润例系以小诗

　　　　　　　　　　　　钱仲联

于此也可见其成就之卓著了。

前些年，我曾为其题临韩滉的《五牛图》。《五牛图》真迹我曾多次寓目，故知行之兄所临，确能得其神韵。由此也可知其画学的根底深厚。因为临摹是中国传统画法的一大关键，古代的大画家无不工于临摹的；大家知道，张大千善于临摹，他临的石涛，令人莫辨真伪。就是不久前去世的大画家朱屺瞻老先生，他也亲自告诉我他临过不少宋元的山水，他后来有如此大的成就，他认为临摹给予他很大的启发，他还把他临摹的巨幅山水拿出来给我看。所以行之兄能临五代韩滉的《五牛图》而得其神韵，应该看做是他的一种极高学养的标志。

行之兄的画秀而有骨，清而有神，其山水画风，工细者略似文氏兄弟，疏简者能得梅瞿山、大涤子笔意。总之，清新脱俗，有书卷气，不是画工之画，而是文人之画，尤其是他的题识，无论长题短跋，皆清新可读，诗味盎然，在当前的画坛上，能作这样的题跋的，也不多见。

行之兄的书法，他年轻时就能作四体书，就他的楷行来说，也是风标独举，不同凡响。给人突出的印象是瘦而清，逸而韵，扑面而来的是一股书卷气。这种气质，完全是作者内在素质的自然流露，不是外部的工夫可以"做"得出来的。

行之兄的篆刻亦是独具"一绝"的，就治印方面来说，其印面多秦汉古意。行刀挺拔，结体瘦劲。就我看到的部分印面来说，秦钵的风味多于汉印的风味，这与他平时瘦劲的小楷也是完全一致的，这就形成他独突的秀劲的风格，从而超出于时流。从他治印的边款来说，更富有个人的特色，他的边款，既不是吴昌硕，也不是齐白石，丁龙泓、赵之谦也都不是，而是他自己戴行之。他完全自由地把他一手瘦而劲的精绝的小楷，运用到了治印的边款上，照样劲而瘦，照样具备毛笔楷书的笔意，照样具备毛笔的行款，真正是使石似纸，使刀如笔，足可见他在治印上下的功夫是多么深啊！

除刻印外，他还有竹刻、杖刻，此两刻一如其治印的瘦劲而洒脱。老友陈从周兄，曾为我制游山杖，杖刻"从头越"三字，下刻款识"陈从周为冯其庸制游山杖属行之书刻"一行小字，其书法之劲秀，一如笔书，我至今仍视此杖如珍宝。特别是他为梦苕老人所刻杖，苕翁竟报以长诗，诗云：

> 谢家山老苍云封。元气不死胎古龙。卓立精铁撑圆穹。着花千春无丑容。梅叟当日坐诗穷。神物独许精魂通。铁衣拂石劫未终。斥仙遭遇论焦桐。拂拭何来陈孟公。前身懒瓒将毋同。清闷阁头烟云供。丘壑方寸生华嵩。意匠欲扫狮林空。百围一志归牢笼。更扶塔婆贯倾濛。芒鞋忽西辞吴蓬。佳人空谷意外逢。谓是不减买寿笻。手挽龙须血尚红。携去海角如乘虹。一十二时加磨礲。神光激发斑痕中。夜半惊倒牛斗宫。飞电来搜扃镉工。相哀病榻眠疲癃。九节扠下金墉中。膏肓二竖陡绝纵。人力扶持神无功。老夫狡狯心犹童。未甘困守鱼蠹丛。葛陂一掷云能从。从头去越千万峰。仗尔攀登天九重。银桥拄过海荡胸。道逢夸父真英雄。敲日返挂扶桑东。锦袍三语交箭锋。刀齐尺梁随飘风。归来丈室藜烟浓。招邀述圣钮儒宗。叩胫还治蒙供翁。

> 从周先生于宣城山中得良材，手制为杖相贻，并请戴君行之镌"从头越"三字铭于其上。爰赋《梅花杖引》报谢。

> 甲寅重九梦苕盦主于吴门

为一枝手杖，大诗人梦苕先生竟赋四十一韵的长歌以谢，可见梦老对于此杖此刻的珍爱到何等程度，也可见此杖此刻在艺术上的分量。可以说，为一枝手杖而引出这样一首掷地金声的长诗，恐怕在文学史上也是绝无仅有的，这真是一段佳话。庆幸的是梦苕老人至今九十以外尚能携杖健步，这也是此杖之幸，也是从周兄和行之兄之幸！

行之兄于书画鉴定上也是独具慧眼的，数十年来，他鉴定抢救了数百件文物，其中如元王绂（孟端）的《枯木幽篁图》，人以为假，经他鉴定，确定为真迹，此画遂得以保存，后来在南博展出，并印入《古代绘画联展》的画册中。特别是 1984 年甘露明墓出土了时大彬壶，却无人能识，幸亏行之兄见到了，经仔细鉴定，发现壶把下有"大彬"二字款，作楷体，再从整体看，无论造型和制作均是上乘之作，遂确定此壶为大彬真迹。大家知道，大彬壶传世极少，我只见过两件，其一是扬州博物馆所藏，六方壶，底款"大彬"二字也是楷书，另一件是故宫所藏，款是用竹签划刻，可能时间更早于以上两壶。就我所见此三壶来说，以无锡这把柿蒂纹大彬壶最为精致，火候也最为老到，应该说是大彬壶的代表作，也是他最成熟的艺术珍品。如此剧迹，竟幸得遇真眼，遂免废弃之运，实是大彬之幸，亦当世之幸，这不能不归功于行之兄。

我离家已近五十年，与行之兄也已多年不见，我们的好友陈从周兄，已长期卧病更不能相聚，言之慨然！因为久别，于行之兄的成就所知当不能详，更有未到和未当者，敬请鉴原。就以上所论行之兄三绝，虽系鄙见，实非河汉，幸读者鉴之！

1999 年 3 月 31 日夜 1 时于京东且住草堂

庄生晓梦迷蝴蝶

——《杜世禄画册》序

　　翻开中国的书法史和绘画史，我们可以看到，无论是书法名家或绘画名家，都有一大排的名字既是大书法家、大画家又是当时的官或大官，甚至还有当皇帝的。

　　例如大书法家王羲之，世称右军将军，官会稽内史，秦代写篆书的李斯是丞相，现在还流传有他的碑刻。唐太宗李世民、高宗李治也都是书法家；唐代的草圣张旭，官左率府长史；颜真卿是平原太守。宋代的苏东坡、米芾、黄山谷等也是做官的。画家方面，如晋代的顾恺之，当过参军、散骑常侍。唐代的吴道子，当过兖州瑕丘尉；周昉，当过越州长史，宣州别驾；李思训是左羽林大将军等等。其他就不一一列举了。所以在古代，既是书法家、画家，又是官，这是平常的事，而且他们主要的职务是官而不是书法家或画家；当然也有因书画而当官的，那末这当然以书画为主了。

　　但是到了后代，似乎当官和当书画艺术家完全是两回事了，虽然偶尔还有两者得兼的，如国民党时代的于右任、吴敬恒、谭延闿等等，但毕竟是凤毛麟角，难得一见了。到了今天，虽非绝无，也是仅有了。前

358

些时候，有朋友介绍浙江的杜世禄先生。先介绍是画家，到见面再介绍时又是县委书记，我不禁为之愕然。为之愕然，倒没有别的什么原因，只是感到把这两种职能统一在一身，兼而任之，这有点出乎意外。

在见面之后的一些时间里，当然我就注意陆续读他的作品。一读他的作品，无论是书法或绘画，又给我一个突然——我根本没有想到竟有这么高的水平，这么独特的个性和风格。

他的书法，是颜、柳一派，颜的味道稍重一些，也颇耐人细看，但还不像他的画那样教人顿觉耀眼生花。他的画，总体来说，是现今新的一种画法，不是传统画的画法，但是他与现今流行的新派画法又不是一回事，他又是一种别出心裁。要了解他的画，先要了解他对画和画画的看法。他说：

> 我平心思量各种画画态势或说风格，终究还是在无意中形成的，这是自然的本能资赋，犹如人的"走相"，是在无意中形成的，强学起来的只能成为一种表现。不容置疑的是画家在作品中自我本性的写照是任何其他作家都不可与及的，真所谓画如其人是也。

这是说画画，说画家的画就是画家自我本性的写照。他又说：

> 画画的最好不要有多大的包袱和目的。即使为了目的也应该仅是因为自己的面貌能久存于世，能多给社会以娱悦。正如法国自然主义文学奠基人左拉所说的"画所给予人们的是感觉，而不是思想"。这是我认同的也是我最基本的画画态度。

这是讲作画的目的，讲画给予人们的是感觉而不是思想。

他还有一句重要的话：

> 画画必须跟着感觉走。

上面这几段话，我认为是理解杜世禄的画的一把钥匙。

我看杜世禄的画，第一个感觉，就是一种全新的感觉，找不到雷同别人的地方，更没有任何模仿的痕迹。真正是杜世禄自己的"走相"。但是，并不是任何"走相"都是美的，而关键还是在于"美"，因为画画本身就是美的创造、美的追求。我看杜世禄的"走相"——杜世禄的画，是美的。

杜世禄的画，初一看是"粗服乱头"，再一看是"不掩国色"，细一看是"风致独呈"。

杜世禄的山水画，构图上都是满幅，或大都是满幅。用笔跳出了传统的方法，基本上是用粗笔的线条和色块来构成画画的种种形象，如树木、房屋、人物等等。因为多用粗笔的线条，而且还给你一种杂乱的感觉——这个杂乱，不是指画家技法上的杂乱，而是指画家所画客观景物，如荒山、丛林等等，杂树的生长都是原始性的，所以第一眼看起来，有"粗服乱头"的感觉。但是再仔细观看，就会发现就像进入原始森林后在茂密的树丛和稀薄的阳光下发现了密林里的种种：破旧的茅草屋，潺潺流水的小溪，生机勃发的灌木和伛偻扭曲满身瘿瘤的千年古树等等。总之，在"粗服乱头"的表象下，却埋藏着一个幽深的天地，真如王维的诗说："独坐幽篁里，弹琴复长啸。深林人不知，明月来相照。"把这首诗里弹琴长啸的人去掉，那末这个幽深的境界就仿佛可以从杜世禄的画里找到。为什么要把诗里弹琴长啸的人去掉？因为王维写的是有我之境，而杜世禄画的是无我之境。读杜世禄的画到这一层之后，你自然会感到他的画，完全是独特的一种表现方法，独特的一种感受和独特的意境。尤其是他的画，在看起来像是稚拙而实际上是率真的、不加修饰的、情绪爆发式的笔触下，又有各种和谐的色块的协奏，然后更加上晕染，甚至是多次的晕染，使画面产生一种模糊感、朦胧感，或者还略略带有一点点神秘感！

"诗家总爱西昆好，独恨无人作郑笺。"李商隐的诗，独有一种朦胧美、隐秘感和神秘感，而他的诗的语言的音节是那么和谐上口，你读他的诗，像有一股清泉从你的齿唇间汩汩流出，那么自然，有如天籁。而李商隐的诗的语言色彩，也是斑驳陆离而又谐和曼妙的，真是锦绣文章和以天籁真韵，再加上温煦的微阳，构成了一种氤氲含蓄、良玉生烟的意趣。"独恨无人作郑笺"，其实并非"无人作郑笺"，而是越笺越不明白。这就是诗家的朦胧美。"朦胧美"的"美"就"美"在"朦胧"，如果揭去了"朦胧"，那末也就是同时揭去了"美"。

读杜世禄的画，自然而然地使我想起了李商隐的诗。那末，看来这两者或许有某些相似之处，否则不会使我产生这种联想。

我读杜画的这种感受，再联系起上面引到的他对作画的感知，我觉得是完全一致的。李商隐的诗，往往题作"无题"。不是"无题"，而是他的诗，不是一个题目所能概括得了的。标了"无题"，那就索性让人们自己去感受，去领会，去思索了。

杜世禄的画，也往往无题，或许是与李商隐的暗暗契合。但我觉得契合是契合，却都是各自由自己的内在因素决定的。

我觉得杜画山水无题，比有题更切合他的画的实际。

"我书意造本无法"，这是东坡自道其书法的底细。读杜画，也使我想到了这一点。初一看，真是意造无法。但再看看，方知不是完全无法，而是法在其中，法在其血脉气韵之中。例如婴儿由小到大，总是吃奶长大的。如果你要从婴儿身上找哪一处是吃奶所长的，那是不可思议的事。杜画是有法乳的，不是无源之水，无本之木。杜画的山水构图喜欢满，不留空隙，或少留空隙。这一点颇近石谿。石谿也是喜欢满幅的，甚至杜画的"粗服乱头"，也有几分像石谿。特别是石谿喜欢用短线，喜欢用点，喜欢用谐和的色调而不是对比强烈的色调，这也有与石谿相近处。

杜画的人物构图，尤其使人感到稚拙天真，与关良先生异曲而同工。重要点是在"异曲"。因为"异曲"，所以人们不会把杜世禄的戏曲人物画误认为是关良的，因为这两者是决然不同的。但是，杜世禄的人物画，也是有中华文化的渊源的。他与当代或上代的戏曲人物画，我找不出来与哪一位有直接的关系，但我却觉得，杜世禄的人物画，可能与汉画像石有若干渊源。汉画的稚拙、天真、富态势、饶情趣，有丰富的生活味和人情味，而画法上常取变形。我曾看到把两个眼睛画在脸孔的一边的汉画，有人还写文章说汉画的变形。汉画的强调形体的某一部分，或者把人们的意念赋予形态因而形态也随着人的意念而变异，这种类似毕加索的画法在汉画里已经出现了。汉画与毕加索是产生在两个截然不同的时间和空间，有着截然不同的文化历史背景的，因而也有着截然不同的文化内涵的两种不同的艺术，很难用某一点的相似来作整体的比拟。但是汉画的确出现了这种稚拙天真的绘画手法和变形的形象。看来，想把人的意念和意念的随意性和变异性赋以形态这种想法，确是人们早已尝试过的了。现在，杜世禄的人物形态的意念性、随意性和变异性可以从汉画中找到它的底蕴，我想是很自然而合理的。当然，它不是汉画的重复，而是杜世禄的创作，是杜世禄的意念的艺术形态。杜世禄说，画是画家自我本性的写照，我想无论是他的山水、人物、花鸟，都可以归到他的这句话上。

杜世禄，给我们创造了一种稚拙的美、模糊的美、朦胧的美、感觉的美和引人思索的美，甚至于永远不可尽解的美！

"庄生晓梦迷蝴蝶",究竟是梦,是蝴蝶,是人生?就成为人们永远思索的课题,而杜世禄的画也进入了这个无限感受、无限思索的奇异境界!

2001 年 10 月 25 日,旧历重阳节,写于京东且住草堂

又见青山育俊人

——《俞宏理画册》序

我与俞宏理相识，已经有十多年了，我每次去黄山，总是先在屯溪，由俞宏理等几位朋友安排，而且我多半喜欢住在花溪饭店的北房，可以俯瞰横江，遥望率水，并可看到二江合流后的渐江，也即是名画僧渐江命名的由来，现在已统称为新安江。

我对宏理，有三点突出的印象。

一是宏理为人朴厚，虽是画家，却没有丝毫画家的习气和架子，与他相交觉得他只是一个平平实实的读书人，平平实实的普通老百姓，如果不说他是画家，不说他是画院的院长，谁也不会从他的言谈举止、待人接物中去想到他是一位颇为著名的人物。尤其是你要托他办事，他更是尽心尽力，想的和做的都十分周到。

我自己是农村中长大的，曾当过十好几年真正的农民，所以我喜欢乡气土气，喜欢平民气，所以我一接触宏理，就觉得气味相投。什么气味？就是那股乡气土气和平民气。

宏理给我的第二个印象，是他的画有相当的功力、深度和厚重感。

新安江、黄山，历来是孕育画家的地方，近代最著名的画家黄宾虹

364

就是歙县人，我曾到过他的故居，还曾到绩溪、新安江一带游览过，真是人在画中行，怪不得历史上会有新安画派，怪不得石涛、渐江、梅清等人会久恋此境。

宏理生于斯、长于斯，真是得天独厚，他的山水画，有意识地要画出新安景色、古徽州韵味，这当然是一个画家应该追求的理想。我现在读他的画，可以说，他已经达到了这一理想，他已进入了这一境界。如他的《风雨桥》、《清夏》、《林荫古宅》、《临溪人家》、《梅林香雪》、《姬川岭下》等作品，都具有浓厚的古徽州韵味。特别是他的《清夏》、《风雨桥》等作品，不仅仅是因为画中有黑瓦白墙的古徽州民居而更显得徽味十足，而且他还适当融入了龚半千的画法，使画面凝重、厚实而充满了蓊郁之气，有如我在新安江上看两边的山水，真是郁郁葱葱，温润无比。他的《姬川岭下》、《林荫古宅》等作品，构图清新饱满，古老的徽州民居加上古老的树木、溪桥，不仅倚侧有致，而且令人如闻清溪流水，如闻鸡鸣犬吠，真是一派山区的村落风光。他的那幅《梅林香雪》，引起了我更大的兴趣，那参差错落的民居，那绕屋的古梅，那绽开成一片红霞的梅林，令我如闻逸馨，如入桃源。

黄山是天下之最，更是天下之奇，数十年来，我已十上黄山。宏理身为画家，定居黄山脚下，自然他应以黄山为自己的写生对象了。他也确实画了不少黄山的画，而且都是鸿篇巨著，笔法都浑朴雄健，用笔以中锋为主，补以侧笔、衬笔，画面骨肉相称，显得厚实凝重，耐人细看。尤其是构图上，往往新意迭出，如那幅《石笋矼》，画幅正中是巍然凌峻的石笋矼，居于正中上半的主要地位，左侧半山是一道飞泉瀑布，瀑布之旁乔松挺立，瀑布的左下角，是数株古松倚侧于怪石之间，而满纸云烟，如入仙境。石笋矼是黄山的重要景点，幼时读徐霞客的《黄山游记》，记到石笋矼，给我印象很深，因此我一直想能游石笋矼，但却总是找不到，还是宏理指点，告诉我在始信峰右侧有一小道，可直下谷底，找到石笋矼。因此我寻径而往，深入谷底，仰观四周，则始信峰又是另一面貌，而石笋矼真像一天然石笋，耸然而立，令人顿悟其名之由来。今宏理此画，如同我在谷底所见，而又笔墨气韵，另有一番新意，他的《且听龙吟》也是一幅巨制，构图上虚实相映，实者为山峦，虚者是云烟，而掩映有致，且其左半浓重的云层，如见它在升腾变化，左下端的巨瀑奔腾倾泻，如闻龙吟虎啸。我曾多次游黄山，饱看黄山的云海，其变化蒸腾，瞬息万变，莫可名状，此图可谓得其妙谛。宏理的那幅《奇石飞来画不如》，也是一幅巨制，构图也别具匠心。黄山的飞来石，本已是奇中之奇了。我曾攀登到飞来石畔，真是天外飞来的一块旷世巨石，而且巍然矗立，万古不移，石边略有空隙，可以容游人在此盘桓，为了安全，周围已装了护栏，护栏外便是万丈深渊了。宏理此画，将巨石置于画的最上端，左半是层叠的峰峦，顶端便是此巨石，显得真是天外飞来，就地落下。这样的构图，并非空想，是从实践中来的。只要你走到后山，从北海往西海的路上向南遥望，就可以见到此巨石巍然天际。换一个角度，又如一条扬帆飞渡的飞船，而此巨石，真像吃满风力的巨帆。所以，从此构图，可见宏理已熟观黄山的每一景点的每一角度，故能信手拈来，得此神遇。

宏理给我第三个突出的印象，他是一个读书人，他能写一手好文章。他也喜欢游览，还喜欢摄影，他所摄的徽州《老房子》，就是别出心裁的创新之作。

1998 年 8 月，他曾与我一起去新疆观览丝路风光和调查玄奘取经之路。我们从乌鲁木齐出发，向西经赛里木湖、果子沟直到伊宁，然后翻越天山，到达古龟兹国即现在的库车。库车特异的奇丽山水，令人目眩神迷。我已是第七次考察丝路和玄奘取经之路，到库车也已是第五次了。宏理对这里的山水当然也惊叹不已。我们从库车又到了喀什，然后上帕米尔高原，我们经过海拔 4000 米的喀拉库里湖，看到了巍然耸立的三座世界著名高峰：慕士塔格峰、公格尔峰、公格尔九别峰。这里真是人间天上，让你自然产生飘然出尘之想，但这里并不是我们此行的终点，我们继续前进，到了塔什库尔干宿夜。第二天，经过不少曲折和道路的艰险，终于找到了玄奘归国入境的山口古道——海拔4700米的明铁盖达坂山口。我们在部队营房吃饭时，战士要我在壁上题字，因为没有笔，就用尖锐的竹片在壁上大书："一九九八年八月二十五日，冯其庸、朱玉麒、俞宏理为寻玄奘取经归国入境山口古道至此。"回到喀什后，我们回乌鲁木齐，宏理继续走丝路南道到了敦煌、河西走廊等地。对一个画家来说，如此壮游，实在是平生难得之事，也是他的书画创作生涯的一个重要组成部分。这对他今后的画风，肯定会有积极的影响。而宏理回来后，就陆续用他流畅而清新的文笔，发表了多篇记游之作。还有他为《老房子》写的长篇文字，他为他的专著《中国徽州木雕》写的长篇文字，都是清丽可诵的佳作。一个画家，同时又是文章佳士，这实在太难得了，这对他的绘画创作，是非常难得的一种资赋，求之当代，既能文又能画的画家实在不多，所以更为可贵。

宏理具有较为深厚的文化修养，具有较好的写作能力，又有坚实的绘画功底，我认为这些条件，都是他将来画作更有飞跃发展的条件。一个艺术家在自己成长过程中是会有不断变化的，宏理今天的山水，必然会发展变化，必然会有更高的成就。新安画派并不一定要以新安的民居为标志，我们看石涛、石谿、梅清和近代的黄宾虹、刘海粟等大师，都是以黄山为师，以新安山水为师的，但是他们的画作已经达到了超越，已经进入到更空灵的境界，并不是新安的山山水水可以限制他们的创作了。新安山水可以孕育他但却不能限制他。我看黄宾虹、刘海粟晚年画的黄山，已经达到了艺术的自由天地、艺术的化境，已经客观与主观合一，已经物我两忘了。

宏理的画，正如他与我一起攀登帕米尔高原，踏上昆仑山顶那样，要以现实为基础，脚踏实地，更历岁月，多吸收、多扬弃，然后进入自由天地，进入艺术的化境！

我看这是宏理艺术征程的必然途径和必然到达点！

2002 年 12 月 15 日夜 10 时

爱君逸笔似龙腾

——《韦江凡画册》序

　　韦江凡先生是当代著名的画马名家，早已驰名艺坛数十年。1985 年夏天，我有幸与他结伴作云岗、五台之游，前后十来天，使我对韦老有了较为深入的了解。韦老虽然早已驰名中外，但我与他相处，他谦逊朴实得与常人一样，几乎使你看不出他是一位当代的大画家。非但是言谈举止看不出，就是每天的生活习惯也与常人无异。我接触的当代大画家可说是不少，许多老画家一般也都是谦虚诚朴的，但如韦先生那样的平易，平易到有如乡人那样，实在是不可多得。要不是我早在二十年前就久闻他的大名，读过他的许多大作的话，真说不定会当面错过。

　　韦老的作品，影响最最深远的，自然是他的马。韦老的画马，用句通俗的话来说，就是"妇孺皆知"！这丝毫也无夸张。

　　要了解韦老的马，还得稍稍了解一点画马的历史。我国的画马，在汉、唐、宋、元这几个时期都是很突出的。汉代的画马，当然只能从画像石、画像砖上来看了。一般来说，画像石、画像砖上的马，已经与直接画在纸上或绢上的画大不相同了。但是事有例外，我们可以看到在洛阳出土的汉画像砖上，有不少形象生动、笔触豪放粗犷的马，不仅是造形准确，而且是笔意生动，勾勒遒劲。遗憾的是这种大写意的勾勒画法却中断了，现在我们所看到的唐、宋、元各代的画马，都是工笔细描，无论是韦偃、韩幹、李公麟、赵孟頫基本上都是一脉相承。

近代的徐悲鸿异军突起，用大写意大落墨的勾勒画法，开创了画马的新篇章，加之徐悲鸿的素描功夫深，所以他的造形勾勒准确而传神，他画的马，因而也成为近世艺林珍品。徐先生当年是否借鉴过汉画像砖上的大写意勾勒画法，未见记录，不能臆断。但他的这种强有力的创新画法，是前有先驱的，他恰好是把已经中断了将近两千年的画法，不仅是复活了起来，而且是彻底创新了。因之他自然成了近代由徐先生开创的画马的一个崭新的画派。风靡所及，近世以来，除早年赵叔孺、溥松窗以外，几乎是无人再从事工笔细描的画马了。

韦江凡先生是师从徐悲鸿的，韦先生的画马，可以说在徐悲鸿画马的基础上，又有了创新和发展。韦先生从"师造化"、"师真马"出发，又加以融化提炼，他悟出了自己的心法，用草书书法来画马的奔逸绝尘，画马的神骏潇洒。以草书法入画，可以说古已有之，最明显的例子就是明代的徐文长，他画的花卉蔬果乃至于人物，都是草草逸笔，尤其是他的葡萄，可以说是一幅大狂草，甚至他画的那幅《驴背吟诗图》的驴，也是用的草书法，但是专门以草书法画马，而且是传神写真，变化无穷，姿态横生，这却是前所未有的。韦老的画马，我认为其骏在骨，其秀在神，其韵在墨。因为韦老的素描功夫好，所以能画出马的骏骨；因为韦老师真马，与马为友，所以能得其神；因为韦老用墨得墨法之奥，所以能独具神韵，得画外之味，画外之趣。我曾有诗赠韦老云：

爱君逸笔似龙腾。骏骨千金岂足偶。
冀北已空千里马，燕南又见骨棱嶒。
雷台踏燕追风疾，玄圃御龙逐电轻。

爱君逸笔似龙腾

韦偃韩幹今在否，相看笔下又云生。

收在这本画册里面的，还有韦老的几幅古柏，这勾起了我许多回忆，我所见过的汉柏（汉以下的不算），有曲阜孔庙里的汉柏，有苏州郑尉司徒庙里的清、奇、古、怪四棵汉柏，有河南嵩山嵩阳书院里的大将军柏、二将军柏，有四川剑阁翠云廊的汉柏。我看韦老所画，极似嵩阳书院的将军柏和剑阁汉柏。真可以说是"霜皮溜雨四十围，黛色参天二千尺"（杜甫句）。嵩阳书院的两棵柏树，据说还是汉武帝东巡时的故柏，大将军、二将军就是武帝所封。我曾去过两次，其二将军柏，实在是罕见，身围要十多人才能合抱，而且树身中裂一大孔，可以穿过人，然而树冠却密密覆盖，绿荫蔽日，此树在武帝当年已经感到是罕见的参天大树了，那末武帝至今，又已两千年，其树龄怕有三千年了。我曾题过诗，今拿来题评韦老此作，似也可以。诗云：

汉武东巡事已陈。马迁史笔亦封尘。
嵩阳老柏今尚在，青眼看人万世情。

四川剑阁翠云廊的古柏，与嵩阳书院的不同，它最突出处是苍劲而挺拔，极似画册中的另一幅。韦老的柏树，极为形象地画出了一种顶天立地的气概。本来画家画松画柏，都不是单纯为了画树，而是要通过它来表达自己的感受和寄托，我感到韦老的这幅古柏，内涵很深，真是耐人寻味。我对翠云廊的汉柏也曾题评过，诗云：

拔地参天三百丈。沧桑阅尽风烟长。
冰霜雨雪都经惯，留得此身更堂堂。

371

此诗是否能切合韦老的大作，读者可以自评。

韦老画册中还有一部分山水，也颇见功力。其中有两幅水彩风景画，我认得一是华山的西峰，即莲花峰；另一是华山的北峰。韦老的山水画法是写意和写实结合的画法，就以上两幅水彩画来说，完全是写实的作品，但在用笔和设色上，已较多地参用了一些新法以增强它的表现力。华山西峰壁立万仞，三面悬崖，只有一面与南峰、中峰相通，其挺拔的雄姿，要从上山要道青柯坪往上看，才能见其全貌，真是壁立万仞，一气直上，韦老此画是从南往北看，这个构图的好处是可以正面表现西峰。华山北峰，是登山第一峰，是太华三峰以外的较为低矮的一峰。我第一次登华山，就宿于北峰，晚上听窗外山风逼人，月明如画，松影满窗，清景无穷。可惜北峰上的庙宇等一切设施，"文革"中都付之一炬。我第二次上华山，是1980年秋天，"文革"中被烧的庙宇房屋还未恢复，全山只剩西峰气象台，韦老此图还是1956年所作，是"文革"前的原貌，不仅这两幅画好，而且可资纪念。我常常把华山作为中华民族的象征，因为他有顶天立地的气概，过去我看过老画家黄君璧的一幅华山苍龙岭，画出了这种气势，后来黄先生到台湾去了。之后我又看过何海霞先生的一幅华山图，也能具有这种气势。现在又看韦老的作品，可谓得其三。我昔年曾题太华三峰云：

> 华岳擎天石一柱，连峰壁立万仞姿。
>
> 凭君欲问谁家法，不是云林是大痴。

画册中还有两幅画大同云冈的作品，是1957年的旧作，其构图布局以及对最富特色的云冈石窟的造像的摹写，都十分传神。画册中还有一部分速写和人物造像，用笔流利而线条优美，富于表现力，实在是现在一般画家所做不到的。

爱君逸笔似龙腾

　　韦老今年是七十周岁，人生七十古来稀，已经是古稀高龄了。我比韦老小一岁，是七十虚岁，现在的七十岁，已经并不怎么"稀"了，但韦老是七十周岁，又正值这部画册问世，总应该祝贺吧，我就再写一首小诗，作为对韦老的祝贺，也作为这篇短文的结尾。诗云：

　　　　白发相看已上头。古稀虚实争一秋。
　　　　愿公健笔如天马，倏忽骏蹄踏九州。

　　　　　　　　　　1992 年 12 月 27 日晚于京华瓜饭楼

淡烟疏雨里　山色有无中

——读尹光华画展

　　画家尹光华，是当代一百零五岁的画坛寿星朱屺瞻先生的高足。1991 年，曾在上海美术馆举办过画展，博得上海书画爱好者和海上画家的高度赞誉。朱老先生对这位高足极为满意，连连说："画得好！画得好！"并对夫人说："开幕式那天，就是下雨我也要去！"可见朱屺老对尹光华的画如此重视。特别是老画家谢稚柳、唐云两先生参观画展后，连声称赞："着实有功夫，不是寻常笔墨！"足见两位画坛耆宿和权威对这位画坛新秀之器重和刮目相看了。

　　我与光华是同乡，且早在他年轻学画时就认识了。他的上海画展我也看过全部作品，确实在上海引起了极好的反映。当时有一个共同的评价，认为尹光华的画，得朱老的神髓，可以说形神俱似，甚至几可乱真！但对于一个对绘画艺术全心追求、刻意求精的人来说，感到光华还应该从朱老的衣钵中化生出来，自立新面。昔日白石老人也说过："学我者死。"朱老更是期望自己的传人能有新的面貌，既有朱老的法乳衣钵，更有自己的新面。我的意见认为此种期望是合乎规律的，但不是硬造出来的，而是要从更认真地学习朱老、尊重朱老，同时又广泛地学习传统，学习真山真水，学习与书画紧密有关的古典文学、古典诗词、传统文化等等，一句话，要从力学中求得自己的新路，而不是生造硬变出所谓的"新"来的。现在转眼五年过去了，果然光华兄一直在默默地苦思苦学中。十年面壁，一日成佛。当然离成"佛"还很远，因为艺术是无止境的，或许在艺术王国里也未必有"佛"。

但是，光华的画，五年面壁，果然变了。5月5日，朱屺老百五画展和百五寿诞之期，我去参加了这个隆重的典礼，并到屺老家里去拜访。屺老依然神清气闲，安详恬静。但首先谈论的还是这位高足的画，他觉得非常高兴能看到光华画艺上的特殊进展，甚至连医生来对他进行常规检查时，都奇怪地问："屺老你有什么喜事，使你这么兴奋？"屺老回答得真妙，说："喏！看了这位朋友的画！"把自己的入室弟子称作"朋友"，足见屺老醇厚到何等程度！此是一奇。看了弟子的画竟会兴奋得让医生从体检中检查出来，这又是一奇！足见屺老喜人之成，其胸怀仁厚至此！当然，这也更证明光华的画确实有了长足的进展，其显著的成绩，足以使画坛的这位最高权威激动了！

我自己这次看了光华的画也是激动不已的。过去，光华的画，追求重色，也追求重笔，故画风凝重，色彩斑斓，一如朱老。现在五年潜心以后，却一变而为风格清灵，意境淡远。过去是笔多于意，现在却是意多于笔。过去是一览无余，令人爱极而赏；现在是观之不足，令人爱极而思。昔吾乡元代倪云林，画山水多作疏木寒林，而笔意劲峭，冷然萧然，令人有感于故国残山剩水，有感于作者凄清苍凉之意。自云林以来，虽有效之者，皆是同一笔墨，视云林则瞠乎其后矣！今光华作山水，忽然从浓墨重色中蝉蜕而出，一变而为清灵飘逸之风。而用笔则变云林之瘦劲而为光华自家清淡腴润，虽着墨不多，而余意无穷。且无复萧索之感，只觉阳春烟景，满纸云霞，无处不画、无处不美也。我尤其喜欢他的一幅无题，半间茅屋，数笔秋树，一抹青山，画面简到无可再简，而令人觉得意味无穷，境界无穷。尤其是茅屋中着一老人，仰面箕踞，风情潇洒，意态兀傲，令人无限遐想。比种笔墨，求之当代，实不可多得！再如他的《柳岸晓风图》，近处是杨柳轻烟，春水微波，远处是数峰横斜，倚侧多姿，虽然同样只有萧疏的几笔，却令人意想无穷！再如他的《湖山烟雨》图，笔墨虽略繁，不是简笔，但浑厚华滋，用笔腴润，自是一派生意盎然景象，令人感到祖国山川，处处生机，郁勃蓊濛，孕蓄无穷也。特别是那幅《青山隔雨看》，烟雨迷濛中，隐隐见远峰如西子半面，翠黛螺髻，风致正须从雾里看也。

当然，光华的山水，并不都是单纯的萧疏简笔，其重峦叠嶂的大山大水，也同样精工。如《富春江七里泷》图，一反元人黄子久的成法，竟用折笔攒峰，更加重点墨苔，略敷淡赭，远看略似石谿，再看又绝非石谿，究竟是谁，则俨然光华自家面孔，读之令人拍案叫绝。又如《米元章居京口》一幅，则腴润华滋，而又用肥笔勾勒，故有米家山水烟雨濛濛，迷离变幻之妙，而又不是用米点法，竟是大笔渲染而后的勾勒法，于此亦见其山水笔法之丰富，能随景以变法也。

光华所作青绿山水，竟以青绿与墨骨并重，遂又开一青绿山水之自家面孔，既非展子虔，更非李将军矣！

由此可见，中国传统之山水画法，取之不尽，用之不竭，第一是要全面掌握并拥有，第二是要变化运用，生新运用，则自可得之心而应于手矣！

光华所作花鸟画，则仍以屺老的法乳为多，于学习屺老则可谓善学，于摆脱依傍则尚未也！然一切都要水到渠成，学成则自然要变，如不变，则学不足也，故只有刻苦学习一途，更无捷径可求也。

吾乡无锡，自古多出名画家，在晋有顾恺之，在元有倪云林。光华今当盛年，正在刻苦求索，观其今日之画绩，则更有厚望焉。乃为题两绝，以结此文。诗曰：

淡烟疏雨里　山色有无中

画史顾痴第一流。桐荫高士有倪侯。
江山百代蕴灵秀，又到君家笔上头。

萧萧数笔写荒寒。一片凄迷仔细看。
画到神行通造化，此中消息欲参难！

1995 年 5 月 12 日夜于扬州瘦西湖畔之
西园饭店，正蛙鸣池塘，夜雨潇潇时也

艺术的生命在于真实

——《杨先让　张平良画册》序

杨先让教授和张平良教授的画我是很早就读过了，但是我直到现在才认识他们。并且我与杨先让教授有过一次非常值得回忆的谈话，他的谈话与我发生了深刻的共鸣，我发现我们艺术的共同语言太多了。

杨教授说，他是在海边长大的，他出生在胶东半岛的牟平县养马岛，后来又到了朝鲜的仁川，日寇投降前又回到了祖国。他自称是"岛里人"。他说："那山，那海，那房前的石榴树，学校后边的甜水井，我乘舢板小船过岛出岛……诗情画意般的美景，在孩提时幼小的心灵中就留下了难以磨灭的印象。"

他说："几十年过去了，思乡的感情有增无减。记得 1963 年想表现家乡面貌的念头曾促使我回了一次养马岛……我到岛外的昆仑山下住了两个多月，常常跑到山顶向北遥望，养马岛像一块绿色的宝石，镶嵌在大海中，光彩熠熠。"

他说："我们这一代人的现实，是从生活里来的，我偏重喜欢农村……中国民间古老的东西比现代派还要现代派。外国现代派的东西是他们土地上长出来的东西，中国的土地应该长自己的东西。"

他说："艺术一定要走自己的路，不能停留在模仿别人。"

他说："我要用中国的笔墨纸和颜色，画出西画的味道来，我一直走着严格的写实路子，但我是用强烈的感情来作画，这感情就是热爱祖国，热爱家乡，热爱人民的感情。"

他说："我要沿着自己的路走下去……"

这一席谈话，对我实在太具有启发性了。我仿佛找到了一把理解他的艺术的钥匙。大家知道，杨教授是一位著名木刻家，我曾读过他的许多木刻作品和后来出版的木刻选集，他的木刻就是有浓厚的农村味，浓厚的生活气息，以及鲜明的民族艺术风格。例如他收在选集里的《出圈》、《武汉之夜》、《饮马》、《晨》、《信天游》等等作品，都是既有丰富的生活内容又有鲜明的民族风格的佳作。我为什么要提到他的木刻作品呢？因为我感到他现在所创作的彩绘作品，依然具有这两方面的鲜明特色。而且，说实在话，他从新创的彩绘中所表现出来的生活和艺术，都大大地突破了过去的成就，到达了一个全新的高度。打开他的画，一股浓厚的乡土气息、生活气息扑面而来，使人倍觉亲切感人。我自己是从农村来的，曾种过十多年地，我与杨教授一样对农村有着特殊的感情。我感到农村美，农村纯，农村有着无限的深情。我的农村与杨教授的养马岛一样，现在都已经相当富裕了。旧日贫穷的影子已经难以找到，甚至连村子的外貌都改变了。昔日的破房子都改造成了二层三层的楼房；昔日的荒地，有的变了工厂，有的变成美丽的公园。当然，这一切都好，这是我们祖祖辈辈梦寐以求的！但是，我回到农村，除了觉得现在真好外，却老要去寻找那旧日的梦痕。我惦念着原有的几间破屋，那是我天天挑灯夜读的地方；那整天整夜细细流水的小水沟，那是我农忙季节天天去磨镰刀的地方；那以前的竹林是我春天找竹笋、夏天爬到竹竿上乘凉的地方；还有邻居屋角边每到秋来满开的紫扁豆花，大如喇叭一样的金黄色的南瓜花；还有门前大片大片的荒坟，是我放羊、捉云

雀的地方；还有村头古庙前的那棵已历千年的古银杏树，每到秋深，满
树的黄叶在夕阳的余辉里简直透亮得有如玉树临风。这一切记忆，对我
来说是永远新鲜的。可是，我读杨教授的画，却吃惊地感到他仿佛就是
画的我的记忆。我凝视着杨教授的那幅古银杏树，思绪久久不能平静，
我仿佛又回到了童年，回到了那棵参天拔地的古银杏树底下，我头枕着
盘屈如虬龙的树根，一片片金黄色的叶片落下来，落在我的脸上身上，
我仿佛在做着金黄色的秋天的梦。这当然是我的幻觉，但是幻觉不是邯
郸道上神秘的枕头引起的，却是杨教授的惊人真实的画笔引起的。还有
一幅题作《家园》的画，那是谁的家园？我自己觉得又好像是画的我的
家园，那正面的两开间的旧瓦房，两侧矮矮的旧得再也不能旧的茅屋，
那不就是我的家吗？特别是那东西矮墙里盛开着白花的梨树，不就是我
亲手种的吗？还有场园上篱笆里绿油油的菜畦，近处盛开着金黄色的油
菜花，远处门口还有一位老太太手里拿着笤帚，这一切实在太真实了，
不仅仅有典型环境的真实，而且有细节的真实。这幅画，它震撼着我的
心灵，拨动了我思乡的和思亲的心弦。江淹说："黯然销魂者唯别而已
矣！"我曾背诵过这篇著名的《别赋》，不止几百次地读过这句话，但
是使我真正尝到这黯然的滋味的，却是这幅画。也许有一点时机的因素
吧，因为我离家四十年了，因为我的老母亲，就像这幅画里的老太太，
她去世已经二十五年了！

　　可以说，杨教授的每一幅画，都牵动了我的感情。那缕缕的炊烟，
我看着多么亲切啊！别看那末简单的炊烟，我看得出在杨教授的画上是
有区别的，那幅画为《临江小巷》里的炊烟和题为《农舍》的炊烟，
我看着是刚生火时的炊烟，烟浓而有力，有的直喷，有的刚从烟筒里直
冒出来；而那两幅《家园》和《江南小镇》里的炊烟，是烧了一会儿
的，而且是被风吹散了的炊烟，所以烟稀而散。还有那画里的石拱桥，
是地道的江南景色，我曾千百次地走过这种石拱桥，也曾千百次地坐着

小木船从桥洞里穿过。我突然发现了那屋角边靠水的一株淡淡的桃花，在树下的河边还系着一条破木船，这淡淡的桃花太不经意了，但又是画家十分经心的手笔。人们只知道桃花的艳，不知道桃花的淡，其实艳是与俗靠拢的，淡是与雅靠拢的。然而桃花是淡的吗？不错，是有淡的桃花的，那就是在桃花盛开以后，将败之前，尤其是经雨以后，它的艳色就褪了。画家难得的是细致的观察，而更难得的是选择。杨教授画桃花，不取其艳，而取其淡，足见画家高致！事实上放在这幅画里，如果是一株鲜艳的红桃，那末，整幅画的情趣就完全被破坏了。

杨教授还有一些画，如那幅《乡间小路》，那幅《槐树林》，又是仿佛为我画的，或者说，如果由我来选择画面，我也将会作这样的构图。事实上我有几幅摄影就是这样构图的。这里我是说的构图，而丝毫也不是说作画，千万不能误解，作画我是一丝一毫也作不出来的，何况是杨教授这样高的水平。我只是说我与杨教授的艺术语言有太多的共同之处了。这也许仍然是我的自我膨胀，但是，这确是我的真实的感觉，请原谅就姑且让我膨胀一回吧！

还有那幅《敦煌》，杨教授选择的是莫高窟中间九层的主楼，两边是深秋的黄叶，画面给人以崇高庄严的感觉。我去年12月第三次去敦煌，恰好遇上大雪，一夜之间，鸣沙山、月牙泉、莫高窟、三危山变成了一片琉璃世界，圣洁无瑕，仿佛整个世界被净化了，被纯化了。我站在三危山前远望莫高窟中心的主楼，真的感到了一种庄严肃穆的感觉，一种突然升起的虔诚的意识，当时我拿起相机拍了一张九层主楼的照片，现在看来，我们的艺术语言又是相通的，连同莫高窟主楼的那种庄严肃穆之感，我从杨教授的画里，似乎也同样得到了共鸣。

杨教授说，他要用中国的纸、笔、颜色，画出西洋画的味道，而内容仍然保持着中国的特色。我认为杨教授已经非常出色地达到了他的目的。甚至有的观众竟以为这就是油画。那种立体感，光感，质感，由此而构成的真实感，确实包涵了油画的语言。不过我要强调一点，这种油画的艺术效果，是完全服务于表现地地道道的中国农村生活的，因此他的作品仍然有鲜明的浓厚的民族艺术特色，这是十分难得的，这是杨教授成功的创造。杨教授的的确确是在走着自己的一条独特的艺术道路，而完全不同于那种以否定自己的民族传统为前提的艺术观。

我深深感到杨教授的画，从深一层来说，他并不是靠艺术技巧，而最最主要的是他胸襟里的满腔的热爱祖国的热忱。对家乡的爱，对人民的爱，对祖国艺术传统的爱，这才是他的画的深厚的内涵。

张平良教授的画，她的名作《六月雪》我是早就读过的，因为这幅画早已脍炙人口了。这一次，我却饱读了张教授的作品。作为一个先睹为快的读者，这些画给我的最最突出的感受是新鲜感。画面的色彩当然是瑰丽之极，然而最可贵的是这种瑰丽，并非单纯的色彩的瑰丽，而是生命的瑰丽。因此，那些画面上插在瓶子里的花，透过它的色彩，似乎感到它的枝叶、花瓣间有着水分和生命的流淌，似乎它的颜色欲流，枝叶还在舒展。而且每幅画的颜色的配置，既艳且雅，自然而和谐，就仿佛天然是长在一起的。张教授的人物画，如《六月雪》、《反弹琵琶》、《荷花灯》等，可以看出她深厚的功力，也可以看到她成功地吸取了敦煌人物画的传统，而又有创新发展。

杨、张两位教授的画，其共同的特色是艺术中的写实主义和传统精神。我认为这是艺术的极度重要的两个方面。近年来写实主义和传统精神似乎不太被人重视，甚至被鄙视了。我认为这种不重视写实和不要传统的思潮，是不利于艺术发展的。艺术可以有多种形式，但不能抛弃传统和排斥写实，写实应该在艺术中具有长久的生命力。

艺术如果脱离了祖国，脱离了人民，脱离了传统，脱离了写实，那末，艺术也就容易流于空洞或者流于形式。艺术需要幻想也需要抽象，但也更需要深刻的思想和充实的内容，以艰深文其浅陋，艺术是没有前途的。因此，张、杨两教授的严格的写实的画，对于当前的艺术来说，肯定会有重大的积极意义的。

1991 年 10 月 1 日夜 3 时于京华瓜饭楼

读李一书法随想

我认识李一已经十几二十年了，记得他第一次来看我是在我张自忠路三号旧居的楼上，已经记不起是谁介绍他来的了，只记得那时他还在济宁读书。

我以前去过济宁，那是唐代大诗人李白、杜甫活动过的地方。济宁离兖州不远，我还特地去兖州东门，想看看杜甫在此送别李白的地方。济宁还有一块范式碑，带穿，形制很古，是一块真正的汉碑，也是历史上著名的范张之交这一典故留下的唯一实物。这一实物，纪录了我们民族无比珍重友情的事实。所以，当年李一来看我时，说是从济宁来的，这一连串美好的历史记忆都到我的感情里来了。

李一来看我是想让我看看他写的字，提些意见。他告诉我说：他喜欢章草、汉隶等等。这有点出乎我意料。因为现今喜欢书法的，大多是喜欢流行书法那一路。特别是在十几二十年前，还一度流行过那种非字非画、亦字亦画的畸形书法。明明是一个字，它却又像是一幅画，明明是一个"马"字，他却非要把它写成像一匹马；还有只有书写的人自己认识，别人无法认识的那一类书法。李一喜欢书法，却偏偏不走这时兴的一路，偏偏选择传统书法中最古拙难学的一路，这就使我感到意外。

我让他把他的书法拿出来看看，一看之下，更有点出乎意料。我看他的章草，不但已初见功力，而且还有不少笔触带有王蘧常先生的笔意。他对我说：他不但喜欢章草，而且还喜欢王蘧常先生的章草。这就更为难得了。

我告诉他：王蘧常先生是我的老师，我追随王老师四十年。王先生的书法当然是当世一绝。也可以说是当世章草的顶峰。尤其是他的章草，是出名的难认的，因为他用的古字多，很多人都认不了他写的字。而李一却偏偏喜欢他的章草，这或许是有缘，也或许是一种心灵的感应。

我对他说：章草已不好学，王蘧常先生的章草更不好学。王先生首先是一位大学问家，他精通先秦诸子，精通史学，精通古文字，能识古奇难字，他又是一位大诗人，一位大文章家，然后才是一位大书法家。他的章草，既来自《急就章》，亦来自《平复帖》，特别是他还受到近代大学者大诗人沈寐叟沈曾植先生的很深影响，沈寐老是王蘧常的老师，王先生曾得到沈老的亲炙，所以王蘧常先生的学问渊源与书法渊源都与沈寐老分不开。沈寐老是晚清章草的巨擘，其章草的特色，是于古拙中寓灵秀之气。到了王蘧常先生，从古拙一面说，他常常能融古奇难字入章草，所以古则越古，拙则更拙；从灵秀这一面说，王蘧常先生又是当代的大诗人，这种诗人的气质，往往从他的书法中自然溢出，发为书卷气，潇洒而超逸。他的章草，已继沈寐老而更臻超迈之境。所以我说，学王蘧常先生的章草，不能仅仅从他的章草的点画学起，而先要学他的读书治学，先要做一个学人，然后才能做一个书家。

记得这是 80 年代他还在山东时，到北京来看我时谈话的话题。到了 90 年代，他考进了中国艺术研究院研究生部，我每天都在院里上班，所以见面的机会更多，我也曾多次看过他的学术论文，印象中他的论文史料和分析都较扎实，不是流行的那一套玄妙而空洞的理论。这说明他在学问上也同时在下功夫，后来我又多次看到他的书法，觉得较前更有进境。

最近，他拿来一部分近年所作的书法，其中有章草，有楷书。就章草来说，较十多年前自然是前进多了，学习王蘧常先生的某些笔法也更自然成熟了。但王蘧常先生作章草，是从来不择笔的，所以他的章草，细看有两类：一类是用秃笔写的，风格古拙而又清逸；另一类是用较新的笔写的，所以笔画有锋棱，而潇洒流丽，依然别有古逸的韵味。我藏有数十年来王蘧常老师给我的大批书信，其中有一些是用崭新的笔写的，如初发刃的利剑，斩截利落有致；有一部分是用破笔写的，笔致蜷曲如虬龙。王蘧常先生晚年，曾特意为我写十八封信，后来人们称之为"十八帖"，其最后两帖，是他去世前几天写的，完全是用的破笔。有一次，李一来看我，要求看看这"十八帖"的真迹，我也拿给他仔细观摩了。所以学王蘧常先生的章草，还要仔细区分这两类用笔的不同。

李一所作的楷书，端庄凝静，能得晋唐人的意境。从我个人的体会来说，远一点的篆隶不说，即从楷书和章草来说，这是密切相关的两种字体，早一点的晋人楷书，还带有章草的笔意，所以用功写好楷书，对写好章草是很要紧的。我看李一的书法路径，一是他重视读书，重视做学问，这从根本上来说是做对了，因为这才是艺术的根本，更是书法艺术的根本。二是他重视临摹古人，又重视吸收今人（如学王蘧常先生）。三是他从读书临摹中逐步提高自己的学识修养、艺术修养，从而逐步形成自己的风格。

其实，风格决不是做出来的，风格是在长期艺术实践中自己的文化修养、自己的艺术个性的自然呈现。

我感到李一正走在一条艺术的漫漫长途上，"却顾所来径，苍苍横翠微"。可见他已登上相当的高度了，也可见他的长途登高的路径是对的，没有徘徊歧路。但是再往前看，则"路漫漫其修远兮，吾将上下而求索"，仍还有很多的路程要走。

　　对于一个有志于艺术追求的人来说，越看到前面广阔的视野，应该越激发出他的雄心壮志，越有登高的勇气。

　　我看，李一是已经登上相当高度而仍在勇猛精进的一位勇者，是一位目标非常明确的前进者。对于一位登山的勇者来说，苍茫群峰中的最高峰才是他的立足之点！

　　　　　　　　　　　　　　　　　　　2003 年 1 月 24 日

万千涟漪一线成

——看叶兆信的线描画

前些时候，我因事到济南，在山东工艺美术学院看到了叶兆信的线描图案画展，感到非常高兴。

兆信是我年轻的朋友，相交已十多年，也看过他的线描人物画和花鸟画，但线描图案画却是第一次看见。我 1943 年上无锡工业专科学校时，进的是染织科，当时就有一门图案画课，图案设计是做染织用的花样图纹，我当时也画了不少图案画，其中有一部分是设色的。现在看到兆信的图案画，感到格外亲切。但相比之下，就是当时拿来给我们作范本的图样，比起兆信现在展出的作品来，可以说相差不可以道里计。我因为学过图案，所以对现代和古代的图案画，也还稍稍留心。拿现代图案来说，能如兆信这样结构复杂而工细的图案，也是不多见的。古代图案，也只有敦煌藻井中一类的画，差相类似。当然敦煌藻井图案，是图案中不可企及的经典，所以我这里说的是"类似"，以便于读者可以想象出大概是什么样子。

展览中的每一幅画我都是认真看的，而且是以挑毛病的眼光去看的，但是展出的八十来幅工细的线描图案中，竟找不出一笔败笔。事后我才知道，工艺美院的院长竟也是如此看的，而且看过三遍，其结果也与我一样，竟挑不出毛病来。这就无怪乎我看不出毛病来了！其原因是因为人家根本就没有毛病，你怎么能挑出毛病来呢？但要做到这一点，实在不易！试想每一幅图案，至少也有上千条细线，每条线又差不多都有相应的对称线，不用说线条的刚柔粗细匀称必须一色，每个最小的单位图形在无数的连环重复中也必须一丝不异，更重要的是在线与线的相交处无一丝浮肿。让你看到眼花缭乱而画面却一丝不乱，这就难得！听说这些画他整整画了四年！

看完后我赞叹不止，工作人员要我题词，我说我得到晚上仔细想想，不能率意应酬。晚间我认真地写了一段话，算作题词：

　　　以极精极细之心、极静极稳之情、极坚极毅之力、极锐极微之针、极彩极丽之丝，写祥龙嘉凤之鳞羽，猛虎斑豹之毫毛，而无一笔之失；如沧海洪波，洞庭银粼，万千涟漪，环环相生，环环相续，而无一环之差。此等功力，如花开天成，云出无心，直是化工之笔，吾不得不赞叹之、感佩之、念颂之。夫以此等精神，世间何事不成，何业不就，岂独图绘也哉！

后来，我又看了兆信的线描人物画，他反复临摹了《八十七神仙卷》，我看他的几次临本，线条功夫每次都不一样，每次都在前进。特别是我看到他临的永乐宫壁画人物，其线条之流畅自然而又有韵律，实在令人百看不厌。中国画的线条，本来是很神妙的，古代名家的线条，画人物的肌体，其线条如有气血流贯；画衣带，如风飘动；画发鬓，则如风颤步摇；画须眉，则可辨喜怒。兆信的线条，离此尚有若干路程，但我似看天际归帆，雾里遥峰，已在有无之间。

特别使人感叹的是，昔年我研究《沂南古画像墓发掘报告》，感到沂南汉墓画像拓本，有的漫漶不清，有的已残损，而其内容光怪陆离，牵涉到上古的历史和神话。我对兆信说，如有人能用线描的方式全部勾摹复原，则对研究和欣赏此墓壁画当是一大贡献，于汉画研究亦多有裨益。没有想到，事隔几年，他真的完成了这一大工程，这更是难得，难得！

真正是以此等功力和毅力，则世间何事不可成？我深望年轻而有志于事业的朋友，能从叶兆信的线描画里得到启示！

1998 年 11 月 25 日写于京东且住草堂

在艰难中奋进

——看谭凤嬛的工笔画

　　我认识青年女画家谭凤嬛，已经有十多年了，最早是老友巫君玉大夫拿来了她的剪纸，我对剪纸是外行，所以也没有提什么意见。1992 年扬州《红楼梦》国际会议之前，有人拿来她的烙画《红楼梦》十二金钗，是一堂折屏，烙画的材料是木板。这一堂烙屏，无论从人物造型和构图布局、线条等等方面来看，都觉得很有味道，有人建议拿到扬州会上去展览，我也同意了。没有想到展览很受欢迎，扬州西园饭店的红楼宴厅决定把它买下来，作为红楼宴厅的一种陈设，最后真的被买下来了。这对于作者来说，当然是一种鼓励。之后，她就经常将她的烙画送来给我看，我也经常给提点意见。说实话，我当时的感觉就觉得比我在外地几处烙画厂看到的作品要好得多。而且她接受了我的建议，烙画的材料改用细绢，因此画面效果就细腻得多，耐看得多。记得有一次她烙了一幅大幅的《大观园女奴图》，这幅画，人物众多，构图复杂，而且颇有新意。恰好我要去马来西亚开国际学术研讨会，这张《女奴图》的照片没有来得及还她，也随着我的行箧一起到了马来西亚。会后朋友们请我吃饭，席上闲聊，谈到了这张《女奴图》，他们颇感新奇，就向我索要照片，我即将照片给了他们。没想到我临归之前，他们竟提出来要买这幅烙画。我说原作很大，在她本人手里。谁知他们却说，没有关系，他们经常来北京，可以到北京来取，这样这幅画后来真的被他们到北京来拿走了。这两件事纯属巧事，但也并不都在"巧"上，根本的问题是画受人喜爱，所以无论是扬州还是马来西亚，总会碰到这种"巧"事。

后来，我感到她聪明而好学，悟性高，就建议她走传统中国画的路子，先学线描，当时即以《八十七神仙卷》为临摹的范本，她连续花了很长的时间，反复临摹了好几遍，之后又临了唐宋元明各代的工笔画和线画，简直是如醉如痴，后来给我看的两种《八十七神仙卷》临本，我觉得已经颇为可观了。

隔了一段时间，她又反复临《簪花仕女图》和《游春图》等名迹，还有永乐宫壁画、北京法海寺壁画等等，差不多只要被她看见是临摹的范本，她都不怕困难，一一细心地临摹，至今我也弄不清楚她究竟临了多少。而且，除此之外，我还看到她临的陈老莲、任渭长等等，都非常耐看。

她还极善于构图，去年她为中华书局《千家诗》珍藏本画了两幅画，一幅是杜牧的宫词《秋夕》："银烛秋光冷画屏。轻罗小扇扑流萤。天阶夜色凉如水，坐看牵牛织女星。"另一幅是杜甫的《月夜》："今夜鄜州月，闺中只独看。遥怜小儿女，未解忆长安。香雾云鬟湿，清辉玉臂寒。何时倚虚幌，双照泪痕干？"这两幅画都是她自己构图，画得极工细而极得体，记得在中华书局的会上，杜牧的那幅展出了，恰好被启功先生看到了，启先生连连说"好"！今年3月，她画了一幅极为工细的白描观音，正碰上我去看赵朴初先生，就带到赵朴老处请他看看。朴老抱着极大的兴趣仔细看了这幅画，并连声赞叹。朴老问我这画是谁画的，我说是一位年轻的女画家画的，是我的学生。朴老连忙说："是我们的朋友，是一位极好的画家！"我说能否请朴老题几个字以资鼓励，朴老连忙说："可以，可以！"当时朴老正在准备去香港主持一次重大的佛事活动，行前的工作很多，就说索性等香港回来再写吧。可见朴老对她的画的重视。

谭凤嬛还有一个长处，是她非常熟悉《红楼梦》的情节，她创作的《红楼梦》人物画，常常是匠心独运，自出新意，堪称一绝。去年，台湾的《工笔画》杂志，连续刊登了她的两幅《红楼梦》人物画，受到了极好的评价。今年早些时候，日本一个画刊也发表了她的作品和介绍她的文章。

特别要提到的是沈阳的一位八十多岁的老工笔画家晏少翔老前辈，看了她的画，表示愿意收她为学生，所以谭凤嬛经常利用假日，到沈阳去向晏老请教，晏老也尽心地给予指点。还有沈阳的著名书画鉴定家杨仁恺老，也极为赞赏她的作品，经常给予指点和鼓励，所以近年来她的进境甚速。去年她为一位朋友画的"红楼十二金钗图"，十二幅画装裱后，受到这位收藏家朋友的极高的赞赏，说要作为珍藏品保存！最近她又为新疆的一位朋友画了另一构图的"十二钗"，画面一点也不与前作重复，且极富神韵，令人赞叹不已！

据知，谭凤嬛出生于河北滦平的山区农村，家境极为清寒，作画是她自小的爱好，以前并未专业学过画，全靠她在艰难中奋进，全靠她刻苦的自学，加之晏、杨诸老的指点，更启发了她的悟性、灵性、慧心。

昔年我曾为她的画题过一首诗：

生小小凤觉慧多。自将铁笔绣烟萝。

曹衣吴带今重出，十二金钗照洛波。

后两句当然是出于鼓励，但只要肯在艰苦中奋进，总是可以取得更好的成绩的，我坚信这一点！而且，据我知道，当代的大画家唐云、傅抱石先生，都是自学成名家，自学成大师的，所以，对艺术只要抱着真诚的态度，师法前贤，师法造化，转益多师。并且认真读书，多历山川，以提高自己的学养和眼界，终身系之，不汲汲于速成，不斤斤于名利，则如登山，终归会登上高峰的。我坚信我会看到她的这一天的到来！

　　　　　　　　　　　　　　　　　2000 年 7 月 14 日夜 1 时

十年辛苦画红楼

——谭凤嬛红楼人物画序

我是上世纪90年代中期开始计划评批《红楼梦》的，我在开始这项工作以前，就先对谭凤嬛女史说，我的评批本《红楼梦》希望由她来画插图。从那时到现在，凤嬛女史从事《红楼梦》的绘画创作，转瞬已十好几年了。

凤嬛女史从我告诉她这个意图起，她就开始作认真的准备。但她的准备却不是打草稿画草图之类的事，却是认真地临摹起唐宋的人物画来。这一点也是我早先就嘱咐她的，这时她就认真做起来了。我记得她反复临摹《簪花仕女图》全本计共四次，留下了四个画件。除对全图的临摹外，还单临过其中单个的人物，也不下三四个人物之多。在临过《簪花仕女图》后，她又下功夫临《虢国夫人游春图》，那件临本颇受当时画界师友的好评，我在《墨缘集》里还印过这幅画的照片。之后，她又临摹了《八十七神仙卷》全卷，也是反复临摹了三遍，后两卷都画得不错，都已装裱成卷了。后来她又画过《五百罗汉图》，也是画了三遍，这是一个特长的卷子。之后此长卷被刻成木雕，由徽派老艺人王金先生和他的徒弟刻了一年才得以完成，全长50米，现陈列在无锡祥符寺（灵山大佛）博物馆。所以凤嬛女史的这种别具匠心的准备工作，虽然花去了大约有三年的时间，却实在是为她后来的绘画道路奠定了一个坚实的基础。所以认真分析谭凤嬛人物画的线条可以看到与现在流行的线条迥然不同，其原因就是因为她直师古人。

谭凤嬛的人物画，尤其是仕女画，我觉得至少有三点是很突出的，是与流行的画法有区别的：

一是她的人物线条的刚劲有力而富于质感。古人说"屈铁盘丝"，是指线条的均匀而富于力感，也就是我说的"刚劲有力"。这种力，是要线条从头到尾的贯彻而不是仅指线条的某一段，这就要求画家的笔力要能贯彻全线。再进一步说，线条不仅要求"刚劲"，而且还要求能具有质感。古人说"曹衣出水，吴带当风"。这"出水"和"当风"，说明白一点，也就是质感。画衣服能画到像"出水"一样的贴体甚至可见肌肤，画衣带而能飘举当风，岂不是画出了衣带的轻柔，而这"出水"、"当风"两者，实际上都是说的线条的质感。谭凤嬛的人物线条虽不能说已如古人所说，但她却是以此为追摹的目标的，因为她临的古人的画本就是如此。所以仔细分析她的人物线条，确是有别于现今流行的线条。

二是她非常善于构图造型，这一点，我觉得是她的特长。人物画，尤其是带故事性的人物画，一是难于构图，二是难于造型。构图是指把一桩故事，用一个最恰当的画面，把情节的内容准确而美观地组合起来，这就需要画家具有构图的能力，这方面，谭凤嬛似乎具有她特殊的天赋。她所画的人物画，包括具有情节性的多人组合的人物画，都是自己独创的，而不是临摹古人的。不仅如此，她还往往同一情节和人物，能创造出多种不同的画面而又同样合理好看。《红楼梦》里不少著名的情节，她都画过三种以上不同的构图，如"宝黛读西厢"、"贾政打宝玉"、"尤三姐自刎"等等，她都画过多种不同的结构。

十年辛苦画红楼

人物画最最重要的除构图外，当然是人物的造型了。画家创造一个形象，并不是容易的，它需要多方面的修养和条件。线条的优美准确是最基本的条件，此外，就是勾脸、撕发和整个人物的体态。现在流行的中国画的人物画，大都受西洋画的影响，具有浓重的油画或水彩画味道，而谭凤嬛的人物画，还是纯正的传统线条的画法，具有古典美的风范。吸收西洋画法，甚至临摹西画的经典作品，创作油画，这都是艺术的一个专门类别，并没有什么不好，也可以说是艺术的一种发展和丰富。但这并不意味着有了外来影响的新画法，传统的画法就应该抛弃，所以谭凤嬛直接继承唐宋人物画法的取向是很难能可贵的，而她所作的人物的勾脸、撕发和体态，都能和谐一致，显示出具有中国气派的纯真的美。尤其是她所画古代人物的脸型，都明显地具有古典美的特色。而她在撕发上，可以看到画中美女的发髻浓如乌云，而细审则缕缕青丝，历历可数。还有她的人物的各种体态，都能自然妥帖而优美动人。人物的姿态，是人物美的最关键的一点，昔齐白石老人有画背面美人一图，自题说是临王梦白，还说读者如对看王画原作，自能辨其谁是谁非。白石老人这段题记的得意之情，溢于言表。细看白石老人此画也确实是美，美在哪里？美在体态的优美，用笔的舒展流畅。画美人而不画脸，已是很难了。光看背面而要让读者看出她的美来，那就只有靠体态的魅力，线条的魅力。古人曾有形容这种背面美人体态之美的诗句，说"痴心欲掉画图看"，这也是绝妙的题句。由此可见体态之造型，体态之自然优美，也是人物画的重要因素，而谭凤嬛的红楼人物画，在体态的构造上，往往匠心独运而得其自然，因而能生动传神。

三是谭凤嬛作红楼人物画，她不仅仅是在"画"上用功夫，而且是在"书"上用功夫。她在创作之前，首先是认真读《红楼梦》原书，而且是一句句地认真地读，认真体会书中的意思，认真体会人物的心理状态，这样，她首先从《红楼梦》里得到了感悟，得到了灵感，才能产生构图和人物的形象。因此她的构图和人物，不仅贴切于《红楼梦》的原文和故事情节，还富于内涵，令人屡看不厌。

我的《瓜饭楼重校评批〈红楼梦〉》于 2004 年底出版，出版后红学界和画界对这套插图都非常感兴趣，香港和深圳有两位朋友还多次来电话想收藏这套插图的原作。另一个反映是说，这是与原先流行的刘旦宅、戴敦邦两位画家截然不同的画法，是完全崭新的面貌，因此形成了三种各具风格特色的红楼画风。当然艺术愈丰富多彩愈好，能在《红楼梦》画的领域里增添一种崭新面目而又能卓然自立的画风，这当然是红楼佳话也是艺术繁荣的反映。

谭凤嫒是在 2003 年就画完这套插图的，至今又已六个年头过去了。最近我看到她新创作的一大卷纯用墨线画的人物画，其中有不少是红楼人物，也有不少是历史人物。我看这批画（共有六十多幅），使我眼目一新，我觉得她的画又经历了一个历程，又向前大大地迈进了一大步了。这一大步，既是向古人的靠拢，更是与现实的贴紧。向古人靠拢，是指她的线条和墨法，让人感到轻灵飘逸而又刚劲有力，柔和自然，是继承古人的传统；与现实贴紧，是指她的画有新意，是她读古会心之所得，不是单纯地拟古。

我一直认为中国传统绘画的生命力是旺盛的、强大的，它能适应各个不同的时代而产生新变，我们的绘画史所以能截然分出各个时代的界限来，就是中国绘画一直在跟着时代前进，跟着时代变化，而最根本的一点，是它始终是在中国绘画传统的基础上的变化，而不是抛弃传统完全毫无根据地任意乱来。

艺术是不可以速成的，画家必须下苦功，认真地学习文化，学习前人成果，学习传统。

我们应该认识到，无论是文化艺术，也无论是科学技术，都是需要积累的，不重视传统，不重视积累，完全想白手创新，那是无知，是倒退。倒退不是前进，这一点一定要认识清楚。但此风还未涤尽，至今还有一些人在把倒退当做前进，原因是想标新立异，一鸣惊人，想一蹴而就，不想下苦功夫。但这是行不通的，实际上这是艺术的大忌，也是学问之大忌，无论是艺术还是学问，都不是可以速成的，恰恰相反，它需要下极大的苦功，需要超出名利之外的全身心的追求，除此之外，没有捷径可走。

所以，谭凤嬛画家的这部《红楼梦》人物画册的出版，至少它可以告诉世人，中国传统艺术的生命力是茁壮强盛的，传统艺术不是僵化的而是活生生的，只要你肯下苦功，你就能得到你应有的成绩。

应该坚信，在我们面前，艺术的道路是宽广的，我们国家的历史悠久，山河壮丽而广阔，有着取之不尽的题材，有着丰富多彩、气壮山河的历史生活，有着十三亿人民众志成城建设有中国特色的社会主义的伟大壮丽的史诗般的现实生活，使我们可以描画不尽。

对于外来文化，我们古人早就说过"有容乃大"。我们有"容量"可以吸收并消化外来的一切。我们并不褊狭和闭塞，更不会排外，凡一切先进的健康而有益的东西，我们当然应该吸收。但这并不意味着要抛弃自己的传统完全跟着别人走。我们应该看到，伟大的中华民族，伟大的中华传统文化和传统艺术，自有它的广阔的前景和崭新的未来。

我们一定要走自己的路！

2009 年 9 月 11 日于瓜饭楼

艺术永远是创新的

——读任惠中的西藏生活画册

　　我没有到过西藏，也很少读描绘西藏的画，当然我看过反映西藏的摄影作品，也去过甘南，到过拉卜楞寺，拍了一部分照片回来，但那只能算是"随喜"。"随喜"，说不上是生活，更说不上对藏族同胞的了解。但我多么希望能去西藏，多么希望能去深入地作些了解，去生活上半年或几个月啊！

　　我读了任惠中的反映西藏的画册，这个愿望更加强烈了，是惠中的画给我的激情和这种求知的欲望。

　　这部画册在我身边已经有两个月了，我大概起码展读了十多次。打开画册，扑面而来的是浓烈的生活气息，完全崭新的艺术风格，一种从生活本身创造的新的艺术风格。

　　惠中的画里，洋溢着对藏族同胞的热情和爱心，他的画笔、线条是饱和着感情的，我太喜欢他的这种特有的线条了！艺术最根本的一点是深情，对你所描绘的对象如果不是满怀深情，如果你的画笔只有颜色和墨汁，而没有感情，那你的那支画笔终究是干的，哪怕你把它泡在颜色和墨水里也是干的！惠中的画笔之可贵是饱和着对藏族同胞的爱和深情。

惠中画的藏族人民的形象是那么质朴、厚重，简直像块岩石，身体的庞大臃肿也是特有的，如果你要套"曹衣出水"、"吴带当风"等老调子，那会教人笑破肚子，那完全用不上，只有惠中的这种线条和形象才是真实的生活和真实的艺术，或者是两者已经完全混为一体的成果。

惠中的线条是那么杂乱无章，简直像一团乱草，也像是牦牛身上的毛。但是，你看过藏族同胞穿的皮面露在外边的皮毛衣吗，那皮面上横七竖八的无数的折皱，这就是惠中的线条。那露出在皮衣外边的一丛丛的茸毛，有时乱得像杂草，有时像宣纸上发散出来的墨晕。这就是最最适合于表现这种生活的线条！这是从生活中来的艺术创造，这是他的灵感！

惠中的构图，有点像珂勒惠支，风格也有点像蚀刻，但都只是"有点像"，其实不是，其实是传统的中国画，是从中国画的传统里来的，当然是崭新的创造，而不是老的皴法的搬用。皴法是根据对象创造出来的。我多次去新疆，我看了古龟兹（今库车）的奇山异水。我说："看尽龟兹十万峰。始知五岳也平庸。他年欲作徐霞客，走遍天西再向东！"我敢说，古人还没有创造出反映龟兹山水的特殊皴法来，那种惊心怵目的奇特，只有你去看了才会瞠目结舌，叹赏大自然的神奇，真是鬼斧神工！那就绝对需要新的皴法。现在惠中反映的西藏同胞的生活，在特殊的生活环境里的生活，在雪域里长年积累形成的生活，创造了这种独特的皴法和风格，这是丰富了中国画的表现手法，这正证明中国画有真实反映生活的无穷潜力，有它自己发展的广阔天地，只有那些面对祖国的奇山异水而束手无策的蠢才，才会喊出中国画要灭亡了的自身的哀叹，这种哀叹，只能让人感到他是多么无知，多么可怜！以你自身的无知来面对历史悠久的、丰富多彩的、世界上独一无二的伟大的中华民族的灿烂文化而又不知道虚心学习，自然就只好发出这类蠢话了。真正有志者，真正热爱我们伟大祖国和民族的有志者，就应该去默默地创造和工作，我看惠中的画就是这样的。

我多年压抑在心里的想到西藏去的强烈愿望，又被惠中的画点燃起来了。我们应该爱我们伟大的祖国和民族，爱我们的悠久文化，我们要以这种强烈的对人民的爱去创造新的艺术，艺术的天地永远是宽广和无尽的，永远是创新的！

1993 年 9 月 1 日凌晨

赠 刘 文 斌

刘文斌，辽宁沈水人，鲁迅美术学院国画系研究生班毕业，出身农村，多历艰苦，性至纯，擅李公麟白描，当世无可与匹，予曾见其临李公麟《五马图》、《维摩演教图》，用笔精纯，笔笔遒劲，出水当风，尽得古人风貌，因赠二绝：

一

千骑龙种李公麟。一洗凡胎出俗尘。
继绪谁修名世业，相看北国有文斌。

二

维摩演教天花堕，法侣皈心目有神。
屈铁盘丝真笔力，伯时见了也称真。

2010 年 7 月 7 日酷暑挥汗作

廿年摄得黄山魂

——《袁廉民黄山摄影集》序

雨雪冰霜二十年。黄山摄得雾云烟。

前朝借问梅瞿老，枕石可曾抱月眠。

——赠袁廉民

　　袁廉民同志，是著名的摄影家，尤其是拍摄黄山的著名专家。二十年来，风风雨雨，朝朝暮暮，不知拍摄了多少黄山的著名照片，黄山也借他的照片，名扬全球，引来了许多游客，所以袁廉民不愧为黄山的当代知音。

　　黄山的当代知音，当然更有国画大师刘海粟。海老一生十次上黄山，创作了无数为黄山传神的名作。

　　所以，摄影界的袁廉民和国画界的刘海粟，可以说是当代黄山的一双知音。

　　我是1970年初上黄山的，那时"文革"还没有结束，我被下放到江西余江干校，回家探亲时特意绕道到黄山的。黄山的奇景给我以难忘的印象，从此我就常去黄山。1982年我又一次上黄山时，就是由袁廉民同志陪同的。从此我与廉民同志也就成了黄山之友。

黄山之美，美在何处？徐霞客的两篇游记是写得非常淋漓的，尤其是第二篇游记，对黄山之美的体会比较深切。当时黄山除有文殊院、朱砂庵之类的建筑外，其他别无所有，纯属自然，所以这两篇游记，保留着黄山原始美的味道。

我自1970年以来，三十年间，跑遍了祖国的山川。五岳除南岳我到了跟前，因雪深无法登山，未能上去外，其余诸岳我都数度登临。黄山至今已登过六次，天山登过两次，阿尔泰山登过一次，帕米尔高原最高处登过两次，祁连山深处登过一次，天山一号冰川登过一次，塔里木盆地进入过一次，塔克拉玛干大沙漠进入过一次。似乎我也可以说"看尽江湖千万峰"了。可是回来想想，黄山之美，还是不可替代。因为它们各有各的美处，互相不可替代，而黄山呢，真如徐霞客所说，是"闳博富丽"，包罗万象。这当然是就中原山水而论的，像昆仑山、帕米尔高原的冰峰，南疆库车山水的寸草不生，赤红似火，而又高达数千米，或如琼楼玉宇，或如万峰剑排，这类特殊奇景，黄山当然不可能予以囊括。所以就中原山水来说，黄山确可以说是"闳博富丽"的了，无怪人们要说"黄山归来不看岳"了。

黄山既然如此"闳博富丽"，当然不可能一影而尽，也不可能数千百影而尽，可以说黄山是无尽的，永远也拍不完的。那末，对于一个摄影家来说，对黄山如何去撷其英、掇其华呢？我认为黄山之美，在于"动"、"静"、"神"三个字。

富于游黄山经验的人都会承认，黄山始终是"动"的，黄山始终是在烟云缥缈之中，而烟云之态，千变万化，不可捉摸，于是黄山也永远在变动中，让你永远观之不足，不可穷尽！然而，黄山又是"静"的，我多次游黄山，无论是前山的玉屏楼、后山的散花坞，每到夜深人静、月上东山之时，环顾四周，但见群峰罗列，似老僧入定，如比丘夜课，寂然无声，惟有月光如纱，夜凉如水而已。此时的黄山，又是如在梦中。而黄山之"神"，就在这四时的推移，昼夜之变化，"动"、"静"之相因相依、相生相克之中。

我看袁廉民同志的黄山摄影杰作，无不中此"动、静、神"三字真诀。

他的摄影代表作《蒸蒸日上》，恰好充分体现了"动、静、神"这三个字。画面上平铺的云海，初升的旭日，以及近处蒸腾而上的白云，构成了画面无穷生意的动态，而近处尚未脱离夜幕的山峦，依旧肃立在暗夜之中，显得极端静谧。这就构成了动、静相生的绝妙图画，成为一幅得黄山之"神"的代表作。

他的那幅黑白照片《松魂》，画面更显得明快而空灵。近处的那株权桠老树，似乎是在显示黄山的悠久岁月，又似乎是危峰独擎，是眼前那座险峰的有力支撑；而弥漫于大半个右边画面的厚厚的白云，更显得这幅画面的深沉和无尽的意蕴。

那幅《云山松壑深》，画面的大部分充满着云雾，只在四周露出一点松影和峰尖。这是一幅大胆的构图，同时也是一幅奇妙的构图，奇就奇在画面的正中是一片空濛，是云？是雾？是烟？说不清楚，但却是空濛，却是在有无之间，这才是真正的黄山，是黄山"灵"与"神"的再现，它给人以缥缈和空灵，给人以无限的心灵净化和启示。我认为这同样是廉民同志的杰作。那幅《春漫黄山》恰好与《云山松壑深》成为鲜明的对照，画面满满的是远近山峦，只有上端和左上角有一点点空隙。但是这幅作品，同样给你以空灵而无尽的意境，作者巧妙地运用远近的层次，使整个画面的空间拉开了，形成了一种密而不满、实而空灵的感觉，近处半树鹅黄嫩叶成了画面的点睛之笔，告诉读者一点春的消息，而远处重重淡青色的山峦，真是春山如黛，遥峰缥缈，令人宛然置身其中。

如此佳作，在廉民同志的集中，比比皆是，如那幅《石笋峰》就勾引起我一段往事。我曾多次去黄山觅"石笋矼"，一直弄不清位置。后来知道在始信峰下，有小径可通，但路奇险。我不顾艰难，终于走到了"石笋矼"，仰头四顾群峰壁立，人在谷底，简直是坐井观天。廉民同志此作的角度特别好，这当然是在始信峰那边找到的角度，使人可见石笋峰的空灵和奇险。尤其是那幅《银花满山崖》，真是银装素裹，分外妖娆。我有一次游黄山，曾身历其境，我从玉屏楼下莲花沟到鳌鱼峰，一路雪后奇景，为生平所仅见。途中恰好遇到北大的王瑶先生，我说这雪景多好看啊！王先生却幽默地对我说："我只看到了自己的两只脚！"因为他怕脚底滑，竟不敢抬头观看！

我前后六次游黄山，春夏秋冬，风霜雨雪，都经历过了。特别是有一次遇到倾盆大雨，我从黑虎松下一直快跑到温泉，一路下山，两边全是万道飞瀑，我不顾衣衫尽湿，贪看这雨中奇景，真是其快无比，可惜这样的场景难以拍摄。

重看廉民的这些摄影佳作，令我如重游黄山，真是赏心悦目，黄山能得廉民兄为之传神写照，山灵有知，也当感激不尽了。

1999 年 4 月 5 日晨写于京东且住草堂

天然图画　无尽江山

——读周宏兴所藏天然石画集

　　赏石，是我国传统的一项文化活动。从新石器时代起，我们的先民就知道选取美质美文的石头来制作工具，现今还遗存下来不少石质优美、纹理如画的原始工具。

　　我们的先民崇尚玉，也是赏石的一个部分，而且是发展到高层次的部分。先民们起先是玉与石不分的，所以现在有一部分原始的玉器，实际上是美石。

　　赏石活动到了宋代，形成一种普遍的爱好。那时的赏石，主要是两种类型，一类是赏其造型之奇特，大至园林建筑中的假山石，小至案头清供的盆景石。前者如宋徽宗时的艮岳所用的大型湖石，当时向全国各地征运，称之为"花石纲"，到今这批石头还有遗存，如北京北海白塔下的部分湖石，苏州原织造局的瑞云峰，扬州博物馆也有一件，我不知其名，原先是扬州东园之物，据说也是艮岳之遗，这几块玲珑剔透的湖石，我都曾看过，并拍有照片。

　　古人选取这一类石头的美学标准是四个字：瘦、皱、漏、透。我认为这四个字是恰到好处，可称之为赏石的四字诀。后来又有人加一个

"丑"字，成为瘦、皱、漏、透、丑五个字，其实这"丑"字是抽象的，主观成分多，难以捉摸，有前面四个字，足以概括了。

案头清供的盆景石，也有两件事可提：一是东坡当年赏识的"壶中九华"石，此石原为湖口人李正臣所有，东坡欲得而李未肯让。后来东坡下世，为山谷所得，欲以赠东坡，而东坡已仙逝，故山谷作长句伤悼，遂成绝唱。二是东坡自己得到的"雪浪石"，此石高约 1 米，直径约 60 厘米左右，我于数年前曾专程到保定去寻访，得见之于一家医院的花园小亭内，有白石大水盆贮之，盆沿有东坡亲书铭文，石与盆都是东坡当年故物，我曾拍过照片。

东坡的这件"雪浪石"，已不仅仅赏其造型，更主要的是赏其纹理，其命名也是从纹理所得。所以这件盆景石，已是赏石画的一证了。

在宋代，除了欣赏"瘦、皱、漏、透"的造型外，还有就是欣赏石头的纹理，即现代所称的石画。当年欧阳修退居在颍州（今安徽阜阳），藏一石屏风，适东坡赴杭过颍州，得见此石屏，并作《欧阳少师令赋所蓄石屏》，诗云：

> 何人遗公石屏风。上有水墨希微踪。不画长林与巨植，独画峨眉山西雪岭上万岁不老之孤松。崖崩涧绝可望不可到，孤烟落日相溟濛。含风偃寒得真态，刻画始信天有工……

这首诗所描写的，就是一幅"水墨希微"的天然石画，与东坡所赏的"雪浪"可说是异曲同工。

古代所传的石屏，大都产自云南大理的点苍山，故又简称为"大理石"或"点苍石"，明代的徐霞客游大理，有详细的记载：

> 自后历级而上为净土庵，即方丈也。前殿三楹，佛座后为

巨石二方嵌中楹间，各方七尺，厚寸许；北一方为远山阔水之
势，其波流潆折，极变化之妙，有半舟庋尾烟汀间；南一方为
高峰叠嶂之观，其氤氲浅深，各臻神化。

新石之妙，莫如张顺宁所寄大空山楼间诸石，中有极其神
妙更逾于旧者。故知造物之愈出愈奇，从此丹青一家，皆为俗
笔，而画苑可废矣。

张石大径二尺，约五十块，块块皆奇，俱绝妙著色山水，
危峰断壑，飞瀑随云。雪涯映水，层叠远近，笔笔灵异，云皆
能活，水如有声，不特五色灿然而已。

——《滇游日记》八

清代的阮元有更多篇文字的题咏，并直接称之为"石画"。

近年来，全国兴起了赏石热潮，无论是瘦、皱、漏、透的湖石，也
无论是"上有水墨希微踪"的石画，都为人们所争致。日前吾友周宏兴
同志送来厚厚五大册他所藏的石画的照片，总数当在千数百幅。我原也
是一个热心于赏石的人，无论是赏其造型的湖石或赏其画面的石画，我
都爱好，但要像这样洋洋大观的石画，真还是第一次见到。面对着这五
大册石画画册，真如行山阴道上，有目不暇给的感觉；也如同入宝山而
眼花缭乱，目迷五色。我见闻有限，不知道全国收藏石画是否还有超过
他的。但即使还有超过他的，这五大册石画也应该是一个石画的宝
库了。

就这批石画的内容和质量来说，那末，就是把上面苏东坡、徐霞
客、阮元等人所有的题赞加在一起，用来赞叹这批石画，我觉得也不为
过。我面对这批石画，竟有不敢提笔之叹。因为东坡当年所题，只是欧
阳修的一个石屏，徐霞客和阮元所记，也不过是几十或上百件石画，哪
有现在的惊人场面！即使东坡再世，除了赞叹以外，恐怕也会有举笔踌

蹐之感。

　　几十年来，我跑遍全国各地的大山大水，我两次上帕米尔高原的最高处，一次到一号冰川，多次到南疆的塔克拉玛干大沙漠，入古楼兰之境，我穷尽了玄奘取经的国内之道，也走遍了丝绸之路的南、中、北三道，至于五岳三山，江南风物，南国风云，也曾尽情饱赏。以我所见的种种风光景物，来索之这些画面，可以说应有尽有，相反，还是我无以名之者为多，所以我只好搁笔兴叹，自愧无能。

　　如就这批石画的色彩来说，更不是东坡当年的"水墨希微"，而是五彩斑斓，实在是一种希世奇观。无怪乎东坡以来的许多赏石之士，都感叹有地下画士，在作鬼斧神工之笔！这当然也只是无以形容而发出来的一种赞叹，不可能有真正的"地下画士"。

　　总之，周宏兴君所藏的这批石画，是天地之氤氲，宇宙之秘珍，轻易是不能得到的。能够见到，也是造物之所恩赐了，我能反复观赏，也自庆是一种眼福！

　　我愿世上之人都来赏此奇珍！

　　黄山谷说："珍重多情唯石友。"我愿普天下之人都成为"石友"！

1999 年 8 月 11 日于京东且住草堂

永无止境的追求

——记青年雕塑家纪峰

纪峰到北京来刻苦学习雕塑，已经整整十个年头了。

1990年夏天，纪峰从安徽界首的农村老家来，报考了中央美院雕塑系，在主课考完以后，有一天他来拜访我，给我看他自己学习传统雕塑的一些照片，主要是人像雕塑照片。当时我的印象很深，觉得他的雕塑虽然还是初学的阶段，但却很有灵气。他告诉我他喜欢中国的传统雕塑，从小就喜欢拿着泥巴不停地捏，不停地塑。

我说：你考了中央美院的雕塑系，如果录取了，那就要改学西洋雕塑，你有思想准备没有？他说还没有想这些具体的问题。过了些时候，他又来看我，他说他没有再考下去，一是无钱上学，二是舍不得丢掉自己学的传统雕塑，幸好韩美林工作室要人，他就决定到韩美林工作室去工作，一方面可向韩老师学习，另方面也可解决生活问题。他来找我，是想同时跟我学传统文化、学书法等其他门类的艺术。我看他很认真诚恳，也就同意了。从此他主要是在韩美林同志处工作和学习，同时也经常抽空到我处来请教，除了指点他学习书法外，也经常给他讲点文化历史方面的常识，有时也谈到佛教雕塑艺术等等。

412

　　1993 年秋天，我第四次去新疆作调查，他愿意同去，于是向韩老师请了假，随我一同西行，同行的还有我院的章慎生同志。我们从乌鲁木齐到伊宁，再从伊宁翻过天山到库车、喀什、和田等，这一行，走了将近一个月，跨越半个新疆，对他来说，真是大开了眼界，特别是看了不少千佛洞的壁画和雕塑，让他进一步认识到中国传统雕塑的特色和神韵，后来他又专门参观了敦煌、麦积山的雕塑，以及龙门、云冈的雕塑，于是他的眼界真正大开，他常常为这些不朽的古典雕塑弄得神魂颠倒。

　　十年间，他在韩老师处学习和工作是十分认真的，他领悟也快，所以除自己的传统雕塑不断有所前进外，他同时还向韩老师学习，领悟韩老师高超的艺术。到后来，他成为韩美林工作室的骨干力量之一，韩老师有不少精妙的设计，纪峰都参与了制作，有的还是独立完成了制作。例如：1995 年，他协助韩老师创作了高 8 米的大型铜雕"天马腾飞"。1996 年，协助韩老师创作了美国亚特兰大第廿六届奥运会世纪公园内的"五龙钟塔"，是花岗石、铸铜雕塑。后来韩老师还特地让纪峰到美国去安装，这些雕塑至今仍屹立在美国世纪公园内。纪峰参与制作的大型雕塑，还有山东济南金牛公园的"天下第一牛"，山东淄博的"金鸡报晓"，高 16 米，锻铜。深圳蛇口四海公园的"盖世金牛"，黄铜铸造，长 30 米，高 28 米，这些都是室外的巨型雕塑。这是纪峰雕塑的主要部分之一，其特点是完完全全的韩美林风格。

　　纪峰雕塑的另一部分，也是他的最主要部分，就是人像雕塑。他的人像雕塑的渊源，一是来自于中国传统雕塑，他为了把握传统雕塑的技法和神韵，曾临摹过不少北魏至唐的佛像，而且能得其神韵。二是来自于生活。他本身出身于农村，非常熟悉人民的生活，平时他又十分注意观察人，凡遇有可塑的对象，他总要用心观察，熟记于心。有一次，他看了美术馆罗丹的雕塑展览，激动得夜不能寐，即起来凭记忆做我的塑像，居然一宿而成。第二天起来要我到他的工作室去，我还搞不清楚是怎么一回事，一进门却见我的一个塑像矗立在工作台上。他要我坐着让他仔细端详，准备作修正，但我却觉得简直无可修改。他掌握形象如此准确，主要是靠他平时无微不至的观察，俗话说"看在眼里，记在心里"，纪峰真正是做到了这一点。所以凭我的喜好来说，我更喜欢他的人像雕塑。前年他为启功先生做了一个塑像，送到启先生处，深得启先生的赞赏，至今还在启先生室内。我还让他做过一个刘海粟像，那时海老已不幸逝世，他是根据我提供的照片塑的，可以说塑得形神兼备。但我提供的照片已经是海老最后的照片了，也就是说已经是接近一百岁时的照片了，所以熟悉海老晚年情况的人无不赞为传神之作。1998 年 8 月 25 日，我第七次去新疆，第二次上帕米尔高原，到 4700 米处的明铁盖山口，终于找到了玄奘自印度取经归国的山口，这距玄奘归国已经一千三百五十五年。这第一次的发现，起到了很大的震动作用。喀什市因之决定要塑一尊巨型的玄奘像，决定请纪峰来承担这个任务。这个塑像计划要 10 米高。纪峰自接受这个任务后，日夜沉浸在玄奘形象的酝酿中，他一方面认真读有关玄奘的书，另方面不断地翻阅传统的佛教塑像，而且还到寺庙里参观，以增加对僧人生活的理解。这样经过长时间的准备和酝酿，试塑了不止数十次，直到今年 7、8 月间，才算完成了小样的试塑。他做玄奘塑像的构思，主要是想把玄奘塑成一位活生生的人——具有至高无上的佛学修养和道德修养并具备坚忍不拔的意志力的一位高僧，而不是千人一面的庙里的菩萨。这个目标实在是不易达到的，但现在看他的试塑小样，我认为可以说是有点意思了，是逐步接近我们的目标了。同时纪峰还塑造了一个马可·波罗像，因为马可·波罗也是到过喀什，也是走的明铁盖这个山口。马可·波罗像，纪峰是找到了可靠的资料才塑的，这个小样也取得了成功。

在作人像雕塑时，我们曾讨论过一个问题：如何塑出中国人的气质神韵来？我们认识到用西洋的方法来塑中国人，总不免隔了一层。我们民族传统的雕塑方法，是以中国人自身的气质特征为依据的，要塑好中国人，必须深刻理解中国的历史文化背景，深刻理解中国人的民族心理特征，从而进一步理解你所塑人物的历史文化和心理特征，从而去把握他。当然这只是我们的私心体会，是否正确，还有待于实践，有待于高明的指正。目前，纪峰以此为自己塑造人像（历史人物和现代人物）的立足点，我认为是一种正确的选择。

纪峰雕塑的第三个特点，是他喜欢塑一些小动物，如小鹿、小马、小羊、小牛等等，而且这些小品的雕塑，既有工艺化的特征（这是向韩老师学习的），又有天真无邪的稚气和灵气。这一点，从某种程度上又突破了工艺化而回归到自然了。这，应该说是纪峰的另一追求！而且是已经取得了相当成功的追求！

我是眼看着纪峰一步步走过来的，1999 年他自己成立了工作室，这下他的担子更重了，但他仍旧不停地在追求！

在他的道路上，"追求"两个字，当然是永恒的！

2000 年 10 月 29 日夜 12 时

《顿立夫印谱》序

予初读顿立夫先生篆刻，在三十年前，时予方醉心金石印章，自秦汉古钵、封泥乃至明清各家，无不毕览。好聚印谱，尤贵原拓，以其可求刀法而窥匠心也。近世各家，吴昌硕为一代巨子，陶冶秦汉以来众长，自立风范。如五岳之外有黄山，闳博富丽，众美毕备。稍晚，白石老人异军突起，用切刀崩刀法，以见其大刀阔斧，纵横捭阖之概，为艺林所重。于时，海上王福厂褆，用李丞相法作小篆，俨然斯、邕后人，其所刻印章，结体谨严，用笔顿挫，可见其起落收放之致，而一本滑台笔意，蜚声艺坛，为海上一大家。予亦心好之。

立夫先生时从王福厂褆游，无论走笔奏刀，皆得王氏家法，并由此而上追二李，获古人之意趣。其所作边款，以石为纸，以刀为笔，于切削之外，复能得含蕴之趣，盖其结体用笔，实取法于钟、王也。今秋予求得顿翁作"瓜饭楼"一章，七十老翁，为此金石文字，真金石之交也。乃作小诗，诗云：

铁笔纵横六十年。千秋心脉一线传。

绝品顿老好刀法，细字银丝入毫巅。

　　顷顿翁将梓其印谱，嘱林树芳兄问序于予，乃为题数语，以志感佩云尔。

江南冯其庸时客京华

1980 年 3 月

读王京盙先生书法篆刻集书感

题 力 学 翁

铁画银钩世所稀。斯冰千载有传遗。

金刀直造嬴秦上，知己平生感砚廆。

王京盙先生，当世之书法篆刻大家也。予初识其令公子王运天，交十年，始识京盙先生于京华。倾谈尽日，不能已也。盖京盙先生曾从丁福保先生学小学，而余于小学初从冯振心师学，师常为言丁氏之学，并得读其书，今遇京盙先生，则几疑得见丁翁矣。京盙先生复师事王福厂、姚虞琴两位大家，合丁氏而三，故京盙先生学有本原，非世之徒从事于书刻者流也。

先生书法精四体，而于篆隶尤长。予读其所作篆书，直追秦汉，下及唐李阳冰、南唐二徐，皆所取法，今集中"老色苍然来，余年亦自惜"、"欣处即欣留客驻，晚来非晚借灯明"及岳飞《满江红》词，欧阳炯《南乡子》词，王籍"蝉噪林愈静，鸟鸣山更幽"联，其篆法，皆于精整中寓流畅飞动之意；自其静者而观之，银钩铁画，玉箸金丝，静穆如古佛，庄严如宝相也；自其动者而观之，则如流水回环，清波婉转，意态飞翔，拈花微笑也。忆予幼时，亦喜秦篆，尝取泰山刻石摹之，后至岱庙，得见泰山刻石早期摹本，尚存灵动之意，非徒整饰也。今观京盙先生所书，真得古篆之意而远超乎明清，直叩冰、斯矣。

抑尤多者，先生所作篆书，偶亦取赵扐叔、吴让之、徐三庚笔意，用笔方圆兼融，结体吴带当风，于古艳中别具妩媚。此类书，虽不多作，而古意与儒雅兼而有之，令人耳目一新，非复赵吴之旧貌矣。更有异者，先生于近世篆书之风靡于世者，一不取邓石如，二不取吴昌硕，此尤为予所心折者。盖世既有邓、吴，何复取其故途哉！且京盙先生固已超超然而上之，直臻秦汉，下顾两唐矣，何复俯取于近世乎？由是予益重先生之篆也。

先生于隶书亦戛戛乎独造，非当世之流也。世之事隶书者，多取汉隶之潇洒飘逸者，如《曹全》、《史晨》之属，而先生独取汉隶之古厚者，若《张迁》、《衡方》之属。更有异者，先生复于古隶中融入篆法，遂又另开新面，独立于当世矣！夫以篆入隶，于晚清所出之《朝侯小子碑》见之，予曾得其精本，至今宝之，尝叹今之书家不能独取于此也，岂知京盙先生不仅取之，而又超乎其上矣。

京盙先生于楷书作褚河南体，笔画结体，皆能得其神理。夫褚河南书，固唐楷中之佼佼者，因其用笔之轻重变化，学之者难得其绪，故未若颜、柳、欧之向风也。京盙先生亦以我取之法，独立风标，矫然而不群，诚戛戛乎难哉！

京盙先生之篆刻，师事海上王福厂先生，福厂先生固当世执篆刻之牛耳者也。忆予幼时，欲师福厂先生而不得其门；于时海上复有马公愚先生者，亦风靡天下者也。予又不欲趁其热，后经老画家诸健秋先生之介，得从汪大铁先生学，先生常以书函指授，予乃稍稍得窥门径，然恐杂学旁收，不能专精，以予之樗材，岂堪多务，遂弃而读书，后得王福厂先生麋砚斋精拓印谱，日日叹赏之，尝谓雕虫之技，至此尽矣，不意复见京盦先生篆刻，乃竟趒趒乎上之矣。嗟乎！人之才技固不可限也，清人云"江山代有才人出，各领风骚数百年"，斯诚有道之言，而京盦先生超以往而迈之，亦世之常而事之必也，非夸饰也。

予与运天交，已二十年，运天师事吾师王瑗仲公，得先生亲炙；而运天师事先生，勤敬有加，吾师常夸之。吾师晚岁之文事家事，悉委之于运天，及先生归道山，则先生之遗著，先生之庐墓，皆运天为经之营之，故先生之哲嗣咸感运天之诚而亲如一家也。予师事吾师四十年，而未能一日如运天之服事先生，既感且愧耳。

运天治金石，治书画鉴定，治文章，皆能自得，近见其所作书法篆刻，章草则宛然明两翁也，篆书则能得乃父神髓，亦斯、冰之遗也，刻石则游艺于王福厂、京盦公之间，而复上追秦汉，出入魏晋，观摩崖之磅礴，法造化之自然，吾见其寒于水而胜于蓝矣。

顷运天编集京盦公之遗泽，都为巨集，嘱予作序，乃为书所感云尔，岂敢云序哉！

　　　　　　　　　　2003 年 5 月 4 日于京东且住草堂

王少石《红楼梦印谱》序

　　戊午秋，予过竹箫斋访麞庐翁，麞翁出《王少石印谱》示予曰："何如？"予展卷惊而且骇，以为当世治印之俊杰也，由是识少石。少石原名秉杰，皖之宿县人，家贫，耕牧以自给。幼嗜金石书画，及长见石涛、八大而心契焉。治印则出入秦汉、陶冶皖浙，于昌石、白石尤所心师，因自名为少石。曩岁函请许麞翁，欲问予治印之事，予方校理《石头记》，乃为谋曰："曷不作红楼百印以问世？"麞翁闻之大喜，曰："此未经人道。"即函少石，尽一岁之力乃成百印。每一印成，咸就教于许麞翁。己未春，少石复携印稿入京。吾三人于竹箫斋中复一一详加厘定，存其六七。庚申六月，首届国际《红楼梦》研讨会于美国陌地生市威斯康辛大学举行，适此谱成，予乃携至陌城于大会展出，倍受国际红学家之珍视，纷纷向予转请求刻者数起。今予归后，忽忽五更寒暑，少石复揣摩精研，易其初刻三之二，增若干方，是谱乃愈见精湛。今重为订正，都一百九十方，分成五卷，以为定本。红楼印谱，此为首创，亦红学之佳话也。雪芹有知，当浮一大白乎，因叙其始末如右。

冯其庸叙于京华瓜饭楼中

时乙丑夏五蕉绿桃红时节

睡 庵 记

少石善睡，壬戌八月与予同游黄山，竟于莲花峰下巨石上鼾睡。游山者皆惊而欲醒之，而少石安睡如故。予因赠其号曰睡庵。夫睡尽人之所能也，然少石之睡与众人异。众人皆醒，而少石独睡，此一异也。众人皆睡，而少石独于灯下奏刀，恒至不寐，此二异也。众人皆须睡于居室，而少石随处皆可睡，此三异也。因为作睡庵记。

江南冯其庸记于宿州旅次，时少石方睡而我独醒也

1982 年 8 月 20 日灯下依装书此

题 别 部 斋

——题刘一闻篆刻集

我读别部斋，如饮白堕酒。才饮心已醉，婉转意绸缪。

久读愈更好，把卷不释手。众口交相赞，皆云世之尤。

或曰是秦篆，或曰是汉缪。或曰镕唐宋，或曰铸元秀。

或曰宗文何，或曰丁黄俦。或曰师悲盦，或曰摹萍叟。

众论皆有得，众论皆未周。奇哉刘一闻，食古而吐秀。

初观皆古趣，细审新意稠。举世凿石手，君称第一流。

况兼书与画，直上最高楼。

　　一闻道友书来属为新著作序，乃为俚歌以报之，取其顺口可诵也。一闻刻石融古为新，古新一体，浑然不分，此为难能。是以好古者以古好之，喜新者以新喜之，于是风动当世，一闻而遂为天下皆闻矣！顷见其书作倜傥流利，沉稳健秀，亦超迈之作也。其画则清逸有书卷气，皆

423

非流俗之所同也。顷北国苦寒，大雪盈数尺，门不可启，语言道断，乃映雪书之。

宽堂冯其庸

于京华瓜饭楼之开天阁，时丙子大雪之夕

学有本源　心有虫篆
——读王运天书法篆刻随想

　　我与王运天弟的交往，屈指已有二十七年了。上世纪70年代末，运天从我的老师王蘧常先生学，直到1989年11月王老逝世，运天整整从王蘧常先生学了十年，这是任何一位博士生也不可能得到这样长的学习时间的。而且运天是全日制的学习，也没有星期天，因为王老的子女都在工作岗位上，开始还有师母，师母去世后，王老就是一人在家，有时复旦大学哲学系的研究生来听课，课后，就剩王老一人，恰好有运天自始至终地照顾他，所以运天也就成了王蘧常先生最后的一名弟子，而且终日在座，其方式竟有点像孔子之带弟子。

　　我是1946年从王老师学的，1948年毕业后，与王老师的联系前后四十三年没有中断，所以王老师有一次笑着对我与运天说："你们两个是一对痴人，一个是大痴，一个是小痴。"我现在称运天是"弟"，就是从王老师的这句话来的，运天还立即给我刻了一方印章，文曰"大痴"。我现在还一直珍藏着，作为对老师的纪念，也作为我与运天同出师门的一个物证。

　　运天的资质特别聪明，王老师曾多次给我说过，还说能得天下英才

425

而教之，亦人生之乐事。1983 年，俞平伯先生给邓云乡兄的信里也曾说到这一点。《俞平伯年谱》1983 年 7 月 6 日说："同日，致邓云乡信，谈王运天的聪慧，说：'大约天分、学力缺一不可，而天分尤要。生而知之虽无其事，却有此境界。一学就会，即近于生知矣。'"（天津人民出版社，2001 年版）数十年来，运天除从王老学外，与学界的耄年宿儒也交往很广，如赵朴初、潘景郑、吕贞白、谢稚柳、杨仁恺、饶宗颐诸先生都对运天有很高的评价，称赞他的学问、人品和艺术。

运天的书法，首先是能得王蘧常先生的真传。大家知道，王蘧常先生是当代的书法大师，日本书界称"古有王羲之，今有王蘧常"。尤其是他的章草，可以说当代独步，远迈前贤。我以前有一副对子说："文章太史氏，书法陆平原。"就是称颂老师的文章和书法。运天日侍王蘧常先生整整十年，其所得自然是独多，故而老师对他也是青眼有加。1984 年阴历小除夕，老师还特意给他一信，要他去同过大除夕，这封信说：

运天小弟

　　大除夕设家宴，虽粗粝，然有乡风，盼

光临为幸，顺问

年祉

　　　　　　　　　　蘧　手启　八四年阴历小除夕

　　　　　　　　　静　儒　印章　倒好嬉子

当时，运天每天在王老家，只须口头说一声即可，但老师还特意写信，并盖章，因图章盖倒了，还特加"倒好嬉子"四字以释倒章，可见老师对他的器重。

而事实上，运天也确实不负老师厚望，老师生前再版的《诸子学派要诠》运天就已参与校订，老师的多种遗著如《秦史稿》运天亦参与整理出版，还主编有四个版本的《王蘧常书法集》。而运天学老师的章草，已经达到乱真的程度。老师旧有小楷《洛神赋》一件，实为他书法中的极品，我多次欲求此书，竟未能得。有一次忽在运天案头见到，我大喜过望，询之运天，不想竟是他的摹本。我自分追随老师四十余年，老师先后给我的信札约有六十余通，我看老师的书法，从上世纪40年代，直到他给我的《十八帖》绝笔（此帖完成后没有几天，老师就仙逝了），实在看得多了，从未有过失眼，想不到对此件竟然无力分辨，可证运天书法的功力，确已得老师的真传。

运天书法的另一重要渊源，是他的尊人王京盙先生。京盙先生是浙派著名篆刻家，师从麋砚斋（王福厂先生），而书法则直师李斯、李阳冰。李斯的作品，如峄山碑等都已是翻刻，李阳冰的作品如《滑台新驿记》等，虽也是碑刻，还存原拓，我曾细心搜求过李阳冰的作品，曾得多种较好的拓本，而当我看到京盙先生的小篆，实在使我倾倒备至，我的感受，较之《滑台记》等拓本，真是如看真龙破壁，真气流贯，几欲如米颠之拜倒。而现在运天所作小篆，一如乃翁，稍一疏眼，就会看作真龙。特别是运天在此基础上，融会古篆而作小篆，于古厚中又蕴含秀逸儒雅之气，可说是别开生面，另辟蹊径。此外，他临的隶书《张迁碑》，也深得此碑独特的神味。此碑之奥，在于古厚中富灵秀之气，严整中又有超逸之意，看似静而实动，看似动而又实静，我看运天所临，已与此碑神遇，心与古会，笔迈汉魏矣。

运天又善擘窠巨书，此亦王蘧常先生所独长，先生曾为泰山题"青连齐鲁"四大字，今已勒铭岱顶，今运天所作擘窠巨书，完全可以继武王老。

运天的篆刻，更是家学渊源。运天的尊人王京盙先生是浙派篆刻名家，师承麋砚斋王福厂先生，能得其绝学。对于近百年的篆刻，我早期

倾心于吴昌硕和齐白石，后来我却拜伏赵之谦和王福厂。吴昌硕用钝刀
入石，结体古朴浑厚，构图落落大气，无匠气，绝做作，浑成自然，所
作边识，亦用钝刀，而古雅耐看，是为大家。白石老人略后于缶翁，故
另辟蹊径，用薄刀侧锋，纵横捭阖，于方寸间得驰骋天地之宽，其构图
布局，独运匠心，令人耳目一新，而边识题跋，亦用薄刀侧入，竟成别
开生面，所以独树一帜，能与缶翁并驾齐驱。但赵之谦的篆刻，更富于
文气，可说是风流儒雅，字划典则，结体严整而潇洒，其所作边识，镕
晋唐小楷与北魏书体于一冶，其横划作两头起刀中间接笔，宛如北魏书
体，其严整端丽处，又如晋唐小楷，秀逸古雅而又含蕴内敛，令人百看
不厌。而麋砚翁则精整绝伦，渊源秦汉，笔笔内涵，其结体精严，章法
布局，亦典亦则，其所作边识，更加精妙。运天的篆刻，不仅能尽得乃
翁精湛，且兼得麋砚之长。他曾与京盦公合作刻"百寿图"印章，以一
百个不同字体的"寿"字，刻一百方印章，合拓成《百寿图》。此图问
世，为国内外所轰动，王蘧常师曾为作一联以颂。联语说："学有渊源，
心有虫篆。图成乔梓，价重鸡林。"（鸡林指海外）此联刊于 1983 年 4
月 15 日《新民晚报》，可见其父子篆刻声誉之高。更有进者，运天还吸
收战国至秦汉瓦当、汉画像石、画像砖、秦汉铜镜甚至古玉雕等图案，
作肖形印或龙凤图像印，如他为王蘧常先生所作龙形印，其图像即取自
汉画像石和汉瓦当，为此著名碑刻专家潘景郑先生还赠以汉长生无极瓦
当，并作《减字木兰花》词以赠，词云：

　　　阿房遗瓦。漫想秦宫营大厦。千载留痕，凤雨沧桑见片鳞。　　长
　生无极。以此奉君伴几席。缟纻忘年，珍帚挥毫润砚田。
　　调寄减字木兰花
　　运天仁兄博雅好古，频岁过从，得倾谈麈之乐。兹检劫余所存
　长生无极瓦当，谨以奉伴邺架，籍留翰墨因缘，幸勿以帚珍见

哂耳。

甲子仲冬七八叟潘景郑谨赠

潘老是著名碑刻专家，且是词坛名宿，其对运天的篆刻见重如此，由此可见其作品的分量。特别是他三十年前，为叶剑英元帅所刻叶帅作七律《远望》、《八十书怀》、《重读〈论持久战〉》，五绝《攻关》，词《忆秦娥》等八方印章，包括各体的边款，应该说都是精心杰作，从中可以看到他继承前贤的功力，还有前些年刻的"济美斋印"、"济美斋秘玩"、"旋乾斋"、"无堂"、"明两庐珍藏"等印，可说都是精心杰作，足以名世。

现在的篆刻界，百花齐放，什么花都有，唯独纯真地继承传统的花太少了，我希望传统的一脉之花，能够发扬光大，传承下去。最后，我用已故友人吕贞白先生为运天治印所作的《鹧鸪天》词，作为本文的结束，因为词里"多君琢玉镂冰手，慰我殷勤着意深"的词句，正是我此刻心情的写照。吕先生说："运天世兄为治印章，赋此志谢。"词云：

烬灭香篝冷翠衾。无端秋病又侵寻。多君琢玉镂冰手，慰我殷勤着意深。　　挥断柱，怨难禁，忍从刻后写词心。心声心印空流迹，争忍灯前宛转吟。

2009 年 3 月 10 日于石破天惊山馆

《旋乾斋书法篆刻集》序
——读王运天的书法篆刻

壬戌之夏，老友邓云乡兄偕运天贤弟顾吾于京华之瓜饭楼，运天弟固初识也。时弟已侍吾师王瑗仲公左右，得瑗师之指授，学大进。未几，运天示我以所作《红楼梦》印章，则淳厚古雅，章法、篆法、刀法皆可与古人泐。予为之大惊，询之云乡兄，始知其尊人王京盦先生为篆刻名家，师承王福厂先生，得其精髓而又新之。夫然则运天弟乃麋砚斋之再传弟子也。

予素仰麋砚翁，并藏其原拓印谱，今以运天所作比而观之，则岂但麋砚之再世，更见青出于蓝矣！

况自壬戌至今，忽忽二十余年，运天之篆刻早入精境，方寸之间可见大千世界也。予之瓜饭楼用印大半出其手，亦予之幸也。

运天之书法得吾师亲授，加之运天聪颖善悟，故其书酷似吾师，宛若天授。昔"文革"中吾师曾书《洛神赋》全篇，其书法可雁行陆平原，甚或过之。后予见其印本，急欲觅原件而珍藏之，则已为捷足者先得矣。

一日予抵沪上，宿运天旋乾斋，于其案头忽见《洛神赋》书件，予

430

大喜欲狂，以为原件已取回。急询运天，则运天之临本也。予后谛视之，始信其为运天临本，然则运天之书实已继武吾师，几可乱真矣。

今汪大刚、姚伟延两君为运天出书法篆刻集，嘱予作序，因书数事如右，纪事而已，不足云序也。

丙戌岁暮宽堂冯其庸八十又四于瓜饭楼

记 孙 熙 春

　　我与孙熙春弟认识，一转眼已经十六七年了。记得上世纪90年代我到沈阳，得识孙治安先生，他给我看一方印章，问我刻得怎么样，我说刻得不错，是学汉印的。他听了很高兴，就说是他儿子刻的，希望我以后多教导他。这以后，熙春就经常与我见面。

　　但印象最深刻的第一次见面，我看的却不是熙春的篆刻而是书法。他写了一批魏晋简牍风格的书法，很有书卷气，很有功力，也很洒脱，给我留下了很深的印象。后来知道，他受父亲的教育，从小学就练书法，他用功写过唐帖欧阳询的《九成宫》等，后来又用功写过篆隶，他的篆书、隶书的基础都打得很扎实，之后又下功夫写北魏、魏晋简牍和行草，所以从小学到大学，一直到今天，始终没有间断。他从小学到中学，一直参加书法比赛和展览，每赛都能获首奖，但后来他就不参加这些活动了，除了继续写字，深化了他的书法爱好外，他还同时学篆刻，喜欢篆刻，并且把这两者视为一体。他父亲给我看的那方印章，还是他高中时的作品，所以，他习书法和篆刻，差不多是同时并进的，至今也仍然如此。

　　除了最早的那方印章外，隔了几年，我就经常能看到他的篆刻，他还陆续给我刻印。我感到他的基础好，学习刻苦，而且敏悟，这是十分难得的，所以我找出我收藏的《悲盦印存》交给他，建议他临赵之谦。在清代的篆刻中，我最佩服赵之谦，这部印谱，还是抗战时我在苏州买到的，是赵之谦的原拓印谱，后来我又买到了赵之谦的《二金蝶堂印谱》，也是原拓。赵之谦不仅印面刻得好，边款也特别讲究，有些边款很有晋唐小楷的味道。有一些边款，又如北魏书体，他采用接刀法，例如一划，他采用左右两头起刀，起刀时加重力量，收刀时减轻力量，这样左右起刀，到中间接上，形成了北魏书体的两头粗而方的笔意，刻在印上作边款，觉得特别古雅可喜，而他对印面的布局，也极讲究，结体舒展而富文气，他并不追求浅露的所谓"金石气"，而特重笔墨的意趣，所以看他印面的字，就像看他用毛笔书写的篆书，他把笔与刀合成一体，心与手也合而为一。所以，学赵之谦特别要注意他的这一特点。

熙春是极能领悟的，这部印谱他大概临习了有一年，后来我看他的印，就有明显的变化。而这种变化，常常使我感到愈来愈明显。当然这种变化并不是单纯由于临习了赵之谦的印谱而产生的，这种变化是他的综合文化艺术素养不断提高所致，因为我知道他还勤奋地读书和深研传统文化。

我平时喜欢蓄印石，在"文革"中，无意中买到一方老青田石章，5公分见方，8公分高。顶上被原藏者用刀划刻着"毛主席万岁"五个字，一看就知道是为躲当时"红卫兵"的"破四旧"而刻的。"文革"初期，刮起了一股"破四旧"的风，凡是历史遗留的东西都在被"破"之列。但当时也有一些聪明人想出了高招，在将要被"破"的物体上写上或贴上"毛主席万岁"的标语，这一下就封住了"红卫兵"的手，他们就谁都不敢动了，因为你要"破"它，就必然会损坏标语，你自己就背上了大罪。我后来看到有不少重要文物，都是用这个办法得以保全下来的，我买到的这块旧青田石上的这五个字，就是起了这样的保护作用。这方青田石章，我请熙春刻了"古梅老人"四字，我对熙春刻的这方印章极为赞赏，我认为这方章，无论是章法刀法结体布局，都能得二金蝶堂的真意，可以说是熙春的标志性的作品。前些年，我从罗布泊、楼兰归来，又请他刻了一方34字的印章，文曰："宽翁八十三岁三上昆仑之巅宿楼兰罗布泊龙城经白龙堆三陇沙入玉门关至沙州。"这方印章，印面2.5×7.5公分，字多，难于配搭，但熙春也刻得极为精整，是极见功力之作，也是他的代表作品。熙春还给我刻过一批小印，也极精致，是我常用的印章。

熙春的书法，因为从小就打下了坚实的基础，所以四体皆能而皆精，他的楷书，带有北魏的笔意，结体也有北碑的味道，但又往往微见动意，于静中寓动，行草则有晋唐之风，而他的篆隶，因为篆刻是以此为本的，所以他于篆隶用功更勤，他曾用隶书为我刻一方四面边款的印章，看他使刀如笔，笔笔隶意，四面共196字，精整无比，可见他隶书的功力。此章印面文曰："纵横百万里，上下五千年。"这是我治学的座右铭。而这10个字的朱文，真如屈铁盘丝，令人久看不厌，加上"古梅老人"等其他作品，都可看出他篆书的深厚功力。

综合我对熙春书法篆刻的认识，为题一绝：

赠 孙 熙 春

卅年铁笔化丹心。秦汉斯冰到小生。
几度鹅池濡笔砚，欲将兔翰拜山阴。

2010 年 7 月 6 日于瓜饭楼

赠鞠稚儒诗三首并序

　　鞠稚儒，艺苑之通才也。予初读其所刻印，以为古人之作，后再读其印，见其名氏，始知为当世之人，而又以为当是六十以上之老人，予正讶其何以不相识也。

　　予何时得识鞠君，今已不可记矣。惟前年，鞠君奉其师刘迺中先生下顾瓜饭楼，予始知鞠君尚未及不惑之年也，不禁为之愕然。然与刘老接谈，拜读刘老所赠篆刻集，则渊然大家，其艺深且广矣。于是，予乃知鞠君之所以成也。

　　然其时，予之知鞠君实尚浅且微也。

　　近，予读鞠君书法集，则四体皆精，无书家习气而有学者之风，此更非予所能知也。

　　顷又得读其《绳斋集》，则其书画诗文题跋皆萃于斯矣，予反复读之，觉其所作，皆与其年龄不相称，何者？此皆非而立之年所能为，常人白头，亦未必臻此耳。

　　予因返思，近年鞠君为予所刻多方印章，皆掷地作金石声，可与古名家渊。据知，鞠君远师秦汉，近奉赵之谦、王福厂、陈巨来。此三家，实近世之硕学，于篆刻可以为宗师者也。再加乃师刘老之引诱，其所师之高，则其所成自大矣。

然而，其间尚有天分在，鞠君实具异才而富天分者也。艺术之道，故不可以常规衡也。故予以为鞠君者，具优厚之天分而得名师之指授，所师正，所见大，所用力深，故其所成之高且广也。予昔有题其篆刻数诗，皆不足以概其全矣，今固录之，以存予认识鞠君之过程也。

2010 年 6 月 25 日宽堂谨识于瓜饭楼

题绳斋篆刻

神州第一金刚杵。细字蚊蝱目不如。
犹见纵横刀笔意，银钩铁画鸟虫书。

赠 鞠 稚 儒

银钩细线笔通神。汉范秦规字字珍。
若得绳斋印一寸，他年胜获万黄金。

读《绳斋集》

通才硕艺鞠稚儒。铁笔丹青绰有余。
韩柳文章张岱梦，春风词笔到姜吴。

1992 年徐州全国汉画
学术会议开幕词

经过一年多筹备的在徐州召开的全国汉画研究会现在正式开幕了！

这次会议的召开，是有它的特殊意义的。第一，是中央正式批准成立汉画学会后的第一次全国会议，我们在商丘已经开过成立大会，但那时还未得到批准，所以那次会是带有筹备性质的，之后的乐山会议，也还未被批准，直到我们这次开会之前，才正式批准，并且全部手续都已经完成，所以这次会议在汉画研究的发展史上是有它的重要意义的。当然，商丘会议、乐山会议，都是我们汉画学会发展史上的重要会议，都带有它们的特殊性和重要性，这是不言而喻的。第二，这次会议在徐州开，更有它的特殊性和重要性，大家知道，徐州是汉代开国皇帝刘邦的故乡，中国历史上从秦到汉这伟大的历史转变的一页，是从这里揭开的，传说中的高祖斩蛇起义之地就离我们的会场不远。因之，徐州是整个汉代的发迹之地，龙腾虎跃之地，也因之，徐州留下了不少汉代早期的遗迹，如楚汉最后大决战的古战场九里山就在附近，如项羽最后失败的垓下，离徐州也不远，就是项羽身死东城的东城，即现在的定远，也离此不太远，所以我们在这里开会，具有丰富的历史实感。除此之外，徐州还有更多的汉墓和汉画像石，著名的狮子山汉墓，出土了大量的兵马俑，震惊了世界，著名的北洞山汉墓，其规模之大，构筑之精，设施之全，也是令人惊叹的，小龟山汉墓墓道开凿之工程及其精确程度，也是难以想象的。尤其是它的中心柱结构，我认为是具有特殊重要意义的。它至少从建筑的角度说明了这种中心柱结构，我们在西汉初年就有了。因之，从印度传来的敦煌石室的中心柱，并不能成为专美，相反它远在我们小龟山汉墓之后。这难道不值得我们骄傲，不值得我们去认真研究吗？至于徐州蕴藏的丰富的汉画像石，更是我们伟大祖国的文化财富，更是我们的研究重点。由此可见，我们学会正式批准后的第一次会在徐州召开，确实是具有特殊的意义的。

汉画学会的成立，意味着一门新的学问正式被认可。真正的学问是并不需要依靠合法的印记的，这是事物的根本。但是能够被认可，终究是好事，也激励着我们要作更大的努力。

汉画就其发展来说，当然既有承先，也有启后。汉画像石的这种形式，当然与汉以前流行的宫室寺庙壁画有关，而它的某些形象则来源更古，如伏羲女娲像、日月蟾蜍像、饕餮铺首像等等等等，我认为是继承原始绘画即彩陶纹饰、良渚文化玉器纹饰而来的。至于它的内涵，则更是汉以前的神话传说、历史生活、种种社会活动等的具体继承。就其启后来说，如敦煌壁画里的榜题，我看与汉画像石里的榜题恐怕有密切的关系，我还见到六朝的墓砖，居然也用画像砖的手法刻着佛像。至于中国历史上用形象来表现连续性的故事的这种手法，恐怕也应该溯源到汉画像石。

用出土的汉简来校读古书，已经是很普通的事了，用汉画的形象（包括画像石、砖、帛画等等）来印证远古的神话传说，印证古史的记载，印证先秦两汉的文学作品借以相互发明，印证汉代和汉以前的建筑、交通、礼仪等等，这正是我们的中心研究工作之一。至于从艺术的角度来研究它的构图、造形、表现手法，以及它所反映的古代的艺术生活，如舞蹈、杂技等等，则更是我们要研究的主要课题。

我相信汉画研究这门新的学问，它是有着广阔的未来的，它必将成为一门显学。

创办一个学会比起真正创立这门学科，要容易得多。因此我们更应该努力工作。我们不能忘记在我们之先，已经有不少人对汉画研究作出了突出的成绩了，我们只是对他们的事业的继承，今天学会得以成立，是包含着他们的功绩的。

要使我们的汉画学会成为名副其实的学会，并且作出应有的成绩来，必须要解决好两个问题。第一是学风问题。我们应该共同努力来建立一个良好的学风。这就是实事求是、谦虚谨慎、析疑问难、相互尊重、相互学习、友好团结的学风。客观世界是无有穷尽的，而我们的知识相对来说总是局限的，面对着无尽的客观世界，我们只能承认自己所知甚微，甚而至于是无知。客观存在于全国各地的汉画，也是一个深远广阔的世界，我们对它的认识，还只是开始，其中还包括着前人对它的认识。如果汉画研究就像建立一幢摩天大厦的话，那末我们个人只能为它添加一砖一瓦，或者包下一个楼层，再或者包下某一个建筑小群，要想一个人建成一座千门万户的汉画研究学术大厦是不可能的，相反如果你垒的砖歪了，或者你的砖是不结实的，那末倒会影响大厦的前途。唯其如此，所以我们每一个研究的个人必须兢兢业业，垒好这一砖一瓦，当然你能担任工程师发挥更多的作用，对于学科的建设就更好，但也就要求更加严格。我们必须反对那种自我夸张，不尊重客观事实、不尊重别人的研究成果，游谈无根的浮夸的学风。我们必须提倡真正的学术民主。学术权威是有的，但不是自封的，而是他长期的学术研究成果在实践中得到了证实，因而得到了人们的尊重而形成的。而且愈是权威就愈尊重学术民主，愈是权威就愈不会自吹自己是权威。所以凡自封为权威者，就愈证明他不是权威。

　　所以我们的学风，应该是以马克思主义的历史唯物主义为理论基础的、实事求是的、朴实的、没有任何浮夸作风的、谦虚谨慎的、互相尊重、互相团结的一种良好而纯净的学风。

　　第二是会风问题。所谓会风问题，也就是开会的纪律问题，风气问题。前些年我看到某些学会开会时，为了争名誉、争地位、争个人的东西，闹得不亦乐乎；还有是有的人来开会，连家属都一起来了，吃在会上，住在会上，报到以后，或者开了半天会以后就大自由了，然后回去他个人是单位报销，他家属是会上招待，等等等等。以上种种不正之风，我们必须坚决抵制。开会就是开会，学术讨论就是讨论学术，此外我们就不予接待。如果我们大家能共同来提倡好的学风，防止坏的会风，我想我们的汉画学会会愈办愈好，愈办愈纯正的。

　　我们的学会在创办之初，得到了新加坡作家协会名誉主席周颖南先生和安徽特酒厂总经理柴盛彦先生在经济上的热情支持。我在这里代表大家向以上两位先生致以诚挚的谢意和崇高的敬意。

　　我们这次大会，得到了徐州市委、市政府丁市长以及矿业大学张校长的热心支持，我代表大家向以上各位表示谢意。

　　前面说过，徐州是汉代开国的发祥之地，又是汉画蕴藏非常丰富的地方，代表们将在这里作一次故国神游，作一次深入的学术考察，前些时候，我为徐州汉画馆题了一首小诗，请允许我将这首小诗作为我的发言的结束：

草泽起英雄。乾坤百战同。

汉家功业在，指点画图中。

1992 年 11 月 2 日于徐州

全国汉画学术会议矿业大学寓所

'93 中国南阳汉代画像石（砖）
国际学术讨论会闭幕词

各位专家、学者、女士们、朋友们：

　　这次"'93 中国南阳汉代画像石（砖）国际学术讨论会"开了四天，今天下午就要结束了。几天来，来自美国、日本和台湾地区以及国内四面八方的一百余名专家、学者，来宾朋友，为了繁荣和发展我国的汉画研究事业，共济一堂，进行了紧张的交流、学习和研讨。同时，大家还不顾疲劳，兴致勃勃地参观了南阳地区文化研究所举办的"中国西峡恐龙蛋化石展"、"汉代画像砖标本陈列展"；参观了被誉之为"东方汉代艺术殿堂"的南阳汉画馆；参观了诸葛亮躬耕南阳的纪念地"南阳诸葛庐"；参观了轰动国内外的世界奇观西峡恐龙蛋化石点及县文管所恐龙蛋库房、淅川县下寺楚墓出土文物展、科圣张衡墓、医圣张仲景墓及祠，以及南阳独玉的采矿、加工、销售一条龙的生产经营情况等名胜旅游景点。我深深地为各位代表这种崇高的历史责任感和忠诚的事业心所感动，更为代表们的忘我工作精神感到由衷的钦佩。借此机会，请允许我代表大会组委会，并以我个人的名义，向大会代表表示衷心的感谢并致以亲切的慰问！

古人云"兵在精不在多"。今天我们也可以这样说："会不在长，而在于成功。"短短的四天会议，完成了预定任务，达到了预期的目的，我们开了一个十分成功的会议。这次国际学术讨论会，不仅加强了国内和国际的学术联系，而且更增进了国际学术界相互学习、共同促进的作用。这次会上收到论文六十七篇，其中外国朋友二篇；国内代表六十五篇；在国内的论文中，河南省占五十三篇，其中南阳地区的占三十篇，会上发言的共有三十余人次。所有这些成果充分显示了汉画研究事业的雄厚实力，同时也展现了今后汉画研究的广阔前景。

这次会议开得精采，开得成功。会议圆满完成了以下任务：一是交流了各地汉画的最新发现；二是研究了汉画像石（砖）的文化内涵，并获得了比较一致的共识；认识了它们的共同点和不同地区的特色；三是展示了汉画像（砖）研究的最新成果；四是共商了汉画研究事业的大计。今年 8 月中国汉画学会决定筹措《中国汉画全集》的编撰工作，它是汉画研究的一项宏伟奠基工程。这次会议期间，学会召开了一次理事会议，再次讨论了这项工程的有关问题。所有这些不仅为搞清和解决南阳与全国各地汉画像石（砖）产生的时代背景、发展和衰落情况有着重要的突破作用，而且这对于更好地继承和发扬我国的优秀文化传统，创造社会主义的新文化，提高中华民族自信心，促进河南省和南阳地区经济文化的发展和旅游事业的进步必将产生深远的影响，并具有重大的现实意义。

记得 1992 年在徐州召开的中国汉画学会年会上，我给大家说过这样一句话，在汉画研究上要做出应有的成果来，必须首先解决好学风问题，这种良好的学风就是"实事求是，谦虚谨慎，析疑问难，相互尊重，友好团结"。这次召开的汉画国际学术讨论会，自始至终就充分体现了这样一个好的学风，与会的代表在学术交流研讨中解放了思想，真正做到了畅所欲言，各抒己见，会议开得生动活泼，心情舒畅，在研讨中又各得其益，这方面大家的感受比我更深。我们一定要把这种良好纯净的学风保持下去，以使我们的汉画研究工作愈办愈好，愈办愈纯正，永远地健康地发展下去。

这次在南阳这座国家历史文化名城召开的汉画国际学术研讨会，是我国前所未有的首届会议。这次会议的召开不仅对国内汉画研究繁荣、发展起着重大的影响和积极作用，而且在国际上也将会产生深远的影响和有着重要的历史意义。因此，这次国际学术研讨会的召开，就是我国汉画研究事业的一个新的起点，它标志着我们汉画研究工作又进入了一个崭新的历史阶段。大家知道，汉画研究不只是一种单学科的研究，随着时代的发展，历史的前进，经济建设的繁荣，对外改革开放逐步的加强，汉画研究工作必须和时代的步调相一致，进行着一种多学科，交叉、立体综合的研究。不仅研究国内的，而且还要和世界人类文明史中其他文化相联系，研究它们之间的相同点和各自的特色；研究它们的相互交流和相互影响，进而共同编织出一幅五光十色，色彩斑斓的研究画卷，为人类的文明和进步作出贡献。这次汉画学术讨论会的召开就是我们向着这个方向迈出的第一步，这是我们今后研究和发展的方向。因此，我们一定要坚定不移地走下去。我相信，只要经过我们不懈的努力，我们的汉画研究事业定能获得更大的发展，进入一个更加辉煌的阶段！

各位专家、学者，来宾同志们！

我们这次会议之所以开得圆满成功，除了大家的共同努力外，还与各方面的大力协作是分不开的，在这次汉画国际学术研讨会行将结束之前，我代表组委会向关怀和支持这次大会的河南省委、省政府、省人大，南阳地委、南阳地区行署，中共南阳市委、市人民政府，新野县委、县政府以及其他领导同志们表示敬意；向为这次会议提供参观方便的西峡、内乡、淅川、镇平、南阳县委、县政府，以及南阳地区文物研究所、南阳汉画馆、南阳市博物馆、南阳市文物工作队、南阳市张仲景博物馆、西峡县文管所、内乡县衙博物馆、镇平彭雪枫纪念馆、南阳县张衡博物馆等表示感谢；向为这次会议服务的大会办公室、会务组、后勤组的工作人员以及梅溪宾馆的全体服务人员表示诚挚的谢意，并致以亲切的慰问！

最后祝愿国内外的专家、学者、来宾朋友们一路顺风，身体健康，欢迎你们再回河南，再到南阳。

现在我宣布"'93 中国南阳汉代画像石（砖）国际学术讨论会"胜利闭幕！

谢谢大家。

1993 年 12 月 10 日

传统回归的呼唤

——《洛阳汉墓壁画艺术》序

　　韦娜同志的《洛阳汉墓壁画艺术》已经脱稿了，要我写篇序。我于汉墓壁画没有作过研究，实在说不出什么来。但我知道韦娜长期以来从事汉墓壁画的临摹工作，大约在七八年前她就筹备出她临摹的壁画画册。我也看过她的画稿，画得极为传神。有一次我到洛阳，她应我的要求，还陪我去看过打虎亭的汉墓壁画，那真是一座地下宝藏，也可以说是一个地下画廊。洛阳有这样的壁画墓较多，经清理的就有近二十座，可惜我无缘去一一查看观摹。但近几十年来，我曾看过辽阳的汉墓壁画，芒砀山西汉梁王墓的壁画，看过嘉峪关魏晋墓壁画多座，特别是还仔细看过酒泉十六国丁家闸墓壁画，也看过唐永泰公主墓的壁画，所以对汉墓壁画及其延续有一些浮光掠影的印象。

　　说汉墓壁画，当然不能孤立地看汉墓壁画，它与汉代流行的墓室画像石、画像砖，墓室帛画、棺画、器物画、宫殿壁画是相一致的。但是墓室壁画、帛画、器物画之类，是当时直接的绘画作品，一直保存到现在，它比起画像石、砖等刻制品来，尤为珍贵。因为它是当时的墨迹，并且因为在地下保存，除了自然的损坏外，没有遭过人为的破坏，当然也有被盗墓人破坏的情况，但这是例外。

汉画的珍贵价值，一是因为它是从原始彩陶画到秦以前的和秦代的宫殿壁画、汉代的宫殿壁画的一个大综合。据记载，自商周春秋战国至秦汉，宫殿都有大型壁画，《孔子家语》、屈原的《天问》、汉王延寿的《鲁灵光殿赋》等都有详细的描写，① 但是这些地面建筑早已没有了，只有墓室里的壁画、帛画、器物画等等才是真正的汉人真迹。可想而知，这是何等的珍贵啊！二是汉墓室壁画、帛画等画的内容非常丰富，升仙神话、车马出行、宴乐庖厨、百戏杂耍、驱邪逐疫、天象星宿、瑞兽猛禽、历史掌故、名贤训诲等等应有尽有。如果再与墓室画像石、画像砖的内容联系起来，就可以构成整个汉代社会的真实面貌。可以使我们看到一部无比丰富的汉代社会的真实历史写真，是汉代社会的一部形象史。三是汉画已经奠定了传统中国画的基础。中国画的基本画法，即表现方法，到汉代已经成熟了。一是使用工具是毛笔。原始彩陶上的画，其使用工具也是毛笔类的工具，但这还是开始阶段，还有一个很长的熟练和改进过程，到了汉代，这个阶段已基本完成了。现在发掘出土的汉代毛笔，已经与后世的毛笔大体相同，这对于中国画的发展起着极其重要的作用。二是运用线条来表现客观事物，无论是人物、动物、房屋建筑、器物、树木花草、禽鸟等，在汉画里基本上都是用线条来表现的。即使是墓室壁画，使用了颜色，但也是用线条首先构成形象才填彩的，所以线条是主体。特别是画像石、画像砖以及墓门上的石刻线画，更纯是用线条来表现。我曾两次进入亳县的曹氏家族墓，特别令人注目的是墓门上的线刻人物画，实在让人惊叹。后来我又看到洛阳北魏墓石棺上的线刻画，其精美程度不下于曹氏家族墓的线画，因而使我悟到东晋顾恺之、唐代吴道子的线画的来源。尽管中国画的线条后来有种种变

---

① 　详拙著《中国古代壁画论要》，见后文。

化，但以线条为主的表现方式是从汉代总结前代的绘画经验而奠定的。三是运用鸟瞰式的视角来安排景物，表现崇山峻岭和崇楼杰阁等等。应该说采取这种视角，也是长期的经验积累所造成的，而且至今仍为国画家所共用，可见这一视角是极富表现力的。四是汉画极重视人物的形神。汉墓室壁画中的人，造形都生动而准确，不论何种动态，都能形象逼真。特别是汉墓室壁画里的人物的眼睛，已经十分能传神了，人物在不同情节下的眼睛就有不同的点法，只要注意看看本书所附许多插图中的人物，就可明了这一点。大家知道，中国人物画十分重视点睛，其实这一传统在汉画里已经奠定了。汉墓壁画中车马出行图特多，还时时出现奔马。我们仔细看每匹奔驰着的马，它的两个前蹄，都是前跃呈半弯形的（向里弯），而不是两个前蹄笔直直往前伸的。有人曾经说过画奔马而直伸前蹄，是不懂生活，奔马的前蹄决不会直伸。后来我多次去新疆，到了天马之乡，特别观看奔马的姿态，果如论者所说。我也注意电视里的赛马，也看到同样的情况。可见汉墓室壁画的作者，已经注意到这些生活细节了，足见其重视形象的神态到何等细致的程度。所以中国画的形神兼备，传神点睛等基本画法和画理，在汉画里也已完全成熟了。本书作者对这些都有很精到的分析，这里不再枝蔓。

从以上几个方面看，汉画是中国画的奠基阶段，对中国画的发展具有极其重要的作用，所以要研究中国画的历史，研究汉画是首要的一课。几十年来，苦于缺少这方面的资料，也缺少这方面的研究成果，现在韦娜同志的这部专著出版，正好解决了这方面的急需。

长期以来，中国的绘画领域，一直被西洋画占据着主导地位，全国的美术院校，几乎没有一所不是以西方的变形抽象画为主的，我的见闻隘陋，仅仅知道还有一所或两所在坚持中国画的传统阵地。西洋画并不是不能学，但要区别好坏。即使是学习真正好的西洋画，也不能为此而丢掉传统，中国的文化、艺术传统，必须是这一领域里的主流。作为炎黄子孙，瞧不起祖国的优秀传统而对着外来的并不高明的东西顶礼膜拜，是一种罪过，是忘记了祖宗，是数典忘祖。现在是呼唤传统回归的时候了。当然我这里不仅仅是指汉画的回归，而是指整个传统中国画和传统文化艺术的回归！

韦娜的这本书出，我把它看做是一声传统回归的呼唤，看做是一声爱国主义的高唱！

2004 年 7 月 30 日

汉 画 漫 议

汉画，是指现存的汉代画像石、画像砖、墓室壁画、帛画、器物画等等。这当然都是遗存的东西。据文献记载，汉代当时有大规模的宫殿壁画、寺庙壁画等等，但由于历史的沧桑，这些都早已无存了。现在所能见到的主要就是上面所说的几类。因为这些都是地下发掘出来的，所以能保存下来。尤其是画像石、画像砖，都是砖石材料，又是埋葬在地下墓室里的，所以更不易损坏。

汉代经过高、惠、文、景四代的休养生息，社会逐渐安定，生产发展，社会的享乐厚葬之风日趋炽盛，这给画像石、画像砖开辟了市场。因为厚葬，墓室就要大量的画像石砖来装饰。它的内容广阔丰富到几乎可以反映整个汉代的社会生活面貌。甚至连汉以前的神话、历史故事也都有充分的表现。

汉画并不是全国各省都有的，它主要集中在河南、山东、江苏、四川、安徽、山西、陕西等省。其原因主要是这些地区经济比较发展，同时又是汉代政治文化发达的地方。再加上汉代统治时间长，遗存的汉画数量也就极为丰富。如果要把这么多的汉画集中起来，进行系统的研究，其内容的丰富和庞大，实在可以说是"敦煌前的敦煌"。这当然是一个比喻，不能死看。但从时间来说，它恰好在敦煌石室之前，其尾声恰好可与敦煌石室的始建相衔接（庸按：敦煌石室始建于前秦建元二年，公元366年，即东晋废帝太和元年）。此时汉画像石、砖的遗响仍然存在，而且还在延续。我曾收集到六朝的画像砖多件。其内容如与两汉的典籍、汉以前先秦的典籍相对照，也可说蔚为大观。特别是敦煌宝库是在佛教文化影响以后产生的，是汉文化受佛教文化影响的结果。而且它的表现形式，主要还是佛教文化。而汉画像石、画像砖等等，一句话，即汉画，是未受佛教文化影响的中华民族本生文化。如果要认识中华民族未受外来文化影响之前的文化，从艺术的范围来说，就只有汉画以及比汉画更早的原始艺术。从以上两层意义来说，我说它是"敦煌前的敦煌"，并不是毫无根据的夸张。

汉画像石、砖及壁画、帛画等的内容大体来说，有以下这些主要方面：车马出行、车骑过桥、歌舞宴乐、战争、狩猎、建筑、楼阁、庄园、牲畜、守门吏、执戟武士、门阙、迎宾、农耕、盐井、采桑、纺织、渔猎、庖厨、市集、酒肆、骑射、角牴、百戏杂技、伏牺、女娲、西王母、东王公、神人怪兽、羽人、日神、月神、龙、凤、熊、虎等等。此外，还有大量的历史故事、历史人物，更无法一一列举。就是上面所举各项，每一项中，也有种种不同。全部汉画的总和，无异是一部汉代社会的风俗画。

从艺术传统来说，汉画上承先秦及先秦以前的原始艺术。我国新石器时代的原始彩陶绘画和玉石刻画、陶器刻画等艺术，经过商、周又有了极大的发展。汉画可以说是对以往艺术的总继承和大发展。这种继承是很明显的，从马王堆出土的帛画非衣及车马仪仗图显然可以看到它与战国帛画《人物龙凤图》、《人物御龙图》之间的先后继承关系；从河姆渡陶器上刻画的猪，骨器上刻画的双鸟，从良渚玉器上刻画的神人兽面图案等等，也完全可以看出汉画像石上的刻画与它们一脉相承的关系。

汉画不仅上承了原始艺术到先秦艺术，而且加以大融化、大发展、大提高。我认为中国的绘画到了汉代，已经全面确立起绘画的民族传统和构图的基本原理了。这在中国的绘画史上是十分辉煌的一页。

中国画最基本的特色是用线条来表现客体。线条在中国画家的笔下是非常神奇的，它可以表现一切。无论是原始彩陶上的绘画，还是玉石器上、青铜器上的刻画，无一不是如此。而到了汉画，又把线条的运用发展到了一个新的高度。我在看了汉末建安时期亳县曹氏家族墓墓门上的线刻人物，深悟到东晋顾恺之的线画的来源，之后看到洛阳魏晋墓上的石刻线画，更加相信了这一点。运用线条来表现客观事物，就成为中国绘画的一个基本特色。

中国画的另一基本特色，是采取鸟瞰的视角来布置景物，特别是在描绘崇山峻岭和重楼叠阁以及类似的场景时。这种布局方法，在汉画里已经运用得相当成熟了。《中国美术全集》所收《旧县村门阙庭院画像》一幅，就最能清楚地说明问题。这一构图视角，从此就被中国山水画家作为构图的基本法则。看历代的山水巨幅，你会普遍地体认到这一点。

中国画还有一个特色，就是画上加题记。在汉画中，大部分画是无题记的，构图是满幅，不留上下空白。但在小部分汉画里，已开始有榜题，即一幅画的标题，用文字标明。字数是三四个字。另外，也已有较长的题记。如在南阳发现的一座新莽天凤五年（18 年）冯君孺人画像石墓，在内室门中柱有"郁平大尹冯君孺人始建国天凤五年十月十七日癸巳葬，千岁不发"的题记。再如东汉许阿瞿画像墓志铭，在许阿瞿的画像石旁题有 136 字的长篇墓铭题记，内容是哀悼许阿瞿。以上两则题记，一是在墓室门柱上，是对整个墓室的标题；另一是在画像石旁，切对画像石上的许阿瞿，这就较切近画题。所以汉画像石画面上由榜题而长题，虽然为数不多，但已初开题画之端了。到后来的中国画，几乎无画不题。有的画家还往往特意留出空白来，以作题咏之用，这未尝不是滥觞于汉画。

中国画的第四个特点是非常重视画中人、物的神态和动势。这在汉画里也有充分的表现，尽管画面往往布满，但在中间总会留出空白，给人、物以活动的空间。不管是任何一种人、物，其自身总是充满着神态和动势。用一句概括的话来说就是传神，让你感到内涵的力。这就形成了后来的中国画特别讲究传神，讲究形神兼备。

上面这四个方面的特色，直到今天的中国画，仍然是恪守着。当然是有了巨大的变化和发展了。但作为一种历史的回顾，仍不能不承认，这是在两千年前的汉画里已经确立的法则。

1995 年 7 月 31 日夜 12 时于京华瓜饭楼

汉画的新生

中国的艺术遗产是十分丰富的，从原始彩陶到商、周的青铜艺术，都是浩如烟海般的浩淼无际，而两汉的画像石、画像砖、墓室壁画、帛画、器物画等等，更是众彩纷呈，洋洋大观。

对汉代的这份珍贵而丰富的艺术遗产，过去只有少数几个学者能重视它，而且也只是着重于鉴赏和研究，把它作为一份珍贵的绘画遗产从绘画创作上来继承它，发展它，更新它，过去似乎还没有人这样做过。工藤贤司先生，是我所知道的这样做的第一人。

他是一位日本画家，原先画油画，在日本开过展览会，有较高的评价。十多年前我在扬州见到他和他与友人合作的黄山图长卷，画得很精彩。他与我说，他自从接触了中国画后就迷上了，他感觉中国画用的毛笔、宣纸和墨，具有一种特殊的神秘，只要线条在宣纸上着墨以后，就自然会晕出一种意想不到的效果来，这种情况油画是无法达到的。我知道他那时已苦学中国画好多年了，所以才能画出那个中国画的黄山图长卷来。

之后我一直没有他的消息，1993 年我在南阳开汉画研讨会，又遇见了他，他对我说，他不仅痴迷于中国画，更进一步地痴迷于中国的汉画像石、画像砖上的汉画，他说他已着手临摹汉画像石甚至想把这些画面作为他新创作的素材，随即他把临摹作品给我展示，我当时即被他的这种艺术追求和已达到的成就吸引住了，我认为这是一个非常有意义的探求，我希望他继续前进。

去年他突然带着他的汉画创作来看我，当他的画幅打开以后，我立即被他展示的精彩绝艳震惊住了！那幅《汉代舞乐百戏图》，场面宏大，人物众多，百戏杂陈，鱼龙漫衍，真是洋洋大观，使读者通过画面，看到了汉代百戏的风貌。而那幅《许阿瞿墓志画像》，则简直工细得几疑是原石拓片，可作者却是花了两个月的工夫画出来的。问题还不在于他的工细，而最难得的是作品能传神！尤其是那幅《奔马图》，作品素材也是取自沂南汉画，而作者随意挥洒的笔触，真正画出了追风逐电的气势，而作者的笔墨，强劲而拙朴、凝重，仍保持着汉画的特色。

我特别喜欢他用汉画的方法画的现代题材，如画内蒙古的摔跤、舞蹈等等，真使你感到笔墨之间蕴藏着深厚的神韵。

汉画本身，当然也有它自身独具的特色。例如线条粗犷而有力，人物夸张而又有若干变形，这正好在一定程度上能与西方绘画有所沟通，再加上工藤十多年来在中国画传统技法上下的苦功，自然就很好地结合起来了。

所以读工藤的汉画创作，既可以领略到浓郁的"天汉真韵"，又可以鲜明地感觉到他使汉画活起来了，行动起来了，不再是一张张呆板的拓片了。

我感到工藤的汉画创作是有特殊意义的，他越过了隋、唐，直接继承了汉代的画风。他的画的导向，可以一言概之，是汉画的新生！

（原载 1996 年 10 月 19 日《人民日报》）

汉画研究的力作
—— 读黄明兰、郭引强著《洛阳汉墓壁画》

黄明兰、郭引强同志的《洛阳汉墓壁画》出版了，这是汉画研究方面的一件大事，也是学术界的喜事。

我匆匆地读了这部书，越读越感到有兴趣。我有三点感受：

第一，这部书的学术性较高，概论部分是一篇非常有见解、学术水平较高的学术论文。

作者首先论述两汉时期洛阳在政治、经济、文化方面的地理特点，说明了洛阳众多汉墓存在的历史原因，这对读者了解洛阳汉墓的背景和特点是有用处的。文章对两汉时期洛阳壁画墓的分期及内容布局也作了很好的介绍和分析，这就使读者对洛阳汉墓有一个概括的了解。

文章最重要的部分是对洛阳汉墓壁画题材的考证和分析。该书一共介绍了十一种题材，实际上每一题材就是一篇内容很充实的论文。作者每介绍论证一种题材，都旁征博引进行了非常详实可信的考证。如论证卜千秋夫妇升仙图中"女乘三头鸟，手捧三足乌"时，即引司马相如《大人赋》及《山海经·西山经》，指出"三头鸟"和"三足乌"各自的来历和它的意义，这就使读者深信不疑。

再如在辨析羲和、常羲和伏羲、女娲时，指出女娲"唇上蓄八字胡，颏下短须稀疏"。女娲蓄胡，这在洛阳丙汉壁画中为首次发现。按"女娲一天能作七十多变的传说，女娲蓄胡也许就是七十多变中之一变"。并说："伏羲、女娲是人类始祖，他们的画面均靠近太阳和月亮，象征着阴阳，这符合神话传说的内容"，"而羲和、常羲（一作常仪），一个擎日，一个擎月，又是他们的形象特征。"所以伏羲、羲和、常羲这三个"羲"常易搞混，区别之处，是后两"羲"是"擎日"、"擎月"，而伏羲是"近日"。女娲有胡，是出于民间传说女娲多变。这样的分析，就帮助读者把易混的三羲区别开来了。

又如作者介绍并分析论证日中有三足乌，月中有蟾蜍一段，文章很短而分析精到，并且与欧洲关于这一问题作了比较，证明我们对日球和月球的观察分析研究及其得出的成果，要比西方分别早出八九百年和五个多世纪。这样的论证考析，文章既朴实无华而科学性和说服力又强，表现了作者精思明辨和文风学风的谨严。

特别是对"麈尾图"的考证分析，从"壁画中的麈尾形象"到"说麈"，再到"说麈尾"，再到"日本正仓院藏六朝麈尾"，再到"说麈尾非拂尘"，再到"石刻造像中的麈尾、拂尘、白鹭羽麈尾扇"，一共六个问题，排列起来，逐次论析，真为抽茧剥蕉，层层深入，读完第六节，再对照图片，使人感到这个问题已经一清二楚，无复疑惑。

本书关于十一种汉墓壁画题材的考证分析，都具有这种精确性和可读性，并不是仅仅这几节，读者自可读原著来验证。

第二，这本书的图片非常珍贵，非常难得。

尤其是原画不易保存，发掘出来除这些照片外，原画已经不存。宿白先生在本书序言中说："两汉墓室壁画，作为人类艺术的宝贵财富而放射着灿烂的光辉，是中国乃至世界美术史中的重要篇章。"宿白先生的话是讲得非常正确的。中国是一个具有悠久的绘画传统的国家，据考古发掘，新石器时代的墙壁上，已有涂朱和彩绘的遗存痕迹，现今最早的原始绘画，要算甘肃大地湾原始遗址的地画，距今约七千年左右，此外就是大量的新石器时代的彩陶。现存最早的文人绘画，要算隋代展子虔的《游春图》。能够连接新石器时代的绘画的就是夏商周秦汉的考古发掘以及敦煌等石窟的壁画。其中汉代的绘画，主要是墓室壁画、帛画、器物画，为数并不太多，因为经过长期地下封闭，发掘出来后就不易保存，所以从中国绘画史的角度来看，本书所刊出的这些汉墓壁画真迹原照，就显得特别可贵。我读了这些壁画图片后，有几点想法：

一是关于中国的山水画，过去研究中国山水画的起源，只能从汉画像石、画像砖上看到一点，但这已经是经过石刻或砖刻了，与直接用画笔画出来的大不一样了，现在看了本书图版上的山水，如烧沟61号两汉墓壁画，于人物背后用大笔勾勒排列的峰峦，在粗犷的墨线下，似还有浅紫色的衬笔，这就比画像石上刻出的山水要丰富得多，同时也可以与敦煌北魏壁画上的山水画法连接起来，看到它们的继承性和一致性。

二是人物画，图片中的人物画特别丰富。引人注目的是人物的造型都很准确生动，多姿多彩，其中人物的眼神尤为突出，你完全可以通过眼神来看出人物动势的意向，而表达眼神全靠眸子的位置点在何处，也就是俗话所说的点睛，图片中许多人物的眸子位置各有不同，因此神态也就各别。其次是人物衣着的线条，是粗细随意的一种线条，大致近于后世所说的兰叶描，或小写意画法。对照壁画，可知汉代的石刻人物线条与壁画人物线条确是迥然有别的。特别应该指出，图片中有些人物画实为精品，如第99页的"鼓掌老者"，第103页的持斧者和侧目摆手者，第104页的一行五人，前两人对话，后两人一人回顾，一人前趋，中一人似在沉思，都是运笔流畅准确、神态生动的人物画精品。

三是出行图，不仅车骑行列的气派甚大，且人物亦极生动，富于生活气息。特别要指出的是图片中有不少在奔驰中的马匹，极其生动。细观凡是奔驰或行动中的马匹，前两蹄都是弯曲的，决无笔直前伸的，近人画马奔驰，有的竟画前两腿笔直前伸，这不合马的实情。可见汉人画马，对马观察极细极准确。另外，从汉人画马也可以看到唐人画马是对汉人画马的继承。

从墓室壁画的出行图，也可印证画像石上的出行图，基本的构图是一致的，但石刻与壁画的艺术效果就不一样了。

这些墓室壁画的图片，要仔细研究，自然还大有可琢磨的，本文只能撮出大要。我曾说过，中国画到汉代，一些绘画的基本法则技巧都已成熟了，已经奠定了中国画的基础，那时我还是就画像石、画像砖立论的，今观此墓室壁画，更觉此话可信，而且看了这些墓室壁画，深深觉得汉代的中国民族绘画，已经有辉煌的成就了。

第三，这本书所表达的学风文风非常可贵。

它朴实谨严，立论皆有充分的文献依据，既无空论，也无逞臆之说。本来考古文章当然要有依据，但近年已大不然，有少数考古文章登在某些专业报和大报上的头版头条，也竟有完全是无据妄说的。所以读了黄明兰、郭引强同志的这部著作，我特别高兴，我感到这部书，在当前学术界的学风文风上，也将起到积极的作用。

1998 年 3 月 2 日

《汉画像砖石刻墓志研究》序

　　黄明兰同志要我为《汉画像砖石刻墓志研究》一书作叙，这本书是黄明兰同志所在的洛阳市第二文物工作队的同志所写的研究论文的结集。我对考古工作一直非常感兴趣，明兰同志又是熟人，似乎不好不写。使我感兴趣的另一原因，这部书是从事文物工作的同志自己研究的成果，这一点就非常值得重视。一般来说，从事发掘工作的同志很难抽出时间来写研究文章，现在他们排除困难，除了发掘工作以外，还拿出了厚厚的一部研究论文集，这种精神和这个成果是多么可贵啊！

　　叙言要得很急，所以我拿到稿子就看，真正是浮光掠影，囫囵吞枣。但当我粗略地读过一遍以后，却深深感到这本书的分量。

　　这本书大致有以下几方面的内容：一是关于西汉空心画像砖的研究；二是关于北魏石棺石刻线画的研究；三是关于造像碑的研究；四是关于北魏画像石棺的研究；五是关于北宋杂剧雕砖的研究；六是关于汉、唐、宋、明石刻墓志的研究。单从这六个方面来看，就可以看出这部书的学术分量了。

　　关于空心画像砖的研究，黄明兰等同志的文章已作了详尽的阐述，空心画像砖的上限，明兰同志提出迄今为止见到最早的实物是战国时期，我个人所见的空心画像砖最早也是战国时期，空心画像砖论它的实用价值当然纯属墓葬用品，它不仅仅是为了筑墓，而且已把墓室的装饰同时包括了。它的重要价值在于画面所反映的社会内容和所体现的美学思想，据我过去所见到的少量空心画像砖，其画面的内容也是很丰富的。这次我看到的稿子未附图片（图片已拿去制版了），所以不好论列，但明兰等同志的文章已有介绍和论析，读者可以细看。

关于北魏石棺石刻线画的研究，黄明兰同志过去曾编过《洛阳北魏世俗石刻线画集》，共收 125 图，资料比较丰富，论述也很深入，可以与本组文章联系阅读。北魏石棺上的石刻线画是一种高水平的艺术品，其结构之繁复，人物造型之优美，线条之流畅劲健，给人以特别深刻的印象。这种石刻线画是有所师承的，前些年我曾两次参观安徽亳县的曹氏家族墓，我两次进入墓穴，使我难忘的除那些字砖外，就是墓门上所刻的人物，也就是石刻线画。其线条之劲秀，可以看到与北魏的石刻线画是有前后承传关系的。不仅此也，我个人还认为三国时的曹不兴，东晋的顾恺之，北齐的曹仲达，唐代的吴道子，其画风也是一脉相承的，而究其来源，我认为都是从民间的线画来的，只要看看亳县的曹氏家族墓的线画（其时代是汉末建安），再对照以后的石刻线画和文人的墨笔线画，就可以明其渊源了。所以无论是顾恺之的"春蚕吐丝，春云舒卷"，曹仲达、吴道子的"曹衣出水，吴带当风"，这些后来为人传颂不绝的画风，究其源流，无不是从这些民间石刻线画来的，当然经过这些大画家的吸收和创造，特别是画在绢上和纸上，与刻在石板上，其效果是完全不同的，所以墨笔线画经三国到唐宋有了很大的发展和提高，这是很自然的。

关于北魏北齐等造像的研究。文中所举，都是新出土或征集到的造像，过去未见著录。正光四年翟兴祖等人的造像，从介绍文字看，是一座艺术性很高的造像，可惜未见图片，无从对照文字来分析。但据知公元 523 年（北魏正光四年）前后的造像传世尚多，如"陶申仪造佛像碑"现藏日本，"康胜造石佛像碑"，1954 年成都万佛寺出土，现藏四川省博物馆，此两件皆为公元 523 年，制作皆极精，尤以"康胜造石佛像碑"为特精。此外公元 522 年的"李迴伯造佛坐像"、"魏氏造佛三尊立像"，均藏日本；公元 524 年的"王清造铜佛坐像"、"郭定周造观音立像"、"胡绊造观音立像"也均藏日本。另公元 524 年的"牛猷造弥勒立像一铺"、"铜佛立像一铺"均藏美国，[①] 皆可参考。李献奇同志指出此"翟兴祖等人造像碑"可能是《洛阳伽蓝记》所记到的宝明寺的遗物，这是有可能的，另外还指出可能是商品化的佛教造像艺术，这一点也是有可能的。只要看北魏年间的造像至今尚传世较多，可见当年佛教信仰之盛。

关于洛宁县宋代杂剧雕砖的研究。首先我认为这是一次戏曲史资料的重大发现，一次出现三十二名演员和一名非演员的杂剧形象，共三十三人，这确实是一次重大的发现，应该对这次发现进行深入的研究。我国的戏曲史资料，相比之下，文献比实物要多，近十多年来，山西、河南、四川、湖南、山东、陕西、河北、辽宁、甘肃等省陆续有所发现，但一次发现三十多杂剧人物，就我所知这还是第一次。有关这批杂剧人物所扮演的角色和内容，李献奇、王兴起两位已有详细的分析，我认为分析是中肯的，至于进一步的研究，则有待于全部图版公布以后。我认为中国戏曲史的研究，实物资料的重要性是很明确的，例如这批杂剧人物里就有男女合演的实例，这就比起空论要有说服力得多。前些年，我在安徽阜阳博物馆仓库发现一件散装的陶楼，我请他们拿下来装配后，发现四层陶楼里，第二层正在表演。整个一层是一个舞台，左右有出将

---

① 以上各像均见《中国历代纪年佛像图典》著录，有图。据图典著录，在此前后尚有十数品，可参见。金申著，文物出版社 1994 年版。

入相两扇活动的门（陶制），右边门背后是通上面一层的楼梯，与出将入相的门相并行的是正中的大幕，大幕前紧挨大幕是四人的乐队，正在全神贯注台口奏乐，再看台口，则有一个人倒立着拿顶。也即是说演出正在进行。在舞台的四周包括台口（即舞台的三面）都有矮矮的勾栏。这座陶楼顶部及外表上绿釉，从考古的角度看，是东汉时期的东西。我认为这是一件十分珍贵的戏曲文物，这件文物不久即送省里（合肥）展览，后来又调到北京历史博物馆，现即藏历史博物馆。我特别注意这件陶楼舞台所出现的勾栏，联系起我看过的福建梨园戏，至今还保留着舞台上的勾栏，几乎是与陶楼的勾栏一模一样，由此我们找到了勾栏的历史文物。现在这批杂剧人物所表演的杂剧、歌舞、百戏等等，当然就是当年的舞台写照，而且这些演出形式和内容，也完全可能是他们对传统的继承。所以这批杂剧人物，无异是给我们提出了一个新的研究课题。

在这部论文集里还有一个重要内容，就是一批新发现的碑刻墓志，这些资料大可以补正史之不足。例如黄明兰同志的《明朝伊藩王世系补正》，就对治明史大有用处。他用确凿的证据，证实了朱元璋第二十五子伊厉王的墓葬，然后又据厉王直系后裔的碑志，详细考证了伊厉王的世系。有些处是据碑志来补正史之误，也有是依正史来正碑志的，全文征引史籍，详密考订，具见功力。文末还编著了《伊藩王墓葬表》，列举二十二人的封年、卒年和葬地，其已查明葬地者计十二人，其余则不详。至于二十二人的封年和卒年，则全部查明，载入表格。可见本文作者用心之细和用力之勤。至于《西晋散骑常侍韩寿墓墓表跋》一文，则提供了大家所熟知的"韩寿偷香"的韩寿的一些有关的资料，也是正史所不载的。其他如《唐姚彝神道碑考释》则考释了开元名相姚崇之子姚彝的历官和卒年卒地，亦可补史传之缺。该碑文为崔沔撰，徐峤之书，并且是徐峤之仅存的一件碑刻。

此外尚有《唐张旭书〈严仁墓志〉》、《北宋王拱辰墓志考释》、《唐棣州刺史令狐梅墓志考释》、《明福王朱常洵圹志》等文章，都是有重要的史料价值的。可惜我限于时间，不可能从容地查检史料，再加慎思了。但仅从我在以上简略地所举各点，也足可见本书的价值了。

此文草草阅读后急就成章，未加深思，不得已也。其有谬误，敬望教正。

1994 年 9 月 3 日夜 1 时于京华瓜饭楼

试论中国道家的飞天

在中国的传统文化里，关于神、仙、飞升的思想是来源很早的。庄子的《逍遥游》说："藐姑射之山，有神人居焉，肌肤若冰雪，绰约若处子。不食五谷，吸风饮露，乘云气，御飞龙，而游乎四海之外。"在屈原的《离骚》、《九章》等作品里，也有同类的思想。但这个时期所写的飞升的情况，都是借助动物的。如庄子的姑射神人，是要"乘云气，御飞龙"的，屈原想象自己的升天飞行，更是要借凤凰、青虬、白螭的，自己既没有"翼"，也不能飞行。但到汉代的画像石里，就有了带"翼"的人，即羽人。这种带"翼"的人，在秦代的青铜器里就已经有了，不过到汉代的画像石里，羽人的"翼"就逐渐增大，有的"翼"大到似乎可以升起人的身体，如河南鄢陵出土的"羽人乘麟画像砖"，[①] 这个羽人的"翼"，就特别突出。但到了魏晋南北朝时期，情况又有了变化，一方面佛教的飞天已传入中国；另一方面，中国传统文化中的羽人，也丢掉了羽翼，能自己升天飞翔了。如洛阳金村出土的北

---

① 见《中国美术全集》，绘画编 18，画像石画像砖卷第 260 图，上海人民美术出版社 1988 年版。

魏石棺盖，上刻"蛇身人首（庸按：准确点说，应该是蛇尾人体）之守护神四个，拥以云气，遨游昊天之中"。[①]或以为这是伏羲、女娲，我以为待证。因为就在同卷第五图宁懋夫妇图，就可以参证。宁懋夫妇图是一幅绘刻十分精湛的世俗画，描写宁懋夫妇从中年到晚年三个时期不同的形象。在石室的另一处，还刻有燃柴做炊、汲水淘米等生活情状。很明显，宁懋夫妇图及汲水做炊图，完全是现实的生活写生，是一幅难得的世俗图。图中人物的服饰和发式，也应该就是当时生活的写实。而恰好就是这个宁懋夫人的服饰和发式，和本书第19图蛇尾人体的这个在飞行中的画像的服饰和发式完全一样。所以这个飞行中的蛇尾人体图像，是否是伏羲、女娲，尚待论证。我认为这恰好证实了中国的羽人，抛掉了羽翼以后又安上了一个原始神话中的蛇尾，以便它的飞升。如果真是伏羲、女娲的话，那也只是说明这个伏羲、女娲已经完全世俗化到只留一点蛇尾巴了，目的是为了使这个形象能飞升！

　　但这还仅仅是中国的羽人变成飞天的全过程的一个中间环节。真正完全的中国飞天是否能找到呢？完全能够找到。这就是江苏丹阳胡桥吴家村、建山金家村出土的三座南朝大墓中《羽人戏龙》、《羽人戏虎》图中位于龙虎上方凌空飞翔的"天人"（庸按：原图刻有"天人"两字）。有人认为这是"带有佛教'西方净土'的意味"的飞天。[②] 说它是中国的飞天，我认为是完全对的，但说它是"带有佛教'西方净土'的意味"的飞天，也即是佛教的飞天，那就完全错了。这是一组地地道道的中国飞天，这组飞天形象的完美性是无与伦比的，而且它恰好是从羽人、从蛇尾人体而飞翔的人演变成这完美的中国飞天的！何以确定它不是印度的而是中国本土的呢？第一，谭树桐先生说："'天人'服装

---

　　① 见《中国美术全集》，绘画编19，石刻线画卷第19图，上海人民美术出版社1988年版。

　　② 见《谭树桐美术史论文集》，第144页，新疆人民出版社1992年版。

全是汉式，手持乐器有竽、磬、铃，以及丹鼎、孔雀裘等物。"这里"服装全是汉式"是一证，但更关键的是手持丹鼎。大家知道只有道家才炼丹，佛家是不炼丹的。所以绝没有佛陀而手持丹鼎的。又是穿的汉装，又是手持丹鼎，这只能证明它是道家的飞天，也即是真正中国本土的飞天！第二，整个《羽人戏龙》、《羽人戏虎》图的内容是什么，这是必须弄清楚的，不弄清整体的内容，就难以确定图中飞天的性质。据舞蹈史研究专家殷亚昭先生的研究，这是一幅南齐宫廷舞蹈《上云乐》的舞蹈图。但《上云乐》是梁武帝在梁天监十一年（512 年）据吴歌西曲改制的，《上云乐》的名称也是改制后另取的。《羽人戏龙》、《羽人戏虎》图出自南齐的三座墓葬，据考证，是南齐末代皇朝废帝东昏侯萧宝卷、和帝萧宝融的坟墓，还有一座是始安贞王萧道生的坟墓，其时间是南齐明帝建武二年到和帝中兴二年 （495—502）。下距梁武帝改制《上云乐》的时间还有十年。所以当此《羽人戏龙》、《羽人戏虎》两图入墓之时，尚是吴歌西曲。但据研究者的考订，梁武帝的改制并不是重新创制，故从吴歌西曲到《上云乐》其演出形式和曲调变化不大，故此两图所反映的演出情况也就是十年后更名《上云乐》的演出情况。

按《乐府诗集》卷五十一，《清商曲辞》八，尚存梁武帝制《上云乐》七曲："一曰《凤台曲》，二曰《桐柏曲》，三曰《方丈曲》，四曰《方诸曲》，五曰《玉龟曲》，六曰《金丹曲》，七曰《金陵曲》。"现录最后两曲的曲辞：

第六曲《金丹曲》

　　紫霜耀，绛云飞。追以还，转复飞。九真道方微，千年不传，一传裔云衣。

第七曲《金陵曲》

　　勾曲仙，长乐游洞天。巡会迹，六门揖，玉板登金门，凤泉回肆，鹭羽降桑云。鹭羽一流，芳芬郁氛氲。

全部七曲的曲辞，都是道家性质，特别是六、七两曲。殷亚昭说："此二曲乃是歌舞表演的高潮部分。金丹既成，功德圆满。曲中所称紫霜、绛雪皆形容丹火之盛，炼丹时丹火是赤红色的，细看《羽人戏龙》、《羽人戏虎》图中有不少火焰式的花纹，以示丹火。于是绛云赠羽，散花流芳，这是整个歌舞的宗旨，羽化而登仙矣。羽人手执状如凤毛之鹭羽，正是中国传统之舞具，在此也得到充分的运用。一群由炼丹而得道的真人、仙人，在羽人、天人的赠羽绛云之下，终于登入'长乐游洞天'的极乐世界去了。"从整个《上云乐》的七曲，我们可以确知这个宫廷大型舞蹈的确是道家性质的舞蹈，与佛家没有关系。那末，这整个画面中的飞天，即图上表明的"天人"，自然也不可能是佛家的飞天了。第三，第七曲开头两句是"勾曲仙，长乐游洞天"。勾曲，也即是句曲，即茅山。茅山又称句曲山，是六朝齐梁时道教上清派的基地。位于江苏丹阳、金坛、句容的中间。齐梁时，陶弘景在此隐居，号称"山中宰相"，梁武帝与他私交甚厚，函札赏赐，旬日一至。陶弘景是道教上清派的传人和道教茅山宗的一代宗师，他是丹阳人，称"丹阳布衣"，隐居句曲山（茅山）后，又自称"华阳隐居"。他所著的《真诰》卷十一《稽神枢》称："大天之内，有地中之洞天三十六所，其第八是句曲山之洞，周回一百五十里，名为金坛华阳之天。"所以又称"第八洞天"。陶弘景弘扬道教，写了大量的著作，此外的重要活动就是炼丹，至今茅山还留有他的丹井。所以上引曲辞"句曲仙"，当然是指陶弘景，因为梁武帝对他倍加崇信。第二句"长乐游洞天"，也自然是指近在眼前的句曲山（茅山）的第八洞天。因为从地理上说，建康（今南京）离茅山和丹阳确实很近。特别要重视的是这三座墓的墓地，就是陶弘景老家丹阳。在这样的现实条件下，这个《羽人戏龙》、《羽人戏虎》里的

"天人"即飞黄腾达天，怎么会有可能是佛教的飞天呢？当然只可能是道教的飞天！

　　有此考证，我们确认这个《羽人戏龙》、《羽人戏虎》图里的飞天是中国本土自生自长的道教的飞天，我想是有足够的说服力的。不仅如此，我们还可以历数这个中国本土自生自长的飞天的成长过程，从庄子、屈原等作品里产生飞行升天的思想和文字描写的形象，到战国秦汉之间，就产生了有翼的人，而且这个"翼"，由小而逐渐加大，终于有点接近于飞鸟的翼与身子的比例。再往前，就是脱去了翼，变成一个完全是世俗装束的能飞翔的女性，但是却让她露出了一点蛇或龙的尾巴，透露了一点她之所以能飞翔的"神"气。最后终于形成了羽人戏龙、戏虎图里的完美的中国飞天！因为这个飞天是我们民族自生的，所以我们能够历数其成长过程。可是同样是在中国的佛教的飞天，我们就不可能为它排比出这样一个生动而清晰的成长历程。

　　因此我认为中国的飞天和印度的飞天，都是各自自己成长的。但是印度的飞天，却飞到了中国，随着佛教的兴盛和道教的衰落，中国的飞天就逐渐被印度的飞天湮没了，以致在认识上也误以为凡是飞天都是印度飞来的。这实际是认识上的一种误差。

2006 年 3 月 15 日

中国古代壁画论要 *

去年 5 月，我在绵阳开会，会后，游览了黄龙寺，登上了 4200 米高的岷山。虽然已是 5 月下旬，山下已是夏天，但山上却是白雪皑皑，寒风似刀，黄龙寺的景色和雪山的奇观，是我永远不会忘记的。但是，还有一件使我不能忘记的事，这就是我重游了剑门关，参观了我第一次见到的，位于剑阁县西南的天下名刹觉苑寺的明代佛传壁画。

大家知道，我国是有悠久的壁画传统的，并不是佛教传入中国以后才有壁画，在佛教传入中国以前早就已经有壁画了，据考古家们的研究，从新石器时代起就已经有壁画了。从文献记载来说，《汉书·艺文志》著录的《孔子家语》，虽已亡佚，今本所传，系三国时王肃所传，书中记有："睹四门墉，有尧舜之容、桀纣之像，而各有善恶之状，兴废之诫焉。"这是不仅记述了孔子时代壁画的内容为历史人物，而且指出了它的寓意是"兴废之诫"。战国时屈原的《天问》，更是与当时壁画有密切关系的一篇伟大杰作。王逸的《楚辞章句·天问》说：

＊ 本文为《剑阁觉苑寺明代佛传壁画》序，文物出版社 1993 年版。

屈原放逐，忧心愁瘁，彷徨山泽，经历陵陆，嗟号昊旻，仰天叹息；见楚有先王之庙及公卿祠堂，图画天地山川神灵，琦玮僪佹，及古贤圣怪物行事。周流罢倦，休息其下，仰见图画，因书其壁，呵而问之，以渫愤懑，舒写愁思。楚人哀惜屈原，因共论述，故其文义不次序云尔。

这段话，历来有所争议，但其中所讲"图画天地山川神灵，琦玮僪佹，及古贤圣怪物行事"这一段有关壁画的部分是无可怀疑的。《天问》当然是屈原的伟大作品，不是"楚人哀惜屈原，因共论述"的集体创作。昔人一直觉得屈原的《天问》不可索解，但实际王逸的话还是有一定的道理的，如果把《天问》与当时的壁画联系起来，就不难找到理解它的钥匙。

春秋战国到秦汉的宫殿壁画，从文献资料到地下和地面上的遗存，都足以证实这一时期的壁画是非常丰富的。秦代的壁画，陕西秦都咸阳第一号宫殿建筑遗址和第三号宫殿建筑遗址，都有壁画的实物发现。我推测，骊山秦始皇陵的全面发掘，在壁画方面也将有惊人的发现。至于汉代的壁画，除现今已发现的数量很多的汉代墓室壁画外，大量的画像石、画像砖，更是一种有力的旁证。文献方面，汉王延寿的《鲁灵光殿赋》有大段的描写：

（上略）神仙岳岳于栋间，玉女窥窗而下视，忽瞟眇以响像，若鬼神之仿佛。图画天地，品类群生。杂物奇怪，山神海灵。写载其状，托之丹青。千变万化，事各缪形。随色象类，曲得其情。上纪开辟，遂古之初。五龙比翼，人皇九头。伏羲鳞身，女娲蛇躯。鸿荒朴略，厥状睢盱。焕炳可观，黄帝唐虞。轩冕以庸，衣裳有殊。下及三后，淫妃乱主。忠臣孝子，

烈士贞女。贤愚成败，靡不载叙。恶以戒世，善以示后。（下略）

这段文字，对于我们理解屈原的《天问》是很有用处的，对于我们理解秦汉宫殿壁画的内容和规模则更有用处。"杂物奇怪"以下八句，指壁画有神灵怪异，而且描绘得"千变万化"，"曲得其情"。"上纪开辟"以下八句，是指开天辟地以后的神话传说，举凡"人皇"、"伏羲"、"女娲"等都提到了，而且指出其状朴素。"焕炳可观"以下，是叙述黄帝以后的历史，并指出图画的作用是"恶以戒世，善以示后"。根据这段文字，我们可以确知秦、汉时期宫殿壁画的内容，主要是包括神话传说在内的中华民族开天辟地及其以后的历史。这一叙述，与现存的汉画像石、画像砖、沂南汉墓画像石、武梁祠画像石，以及其他汉墓壁画等的情况是有部分的一致性的；当然汉代墓室壁画与宫殿壁画主要是升仙、驱鬼、出行、宴乐、游猎、天象神祇、历史故事等等，其中历史故事和人物等，就与宫殿壁画有共同之处。

这就是说，汉以前的宫殿壁画内容，基本上不出包括神话在内的史传故事，以及珍禽瑞兽等等，其作用是用以劝善惩恶。佛教是西汉末年至东汉初年传入中国的。随着佛教的传入，以佛教故事为内容的佛教壁画也就随着传入了。但这也经历了一个较长的发展过程，大体上是经历了东汉到魏晋南北朝这样一个历史时期，佛教才日渐发达，并不是一开始就发达的。更不是佛教传入后所有的壁画内容都是佛教故事了。事实上，佛教传入中国后，壁画的内容，一方面是原有的以神话史传故事为内容的宫殿壁画和以升仙、出行、宴乐等为内容的墓室壁画在继续发展；而另一方面，是新增加的以佛教故事为内容的壁画也在同时发展。

道教的发生和发展，大体上与佛教传入和发展的时期相同，道教到唐代也已经有规模宏大的道观建立了。杜甫献《三大礼赋》里的《朝献太清宫赋》，太清宫，就是皇家建立的道观。杜甫天宝八年冬（749年）写的《冬日洛城北谒玄元皇帝庙》诗，玄元皇帝庙，就是东都洛阳的太微宫，也是皇家建立的道观。诗云：

> 世家遗旧史，道德付今王。
> 画手看前辈，吴生远擅场。
> 森罗移地轴，妙绝动宫墙。
> 五圣联龙衮，千官列雁行。
> 冕旒俱秀发，旌旆尽飞扬。

这一段恰好是对吴道子画道观壁画的生动描写，同时也证实了唐会昌年间（841—846）朱景玄《唐朝名画录》里写的这一段记录：

> （吴道子）画玄元庙，五圣千官，宫殿冠冕，势倾云龙，心归造化。故杜员外诗云："森罗移地轴，妙绝动宫墙。"

当年吴道子画的最著名的壁画，一是《东封图》，也称《金桥图》，这是画在东都洛阳弘道观的巨幅壁画。宋郭若虚的《图画见闻志》卷五《金桥图》说：

> 《金桥图》者，唐明皇封泰山，车驾次上党，潞之父老负担壶浆，近远迎谒，帝皆亲加存问，受其献馈，锡赉有差。其间有先与帝相识者，悉赐以酒食，与之话旧。故所过村部，必令询访孤老丧疾之家，加吊恤之，父老欣欣然，莫不瞻戴，叩乞驻留焉。及车驾过金桥（桥在上党），御路萦转，上见数十里间旗纛鲜华，羽卫齐肃，顾左右曰："张说言我勒兵三十万，

> 旌旗径千里，校猎上党至于太原（见《后土碑》），真才子
> 也。"帝遂召吴道子、韦无忝、陈闳同制《金桥图》。御容及
> 帝所乘照夜白马，陈闳主之；桥梁山水、车舆人物、草木鸷
> 鸟、器仗帷幕，吴道子主之；狗马驴骡、牛羊橐驼、猴兔猪貀
> 之属，韦无忝主之。图成，时谓三绝焉。

通过郭若虚的记述，可知《东封图》规模之宏大。吴道子的另一壁画巨作，就是《五圣千官图》，这是画在洛阳北邙山老君庙即杜甫诗里所说的"玄元皇帝庙"的东西两壁的。据美术史家们的研究，《五圣千官图》至今尚有遗存，其一就是徐悲鸿收藏的《八十七神仙卷》，其二即传为北宋武宗元的《朝元仙仗图》。如果真是《五圣千官图》的残存，那末当然也是后世勾摹上壁的粉本而不可能是吴道子的原稿了。

与杜甫同时代而比杜甫早十年的李白，他在《明堂赋》里，则反映了当时宫殿壁画的状况。赋云：

> （上略）若乃熠耀五色，张皇万殊。人物禽兽，奇形异
> 模。势若飞动，瞪盼睢盱。明君暗主，忠诚烈夫。威政兴灭，
> 表贤示愚。（下略）

这里所描写的与《鲁灵光殿赋》虽有详略之异，但其内容仍然是神话传说和历史故事，其前后一脉相承的线索还是很清楚的。从李白的《明堂赋》里，我们可以再一次看到历史上宫殿壁画的基本内容。

关于唐代佛寺的描写和记载则更多。《唐朝名画录》里，关于吴道子画佛寺壁画，也有生动的记载：

> （前略）又按《两京耆旧传》云："寺观之中，图画墙壁，

凡三百余间。变相人物，奇踪异状，无有同者。上都唐兴寺御注金刚经院，妙迹为多，兼自题经文。慈恩寺塔前文殊、普贤，西面庑下降魔、盘龙等壁，及景公寺地狱壁、帝释、梵王、龙神，永寿寺中三门两神，及诸道观寺院，不可胜纪，皆妙绝一时。"景玄（庸按：本书著者朱景玄）每观吴生画，不以装背为妙，但施笔绝踪，皆磊落逸势；又数处图壁，只以墨踪为之，近代莫能加其彩绘。凡图圆光，皆不用尺度规画，一笔而成。景玄元和初应举，住龙兴寺，犹有尹老者年八十余，尝云："吴生画兴善寺中门内神圆光时，长安市肆老幼士庶竞至，观者如堵。其圆光立笔挥扫，势若风旋，人皆谓之神助。"又尝闻景云寺老僧传云："吴生画此寺地狱变相时，京都屠沽渔罟之辈，见之而惧罪改业者，往往有之，率皆修善。"所画并为后代之人规式也。

唐代著名散文家和诗人韩愈，在他的名作《山石》一诗里，也提到了佛寺壁画，诗云：

> 山石荦确行径微。黄昏到寺蝙蝠飞。
> 升堂坐阶新雨足，芭蕉叶大栀子肥。
> 僧言古壁佛画好，以火来照所见稀。

综合以上所引资料，可以看到在唐代，宫殿壁画继承前代的传统在继续发展，而佛教的寺庙壁画和道家的道观壁画，都已发展到极为高超的程度，并且随之而产生一批壁画的名家。

唐代的墓室壁画，近几十年来发掘，如章怀太子墓、懿德太子墓、永泰公主墓的壁画，都非常宏伟壮丽，更可以说明墓室壁画的发展状况。

据此，综合起来，可以看到由魏晋南北朝到唐代已经形成了寺、观的宗教壁画，宫殿和墓室壁画这三种不同类型的壁画并存发展的局面。其中，宫殿壁画和墓室壁画是早已有的，道观壁画虽然是后起的，但是本土的，佛教壁画则是外来的。

如果从内容上来区分，则佛画和道画是完全不同的两种内容，所以也可以说是宫殿壁画、墓室壁画、佛寺壁画、道观壁画这四大类壁画。

当然历史是曲折而复杂的，在发展过程中不可能一仍不变。所以我们从敦煌的佛教洞窟中可以看到《张骞出使西域》、《张议潮统军出行图》、《张议潮夫人宋氏出行图》、《回鹘公主出行图》等历史人物的壁画，特别是在宗教壁画中增加了世俗的成分和社会的成分，使壁画更加与群众和社会相结合。甚至在宗教画中，还把佛、道和儒结合起来，使儒、释、道与帝王将相、忠臣孝子、烈女贤妇合于一壁的宗教神祇和社会内容的大汇合。也有把戏剧场面和小说的情节画入寺观壁画的。总之，在漫长的历史发展过程中，中国的壁画，不断在变化发展中。壁画的内容，也常常相互交叉和相互吸收着。

位于四川剑阁县西南武连镇的觉苑寺，据1958年寺内出土的唐元和十三年（818年）六月建成的六棱石柱灯台上的铭文可知，此寺建成于唐元和十三年（818年）以前，初名弘济寺。又据《剑阁县续志》、《重修觉苑寺记》：北宋元丰年间，"赐名觉苑，至元末寺毁坏"。再据寺中现藏明代弘治壬子（1492年）二月初四日所立石雕香炉铭文："殿宇虽颓，基址依然，有师净智，天顺（1457—1464）年间云越（游）蜀川，靓礼峨山，复回至此"，"树立宝殿，庄严圣像，功欲将完，师辞归逝"。后来又由他的徒弟道芳续修，至弘治二年（1489年）始告完成。根据以上可靠的记载，此寺初建于唐代，宋代续有修缮，毁于元末，重建于明天顺至弘治。现存的壁画，应是这时的遗存。

很明显，觉苑寺的佛传壁画，就是以往佛传壁画的继承和发展。

觉苑寺佛传壁画的最大特色，是佛传故事的系统性、丰富性和完整性。壁画的作者是精研了佛教典籍后，据释迦牟尼主要经历和传说来精心构图的。全部佛传壁画209个故事，共计173.58平方米面积，从释迦转世投胎至火焚金棺，均分舍利止，是一部佛教故事洋洋大观的连环画，它是国内目前保存最好、最完整的佛传图典，是不可多得的佛教文化、艺术的精华和杰作。觉苑寺佛传壁画的第二个特色，是除了佛教本身的思想和故事情节外，还广泛而深刻地反映了社会，反映了当时人民的现实生活。举凡农、牧、渔、猎、商、士绅、帝皇、后妃、贵官、命妇、仕女、武士、待从，以及神仙佛道、鬼怪妖魔、奇禽异兽，等等，种种社会相，均有细致的描摹，可以说是一部丰富多彩的社会图相，风俗史画。

觉苑寺佛传壁画的第三个特色，是在艺术上有重大的突破和发展。类似佛传壁画的史传故事图，前面已经述及，早在春秋战国到秦汉时期就在宫殿壁画、墓室壁画和石刻画像中流行了。现存最明显的是山东嘉祥武梁祠石刻。但在汉画像石里的史传故事情节和内容都很单薄，此后在唐宋的壁画里虽然有所丰富和发展，但还远不如现存觉苑寺佛传壁画容量之大，内容之丰富。觉苑寺的壁画，在一个被扩大了的画面里，可以包容连续性的故事几十个，把十余幅通景式的画面连接起来，就可以表现成百上千个人物的活动内容，时间的跨越度也大大地延长。这种统筹全殿、相隔相连、壁面浩大的“通景式”构图，集我国古代史传故事图和佛传图谱的大成，可以说是觉苑寺佛传壁画在艺术表现上的一大发展和一大特点。

其次是佛教壁画的中国化。这在觉苑寺的壁画里，也是有特点的。从思想内容来说，是在佛教的故事里，融进了中国的传统思想。把中国的儒家和道家的思想糅合进去了。最为明显的是太子行孝的故事。这就是把儒家的"孝"的思想与佛教故事紧密结合了。这种佛教与儒、道结合的情况当然已有很长的历史，不是始于觉苑寺，但在觉苑寺中也是有其特色的。

从艺术表现上来说，佛教艺术传入中国的初期，都很自然地带有印度的特色。在艺术上的完成中国化，是经过魏、晋、南北朝，到隋、唐才完成的。北魏的瘦骨清相，正是一个中间状态。一方面仍带有胡相；另一方面，已向中国化迈进了很大的历程了。到唐代的丰肌博衣，就完全摆脱了外来的影响而完成佛教艺术的中国化了。觉苑寺壁画的人物造型，又从唐代的丰肌博衣，发展到清秀儒雅，而同时又保持了佛教艺术本身的特色而与明代文人画家的人物画有明显的区别。

在笔墨技法上，则是用工笔重彩与小写意相结合的方法。画人物时，完全是工笔重彩，画山石树木时，又运用了小写意，画亭台楼阁时，又是谨严的界画。这样画面看起来既工整而又不板滞。特别是人物衣着还适当地运用了壁画的传统技法沥粉贴金，形成了浅浮雕式的立体感，加上贴金的效果，给人以一种形象突出、金碧辉煌的感觉。当然，所有的人物画的最高境界是在"神"，必须是形神兼备，才可以称是"合作"。细审觉苑寺壁画中的各个人物，都是神态各异而又神情专注，可以说是意态如生。

以上几点，是我对剑阁觉苑寺明代佛传壁画的粗浅认识。去年我道经觉苑寺，只是匆匆地"随喜"了一番，实在没有来得及细加考较，错误和不确切的地方，自分难免，敬请专家和读者指正。但觉苑寺佛传壁画所给我的一种特殊感受，是直觉的，是没有差错的。当我离开觉苑寺的时候，曾写过一首诗，以纪当时的实感：

蜀道明珠觉苑寺，吴生妙笔遗斑斓。
当年想见开堂日，百里神光照剑山。

至今我的脑子里还保存着这种"百里神光照剑山"的感觉。寺庙的壁画，当然不是吴道子画的，但老百姓盛传此说，故我也借用此典，以示对此佛传壁画的推崇。至于详细的研究性的文章，有剑阁学者毋学勇编著的《剑阁觉苑寺明代佛传壁画》及其考论在，可资参研，故无烦赘述。

1993 年 3 月 20 日叙于京华宽堂，

11 月 12 日重改

艺坛瑰宝　稀世之珍

——看大阪市立美术馆藏中国书画名品展

　　前些时候上海的朋友告诉我，4月中旬，上海博物馆将举办中国书画名品展，是由日本大阪市立美术馆应上博的邀请，来沪展出该馆所藏的中国古代绘画和书法珍品的。据说，这次展览将有一批名震寰宇的唐、宋、元、明剧迹展出。自从我得到了这个消息以后，就一直盼望着这一天的到来。终于确知，这个展览于4月18日开幕，于是我提前两天赶到了上海，并且在4月18日参加了隆重的开幕式。

　　这次展览，既是一次中国书画的珍品展，又是一次中国流传域外名作的回归展。仅就回归展这一层来说，这次展览就具有独创的意义，而且这意义和影响肯定将是无比深远的。我于17日整整看了一天，18日我又看了半天，可以说我是以无比激动的心情来看这些名作的。这些画，有的是曾经看过照片，有的是早从书本上得知，但从未亲见过，这次终于亲见了。作为一个热爱祖国传统文化的人，面对着这些流传有绪而又流落他乡的名作，怎么能不激动呢！所以我说上海博物馆和大阪市立美术馆共同做了一件有益于两国人民友好，有益于全人类的精神文明的大好事！文化和艺术，既是各个国家和民族自己的，又是全人类的。

作为一个国民，当然首先要热爱自己的祖国和祖国的优秀文化艺术，作为全人类的一分子，当然要珍惜所有创造出来的优秀文化遗产。在漫长的历史过程中，有一部分文化艺术品会流传到别的国家去，这是不可避免的，同时也是有益的，因为它最终会把文化传播出去，促进交流。

这次展出的书画，确实是名副其实的精品，我之所以一看再看，一方面固然是因我不大懂，需要认真多看看；另方面，更重要的是这些精品实在太好了，我舍不得离开。譬如那幅传为王维的《伏生授经图》，过去只看过印本，现在原迹到了眼前，怎舍得轻易离去呢？王维是唐代大诗人，这是人人皆知的，他又是一个大画家，有的还说他是南宗山水之祖，可惜就是见不到他的真迹或能传他画风的名迹。据文献记载，他善画人物，曾为孟浩然写真。他又善山水，特别是他的《辋川图》是历史上享盛名的剧迹，宋代的黄山谷、秦少游直至明代的王世贞等都有题记。他的山水出名的是"画中有诗"，也就是有意境，有内涵，可惜现在都见不到了。眼前惟一可见的是这幅传为王维所作的《伏生授经图》。是否真迹虽难确断，但曾入"宣和中秘"鉴藏，又经《宣和画谱》著录，又有宋高宗的题鉴，论年代早在北宋就已为内府所藏。何况不少鉴赏家认为这是一幅唐画，那末它的珍贵程度自然可想而知了。

北宋李成、王晓的《读碑图》，也是一幅引人的巨作。李成是北宋早期的画家，在宋代就有"于时凡称山水者，必以成为古今第一"，王晓则仅赖此画以传。此画也是早在北宋末年即为《宣和画谱》所著录，画面就山坡一角作枯木拳石，在枯木之后隐一巨碑，碑前主仆两人，主人坐在马上昂首读碑，眼神前注，仆人则持杖携马侍立于前，穿短衣，薙头，背朝巨碑，面向主人，目光却专注于主人的脸部，形成马上一人在昂首读碑，旁边一人在看马上的人读碑。在这极静的画面里却含蓄着动态，使人感到马上的人行色匆匆，路过此处，临时停步，故虽驻马而不下马，随时可走，而旁侍的人正在注视主人的眼色，只要他一不读碑，则牵马就走，故他不看碑而却看主人的眼神。所以此画初看是一幅极静的画，细看却是一幅跃跃欲动的画。真令人意趣横生，余味无穷。当然此画是否是李成真迹，还要等专家们的巨眼，但它至少可称为北宋前期李成画派的杰作这是无疑的。

我在燕文贵的《江山楼观图》前停留的时间可能是最久，几次离开了又走回来。燕文贵是北宋前期太宗时的人，初隶军中，后卖画，善山水人物。此画长 161 厘米，宽 32 厘米。画前有傅山所题"风雨玄踪"四篆字引首，后有傅山、杨思圣、殷岳、李在铣、翁同龢、孙毓汶、完颜景贤等人的跋。完颜景贤并考出"卷尾大方官印是秀州管观察使印，当系崇兰馆主人赵子昼，昼在绍兴初出知时所加，益以见此迹之精当。子昼号叔问，江贯道曾为其作崇兰馆图者，亦宋时赏鉴家也。辛亥暮春之初，景贤快记"。由完颜氏的跋，可知此画在南宋初已有鉴藏，则此画自亦流传有绪。在诸多跋语中，李在铣的跋值得一提，李云："宋燕文贵山水纸本横卷，苍浑古秀，全图写风雨势听之有声，屋宇极工而不俗，人物绝小而有神，昔人题所绘舶船渡海图：舟如叶，人如麦，而帆樯棹橹，指呼奋勇，尽得态度，以视此，画境虽不同，笔意则宛然如一。""得此署款（指'待诏'），可补著录所未备，更可定为真迹无疑。是卷论画论墨论纸，确系北宋物，非南宋以后所可比伦。"李氏此跋是说得切合此画实际的。我曾细数此画人物共 24 人，驴 5 头，栈道桥梁房屋甚多，而每人的姿势各不相同，而又自在着力，非依稀仿佛。全图山水，左半崇峦叠嶂，右半江天旷远，画面舒展开。特别是细画而用粗笔，细人而极态势，笔笔着力，笔笔谨严，无一松懈，是为难得的精品。

其他如署款"恕先"的郭忠恕的《明皇避暑宫图》，也是一件巨构。米友仁的《远岫晴雪图》，也确是真迹，至为可贵。特别是郑所南的兰花，珍贵无比。据说他传世的作品只有两件，一为墨竹，一即此墨兰。郑所南是南宋遗民，其所作兰花皆不着土而无根，伤国亡而无土也。此画右半题："向来俯首问羲皇。汝是何人到此乡？未有画前开鼻孔，满天浮动古馨香。"第二句"汝是何人到此乡？"问得凛然勃然，盖伤亡国也。末两句更含蓄，"未有画前开鼻孔"者，恨不能在画前开鼻孔也，可见其平时鼻孔常闭，怕闻腥膻之味也，"满天浮动古馨香"，"古馨香"，旧时之馨香也。兰为王者之香，则"古馨香"，指故国之香也。南宋爱国词人张孝祥《六州歌头》："长淮望断，关塞莽然平……洙泗上，弦歌地，亦膻腥。隔水毡乡，落日牛羊下，区脱纵横。"所南此诗，实同此意。此画左边钤木戳，文曰："丙午正月十五日作此一卷。"戳中"正"字、"十五"两字原空，为墨书后填，墨色与右边"所南翁"题记五行完全相同，可证确是作者所填写。按丙午为元大德十年（1306 年），则可见此画是大德十年正月十五所作。正月十五是元宵节，此时距南宋崖山之亡才二十七年。昔汴京开封沦陷，康王南渡，女词人李清照亦流落南都，正月十五日曾作《永遇乐》词，追怀"中州盛日"元宵灯节繁华，词婉而伤，今所南翁于故国亡后二十七年之元宵节，作此无根无土之兰花，并题诗曰："汝是何人到此乡？"曰："满天浮动古馨香。"其故国之思，亡国之痛，自是更深于清照矣。又此画左上端题诗云："芳草渺无寻处。梦隔湘江风雨。翁还肯作楚花，我亦为翁楚舞。"首两句伤故国之亡不可复也，楚花、楚舞，亦拳拳故国之思、故国之痛也。由此可证，此画满幅孤臣亡国之痛，拳拳爱国之情，与幽兰而同馨也。

又郑氏此画，墨淡而韵，笔简而清，盖后世墨兰，皆自所南始也。

在展出的书法作品中，我特别喜欢东坡的行书《李白仙诗卷》。东坡的字，潇洒随意，一任天行，就如他的人生态度一样。我最爱他的《黄州寒食诗》、《挑耳帖》以及所作书翰，以其随意落墨，胸中不存心作书，笔下亦率真而无做作也，以此虽未刻求晋人风致，而晋人风致自存于其翰墨。东坡的工力深，天分高，故绝非等闲所可及。此次展出两帖用的是极名贵的茧纸，有暗花纹，亦是难得之物。我昔年曾在故宫看过他的《人来得书帖》等数帖，墨如点漆，笔存游丝，千年精光，直射眉间，使我数十年来依旧如在目前，今复得见此两帖，则前后映衬，相得益彰矣！

另一是米芾的《元日帖》和《吾友帖》，细看此两帖，《书谱》的笔意甚重，再看，则又可看出王书的底子。恰好《吾友帖》是论书的，其中有句云："爱其有偏侧之势出二王外也。又无索靖真迹，看其下笔处，月仪不能佳，恐他人为之只唐人尔，无晋人古气。"米芾此两帖，却真是初看似唐人，细看是"晋人古气"，这在米帖中，确是难得的精品。在书法中，倪元璐的《文石图》是一件极好的作品，其上部的题诗，是其书法的精品，下部的石头，用笔疏爽，几笔黑苔，起点睛之妙，而书画一体，遂成完璧。

此外，徐渭的《拜孝陵诗意图》，画中一人骑驴，前行而又回顾，右侧画大山而虚其下面大部，形在空阔开朗的空间，真如行深山崇峦间，觉烟霞之气，拂拂如从纸上来也。此画上端题诗云："二百年来一老生。白头落魄到西京。瘦骑狭路愁官长，破帽青衫拜孝陵。亭长一抔终马上（原注：汉高仿佛皇祖而少文，不逮远矣！），桥山万岁如龙迎。当时事业难身遇，凭仗中官说与听（原注：是日陵监略谈先朝遗事）。"诗中"瘦骑狭路愁官长"言不得回避也，语含微刺，"当时事业难身遇"，言生不逢辰也，讽言婉曲，结合画面，骑者眷眷回顾，当是拜完孝陵而归矣。此画用笔可与故宫所藏徐渭《驴背吟诗图》对看，其用笔的是一人，或谓《驴背吟诗图》是否天池所作，当存疑，今见此图印证，其疑可消。

又展中元画有龚开《骏骨图》。龚开字圣予，曾作《宋江三十六人赞及序》，传世之作，除此图外，尚有《中山出游图》，画钟馗与妹出游，多奇趣，画在美国。今得见此《骏骨图》，亦可称平生俊赏矣。

　　总之，此次展览，可以说是名副其实的珍品展，无论是从珍品的角度，或是从回归的角度来说，此次展览的意义是重大的，其影响必将是深远的。我于书画是外行，且客中无书，无可稽查，草草数行，只能表达我对此次展览的高度评价和感激之情。文中肯定有不当之处，深愿得专家和读者引而教之，则实所至愿。

1994 年 4 月 19 日凌晨 2 时于沪上旅次

题上博展出日本皇家博物馆
藏王羲之《丧乱》五帖

2006年3月，上海博物馆展出日本皇家博物馆藏王羲之《丧乱》五帖，予专程往观，因题。

一

梦想山阴七十年。兰亭旧迹渺云烟。
身经丧乱更思帖，醉里常逢草圣颠。

二

忆昔耕桑学种瓜。临池常觉一行斜。
自从识得兰亭后，字字神光眼欲花。

三

何人遗我一囊书。予昔得日本印茧纸
《丧乱》五帖。丧乱居然五帖余。
从此焚香勤拜习，书途渐远发渐疏。

四

飘零异国已千年。海外归来华表鲜。
为语辽东旧时鹤，故园尽可住神仙。

三月廿四日上午，上博看《丧乱》三帖，
又至库房看《孔侍中》两帖，
《妹至》一帖，归后感赋

仰瞻丧乱忍轻过。老眼千年得一摩。
归后夜半闻鹤语，故家别去泪更多。

上海西郊宾馆中，畜丹顶鹤、黑天鹅等珍禽，皆在予住处
窗外园中，是夜闻鹤语如诉。

2006 年 3 月 7 日

关于徐文长

　　徐文长，是有明一代的大文豪、大怪杰。在文学艺术的这个园地里，他可以说是一个杰出的全才。这一点，我思索了很久，觉得似乎只有宋代的苏东坡，可以与他相仿佛。苏东坡于诗、词、书、画、文章，无一不能，而且无一不精。徐文长除诗、词、书、画、文章外，他还能戏曲。对戏曲，他不仅从事创作，还注意到民间戏曲的叙录和研究。他留下了《南词叙录》这样一部最早记载南戏的重要文献。在绘画方面，他更是山水、人物、走兽、花卉、翎毛无一不能，无一不精。值得特别提出的是，他的画开了明清之际文人画的先路。文人画并不是从明代开始的，美术史家们一般从唐王维就作为文人画的开始了，如宋代苏东坡的竹石，米元章的山水，杨无咎的梅花，赵子固的水仙、兰花，南宋郑所南的兰草，都是属于文人画的一系。但徐文长的文人画，却与以上这些不同。他所追求的是写意写韵，而不是写实写真。那末，苏东坡和郑所南等人的画，是否只有实和真，没有意和韵了？当然并非如此。东坡胸次高旷，如前世太白，所作书画，皆有意韵。但他画的竹石，都较注意形态的真实，他的意和韵，是通过形态的真实表达出来的，他是寓意韵于真实的形象，所以他与文同等的画竹是属于一系。他们的画当然好，高标逸韵，自有我在，为历代重宝。然而徐文长却与他们不同，同样是文人画，徐文长却独辟蹊径，走着自己开辟的道路。他的画，逸笔草草，随意点染，于不经意处，意象俱得，意韵自新。看他的画，令人想起宋代梁楷的减笔画，梁楷的作品，泼辣粗放，用笔极简，而形神皆备。这种画法，是梁楷的独创，在楷以前，尚无所见。按：《南宋院画录》引古汴赵田俊语说："画法始从梁楷变，烟云犹喜墨如新。古来人物为高品，满眼云烟笔底春。"梁楷同时代的人都说"画法始从梁楷变"，可见梁楷的这种画法，确是独创。但梁楷除这种减笔画外，他还作了比较工细的人物画，这又是完全继承传统画法的一方面了，可见梁楷作此减笔画，虽极成功，于后世影响甚大，但在他说来，既是创始，也是尝试，因此，这方面的作品，传世的并不多。徐文长的画则不然，无论哪一种题材，到他手里都是逸笔草草，如作草书，又如作漫画，构图于平实处见新意，用笔于奔放处见含蓄，既有梁楷的减笔之妙，又不像梁楷那样外露。用书法来比喻，梁楷有如飞白草书，徐文长则是右军《十七帖》和《丧乱帖》。我昔年曾有一首题墨葡萄诗：

青藤一去有吴庐。传到齐璜道已疏。
昨夜山阴大雪后，依稀梦见醉僧书。

我诗中的一层意思，就是认为徐文长的墨葡萄及其他一些画，都是从草书中来的，是取草书的笔意用之于画。本来书画同源，画家常常可以从书法中取得神悟的。如果说，梁楷是创始和尝试，那末徐文长既有创始的意义而却非尝试了。说他有创始的意义，是他不仅减笔，逸笔草草，而且与梁楷的奔放外露，剑拔飞扬大不相同。他可以说奔放而不外露，飞扬而不剑拔。但是这还是其次，更主要的，是他的这种画法，施之于任何题材，无所遮拦，无论山水、人物、走兽、花卉、翎毛，无不如此，而且无不极尽其妙！从这方面来说，他又带有创始的意义。为什么说他不是尝试，因为如前所论，他全部作品，都是如此，其笔法用墨之圆熟，画品境界之高，皆臻上乘，可以说是意到笔随，如行云流水，无不能至。徐文长的草书，也同样臻此神妙境界，一如其画，一如其人。

说到徐文长其人其遇之塞之惨，也是画史上少有的。这方面，本书著者已有详细叙述，此处可以不赘。但他自题墨葡萄诗，却可以一提：

> 半生落拓已成翁。独立书斋啸晚风。
>
> 笔底明珠无处卖，闲抛闲掷野藤中。

这首诗，简直可以说就是他自己的写照，是诗化了的徐文长。凄凉、冷落、明珠闲抛，自生自灭，一代奇才，竟在这样的境遇中困死于破草席上。这与后来的曹雪芹，恰好是先后同其命运。

这就是时代给予天才的待遇！

徐文长的故居在绍兴，就是著名的"青藤书屋"。1969 年我下放到江西干校，特意到绍兴去了一趟，找到了"青藤书屋"。可是恰好碰到正在将它拆除，据说要改建工厂。我目击此情此景，仿佛见到徐文长当年又一次地遭到了打击，我看着那株历经风霜的"青藤"和举世皆知的"天池"，还有徐文长自书的"一尘不到"的匾额，实在感到痛心。满以为徐文长以及其他许多张文长、李文长总该永远摆脱黑暗时代的命运了，谁知"四人帮"却有过之而无不及。当时，我只能以满眼的热泪和满腔的悲愤悄悄离去。

前年，我又到了绍兴，意外地见到"青藤书屋"恢复了，已经拔去的"青藤"无法复活，只好从深山里找到一树古藤移植过来，这颗仿佛早被"闲抛闲掷"的明珠，又被拣了回来加以精心保藏。已经被填死的"天池"，又被重新挖掘了出来，一泓清水，可鉴人面。特别是那块"一尘不到"的旧匾，居然原物陈列了出来，我看到这一切，不能不由衷地高兴，由衷地感到今天是一个全新的时代，充满着希望的时代！

1985 年 3 月 18 日清晨于京华宽堂

我 读 黄 山
——《历代名家画黄山》序

　　黄山，是天下名山，我最早从文献上看到的黄山是黄山谷的诗："赠君以黟川点漆之墨。"黄山古称黟山，黟川因此而得名。墨是用松烟制的，可见在宋代黄山的松烟已闻名于世了。

　　对黄山用文字描写得最生动的，要算明代徐霞客的黄山前后游记了。这两篇游记对黄山的宣传作用是无可估量的，而黄山成为画家的共同题材，恰恰主要是在徐霞客之后，所以，我以为徐霞客的游记，是引发明清之际画家画黄山的一个重要因素。

　　明清以来，画黄山的画家太多了，但却无一重复雷同。这是什么原因呢？一是各个画家的个性不同，视角不同，学养不同，自然不可能雷同，但更重要的是黄山是动的，烟霞变幻，随时变化，我至今前后去黄山已十多次，我经历过暴雨、大雪，也经历过满山的红叶，还经历过满山的杜鹃，至于其烟霞云雾的变幻，就莫可名状了。由于这个原因，每一个画家去画黄山，他所见到的总是在变幻中的黄山。昔唐寅画吾乡九龙山，易稿数十，终于掷笔叹曰：龙山不可尽也！既而捡画稿细看，幅幅精彩，皆得其神。那末，如果有人画黄山，自然也是这个道理，我敢说，古往今来，没有一个人敢说，能够画尽黄山的。所以人们又说黄山是一所天成的画院，它培育出了无数大画家，人们只知道程孟阳、垢道人、渐江、石谿、戴本孝、梅清、石涛等等都是画黄山的大家，人们却不知道他们都是黄山培育出来的。

说黄山是画院，是一点不错的，但黄山更是变化无尽的天然图画，你不论从哪一个角度去看，它终归是一幅甚至是无数幅看不尽的图画，哪怕是暴雨大雪，都各有奇景，观之不尽，所以刘海老要十上黄山，因为黄山这幅巨画是无尽藏，是永远看不完也画不完的。作为一个游人来说，我游黄山已十多次，总不曾有看完的感觉，总觉得常看常新，无有穷尽。

然而，黄山又是静的，超逸的，出世的。你如果带着一颗宁静的心，到黄山深处，不必一定是松谷庵、云门峰、石笋矼诸处，只要找一处松荫或找一处幽谷，特别是清晨游人未至或日暮游人已散的时候，你就会听到松风泉韵，鹃啼猴吟，你就会真正感到"山深似太古"，真正感到"幽径独行迷"。此种静景，只要你去静心体会，是肯定会得到最超逸的感悟的。

不能忽略，黄山还是一个诗的渊薮，多少画家，画完黄山，都会题之以诗。我还记得石涛有幅《汤池图》，题诗说："游人若宿祥符寺，先到汤池一洗之。百劫尘根都洗尽，好上峰顶细吟诗。"刘海老第十次上黄山，约我同行，我因事未果，后来看了他的画，也引发我题了几首诗，其中一首是："黄岳归来两袖云。人间一笑太纷纷。多公又奋如椽笔，挥洒清风满乾坤。"收在这部画册里的画，如渐江、查士标、石谿、梅清、石涛、戴本孝、黄宾虹、张大千、刘海粟诸人，画上都有题诗。清人江湜有诗说："我要寻诗定是痴。诗来寻我却难辞。今朝又被诗寻着，满眼溪山独去时。"这正好说明了这些画家，为"满眼溪山"所激动，不仅为之作画，还禁不止要作诗，因为他们"又被诗寻着"了。

另一种情况是古今不少诗人游黄山时，也为黄山的奇景所动，报之以诗，如清初大诗人钱谦益就有《天都瀑布歌》、《登始信峰回望石笋矼》、《炼丹台》等长诗，我没有调查，不知古往今来有多少歌咏黄山的诗和文，如果加以辑录，可能也是皇皇巨著。

前面说到，黄山是动的，时时在变化，所以画家所画各异，如果翻开这部画册仔细品味，那末，你会感到渐江得其劲峭，石涛得其腴润，程邃得其苍老，查士标得其雅秀，梅瞿山得其苗条，石谿得其粗服乱头。总之，众多画家各呈其性，各取其得，各极其妙。合之一卷，遂成洋洋大观。

我想，这部画册，既是集画黄之大成，自然是画家所必备，但我还觉得它也是游黄者所必携，试携一卷对景而观，其乐当何如耶！说不定"指点江山，激扬文字"，又会引出好诗好文好画来，我的这一想法，不见得是无据，等此画册问世后，我想慢慢等待，积以时日，是会得到证实的！

2007 年 11 月 1 日夜 1 时于京东瓜饭楼

曹子建墓砖拓本跋

一九八六年岁丙寅，予至东阿鱼山。适曹植墓发，予乃至墓地，墓紧频黄河，有口可入，墓内已荡然无物。

至县文化馆乃得见出土物，甚粗陋，此墓砖亦在焉。其文曰：太和七年三月一日壬戌朔十五日丙午，□州刺史奚（侯?）（龙?）遣士朱周等二百人作（垒?）陈王陵，各赐休二百日，别督郎中王纳司徒从（?）杨位张顺（?）。

按太和为魏明帝曹睿年号，七年二月已改年号为青龙。此砖书七年三月，盖地僻改号尚不及也，又陈思王陵初葬淮阳，淮阳固陈地。予曾两至淮阳考察，陈王故陵尚在，鱼山陈思王陵为遵王意迁葬。今鱼山墓前尚有隋碑可证。按此墓随葬简陋，若无此墓砖文字，几不可认矣。而此墓砖刻字亦简陋至无可再简者。

昔年通县张家湾出土曹雪芹墓石，论者以种种不合为辞，予以否定。然则此墓砖如此简陋，岂能合陈思王之身份，侪辈当更予否定矣。殊不知历史乃生动活泼之事，非可以格式衡一切也。盖历史有常有变，知其常而不知其变，安可论历史哉？执其常而否其变，直如痴人之说梦矣。

戊寅春二月宽堂冯其庸跋于京东㠭住草堂时年七十又六

予既见亳县曹氏祖砖，又得此陈思王曹植墓砖文拓本，后又得曹雪芹墓石拓本，并为其作考。噫，予于曹氏何有缘耶，昔敦诚有诗谓雪芹乃魏武之子孙，此则文人渺茫之思，不足为凭也。

戊寅三月八日晨起忽有所思，乃记之，宽堂

鱼山陈思王墓极简陋，随葬之器多为瓦器，一如平民。若非此墓砖刻文，则几不可认矣，是知曹子建才高八斗，位为陈王，而实一楚囚也。此历史之真像，得此墓发而更白。

宽　堂

此砖文书体多作楷隶，而其上祖亳县墓所出砖文已多为行草。而其后元康元年砖、马鞍山太元元年之孟府君志皆具楷行之意，是故知汉晋之季，故吾国书体之变革时期也，岂可执一而论哉。

宽堂又识戊寅三月八日晨起

东晋元康元年蒋之神枢铭跋

　　十年前予至安徽寿县，于博物馆无意中发现东晋元康元年铭文砖，文曰：元康元年六月十一日，蒋之神枢。

　　其文字书写已具楷行之意，按元康元年为公元291年，早于永和九年之兰亭叙六十二年，早于王兴之墓志五十年。于此可见，即使砖刻墓铭亦早有楷行书体，岂可执王兴之墓之字体以论兰亭之伪。又马鞍山发现泰（太）元元年之孟府君志，同文而作五体，都具楷行隶魏之意，而以楷行为主。按太元元年为晋孝武帝司马曜年号，元年为公元376年，上距元康元年八十五年，后于永和九年之兰亭叙二十三年，则可知在右军前后之世，此种楷行文体尚并行而都用于砖刻铭文。由此可见，虽碑铭亦不能以王兴之墓铭绳一切碑铭文字体制也。要之历史乃活泼而生动之历史，欲执一以驭万，则无异痴人之说梦矣。

　　　　　戊寅仲春宽堂冯其庸读碑随记时年七十又六

　　谁道兰亭不是真。元康一砖亦晨星。楷行实比兰亭早，六十年前已

495

报春。

戊寅仲春再题元康砖，此砖书体可与太
元元年孟府君志对看，可得消息，宽堂记

按楷行书汉晋简牍早已有之，此诗所论乃指墓砖字体，又安徽亳县
曹氏家族墓，乃曹操之祖，时在汉末建安。其出土墓砖刻文甚多而多为
行草。予曾进墓穴察看，复在博物馆看取出之全部墓砖，是固知虽墓砖
刻字，早在汉末已有行草，则遑论其后哉。

宽堂又识，三月八日凌晨偶记

跋北京图书馆藏宋拓《圣教序》

　　《圣教序》为王书之渊薮，百世以来，学王书者无不宗之。此帖字兼楷行，而行中有楷，楷中有行，动静相生，虽是楷书，而神情流动，虽是行书，而意态端凝，此他帖之不可有也。日日静观此帖，可收凝神敛意之功。

　　此帖系集字，其中有集自《兰亭序》者，如"崇"、"羣"（羣字两出）、"間"、"爲"、"會"（會字两出）诸字，均从《兰亭序》中来，此亦足证《兰亭序》之确为王书，非伪也。

　　世之好此帖者，皆着眼于此帖之书法，此固然也。然予以为尚有两端应并重之。一是太宗序文，华而不艳，整而不滞，于玄奘崇赞有加，于己则谦恭诚虔，此文章之可重者也。二是此帖摘述玄奘十七年取经之艰难历程，万死求道之一心苦志。此种精神，虽历万世亦足以感人也，此此帖所涵思想精神之可重者也。

　　予感奘师诚毅，曾七进西域，重走奘师取经之路，于阿克苏乌什城之西，得别迭里山口，乃当年玄奘出境处也。此处左为帕米尔，右为天山，可见天山主峰托木尔峰，高七千余米，望之魏魏然一冰峰也。过此山口，即达今之吉尔吉斯，玄奘《西域记》中之大清池在焉。予复于帕米尔高原四千七百米高处之喀喇昆仑山得明铁盖山口，此玄奘自西天取经回归入境之山口也。证之《西域记》所载，则历历符合。唐时彼处为瓦罕地区，至今此古道民间尚称瓦罕通道，则益足以为证也。此帖于玄奘之去来皆有所叙，予故及之。

此帖墨色略偏重，椎拓略有过当处，故观感略逊于墨皇、陕本。

予以三北宋本：有真本（即题为唐拓者）、崇藏墨皇本、陕本（陕西人民出版社印本）与此本对勘之，则凡所缺损，皆合符节，虽有细微差异，则是碑帖常情，盖虽一人同时拓两本，亦必有小异，此因手拓时轻重缓急，着墨浓淡之故也。昔赵子昂云：大凡石刻虽一石而墨本辄不同，盖纸有厚薄粗细燥湿，墨有浓淡，用墨有轻重，而刻之肥瘦明暗随之。此至言也。且北宋历时一百六十年，其间先后亦有百数十年之差，是则虽同为北宋本，尚有若干差异，亦不足怪矣。况此本予以三北宋本逐字对校，三本各有十八处损泐，各本泐处皆大体相同，无特殊差异，所不同者此本墨重纸黄，色偏暗耳。予以为此本仍是北宋拓本。质之方家以为然否？

辛巳大暑宽堂冯其庸
题于京东瓜住草堂时年七十又九

跋北京图书馆藏定武本《兰亭序》

《兰亭》此本予亦初见，正如梁任公题云：未审东阳何氏本历史何如。予亦无从考得，愧悚愧悚。然此本来源，自是出于定武本，定本系太宗命欧阳询搨临，后转辗至定州者。欧阳询搨临本，得《兰亭》之结体神韵，而减其锋棱牵丝。再加上石后反复椎拓更失锋棱。自宋以后未识神龙本为冯承素等双钩响搨，仅下真迹一等，转以定武本为《兰亭》真宝，定武《兰亭》遂独享盛名。近世以来帖学日精，乃知神龙本实右军真笔之化身，遂转重神龙本而于定本亦明其端绪。定本固亦《兰亭》之化身，虽不能似神龙本之形神俱备，浓淡悉称，固亦《兰亭》化身中之妙品也。今观此东阳何氏本，行款并各行起迄，与定本一丝不差。则此帖或亦如王晓本，皆为定本之化身乎？质之高明以为何如？

辛巳大暑宽堂冯其庸

题于京东且住草堂时年七十又九

关于《中国书法全集》的一些思考

——在《中国书法全集》座谈会上的发言

在座的各位先生，都是我的老前辈。1947 年时，我曾在顾老先生的图书馆呆了一年，不久前顾老还把我的一篇文稿收入了上海图书馆的纪念文集之中。季先生也是我经常请教的老前辈。其他几位则好久未见面了，今天见了非常高兴。

我看了《中国书法全集》很兴奋。刚才季先生的讲话，希望新闻界能够详细报道。社会科学、人文科学在建设中国特色的社会主义中是不是无足轻重？这个问题太重要了，我们如果再不重视这个问题，今后的危害将更大。我个人认为：科技重要，人比科技还重要。你培养什么样的人，这不是科技的发展所能够解决的！它必须用我们中华民族的精神文明和传统文化来解决。

二次世界大战中，曾经出现过的技术水平与科学思维能力很高的人被敌对国家所利用的事情，教训太深刻了！因此，对我们的教育来讲，首先应该解决的是培养什么样的人才、为什么样的人服务的问题。这个问题如果不解决，一旦失去了自己的主心骨，是很危险的。我曾在一篇文章中探讨过抗日战争是怎样打胜的原因，这其中既有共产党的领导，也有国民党的功劳，但最主要的还是全民抗战的兴起。而"全民抗战"

正是我们中华民族不屈精神与民族心理的具体体现。1984年去苏联参观他们抗击法西斯的场景，非常感动。他们的陪同人员说：二次大战中苏联了不起，你们中国也了不起，因为两个国家分别承担了大战中整个东西主战场作战的历史重任。

实际上《中国书法全集》的编辑与出版，也是我们整个教育工作的组成部分与重要环节。这部百卷本的书，概括起来讲是"体大思精"。它包罗了与书法有关的万象，考虑得非常周到。从有文字开始一直到我们今天已故的代表性书家，上下不止五千年！可谓是把中华民族的精神以书法的形式集中地体现了出来，另一方面，它又可谓是集碑学与帖学的大成。过去书法中碑是碑，帖是帖，两门学问分得很开，搞碑的人不一定搞帖，反之亦然。在技法上如具体的用笔等方面也很不一样。《中国书法全集》则把碑与帖的优良传统有机地合在了一起，因而是对书法艺术的一种发展；在全集的体例上，编撰者也充分发挥了他们的智慧。各分卷前面的评传、考释、年谱等，虽然是属于史学与文学范围内的事情，但绝大多数写得很下功夫，非常到位。特别是各分卷的考释部分，有详尽的注解，又有欣赏性的文字，合在一起欣赏起来十分方便，极为完备。值得一提的是它的主编及分卷主编，均是书法篆刻界有相当成就的中青年学者。所以，就这部书的整体而言，说它是"体大思精"是毫无疑问的！

我认为《中国书法全集》作为中国书法的集成，它实际上还起到了一部书法通史的作用。将来如果将各分卷中的文字部分抽出来出一本书，就是一本比较详细与完整的中国书法通史。另外，我们从各分卷中，既可以或应该可以见到中国文字的演变与进化规律，又可以窥见中国书法艺术的发展规律。书法艺术的发展，涉及一个美学上的问题，历代书法艺术，是随着美的观念变化而变化的，因而也是美的创造与发展历程。读《中国书法全集》，如果从这方面进行切入，必将有利于我们欣赏的深入与启发。

在当代，像《全集》这样出得如此之精、如此之认真的大型丛书并不多见。东北曾有一个出版社，书都编好了，还来找我当主编。我说你们书都编好了，再找主编干什么？（众笑）显然，这个主编我不能接受。一部书不能光看它的大小，而必须看它编得认真与否、科学与否、对读者与社会负责与否，是否达到了应有的学术高度与水平等。显然，在上述几个方面，《中国书法全集》是做得最好的之一，买这部书肯定不会后悔，并且随着时间的推移它必将还会增值！

另外，从出版的角度看，我有一个不成熟的想法，就是《中国书法全集》必须在国际上争高下。与日本等国的同类出版物相比，在学术、体例、编撰等方面，我们毫无疑问地把它抛在了后面。我们唯一差的是制版与印刷。现在这样的水平当然已很好，但严格地说其中的许多作品图版，还不是用原件所拍。要在国际上立于不败之地，必须尽量使用原件与原拓，这样代价很高，现在条件也不太成熟，但应该有这样的打算。是否现在先按这个样子来出，将来待各方面的条件成熟以后，再逐步提高。另外，要有精华本与普及本之别，以适应不同层次的读者与研究收藏单位的需要。

书法界涌现出了一批有相当成就的中青年名家，这在整个传统文化衰落的当今，是很令人兴奋的。相信《中国书法全集》的出版，必将推动书法篆刻艺术的创作与研究和优秀民族文化的宏扬。另一个方面，它的巨大成功，还有利于我们纠正书法界存在的某些不良学风与风气，因为它使人清晰地看到真正的书法典范与真正的书家。

我衷心希望《中国书法全集》能够按计划出好出全！《全集》是我们自己的《世界美术史》的一部分。

（原载 1996 年第 1 期《中国书法》）

看 就 是 学

　　我从小喜欢书画，也喜欢读书，是受了什么影响，我自己也说不清楚。那时正是抗战时期，家庭贫困，小学五年级就因日本鬼子侵占家乡无锡，我就失学在家种田。我到处借书看，一有时间就写字，所以那时就读了不少书（比起同龄的孩子来说），也写了不少字。写过的字都一堆堆地堆着。

　　我高中一年级是上的"工专"，学的纺织，主要是学印染，课余的时间都拿来看书和写字学画。有一次与一位朋友在无锡公园喝茶，遇见了那位朋友的老师，他就是当时著名的画家诸健秋先生。诸老见到了学生就坐下来，无意中看到他学生手中的一把纸扇，上面画了几笔山水。诸老拿过扇子仔细地看了，问：这是谁画的？我的朋友就指着我说：是他画的。哪知诸老随口就说：他比你画得好。于是就详细问了我的情况。他听说我家境贫困，就对我说：你如喜欢学画，就到我画室去看我作画，看就是学。我知道诸老的画室平时是不让人去打扰的，今天他特许我去看他作画，那真是格外的爱护了。从此我每隔一两天，就去他画室一次。诸老是山水画的名家，是已故的大画家吴观岱先生的弟子。我第一次看作山水画，就是在诸老处看到的。我眼看着诸老山石树木、小桥流水、人物房屋，笔笔有序地画着，而我也明白了一幅山水画是怎么一点点地在纸上凸现出来的。我连续看了半年，正在我看得入迷的时候，暑假到了，我要回乡间了，而且因为家贫，下半年就上不起学了，因此我也不能再去看诸先生作画了。

我人虽然不能去诸先生的画室，但他说的"看就是学"却给了我无穷的启发。以后，我只要遇到有机会看画，就把它作为一次学习的机会。记得有一次我在无锡公园饭店看齐白石、吴昌硕的画展，那是1943年，我第一次看到这两位大师的作品。当时给了我极大的震动，使我惊叹世间竟有这么震撼人心的艺术！屈指至今五十五年了，我仍然记忆犹新。那次参观，我就仔细寻求白石老人每幅画的下笔处，研究他每幅画的结构章法，乃至于题跋印章，从中寻求大师的轨迹，以求得入处，求得对他画的心悟。之后我每看一次画展或书画作品，都细心地寻找各人的起笔落笔，以为取法。

后来，我在看古人的墨迹时，也常留心他们笔墨的起落，当然有些结构复杂庞大的作品，是不易找出他们笔墨起落的，但也可以看他们的用笔用墨用色和整体的气势韵味，从这方面来心领。之后，我每每游名山时，即与看到的名画相印证；而当我看名画时，也常常与我游历的名山相印证。例如我看沈周的《庐山高》巨构时，常常想起我游庐山时的种种幽境奇景，觉得沈周此画不仅是笔墨结构好，而且是雄奇幽险，能得庐山之神韵。我看黄大痴《富春山居图》时，觉得大痴笔墨清逸秀发，淡雅轻灵，真能得富春之神。如果画富春江而用荆（浩）、关（仝）、李（成）、范（宽）的北派山水笔法，我敢说肯定是不能合拍，因为江南山水的结构与西北的华山、终南、太白、秦岭不同，而荆、关、李、范的笔法，主要是根据西北的山水总结出来的。

我在看古人的书法时，也常常寻求其笔墨的起落，寻求其用笔的转折顿挫，寻求其字体结构的特色。我曾为看王珣的《伯远帖》，多次去故宫，一看就是数小时。那时故宫每到秋季，总要展出历代名迹，这时就是我最好的学习机会。看过真迹后，我又买影本回来，以作案头研摹之用。

70年代以后，我常与大师游，经常看到他们作画，有时他们还与我合作，实际上是他们教我作画。最早是许麐庐、周怀民二老。80年代，启功先生与我合作过一幅葡萄，由启老收拾和题词，我从中学习了启老的示范。1992年秋天，唐云先生和周怀民老一起到我家来，唐老兴致很高，要我准备好纸让他作画。他开头以后，又请周怀老画，怀老画了远山，然后，唐先生就一定要我作长题，要我立刻落笔就写。现在我每一展示此图，觉得唐、周二老的笔墨都是给我的无穷取法。1993年的11月我去香港，到海棠阁看望刘海老，海老还记得1989年约我合作画画，后因临时有事未成，这次他说一定要合作，就定第二天（11月4日）上午到他住处，合作画画，结果画了一幅六尺的大葡萄，由海老亲自题字。海老让我先画，实际上是照顾我，由他来收拾全局，为画定型，这样凡我笔墨不到之处，都由他大笔弥补了。这正与1980年启老与我合作由他收拾一样。

我看朱屺老作画的机会也是很多的，屺老大笔淋漓的气势给我很大的感染，尤其是他一丝不苟的精神，令人敬佩。他给我画了一幅《邓尉寻吴梅村墓》，寄给我后，又写信给我说这张画不好，要重画，隔了些时又寄来一张大的，其实这两张都是好画，从我本人的感受来说，屺老寄给我的不仅仅是两幅画，更可贵的是他这种永不自满的精神。

70年代，许麐庐先生还为我改过画。一次是我在他画室画一幅山水《剑门关》，我画得差不多时，许老忽然提起大笔，在我的画上纵横挥洒，结果上部添了一排远山，下部加了几树苍松，于是画面就顿时不一样了。还有一次是我用大笔画墨荷，刚画了几笔，他忽发奇想，拿起笔来，顷刻间变了一幅水墨淋漓的山水。周怀老也是如此，有一次我画满幅的水面和一叶扁舟，我请问周老是否如此，周老说不错。说着他拿起笔来，蘸了淡而又淡的墨水，随意地上下涂了几笔，顿时水波的动态就加强了，我深深感到失之毫厘、差以千里的道理。

我深感诸健秋先生教我的"看就是学"这句至理名言，五十多年来这句话使我受用不尽。上述这许多前辈先生，不仅让我看，还教我画，我近年来略有所悟，是与以上诸位大师的熏陶不可分的。但愿从现在开始，我可以通过入学考试。

1998 年 2 月

学 画 漫 忆

　　我于民国十二年（癸亥）阴历十二月二十九日生于无锡县前洲镇冯巷的一个农民家庭。那年的干支是癸亥，属猪。但按阳历算那已是1924年的2月3日了。所以我生下来就是一个麻烦多的人，按阴历算，我生下来算一岁，过了一天（那年没有三十）就是两岁。按阳历算，应该是1924年，要少一岁，但我又不能改属鼠，所以只能这么阴阳历两边跨着。

　　我虽生在农民家庭，但却从小就喜欢读书、画画和写字。小学五年级抗战爆发，我就开始失学，变成一个真正的小农民，成日在地里种地或放羊、割草。也就是从这时开始，我喜欢读闲书，不论小说戏曲，或论、孟、左、史，只要能借到就拿来读，同时也就是从这时开始，喜欢书法和绘画，常常是下地回来，脚还没有洗（南方是水田），就进屋临帖或画画了。我的书法一直是学欧字，也写过石鼓、隶书和北魏，后来一直喜欢学王羲之，并围绕着学王，学习其他各家，主要是看他们是怎样学王的。至于绘画，当时就不知从何学起，记得曾买到过一部《芥子图画谱》，就照着学，以后只要碰到可学的画，我都拿来临摹。

　　后来我上了农村中学，初中毕业后，又考入无锡工业专科学校，读纺织科，那是 1943 年。这一年对我起着重要的作用，我的国文教师顾钦伯和张潮象，一位是诗人，一位是著名词人，张先生别号雪巅词客，组织了著名的湖山诗社，诗社还有一位著名山水画家诸健秋先生，他是吴观岱画师的弟子。这样我学诗词和学画都得到了名师。可惜那时正是抗战最艰苦的时候，我在无锡城里只上了一年学就失学回农村种地了。但这一年却在诗词和绘画上是启蒙的一年。

我认识老画家诸老是一个极偶然的机会，有一次我与诸老的学生在公园茶座喝茶，诸老恰好走过，就停步与他的学生邵雪泥交谈几句。他看见邵君手里拿着一把纸扇，就拿过来看看，上面是画的几笔山水，诸老就问这是谁画的，邵君就指着我说：是他画的。不想诸老却认真地说：他比你画得好，并坐下来详细问我的情况，听完后就说：你到我画室来看我作画，看就是学，不必像他们那样拜我为师。诸老的画室一般人是不能随便进去看作画的，我却得到了他的特许，我前后在他画室看了半年，由此我才略知山水画的门径，但却没有学着画。

这一年对我还有一件特别重要的事，就是我在无锡公园饭店看到了齐白石、吴昌硕的画展，在此之前，我只是看到一些无锡的名家，这次画展却给我大开了眼界，我从心里喜欢齐白石和吴昌硕，从此我也一直以这两位大师的作品作为我的师法，所以我后来主要是学花卉，一方面是花卉创作时间可以短一点，适合我的状况，更重要的是我从心底里喜欢这两家，几十年来，我当然又扩大了视野，欣赏了更多的名家，但这两家在我心目中的地位一直不变，而且我还更崇拜齐白石。

1944 年因贫失学回农村种地。开始兼当小学教师，我仍像以前一样，每天临帖和学习作画。

1945 年 8 月抗战胜利，次年我即考入无锡国专，拜识了不少名师，如王蘧常、朱东润、冯振心、周贻白、童书业、吴白匋，我还拜识了词学大师龙榆生（沐勋）和诗老钱仲联先生。

　　在无锡国专的三年，是我学习文学的三年，也是我学习书画的三年，我得以继续到诸健秋先生画室看作画，同时还认识了著名画家秦古柳，对于无锡老一代的画家胡汀鹭、丁宝书的作品也有了认识。在无锡国专的三年，还是我了解革命，走上革命的三年。

　　1948 年在无锡国专毕业后，我在家乡当小学教师，后又当中学教师，1949 年 4 月 21 日夜，我在锡澄路上迎接了从江阴渡江的解放军，第二天我即入伍到苏南行署，随后又被派到中学当政治教师、语文教师。尽管当时的工作十分繁忙，我从不荒废书画，并且把日常的工作与此结合起来。

　　1954 年我调到北京中国人民大学，这是又一次对我有重大意义的变动。到北京后，由于周贻白先生的介绍，我认识了许麐庐先生，许老看了我的画，倍加鼓励，要带我去见齐白石大师，但我觉得自己幼稚，不应该去耽误大师的时间，所以没有敢去。可惜一年以后大师就去世了，我永远也不能见到白石老人了，这件事终于成为我终生的憾事。

　　我从 1954 年调来北京，至今已四十四年了，在这四十四年中，我的主要工作是教学和学术研究，书画根本轮不上。特别是自 50 年代起一直到 80 年代的改革开放为止，这前面的三十多年，是政治就是一切的时代，哪有时间和条件从事书画，但是我却是积习难除，依然喜欢书画，只要一有时间和机会，就抓紧学习，为了可以利用短暂的时间，我就学作花卉，我本来就崇拜齐白石，就经常以白石老人的画册作为我的范本，同时也看吴昌硕等其他人的作品，尤其是徐青藤，我更是倾倒之极。所以遇到青藤的真迹，我一定不轻易放过，即使不能临摹也要反复研读，寻求入处。有一次我画了一幅水墨葡萄，挂在我的书房里，恰好张正宇老先生来看我，见到了这张葡萄，问我是谁画的，我说是我画的。他非常称赞，说画得好，是青藤的笔意，并且说要拿回去挂一段时间，这无异是对我的极大鼓励，此后我便常以葡萄、葫芦等为题材，进行创作，并且逐步扩大题材。我六次到新疆，除了吐鲁番的葡萄外，更看到南疆和田的葡萄王，一棵葡萄已有二百五十多年的历史，覆盖面积极大，每年要结几千公斤的葡萄，其树干之硕大纠结苍老，完全是活的画本，在和田还看到硕大无比的大葫芦，我敢说以往画葫芦的，谁也想不到会有这样大的葫芦。一个架上挂了几十个大葫芦，这又是一个绝好的画本，我当时就在和田用绸子作为画材，画了几幅大葫芦和泼墨葡萄。之后，我就常常以现实生活中所见作为作画的题材，这样使自己的画不断地有新鲜感。诸健秋先生曾教我说"看就是学"。后来我领会到，不仅是看诸先生作画是"学"，看画本也是学，看实物更是学，这就给我开了学习的无穷法门。当然光看不练是不行的，所以我也更加抓紧时间学习作画，而我作画的题材也就不断扩大。

尤其是 70 年代开始，我先后拜识了刘海粟大师和朱屺瞻先生，两位大师给我的启示是无穷无尽的。1982 年 8 月 9 日，我在黄山重逢刘海老，海老正在桃源亭上作画，看见我去，相视大笑，立即命我在他刚画好的画上题句，我一连题了三张，所以后来我在赠海老的诗里说："游山归过桃源亭，忽逢海翁作烟云。清风故人不期遇，相视而笑莫逆心。海翁使我题新图，挥毫我亦胆气粗。题罢掷笔仰天笑，世间痴人翁与我。"1989 年 5 月末，海老到我的画室原定是合作画画，后因海老忽得重要的邀请，海老坚辞不得，才要求推迟两小时赴邀，先到我的画室看我的画，海老看后，大为鼓励，并说这是真正的文人画，他说作画切不能有框框，你的画既有传统而又无框框，所以就有新意。海老的这些话实际上是对我的指点。1993 年 11 月我去香港，到海棠阁去拜望海老，海老就立即约定 11 月 4 日我去海棠阁与海老合作画画。等到我去时，海老已经试笔先画了一幅墨牡丹，要我题诗，我即题了一首旧作。然后海老命铺一张六尺整幅的大纸，要我先画，我忽想起了和田的那棵葡萄王，就放胆纵笔，然后再由海老妙笔点染，添枝加叶，并随意添加了老干上的枯藤，最后还是由海老题句云："泼墨葡萄笔法奇，秋风棚架有生机。1993 年 11 月 4 日冯其庸、刘海粟合作。"我与海老的这次合作，实际是海老教我作画，可见海老厚我实多。

我拜识朱屺瞻大师，是 1977 年 8 月 5 日，那时屺老到北京，住北京饭店，写信给我说要来看我。我连忙去电话，告诉他我立即去拜望他。那年屺老已是八十六岁高龄。见面后屺老即拿出他丙戌（1946 年）所作的《梅竹图卷》，要我带回去题跋，之后我又陪他登八达岭，老人竟上了八达岭的高处，游人皆以为是神仙。屺老离京返沪时，我去送行，他为我画了四尺整幅的兰竹，我看他纵横捭阖的气势、吞吐八荒的神态，运笔时兔起鹘落，疾如风雨，凝思时端然玄览，思接浑茫。我看屺老作这幅大画，如给我上了一堂大课。刘海老多次告诉我要继承传统，但不要被传统笔法所捆缚，我看了屺老作画，才悟到不被传统笔法捆缚的道理，屺老的笔阵，正好就是这句话的行动化。后来我每到上海，必去屺老的梅花草堂，看屺老作画。屺老作画时千变万化，笔随形迁，快慢疾徐，干湿浓淡，随心所欲，笔法无尽，取用不竭。屺老告诉我，"文革"中他不能出去写生创作，就利用这个时间，临摹宋元古画，他把临摹的作品拿来给我看，都是大幅的山水，他说他的笔法一半取之古人，一半取之生活，所以他的笔法如万斛泉源，常取常新。

在北京，我还有一位同乡前辈周怀民先生，他是山水名家，画北派山水，尤工于画水，以及兼葭芦苇，还善画葡萄，他用背面敷粉法，所以他的葡萄，立体感强，使人初一看似觉霜粉可触。因为是同乡，所以我常去周老的画室看他作画，无论是山水或葡萄，我都多次看他作画，从中领悟。

数十年来，我一直留心看这几位大师作画，同时也仔细研读历代名家的画作，此外，我每年都要出去作实地调查，考察山川形胜，从中取得画本，从中领略生活。

看当代的大师作画，看历代名作，看真山真水，从这三方面的"看"，我才悟到"看就是学"这句话的真谛。

我读书作文，喜欢谨严，喜欢有根据，而反对逞臆，更反对无据臆说，以臆说当论证。但我游山则好奇好险，我以为山水佳境，都在奇处险处，不历奇险，何来佳境。所以我七十三岁，不顾医生的阻拦，登上了4900米的帕米尔高原最高处，又登一号冰川，历老虎口的奇险，还多次入塔克拉玛干沙漠，进塔里木盆地。还曾在严冬苦寒之际，进入大积石山深处，看到大雪山的主峰。在登帕米尔高原之际，公格尔峰、公格尔九别峰、慕士塔格峰、帕米尔峰都在眼前。自谓平生快意处，能看到这些奇景，能历这些奇险，昔司马子长有好奇之名，我可以说也有子长之癖。我曾说，读书、游历和作画，三者是可以相通的，所以我作画，也喜欢奇险，喜欢大笔淋漓，喜欢汪洋恣肆。所以我读徐文长，如饮醇醪，寓在目而醉在心。我读宋元的北派山水，如入一号冰川，如登帕米尔峰，如进大积石山。我读米家山水，则又如临江南烟雨。所以我看大自然的真景，如看名画，而我读名画，恰如身入名山险峰。而这，又是我对"看就是学"的另一悟境。

我在七十三岁以前，基本上只学画花卉藤萝，山水真正只是偶一尝试。前年，因为退下来了，略有时间，所以亘学山水，结合我的读书和游历，觉山水更能与我的本性合，而且每作山水，如游名川，如到幽谷，往日所历，都奔赴笔端，任我驱遣。可惜的是我传统画的基础不足，所学的东西太少，特别是以往传统画的山水，主要是中原地区的山水，西部主要是华山，未及天山、昆仑、帕米尔之奇，北部主要是长白山，未及阿尔金山之寒之幽。尤其是西部古龟兹（今库车）佛国山水之奇，为中原所不能见，其皴法天下独绝，亦未见之以往画家，所以以我之不学，又加上昔之未有，要表达这一地区的山水，就非得亲临不可了。

　　这次，因为朋友们的抬爱，为我办画展，为了"增加品种"，我重画了一些山水，虽自觉可喜，实儿童涂鸦，不自知其陋也。

　　当此本人七十六岁画展之际，感念师友，低徊畴昔，实感健秋先生大德，"看就是学"，是他一语点化，令我终生受用。再加刘海老、朱屺老的言传身教，使我于中国传统绘画，略知微末，而中国画之精深博大，与时推移，随代前进，至于无穷，则自无论矣。

　　我这次画展，一是向师友交卷，二是算作一次入画学的初级考试，此后也许我可以算入初级画学了，但还要看我自己的努力如何。我已数十年如一日地爱好书画，今后当然更是如此，但愿再有寸进，再向师友呈卷，这当然只能俟之于将来了！

1998 年 4 月 24 日夜 2 时半于京华且住草堂

学 书 自 叙

——为"中国书法家协会书法培训中心"作

　　我从小就喜欢书法和绘画，是受什么影响，连我自己也不清楚。父亲没有多少文化，能写信而已，但字却写得较好，也能随意画两笔，只是随意给人画在夏天的芭蕉扇上，偶尔也画在纸扇上，实际上是算不了画的。我的三舅父是附近有名的书法家，写得一手好字，听父亲说他天分高，出手就是好字。我还有一个亲戚姓华，是更有名的书法家，我小时候可能见过他，但已经没有印象了，不过我记得他的书法作品后人都作为遗产分的，可见他的书法是很有价值的。

　　以上这些，也许对我的幼年起了影响。

　　抗战开始时，我读小学五年级，学校停办，教师离散，我就失学，从此在家种地，但并不是平平安安地种地，而是在日本鬼子的清乡扫荡的刺刀下种地。我那时还小，我的堂姑妈因为反抗日本鬼子，被砍成四块。我的三舅父因为不肯说出游击队的行踪，被活活打死，我家所在的小村被多次清乡扫荡……

　　为了生活，我只能在这样的条件下种地。那时有钱的人都逃走了，只有无力逃难的人才留下来。我每年要挨饿，吃南瓜度日，我的"瓜饭

514

楼"的名字就是这样来的。尽管生活这样艰难，但我仍喜欢读书，喜欢书法和绘画。书法方面，我找到了最普通的印本《九成宫》，我长久地临习它，后来又找到了较好的拓本，继续临习。之后又临了《皇甫君碑》、《虞恭公碑》，《化度寺碑》是很晚才看到的。小欧的几种帖如《泉南生墓志铭》、《道因法师碑》等我也临过。当时我想集中精力临一家一派，这样容易进入。我习欧字有好多年，并且乐此不疲。我感到欧字典雅大方，端庄凝重，结构严整，有巍峨气象，而且有王书的底子，楷书学欧字，则以后行草学王字，容易合拍。我当时的这些想法，只是私心体认，并无多少根据，但数十年来的实践证明，我的这些想法，还是有一定道理的。

在整个学书过程中，我在楷书方面，还学过《张黑女》。《张黑女》是北碑，我喜欢它掺用侧笔，行笔斩绝，有方棱，而字亦内秀、有神。《张黑女》之外，又学过《张猛龙》，学其北碑的体势和方折斩截的用笔，久之，可增加自己书法的凝重感。

小楷方面，我起先学《十三行》，又学《黄庭经》，但都觉得未能进入。后来在上海买到郑午昌画册，其所作山水长篇题记，都是晋唐小楷书体。郑午昌是当代人，看他的小楷，容易找出他的笔路，因此我就先揣摩郑午昌的小楷笔意，进而临习。这样摸索了一段时间，从这里我又得到启示：我想当代人写的晋唐小楷，总不如古人。我就再上推一段时间，先是买到一件康熙年间张照的小楷真迹，写得极精，看其用笔的轻灵，用墨的匀净，结体的端秀，都是令人神往的，我就一直细心揣摩它，临习它，自觉又向前进了一步。我又想从张照再往上溯，当然应该到文徵明了。文徵明的小楷，我是一直非常喜欢的，当时我手里有珂罗版仇文合璧《西厢记》。仇十洲的人物，文徵明的小楷《西厢记》曲文，我就拿来仔细揣摩、临习，以后又买到文徵明的《离骚经》印本，字大容易看清，我又对照着临习。后来我又在周怀民先生处看到文徵明的小楷真迹，极精，我在周先生处反复观摹，从墨迹上看文徵明的用笔特征，比看印本要真切多了，于是根据这一印象再重临《离骚》，自觉进入很多了。以后我就一直以文徵明的小楷作为揣摩晋唐小楷的门径。"文革"中，我的《红楼梦》等书被抄了，我就每天深夜依庚辰本原款式用小楷重抄一部《红楼梦》，抄了整整一年，等于是练了一年小楷。

我开始学行书，是学的《圣教序》。起先也是一个普通本子，后来我多方搜集，积数十年的时间，得到了明拓本（残本）和"高阳"不损本，"何以"不损本，"墨王"本，以上都是民国初年的珂罗版印本。还买到过题签为"唐拓圣教序"的珂罗版印本一种，印得还可以，但仔细看，也是北宋本。解放以后，1978 年陕西人民出版社出过一本《宋拓怀仁集王书圣教序》，前有董其昌题记，后有郭尚先跋，为未断本，宋拓，墨色黝黑而有神。在我所见的多种宋本中，这也是一个极好的本子。

《圣教序》虽是集字本，但字势洽和统一，行中有楷，楷中寓行；从行书看，它又端庄凝重，从楷书看，它又取势欲动。我平时常常展开这个本子，静观默识，细读它的文章，如序文赞玄奘说："有玄奘法师者，法门之领袖也。幼怀贞敏，早悟三空之心；长契神情，先苞四忍之行。松风水月，未足比其清华；仙露明珠，讵能方其朗润。故以智通无累，神测未形；超六尘而迥出，只千古而无对。""乘危远迈，杖策孤征；积雪晨飞，途间失地。惊沙夕起，空外迷天；万里山川，拨烟雾而进影；百重寒暑，蹑霜雨而前踪。"这些句子都是这篇序文里的精彩段落，而整篇序文，也是一篇极好的文章。特别是序文后面所附唐太宗的书启，自称："朕才谢圭璋，言惭博达，至于内典，尤所未闲。昨制序文，深为鄙拙，唯恐秽翰墨于金简，标凡砾于珠林。忽得来书，谬承褒赞，循躬省虑，弥益厚颜，善不足称，空劳致谢。"以一个封建皇帝而自称"才谢圭璋"、"弥益厚颜"，也可算是很为难得了。临帖时熟读帖中文句，有时似乎也能增加你的感悟。

我在临过《圣教序》后，就临《兰亭序》。临《兰亭》时碰到的第一个困难就是不知道临哪一个本子好？因为《兰亭》的本子太多，定武本、神龙本、颖上本、王晓本等等，再加上诸家临本，真是眼花缭乱，莫衷一是。我初读定武本，直接地感到行笔凝滞，锋棱俱失，但它的名气最大，岂敢非议？但我临习时，仍未取定武本而是取神龙本，也即是冯承素本。我取冯本，并无特别的研究，只是觉得墨迹流利，似近真稿。50年代故宫每到10月，总有历代书画名迹展览，书法方面我最爱看的，就是神龙本《兰亭》、《平复帖》、《伯远帖》、《人来得书帖》等等，所以我常常去面对这些真迹，细心揣摩。后来，《兰亭》争论出来了，我更是据印本细心观察，这时我手上定武本、神龙本、王晓本、颖上本等都有，前三本都是印本，颖上本还是朱墨拓本。我面对着这些本子反复比较体认，当时的争论给我许多启示，特别是对神龙本体会尤深，因为这个本子我曾反复临过，并且还双钩过多次，对此帖的特征了解较多，特别是其中的破锋，双钩时每每遇到，总不解其意。通过争论逐渐悟到这是冯承素钩填时留下的痕迹，所以破锋，是因为双钩后中间尚未填墨。既是钩填本（唐时称为响拓本），那末当然是从真迹上双钩下来的，说它最接近真迹，当然是切合事理的。后来我仔细研读《兰亭序》和《圣教序》两个本子，发现《圣教序》中有一些字，明显是从《兰亭序》上集过去的，如《圣教序》里"宣导羣生"的"羣"字，明显就是《兰亭序》里"羣贤毕至"的"羣"字，《圣教序》里"佛道崇虚"的"崇"字，明显就是《兰亭序》里"崇山峻岭"的"崇"字等等。当这些证据被找出来后，就更可相信冯承素本《兰亭》，是"下真迹一等"的《兰亭》，是真实地反映王羲之书风的一件唐代钩摹响拓的杰作。

我在学习行书的过程中，虽然费了不少时间临习《圣教》和《兰亭》，而且除此以外，我并没有临习过别家的行书。例如米芾的行书，我虽然很欣赏他的《蜀素帖》，尤其是《秋深帖》，但我却从未临过。明末的倪元璐和明末清初的王觉斯，我也极为心赏，但我只是读，只是默赏静悟，而从未临习。我个人最喜的行书，还是王羲之的书帖，如《丧乱帖》、《二谢帖》、《得示帖》、《频有哀祸帖》、《孔侍中帖》。上述五帖，我在50年代初就得到日本的精印本，装裱后如观墨迹，我一直把它作为行书的极则，比起《兰亭》来，它的书风又潇散纵逸多了。我认为此五帖，是真能传右军之风神的，因为东晋人尚洒脱，不做作，不矜持，自由自在，毫无拘束，毫不着意，而风神潇洒，意态自如。这五帖，应该是坦腹东床的右军风度的体现！

　　但这五帖，实在很难学，以其笔势活泼自在，多在意态之间。譬如学拳，学定式容易，学动式就较难捉摸，譬如学人，学他的状貌容易，学他的意态神情就比较难。右军五帖，多的是意态神情，所以难学。

　　当时书坛上著名的王字书法家有三位，一位是王蘧常先生，是我的老师。日本人称"古有王羲之，今有王蘧常"。王先生首先是大诗人，大学问家，他老早就有《江南二仲诗草》① 刻本行世，他治先秦哲学、先秦诸子学，有《诸子学派要诠》，我在校读书时，先生就是开的《庄子》课，我听的就是先生讲《逍遥游》的课。抗战开始，先生一首《再望长江》就轰动诗界，其中"直下不辞千折尽，长驱会有万峰迎"等句，长久脍炙人口。但先生的王书，是写的章草，不是《圣教》、《兰亭》，也不是右军家书五帖。另一位是沈尹默先生。沈老是当时鼎鼎大名的王派书法家，而且他写的是右军的行书，但偏重于《兰亭》、《圣教》，也不是右军家书五帖。再有一位是白蕉先生，他还是画家，画兰草极有名。他的书法，正是写右军家书五帖一路，我对他也非常尊敬

---

　　①　二仲是指：王瑗仲、钱仲联。王蘧常先生字瑗仲。

和佩服。特别是 1948 年我在上海读书时，恰好碰上他的书画展，有一位同学与白蕉先生熟，就约我们去为白蕉先生布展、挂字画，因此在展厅与白蕉先生认识。白蕉先生的每一轴字画里，都夹有一张衬纸，是衬印章的。而这张衬纸上面写满了字，有的是三个字，有的是五六个字，都是从白蕉先生作废的书件上剪下来的，对我这个王字迷来说，非常有用，我可从他的这些字里，揣摩他的用笔，还可透过光线，研究他用笔的交叉和转折，所以我就把掉在地上的这些大一些的纸片捡了十多张。这十多张白蕉的"真迹"，我一直观摹了好多年，之后，我又在无锡寻求白蕉的字，终于找到一幅条幅，下边是兰花，上边是小行书，写的是苏诗，这正合我的要求。这件作品，才真正是白蕉先生的真迹，更是一件精品，从 50 年代初，一直到今天，一直是我临摹的范本。我个人私心喜爱，认为写右军家书一路的王字书家，白蕉先生是最高的成就，我就是从研摹白蕉先生的墨迹，去体认右军五帖的。

还有一点非常重要的是这三位王字的书法大家，他们首先是诗人，学问家，所以他们能从文学修养、艺术修养特别是思想修养上去理解右军，体认右军到接近右军，如果完全没有这方面的修养，那也是很难接近右军的。

前面说到过，我对王觉斯也是十分钦佩的，也是我时时揣摩的对象。王觉斯的行书，自有奔腾不绝之势，如长江之出三峡，如黄河之水天上来，而且富有顿挫曲折的节奏感。所以揣摩王觉斯，我就多从揣摩他的气势节奏和行气上着眼。而倪元璐，字多奇倔，笔法多方折，结体往往出人意表而多新意。倪元璐虽是小幅，亦多傲岸嶙峋气象，一如其人，风骨凛凛，生气郁勃。我也不断从观摹他的作品来吸取他独特而清奇的品格。

我对于篆书和隶书，也曾学过一段时间，篆书主要是学的《石鼓》，初时学吴昌硕的《石鼓》，后来觉得吴昌硕的《石鼓》，较多的是他个人的书风，与秦《石鼓》原来的风格，较有差异，所以我后来就读宋拓印本，最后直接到故宫看石鼓原物，以体会秦篆籀书的结体和笔意。我探索石鼓，并没有想自己学写石鼓，只是想从字体结构上剖析中国文字的结构，以便于在自己书写时明白这种结构上的原理。

除石鼓外，李阳冰的《滑台新驿记》等也曾注意过，我并藏有拓本和双钩本，但我没有下过功夫。五十年前，我在无锡曾见过一位清代江阴人写的小篆，笔意灵动，书卷气很浓，是李阳冰一路书体的杰作。但那副对子是人家拿去装裱的，没有几天就取走了。后来我一直留心此人的书件，但未碰到，隔了好几年，忽然碰到一本此人双钩的《滑台记》，并有他的题记，我很高兴地买了，可惜在"文革"中全部散失了，现在竟连这个人的名字也想不起来了。

当代的篆书家，上海的王福厂、邓散木，苏州的萧退庵三位先生，我都无缘见面。但北京的张正宇先生我是几乎天天见面的，因为是紧邻。正宇先生的篆书有很大的创造性，一是形象鲜明，他往往能把篆书原有的形象性加以夸大，而且夸大得恰如其分，让你感到仍旧是传统意义上的篆书而不是新造的美术字。二是以草入篆，他把原本结构严整，近于呆板的篆书，写得飞动有神，虎虎有生气，让人感到别有新意，百看不厌。

另一位百岁老人沈裕君先生，他写小篆而以小行书运笔，使人感到特别儒雅有文气。沈先生虽然活到百岁，但他去世时还是"四人帮"时期，真正是生非其时。而张正宇先生是1976年去世的，那时"四人帮"刚垮台，消息还没有公布，他听罢我偷偷告诉他的"四人帮"垮台的消息后不久就去世了，真是"妙质不为平世得，微言唯有故人知"了。

隶书我只学过《张迁碑》、《衡方碑》、《朝侯小子碑》和《孔宙碑》，但都用功不深。隶书我也是喜欢拙朴凝重的风格，《张迁》和《衡方》都是属于这一路的，《朝侯小子》则工整妍美，迹近《史晨》

而略带篆意，《孔宙碑》则奔放洒脱，另是一种神韵，我非常喜欢。

为了寻求这些古碑书法的笔意，我除了揣摩精印本或精拓本外，我还专门去访寻这些古刻的原石，以求实际而直接的感知。我在曲阜孔庙看了《五凤刻石》，可惜位置太高，看不清楚，而《孔宙碑》则直立廊庑，便于观摩，可惜"文革"中又砸坏了一些字。我在邹县孟庙看了《莱子侯碑》，我两次去都是看的原石，真物摩挲，连边上的细字长跋都能略加辨认，真是眼福。可是后来再去，原石已撤去，陈列的是复制品，这就索然无味了。我在山东莱州和平度，还看了《郑文公》上下碑，此碑保存较完好，而且亦颇便于细看：认真看，还可找到未经风化磨损，略存刀锋笔意的少数笔触。我在汉中，仔细观察了从褒斜道取出的《石门铭》，此石因为原来地处偏僻，少有人去，且是摩崖，所以保存的未损笔道还较多。我还在兰州汉简研究所看了一批出土汉简，其墨迹之清晰，如同新书，且因为墨色入简，看起来更有厚度。特别是我在德国看到的一批敦煌写经，其中有几卷的字迹简直是米字，书法精极，我在国内还未看到这类风格的写经精品。我从地下室出来后，与德国图书馆的朋友说起，他希望我第二天再去，拍下照片，把号码记下来，因为他们不懂中国的书法，根本不知道好坏，所以极希望我去再多看一些，可惜第二天的日程已有安排，不能再去了。我在长沙岳麓山，还看过著名的《麓山寺碑》，可惜碑亭太小，光线又暗，根本无法细看。我在山西离石，碰巧看到一批新出土的汉画像石，其中有一块是未刻完的，石上有一行墨书题记，也是因为墨色入石，又加以写完后未及镌刻就埋入墓内，长期封闭，所以墨色如新，极富神韵，简直如看汉人初书。我在吐鲁番还看到墨书"西州前庭府校尉上柱己大师"墓志，青灰色砖质，其时代为唐西州时期，书法尚存北魏笔意。还有一块"令狐氏"墓志，朱书，灰砖，开头第一行就是"大唐永徽五年十月二十九日"。永徽是高宗李治的年号，五年是公元654年，朱书文字朴厚，有朱丝栏，朱栏线条亦不规整，字行亦略显歪斜，看来这两件墓志，只是笔书，并不是准备镌刻的。因为是出土物，所以墨色均较鲜亮，尤其是墨书的一件，从书法来讲，也是一件具有北魏笔意的较好的作品。由此可见，过去有人认为"龙门二十品"中的《始平公造像》、《杨大眼》等方折之笔，都是刀刻所至，并非原书的样子，对照这件墨书墓志，这一判断就显得不符事实了。当然从墨书到石刻成字，两者会有差距，用墨书来比石刻，墨书当然比石刻未损分毫，但北魏一代书风，应该基本上是石刻的面貌，与墨书虽有细微差异，也不会根本改变墨书原有的书风。这一点，从这几件未刻墓志，就可以得到印证。

以上是我学书的简单经历和对书学的一些粗浅理解，本来是不值得讲的，由于董成柯同志的一再约请，无法推辞，只好讲一讲，请大家批评指正。

另外，我还认为一个有志于中国书法艺术的人，刻苦地学习古人的书法，吸取其精华这是不可缺少的第一步，没有这一步，下面就什么也谈不上；但是如果仅仅只走这一步，那末仍然是远远不够的。因为书法艺术，到了它的奥区，到了它的最高境界，必然是自己全部的文化修养、精神境界的自然呈露。你本人的文学、艺术修养愈高愈深，你的书法也就愈有文气，当然这只是一般来说，不可能对它作定量的分析。有人问我如何使自己的作品有书卷气？我告诉他"认真读书"四个字，书都不读，哪里来的书卷气。书卷气不是香水，香水可以买来喷上一喷就满身都香了，书卷气是喷不上去的，必须自己刻苦读书。不是单为书卷气而读书，而是为求学问，求真知而读书，当你自己把自己改造成为一个有学问、有修养的人以后，也可能你的作品就具有书卷气了。所以在你走第一步的同时，还必须认真地走第二步，即走刻苦地、认真地读书，认真地求学问、求真知的一步。如果说第一步是长时期的甚至是毕生的，那末这第二步更是长期的毕生的，因为学问无止境，真理也无穷尽，只有毕生的追求，才能有所获。而且我认为这第二步比起第一步来，只有更为重要，其道理自可体会到。

此外，还有另外的重要一步，就是游历。古人讲究"读万卷书，行万里路"，这确实是非常重要的一环，不少老画家，都喜欢刻两方图章，一方叫"曾经沧海"，这是指人生的波澜。这个问题说来话长，我自己就是经历过无数的艰难困苦的。小学五年级抗战爆发，家乡沦陷，我开始失学，一直在家种地，我能挑重担，能干苦力，饿过很长时间的肚子，懂得什么叫饥寒。我虽然是参加地下活动的，但因为喜欢说实话，所以解放以后历次政治运动差不多都要挨整，直到"文化大革命"被打倒。但我心里有数，而且有预感，预感到批判的风暴将要来临了。1965年，我有一首感事诗云："一枝一叶自千秋。风雨纵横入小楼。会与高人期物外，五千年事上心头。"果然到1966年"文革"的风暴来临了，我被彻底批判打倒，但我并没有失去信心，他们批判我，说我的文章全是大毒草，我在心底里写了一首诗："千古文章定有知。乌台今日已无诗。何妨海角天涯去，看尽惊涛起落时。"当时，我的同学朱君，家乡的一个优秀的中学历史教师，受不了学生的污辱，用剪刀自杀了，文艺界我的不少熟人朋友自杀了，其中老舍先生是最震惊世界的一个……这就是人生的"沧海"。我经历了这个"沧海"，对我的思想起了很深刻的作用，这就是我更加坚定了我追求学问、追求真知的决心，我把《正气歌》的前六句写成横幅，挂在书房里。我在学术道路上也坚决不说假话，并且反对别人弄虚作假。

许多老画家常用的另一方图章叫"得江山风月之助"。这方图章听起来很潇洒，很轻松，但我不主张从潇洒的意义上去理解它、实践它。我认为这仍然是一句很有分量、很有内涵、很郑重的话。我数十年来，一直是从后一种意义上实践了这句话。几十年来，我七次上新疆，六次去甘肃。我两次登上帕米尔高原的最高处，4900米的红旗拉甫和4700米的明铁盖达坂山口，终于找到了被湮没达一千三百五十五年之久的玄奘取经归来入境的山口古道。我深入到塔里木盆地深处，到了塔里木河上，看到了苍茫浑朴、波澜壮阔的这条内陆大河。我又到了塔克拉玛干大沙漠，进入了沙漠的一定深度，看到了无边无际的沙海沙浪，看到了这块抵三个浙江省的面积的大沙漠。我跨越天山的险途4000米以上的老虎口，到了万古冰封的一号冰川，看到了云雾缭绕的闪闪冰峰，听到了冰川深处轰隆巨响的水流声，这是从自有冰川的原始时代一直流到今天的太古之音！我还到过深处沙漠的无边无际的古居延海，到过俄国人盗宝的西夏古城黑水城，它依然静静地待在无边无际的沙漠里。特别是1998年8月24日，我第二次登上帕米尔高原，到了世界著名高峰慕士塔格峰前，天公居然放晴，神秘的慕士塔格峰、公格尔峰、公格尔九别峰一齐出现，又是一派万古冰峰，又是一派无限风光，又是一番神秘的境界！

这一切，我觉得正是"江山风月之助"！当然，我说的只是其中的一种，而不是唯一的一种。那末究竟助在哪里？那就要靠各人自己去取资它、消融它，接受它的无穷滋养了。因为播下的种子是一样的，可开的花结的果却不一定一样！

最后，我把我赠韩国博士生的一首长诗的后半部分抄录下来，奉献给大家：

> 我谓李生且细听，学书贵在精与博。
>
> 十年一碑何足论，腹有书诗气自馥。
>
> 江山满目钟灵秀，笔参造化神始足。
>
> 论书终极在于神，有形无神徒走肉。
>
> 君不见，山阴道上王右军，千年神光破华屋。
>
> 又不见，长安酒肆醉张颠，笔阵剑气两簸簸。
>
> 君今正当在盛年，愿奋长途万里足！

　　　　　　　2000年5月4日夜11时于京东且住草堂

后　记

在匆忙中编完了这本集子，总不免挂一而漏万。原来一直想写而未写的文章，也来不及一一补上，在仓促中只补了一篇《文章尚未报白头》，算是对几位老先生的一点怀念。

收在这本集子里的文章，主要是书画界的前辈和同辈，其他如学术界的、文艺界的、戏剧界的不少前辈和朋友的文章，这次都未收入，拟在将来另编一集。

我们的祖国是一个伟大的国家，我们的民族是一个优秀的伟大的民族，我们有悠久的历史文化传统，这是无价之宝，是我们民族智慧的结晶，作为一个中国人，千万不能轻视这个传统。

我们的中国画，经历了几千年的历程，创造了无数的剧迹，足以与世界艺术相辉映，我们没有理由轻视它。中国画当然要发展，但不是不要任何根据的发展，发展也是为了我们民族自身，而不是去取悦于人。外人能喜欢我们的艺术，我们当然欢迎，但是他们喜欢我们，而不是我们去取媚于人。艺术必须要有独立的个性，要能吸收、能消化，而不是依附。

艺术的欣赏，艺术的评论，也必须适合我们民族自身的审美习惯，而不是要用别人的枷锁来锁自己的灵魂。

　　我长期以来一直研究古典文学，对于艺术，对于中国画，只是业余的一点爱好，虽然写过一些有关这方面的文章，也不过是一个隔行的人的见解，说得不在行，是完全可能的，敬请专家、读者们予以批评指教。

　　这本书得以仓促编成，我得深谢黑龙江教育出版社策划编辑室编审程俊仁先生，要不是他的热情催逼，多次来京谈稿，这本书是编不出来的。

　　限于篇幅，我只选了少数的图版，请读者理解。

冯其庸

2000 年 7 月 24 日夜 11 时

再 记

编完了全书的图版，发现图版中前辈名公给我的无论是书信或字画，在落款时自己特别谦虚，而对对方则特别尊重，有不少老前辈在信里也是如此。为了纪念这许多位老前辈，让大家看到他们的手迹，所以我只能将它发表出来，而他们的许多谦辞，我又不能把它改掉。面对着这种情况，我只能更加谦敬，读者看到这些，应知道这是前辈的美德，而于被美称的一方是不足为外人道的。

在图版中我在一件题《游春图》的题跋中说"前有赵佶题签"，这是不对的。现存《游春图》原作上的题签是金章宗，字体是瘦金体。最近我在辽宁博物馆看了原作，才知其误，特此说明。

我拜识的这许多前辈名公，给我的书信和书画墨迹，还有不少，如老友陈从周就给我多件，还有如张正宇、黄永玉、侯北人、沈裕君、萧龙士、蒋风白诸位，也曾多有馈赠，限于篇幅，有的则是一时翻检未得，所以未能予以刊出，还请读者原谅。

冯其庸

2000 年 8 月 1 日夜 10 时

三　记

　　《墨缘集》是我原来的集子，2001 年由黑龙江教育出版社出版，这次编入文集时，增加了 2001 年以后写的有关文章，原有的序和后记、再记等仍保留，其他文章亦未改动。

　　此书的最后校定，是朱玉麒教授为我审校的，特此致谢。

冯其庸
2009 年 12 月 27 日